Priesterin, Seherin, Zauberin und Hexe

Die Frauen der Germanen in Kult und Magie

Band 58 der Reihe „Die Götter der Germanen"

Bücher von Harry Eilenstein:

- Astrologie (496 S.)
- Photo-Astrologie (64 S.)
- Tarot (104 S.)
- Handbuch für Zauberlehrlinge (408 S.)
- Physik und Magie (184 S.)
- Der Lebenskraftkörper (230 S.)
- Die Chakren (100 S.)
- Meditation (140 S.)
- Drachenfeuer (124 S.)
- Krafttiere – Tiergöttinnen – Tiertänze (112 S.)
- Schwitzhütten (524 S.)
- Totempfähle (440 S.)
- Muttergöttin und Schamanen (168 S.)
- Göbekli Tepe (472 S.)
- Hathor und Re:
    Band 1: Götter und Mythen im Alten Ägypten (432 S.)
    Band 2: Die altägyptische Religion – Ursprünge, Kult und Magie (396 S.)
- Isis (508 S.)
- Die Entwicklung der indogermanischen Religionen (700 S.)
- Wurzeln und Zweige der indogermanischen Religion (224 S.)
- Der Kessel von Gundestrup (220 S.)
- Cernunnos (690 S.)
- Christus (60 S.)
- Odin (300 S.)
- Die Götter der Germanen (Band 1 – 80)
- Dakini (80 S.)
- Kursus der praktischen Kabbala (150 S.)
- Eltern der Erde (450 S.)
- Blüten des Lebensbaumes:
    Band 1: Die Struktur des kabbalistischen Lebensbaumes (370 S.)
    Band 2: Der kabbalistische Lebensbaum als Forschungshilfsmittel (580 S.)
    Band 3: Der kabbalistische Lebensbaum als spirituelle Landkarte (520 S.)
- Über die Freude (100 S.)
- Das Geheimnis des inneren Friedens (252 S.)
- Von innerer Fülle zu äußerem Gedeihen (52 S.)
- Das Beziehungsmandala (52 S.)
- Die Symbolik der Krankheiten (76 S.)

Kontakt: www.HarryEilenstein.de / Harry.Eilenstein@web.de
Impressum: Copyright: 2011 by Harry Eilenstein – Alle Rechte, insbesondere auch das der Übersetzung, vorbehalten. Kein Teil des Buches darf ohne schriftliche Genehmigung des Autors und des Verlages (nicht als Fotokopie, Mikrofilm, auf elektronischen Datenträgern oder im Internet) reproduziert, übersetzt, gespeichert oder verbreitet werden.
Herstellung und Verlag: BoD - Books on Demand, Norderstedt
ISBN: 9783743159532

Die Themen der einzelnen Bände der Reihe „Die Götter der Germanen"

1. Die Entwicklung der germanischen Religion
2. Lexikon der germanischen Religion
3. Der ursprüngliche Göttervater Tyr
4. Tyr in der Unterwelt: der Schmied Wieland
5. Tyr in der Unterwelt: der Riesenkönig Teil 1
6. Tyr in der Unterwelt: der Riesenkönig Teil 2
7. Tyr in der Unterwelt: der Zwergenkönig
8. Der Himmelswächter Heimdall
9. Der Sommergott Baldur
10. Der Meeresgott: Ägir, Hler und Njörd
11. Der Eibengott Ullr
12. Die Zwillingsgötter Alcis
13. Der neue Göttervater Odin Teil 1
14. Der neue Göttervater Odin Teil 2
15. Der Fruchtbarkeitsgott Freyr
16. Der Chaos-Gott Loki
17. Der Donnergott Thor
18. Der Priestergott Hönir
19. Die Göttersöhne
20. Die unbekannteren Götter
21. Die Göttermutter Frigg
22. Die Liebesgöttin: Freya und Menglöd
23. Die Erdgöttinnen
24. Die Korngöttin Sif
25. Die Apfel-Göttin Idun
26. Die Hügelgrab-Jenseitsgöttin Hel
27. Die Meeres-Jenseitsgöttin Ran
28. Die unbekannteren Jenseitsgöttinnen
29. Die unbekannteren Göttinnen
30. Die Nornen
31. Die Walküren
32. Die Zwerge
33. Der Urriese Ymir
34. Die Riesen
35. Die Riesinnen
36. Mythologische Wesen
37. Mythologische Priester und Priesterinnen
38. Sigurd/Siegfried
39. Helden und Göttersöhne
40. Die Symbolik der Vögel und Insekten
41. Die Symbolik der Schlangen, Drachen und Ungeheuer
42. Die Symbolik der Herdentiere
43. Die Symbolik der Raubtiere
44. Die Symbolik der Wassertiere und sonstigen Tiere
45. Die Symbolik der Pflanzen
46. Die Symbolik der Farben
47. Die Symbolik der Zahlen
48. Die Symbolik von Sonne, Mond und Sternen
49. Das Jenseits
50. Seelenvogel, Utiseta und Einweihung
51. Wiederzeugung und Wiedergeburt
52. Elemente der Kosmologie
53. Der Weltenbaum
54. Die Symbolik der Himmelsrichtungen und der Jahreszeiten
55. Mythologische Motive
56. Der Tempel
57. Die Einrichtung des Tempels
58. Priesterin – Seherin – Zauberin – Hexe
59. Priester – Seher – Zauberer
60. Rituelle Kleidung und Schmuck
61. Skalden und Skaldinnen
62. Kriegerinnen und Ekstase-Krieger
63. Die Symbolik der Körperteile
64. Magie und Ritual
65. Gestaltwandlungen
66. Magische Waffen
67. Magische Werkzeuge und Gegenstände
68. Zaubersprüche
69. Göttermet
70. Zaubertränke
71. Träume, Omen und Orakel
72. Runen
73. Sozial-religiöse Rituale
74. Weisheiten und Sprichworte
75. Kenningar
76. Rätsel
77. Die vollständige Edda des Snorri Sturluson
78. Frühe Skaldenlieder
79. Mythologische Sagas
80. Hymnen an die germanischen Götter

Inhaltsverzeichnis

I Fachbegriffe für die Priesterinnen, Seherinnen und Zauberinnen — 12

   I 1. Die Bezeichnungen für die Priesterinnen — 12
- I 1. a) „gode/gydja" — 12
- I 1. b) „diar" — 13
- I 1. c) „ve" — 13
- I 1. d) „blot-kona" — 13
- I 1. e) „kennimadr" — 13
- I 1. f) „gisl" — 14
- I 1. g) „drottningar" — 14

   I 2. Die Bezeichnungen für die Seherinnen und die weisen Frauen — 15
- I 2. a) „visinda-kona" — 15
- I 2. b) Völva / Wala — 15
- I 2. c) „spa-kona", „spa-dis" — 15
- I 2. d) Saga — 15

   I 3. Die Bezeichnungen für die Zauberinnen und Hexen — 16
- I 3. a) „fjölkyngis-kona" — 16
- I 3. b) „görninga-vättr" — 16
- I 3. c) „for-däda" — 16
- I 3. d) „galdra-kona", „galdra-kind" — 17
- I 3. e) „myrk-rida" — 17
- I 3. f) „kvel-rida" — 17
- I 3. g) „tunn-rida" — 17
- I 3. h) „mar-lidendr" — 18
- I 3. i) „seid-kona" — 18
- I 3. j) „fala" — 18
- I 3. k) „haga-zussa" — 19
- I 3. l) „simul" — 19
- I 3. m) „bjarg-rygr", „bjarg-rygjar", „bjarg-rygir" — 19
- I 3. n) Flagd — 20

   I 4. Die Fachbegriffe — 21
- I 4. a) „völr", „gandr" — 21
- I 4. b) „gjarda", „gyrdill" — 21
- I 4. c) „ulf-hanzki" — 21
- I 4. d) „gand-reid" — 21
- I 4. e) „galdr" — 22
- I 4. f) „seidr" — 22
- I 4. g) „anda" — 23
- I 4. g) „anda-liga" — 23
- I 4. h) „anda-gift" — 23
- I 4. i) „andar-auga" — 23

I 4. j)	„fugl-heill"	24
I 4. k)	„önd-vegi"	24
I 4. l)	„vard-lokkur"	24

I 5. Zusammenfassung der Fachbegriffe   *25*
I 6. Kenningar   *30*
I 7. Frauennamen   *31*

II Priesterinnen in der germanischen Überlieferung   32
II 1. Berichte der Germanen   *32*

II 1. a)	Die Geschichte über die Gotland-Leute	32
II 1. b)	Hyndla-Lied	33
II 1. c)	Die jüngere Version der Huldar-Saga	33
II 1. d)	Loddfafnir-Lied	33
II 1. e)	Gesta danorum	34
II 1. f)	Gylfis Vision	34
II 1. g)	Gesta danorum	37
II 1. h)	Zweites Gudrun-Lied	39
II 1. i)	Landnahme-Buch	39
II 1. j)	Landnahme-Buch	39
II 1. k)	Edda-Prolog	39
II 1. l)	Fiölswin-Lied	40
II 1. m)	Saga über Hervor und König Heidrek den Weisen	41
II 1. n)	Gylfis Vision	41
II 1. o)	Sigdrifa-Lied	42
II 1. p)	Oddruns Klage	43
II 1. q)	Völsungen-Saga	45
II 1. r)	Beowulf	46
II 1. s)	Das kleinere der beiden Goldhörner von Gallehus	47
II 1. t)	Die Saga über Sturlaug den Mühen-Beladenen	47
II 1. u)	Saga über Bosi und Herraud	50
II 1. v)	Ibn Fadlans Reisebericht	54

II 2. Berichte von Außenstehenden   *59*

II 2. a)	Die „Geographie" des Strabon	59
II 2. b)	Indiculus superstitionum et paganiarum	59

II 3. archäologische Funde   *60*

II 3. a)	Das Runenkästchen von Auzon	60
II 3. b)	Das Frauen-Grab von Köpingsvid	63
II 3. c)	Das Frauen-Grab von Gävle	63
II 3. d)	Das Frauen-Grab von Fuldby	63
II 3. e)	Das Frauen-Grab von Romsdal	64
II 3. f)	Das Frauen-Grab von Björko	64
II 3. g)	Das Frauen-Grab von Furkat	65

II 3. h)	Das Grab von Hegebyhöga	65
II 3. i)	Das Grab von Birka	65
II 3. j)	Stäbe in Frauen-Gräbern	65
II 3. k)	Das Frauen-Grab von Fyrkat	67
II 3. l)	Oseberg-Schiff	67
II 3. m)	Funde von Broschen in Kessel-Form	68
II 4.	*Frauennamen*	*69*
II 5.	*Zusammenfassung*	*71*

III Seherinnen   73

III 1. Die Seherinnen in den Schriften der Germanen   *73*

III 1. a)	Die Saga über Erik den Roten	73
III 1. b)	Haus-Reiter	76
III 1. c)	Saga über König Olaf den Ruhmreichen Tryggva-Sohn	76
III 1. d)	Saga über Pfeile-Odd	77
III 1. e)	Saga über die Leute aus dem Vatnsdal	77
III 1. f)	Saga über König Olaf den Ruhmreichen Tryggva-Sohn	78
III 1. g)	Der Seherin Ausspruch	79
III 1. h)	Der Seherin Ausspruch	80
III 1. i)	Der Seherin Ausspruch	80
III 1. j)	Inschrift von Elephantine	81
III 1. k)	Ardeatinische Inschrift	81
III 1. l)	Inschrift aus Hippo Regius	81
III 1. m)	Landnahme-Buch	82
III 1. n)	Landnahme-Buch	82
III 1. o)	Lachstal-Saga	82
III 1. p)	Heidarviga-Saga	82
III 1. q)	Njal-Saga	83
III 1. r)	Saga über Kampf-Glum	84
III 1. s)	Hrolf Kraki und seine Recken	85
III 1. t)	Gesta danorum	95
III 1. u)	Sonnenlied	96
III 1. v)	Völsungen-Saga	96
III 1. w)	Völsungen-Saga	96
III 1. x)	Völsungen-Saga	98
III 1. y)	Völsungen-Saga	98
III 1. z)	Orkneyinga-Saga	99
III 1. aa)	Hyndla-Lied	99
III 1. ab)	Landnahme-Buch	99
III 1. ac)	Der Name „Heid"	100
III 2.	*Lied einer Seherin*	*108*
III 2. a)	Der Seherin Ausspruch	108

III 3. Göttinnen als Seherinnen — 117
- III 3. a) Gylfis Vision — 117
- III 3. b) Grimnir-Lied — 117
- III 3. c) Lokasenna — 117
- III 3. d) Lokasenna — 118
- III 3. e) Gylfis Vision — 118
- III 3. f) Skaldskaparmal — 118
- III 3. g) Edda-Prolog — 119
- III 3. h) Odins Rabenzauber — 119

III 4. Riesinnen als Seherinnen — 132
- III 4. a) Saga über Halfdan Brana-Ziehsohn — 132
- III 4. b) Illugi-Saga — 132
- III 4. c) Saga über Halfdan Brana-Ziehsohn — 133

III 5. Nornen als Seherinnen — 134
- III 5. a) Saga über Norna-Gest — 134
- III 5. b) Völsungen-Saga — 136
- III 5. c) Das erste Lied über Helgi Hunding-Töter — 137
- III 5. d) Wegtam-Lied — 138
- III 5. e) Der Seherin Ausspruch — 139

III 6. Walküren als Seherinnen — 140
- III 6. a) Ragnar Lodbrök — 140
- III 6. b) Göndul — 141

III 7. Geister als Seherinnen — 142
- III 7. a) Thorstein-Saga — 142

III 8. Berichte von Außenstehenden — 143
- III 8. a) Commentarii de Bello Gallico — 143
- III 8. b) Tacitus — 143
- III 8. c) Tacitus — 144
- III 8. d) Silvae — 145
- III 8. e) Cassius Dio — 145
- III 8. f) Getica — 146
- III 8. g) Historia Langobardorum — 146
- III 8. h) Origo gentis langobardorum — 147
- III 8. i) Annalen von Fulda — 149
- III 8. j) Gesta danorum — 150
- III 8. k) Hamburgische Kirchengeschichte — 150

III 9. Vorahnungen — 151
- III 9. a) Saga über Haken-Ref — 151
- III 9. b) Saga über Kampf-Glum — 151
- III 9. c) Völsungen-Saga — 151
- III 9. d) Saga über Grettir den Starken — 151

III 10. Sollte man die Zukunft kennen?	*152*
III 10. a) Frischwassertal-Saga	152
III 10. b) Havamal	152
III 11. Mißtrauen gegen Seherinnen	*153*
III 11. a) Havamal	153
III 12. Jacob Grimm: Deutsche Mythologie	*154*
III 13. Zusammenfassung	*189*

IV Zauberinnen   195

IV 1. Zauberinnen allgemein	*195*
IV 1. a) Völsungen-Saga	195
IV 1. b) Egil-Saga	195
IV 1. c) Egil-Saga	195
IV 1. d) Egil-Saga	196
IV 1. e) Heimskringla	196
IV 1. f) Heimskringla	196
IV 1. g) Die Geschichte über Hromund Greipsson	196
IV 1. h) Die Huldar-Saga	197
IV 1. i) Die ältere Version der Huldar-Saga	198
IV 1. j) Die jüngere Version der Huldar-Saga	207
IV 1. k) Saga über König Hrolf Kraki	222
IV 1. l) Gylfis Vision	236
IV 2. Der Flug der Zauberinnen	*237*
IV 2. a) Saga über Sturlaug den Mühen-Beladenen	237
IV 2. b) Illugi-Saga	237
IV 2. c) Gylfis Vision	239
IV 3. Gestaltwandel: Tier	*240*
IV 3. a) Egil-Saga	240
IV 3. b) Thidrek-Saga	240
IV 3. c) Landnahme-Buch	241
IV 3. d) Gesta danorum	242
IV 3. e) Saga über Bosi und Herraud	243
IV 4. Gestaltwandel: die häßliche Frau und die schöne Frau	*245*
IV 4. a) Illugi-Saga	245
IV 4. b) Saga über Grim Struppig-Wange	246
IV 4. c) Wolfdietrich-Lied	250
IV 4. d) Völsungen-Saga	258
IV 4. e) Hrolf Kraki und seine Recken	259
IV 5. Zaubertränke und Zauberspeisen	*261*
IV 5. a) Völsungen-Saga	261
IV 6. b) Das andere Gudrun-Lied	261
IV 5. c) Gesta danorum	265

IV 6. Die Zaubermühle	***267***
IV 6. a) Skaldskaparmal	267
IV 7. Heilerin	***269***
IV 7. a) Skaldskaparmal	269
IV 7. b) Haustlöng	269
IV 8. Fisch-Zauber	***272***
IV 8. a) Landnahme-Buch	272
IV 9. Totenbeschwörung	***273***
IV 9. a) Die Beschwörung der Groa	273
IV 9. b) Gesta danorum	276
IV 9. c) Hervor-Saga	282
IV 10. Tote wiederbeleben	***292***
IV 10. a) Skaldskaparmal	292
IV 10. b) Ragnarsdrapa	293
IV 11. Wetterzauber	***299***
IV 11. a) Saga über Viglund den Blonden	299
IV 11. b) Fridthjof der Kühne	301
IV 12. Kampfmagie	***312***
IV 12. a) Die Geschichte über Hromund Greipsson	312
IV 13. Unverwundbarkeit	***314***
IV 13. a) Huldar-Saga	314
IV 13. b) Saga über Ragnar Lodenhose	314
IV 14. Waffen stumpf machen	***315***
IV 14. a) Cormac-Saga	315
IV 15. Flüche	***320***
IV 15. a) Völsungen-Saga	320
IV 15. b) Saga über Sturlaug den Mühen-Beladenen	321
IV 15. c) Hrolf Kraki und seine Berserker	322
IV 15. d) Saga über Bosi und Herraud	322
IV 15. e) Saga über Grettir den Starken	327
IV 16. Herbeiholen / Mord	***343***
IV 16. a) Heimskringla	343
IV 17. jemanden „reiten"	***345***
IV 17. a) Saga über die Siedler von Eyre	345
IV 18. Sex mit Zauberinnen	***350***
IV 18. a) Loddfafnir-Lied	350
IV 19. Magie und Sex	***351***
IV 19. a) Runenstein von Saleby	351
IV 19. b) Lokasenna	352
IV 19. c) Das erste Lied über Helgi Hundingstöter	352

IV 19. d) Völsungen-Saga	353
IV 20. Zusammenfassung	*354*

V   Hexen — 358

V 1.   Hexen in den germanischen Texten — 358

V 1. a) Ragnarsdrapa	358
V 1. b) Das Lied über Helgi Hiörward-Sohn	359
V 1. c) Havamal	360
V 1. d) Die Saga über Yngvar den Weit-Fahrenden	360
V 1. e) Heimskringla	361
V 1. f) Runenstein von Vetteland	362
V 1. g) Heimskringla	362
V 1. h) Heimskringla	362
V 1. i) Forad in der germanischen Überlieferung	363
V 1. j) Odins Runenlied	363
V 1. k) Harbard-Lied	363
V 1. l) Harbard-Lied	364
V 1. m) Harbard-Lied	364
V 1. n) Wegtam	365
V 1. o) Eyrbyggja-Saga	365
V 1. p) Heimskringla	366
V 1. q) With Färstice	366
V 1. r) Heimskringla	368
V 1. s) Heimskringla	368
V 1. t) Heimskringla	369
V 1. u) Lied über Helgi Hjorvard-Sohn	370
V 1. v) Thor-Lied	370
V 1. w) Zaunreiterinnen	370
V 1. x) Heimskringla	370
V 1. y) Heimskringla	371
V 1. z) Heimskringla	371
V 1. aa) Heimskringla	372
V 1. ab) Heimskringla	372
V 1. ac) Heimskringla	373
V 1. ad) Skaldskaparmal	374
V 1. ae) Landnahme-Buch	374
V 1. af) Amulett von Högstena	374

V 2.   Hexen in den Texten von Außenstehenden — *376*

V 2. a) Angelsächsisches Canon-Gesetz	376
V 2. b) Lex Salica	376
V 2. c) Malleus maleficarum	377

V 3.   Jakob Grimm: Deutsche Mythologie — *378*

V 4. Zusammenfassung	*395*
VI Priesterinnen, Seherinnen und Zauberinnen in der indogermansichen Überlieferung	**398**
VI 1. West-Indogermanen	*398*
VI 1. a) Priesterinnen bei den Kelten	398
VI 1. b) Priesterinnen bei den Römern	398
VI 1. c) Priesterinnen bei den Kelto-Romanen	398
VI 1. d) Priesterinnen bei den Germanen	398
VI 1. e) Priesterinnen bei den Germano-Romanen	398
VI 1. f) Priesterinnen bei den Slawen	399
VI 1. g) Priesterinnen bei den West-Indogermanen	399
VI 2. Süd-Indogermanen	*400*
VI 2. a) Priesterinnen bei den Hethitern	400
VI 2. b) Priesterinnen bei den Süd-Indpgermanen	401
VI 3. Ost-Indogermanen	*402*
VI 3. a) Priesterinnen bei den Griechen	402
VI 3. b) Priesterinnen bei den Ost-Indogermanen	402
VI 4. Priesterinnen bei den Indogermanen	*403*
VII Priesterinnen, Seherinnen und Zauberinnen in der jungsteinzeitlichen Überlieferung	**404**
VII 1. Kulturen des frühen Königtums	*404*
VII 1. a) Priesterinnen bei den Sumerern	404
VII 1. b) Priesterinnen bei den Ägyptern	404
VII 1. c) Priesterinnen bei den Kretern	404
VII 2. Kulturen des frühen Königtums	*404*
VIII Priesterinnen, Seherinnen und Zauberinnen in der altsteinzeitlichen Überlieferung	**405**
IX Die Biographie der Priesterinnen	**406**
VII Das Aussehen der germanischen Priesterinnen, Seherinnen und Zauberinnen	**411**
Themenverzeichnis	416

I Fachbegriffe für die Priesterinnen, Seherinnen und Zauberinnen

Die grundlegenden Ansichten der Germanen über ihre Priesterinnen lassen sich bereits aus den mit ihnen assoziierten Fachbegriffen erkennen.

I 1. Die Bezeichnungen für die Priesterinnen

Es gab im Altnordischen und auch in den anderen germanischen Sprachen eine ganze Reihe von verschiedenen Bezeichnungen für die Priester und die Priesterinnen.

I 1. a) „gode/gydja"

Die wichtigste Bezeichnung für die Priester war „gode" und für die Priesterinnen die entsprechende weibliche Form „gydja".

Die dem zugrundeliegende germanische Form lautet „gudo, gudjon". Dies ist eine Bildung zu „guda" für „Angerufener, Gott". Ein „gudo" ist somit ein Anrufungspriester, wobei dieselben Worte auch für die Priesterinnen benutzt wurden. Mit „gudo" ist das Adjektiv „gud", das der Vorläufer des heutigen deutschen „gut" ist, eng verwandt. Allerdings hat sich nicht das Wort „Gott" aus „gut" heraus entwickelt, sondern umgekehrt.

Der indogermanische Ursprung dieses Wortes lautete „ghuto" für „angerufen", was eine Bildung zu „ghau" für „rufen" ist.

Das wesentliche Motiv in den germanischen Bezeichnungen für die Priester und Priesterinnen ist also deren Tätigkeit der Anrufung der Götter.

Das altnordische Worte „gydja" für „Priesterin" findet sich auch in den Zusammensetzungen „hof-gydja" für „Tempel-Priesterin" und „blot-gydja" für „Blutopfer-Priesterin".

Auch die Bezeichnung für das Priesteramt selber leitete sich von dieser Wortwurzel ab und lautete im Altnordischen „godord".

I 1. b) „diar"

Das Substantiv „diar" („Priester") ist eng mit dem lateinischen „deus" („Gott") und mit dem Namen „Tyr" des ehemaligen germanischen Göttervaters verwandt (indogermanisch: „dhyaus", griechisch: „Zeus", indisch: „deva" usw.).

Dieser Begriff bedeutet demnach „der zu Tyr gehörige" im Sinne von „Tyr-Priester".

Die dazugehörige weibliche Form lautet „Dise". Sie wird jedoch nur selten für die Priesterin, sondern fast immer für eine Göttin verwendet.

I 1. c) „ve"

Die Bezeichnung „ve" für „Priester, Priesterin" bedeutet wörtlich „Geweihte(r/s)". Da sich diese Bezeichnung vor allem in Personen- und Ortsnamen finden, scheint sie zur Zeit der schriftlichen Überlieferung der Nordgermanen bereits unüblich geworden zu sein. Im Angelsächsischen hat sich diese Bezeichnung jedoch in dem Substantiv „wicca" erhalten können, aus dem dann das englische „witch" („Hexe") wurde.

Dieses Wort findet sich auch schon im Germanischen als „wiho" für „Geweihte(r), Priester(in)". Nah damit verwandt ist das Substantiv „weitago(n)" für „Seher(in)".

Die Wurzel dieser Priester-Bezeichnungen ist das indogermanische Verb „ueik" für „aussondern, weihen".

I 1. d) „blot-kona"

Diese Priesterinnen-Bezeichnung ist ein Variante der „blot-gydja" („Blutopfer-Priesterin") und bedeutet „Blutopfer-Frau".

I 1. e) „kennimadr"

Ein „kenni-madr" ist ein „kundiger Mann". Dieser Begriff wurde für Priester und Zauberer verwendet.

Es wäre denkbar, daß es auch eine weibliche Version dieser Bezeichnung gegeben hat, die dann in etwa „kenni-kona" hätte lauten müssen.

I 1. f) „gisl"

Die sehr häufige Verwendung des Wortes „gisl" in den germanischen Personennamen läßt vermuten, daß damit nicht nur „Geisel" gemeint sein kann. „Gisl" hatte auch die Bedeutung „Nachkomme", aber es wäre auch denkbar, daß ein „gisl" die „Geisel einer Gottheit", also eine dieser Gottheit geweihte Person gewesen ist.
Diese Deutung der mit „gisl" gebildeten Personennamen ist jedoch unsicher.

I 1. g) „drottningar"

Ein „drott" ist ein Hausmitbewohner, ein Sippenmitglied, das Heer, ein Anführer, der Herr, der Meister, der König und Gott. Diese Bezeichnung eines Priesters ist also vor allem eine ehrerbietige Anrede – so ähnlich wie das christliche „Hochwürden".
Eine „drottningar" ist eine Herrin, Königstochter oder Königin – möglicherweise wurden auch Priesterinnen so angeredet, auch wenn dies nicht überliefert ist.

I 2. Die Bezeichnungen für die Seherinnen und die weisen Frauen

Die Seherin läßt sich meistens nicht von der weisen Frau unterscheiden – auch die Abgrenzung zur Priesterin und zur Zauberin ist schwierig, da es sich letztlich um dieselben Personen handelt, die lediglich einen verschiedenen Aspekt ihres Berufes ausüben – oder aus einer unterschiedlichen Perspektive gesehen werden.

I 2. a)   „visinda-kona"

Dieser Name bedeutet „Weisheits-Frau", also „weise Frau", womit in der Regel Seherinnen bezeichnet werden.

I 2. b)   Völva / Wala

Diese beiden Namen sind sprachliche Varianten desselben Substantives, der „Stab-Frau", d.h. „Stab-Trägerin" bedeutet. Der Stab als Symbol des Weltenbaumes, der Diesseits und Jenseits verbindet, war eines der Abzeichen der Seherinnen.

Diese Bezeichnung ist inhaltlich mit dem Begriff „Druide" verwandt, das sich aus „dru-vid" zusammensetzt und „Eichen-Seher" bedeutet. Im Keltischen, aus dem der Begriff „Druide" stammt, gab es es auch die genaue Entsprechung zu „Wala", die „Veled" lautete: „Stab-Träger(in)", d.h. „Seher(in)".

I 2. c)   „spa-kona", „spa-dis"

Das altnordische Verb „spa" bedeutet „spähen" und wurde vor allem im Sinne von „in die Zukunft blicken" gebraucht. Diese „Späher-Frau" ist also eine „Zukunfts-Schauerin", d.h. eine Seherin.

Von diesem Begriff gab es auch die Variante „spa-dis", was „Seher-Göttin" bedeutet – die Seherinnen wurden des öfteren übernatürlichen Wesen verglichen.

I 2. d)   Saga

Der Name dieser Göttin bedeutet „Seherin". Sie wird durch die Verselbständigung eines Beinamens der Freya entstanden sein.

I 3. Die Bezeichnungen für die Zauberinnen und Hexen

Zu den Zauberinnen gibt es eine ganze Reihe von verschiedenen Bezeichnungen, die sich vor allem auf ihre Tätigkeit beziehen.

Dieselben Bezeichnungen können wertschätzend-furchtsam „Zauberin", aber auch ängstlich-verdammend „Hexe" bedeutet – dies hing lediglich von der Perspektive des Sprechers ab.

I 3. a)   „fjölkyngis-kona"

Dieser Name bedeutet „vielwissende Frau", wobei dieses Wissen eine klare Assoziation zur Magie hat. Daher kann man diesen Namen sinngemäß mit „Magiekundige Frau" übersetzen.

Als „Weisheits-Frau" wird u.a die zauberkundige Grimhild bezeichnet. In manchen Sagen wird dieser Begriff auch nicht ganz treffend mit „eine Frau, die zuviel wußte" übersetzt.

I 3. b)   „görninga-vättr"

Ein „görning" ist eine Tat, insbesondere eine mithilfe von Magie vollbrachte Tat. Dieses Substantiv leitet sich von dem Verb „gör" für „erbitten, erflehen" ab, das sich in diesem Zusammenhang offensichtlich auf eine Anrufung der Götter bezieht.

Eine „vättr" ist ein „Wesen, Wicht, Geist, übernatürliches Wesen".

Die Bezeichnung einer Zauberin als „görninga-vättr" sieht sie somit als ein durch ihre Anrufungen fast übernatürliches Wesen an, das durch ihre von den Göttern unterstützte Magie Dinge vollbringen kann, die ansonsten unmöglich sind.

Der Ursprung dieses Namens liegt offenkundig in den Anrufungen der Götter im Kult durch die Priester und Priesterinnen.

I 3. c)   „for-däda"

Diese Bezeichnung ist recht neutral und bedeutet wörtlich „förderliche Tat", womit ein Zauber gemeint ist, der das Vorhaben einer Person unterstützt. „for-däda" ist somit ein recht technisch-neutraler Begriff für „Zauberin" – sozusagen eine „Förderin".

I 3. d) „galdra-kona", „galdra-kind"

Der „galdr" ist der rituelle Gesang. Eine „galdr-kona" ist daher eine Kultsängerin oder eine Zauberin, die Zauberlieder singt.

„Galdr-kind" ist eine unspezifischere Variante dieser Bezeichnung und bedeutet in etwa „Galdr-Kundige" oder „eine, die Zauberlieder singt". Das Substantiv „kind" bedeutet „Sippe, Kind", aber auch „vertraut, vertraut mit, kundig" und ist eng mit dem englischen „kind" für „Sippe, Art, Weise" verwandt.

I 3. e) „myrk-rida"

Die Zauberinnen wurden auch als „Düsternis-Reiterinnen" bezeichnet. Dieses düstere „myrk", mit dem man auch die Nacht bezeichnete, ist eng mit „myrk-vid", dem „Düsterwald" assoziiert worden, der zwischen dem Diesseits und dem Jenseits lag.

Die „myrk-rida" sind daher wie die „mar-lidendr" Jenseitsreisende – die einen „reiten" durch oder über den Düsterwald und die anderen über die Meeres-Jenseits-wasser.

I 3. f) „kvel-rida"

Diese „Nacht-Reiterin" ist eine Variante der „myrk-rida" – auch die Nacht war ein Symbol für das Jenseits.

I 3. g) „tunn-rida"

Das „Reiten" der Zauberinnen bezieht sich auf die Astralreise, die auch Trance-Reise oder Jenseitsreise genannt werden kann. Bei dieser Reise bzw. diesem „Ritt" verläßt sie mit ihrer Seele (Astralkörper) ihren materiellen Leib und fliegt bzw. „reitet" dann nach Belieben umher, so wie dies anschaulich für Odin geschildert wird. Das „Roß" bei diesem „Ritt" ist oft der „Zauberstab", der später dann als „Hexenbesen" in den Untergrund ging.

Der Grund für dies Motiv ist, daß es auf diesen Astralreise manchmal eine Erleichterung ist, wenn man das Erlebnis des Schwebens bzw. Fliegens durch das Sitzen auf einem Stab, Besen, Teppich o.ä. rationalisieren kann – schließlich stellt das Erlebnis des Verlassens des eigenen materiellen Körpers und das Erlebnis des Schwebens in der Luft (im Astralkörper) einen heftigen Bruch mit der normalen Selbstwahrnehmung dar ...

Ein „tun" ist ein eingezäunter Bereich oder ein Hof. Auch eine Stadt konnte so bezeichnet werden – wie z.B. „Sigtuna" oder „Noatun".

Eine „tunn-rida" ist somit eine „Haus-Reiterin". Vor ihnen warnt Odin im Havamal: „Eine zehnte Rune kenne ich, wenn Haus-Reiterinnen durch die Lüfte fliegen ..."

Das „Haus-Reiten" könnte sich auf das Sitzen der Priesterin-Seherin-Zauberin auf einem Hochsitz bei der Ausübung ihres Berufes beziehen, der manchmal durch ein „Gestell" für mehrere Zauberer oder Zauberinnen oder sogar durch ein Hausdach ersetzt wurde. Diese letzte Variante des „erhabenen Sitzes" wird der Ursprung der Bezeichnung „Haus-Reiterinnen" sein.

I 3. h) „mar-lidendr"

Der Name „Meer-Überquererin" bezieht sich auf die Jenseitsreisen, die das wesentliche Element in den Tätigkeiten und Fähigkeiten der Priesterinnen, Sehrinnen und Zauberinnen ist. Das benutzte Bild ist hier dasselbe wie bei der Schiffsbestattung des Baldur: die Reise in das Jenseits ist eine Fahrt über die Jenseitswasser. Einer der Ursprünge dieses Motivs ist vermutlich die Reise der Sonne über den Himmel, die am Abend im Westen im Meer versinkt und in die Unterwelt eingeht.

I 3. i) „seid-kona"

Manchmal wurden die Seherinnen auch „Seidkona", d.h. „Seidr-Frau" im Sinne von „zauberkundige Frau" genannt.

I 3. j) Fala

Diese Bezeichnung für „Trollfrau, Hexe" bedeutet „Feuchte" – vermutlich im Sinne von „die in der Wasserunterwelt". Dieser Name könnte daher ursprünglich ein Beiname der Göttin-Riesin Ran gewesen sein, die auch als todbringende Zauberin angesehen wurde. Thematisch entspricht diese Bezeichnung der „Meeres-Überquererin".

Dieser Name ist auch mit dem germanischen Adjektiv „fela(z)" für „erschreckend" verwandt.

I 3. k) „haga-zussa"

Dieses Wort ist die Wurzel des deutschen „Hexe". „Hagazussa" setzt sich aus „hag" für „umhegter Bereich, Weide, Garten" und „tusja" für „Elfe, Geist" zusammen. Die „hagtusja" ist daher zunächst wohl einfach ein „Puki", also ein „Landwächter-Geist" gewesen, der nach und nach zu einem gefürchteten Geist und schließlich zu der Bezeichnung für die gefürchteten zauberkundigen Frauen geworden ist.

Der Kobold hat ein ganz ähnliches Schicksal gehabt: Zunächst war er ein „kobwalt", d.h. „Haus-Schützer", womit vermutlich der hilfreiche Geist des Ahns, der das Haus errichtet hat, gemeint war. Erst nach der Christianisierung wurde er wie der gesamte Ahnenkult in den mehr oder weniger stark dämonisierten religiösen Untergrund verdrängt.

Kobold und Hagtusja könnten ursprünglich das Paar, daß den Hof errichtet hat, gewesen sein, wobei der Ahnherr das Haus (Kobold) und die Ahnfrau den Garten (Hagtusja) beschützt hat – aber diese Interpretation ist nicht durch Texte belegt und daher recht spekulativ.

I 3. l) „simul"

Ein „simul" ist ein weibliches Rentier und im übertragenden Sinne auch ein Trollweib. Es wäre denkbar, daß dieser Name einen Zusammenhang mit den Wiederzeugungs-Vorstellungen hat, in denen die Göttin ein weibliches Herdentier ist.

Auf jeden Fall ist diese Bezeichnung alles andere als respektvoll.

I 3. m) „bjarg-rygr", „bjarg-rygjar", „bjarg-rygir"

Eine „rygr" ist eine Frau, Hausfrau oder eine Riesin. Dieser Begriff wird meist als „Frau aus Rogaland" erläutert, aber es ist auch eine Herleitung von „rig" für „Herrscher, König" denkbar, was die Bedeutung „Hausherrin" auf eine allgemeinere Weise erklären würde. Das Substantiv „bjarg" bezeichnet die Geburt. Eine „bjarg-rygr" ist somit eine „Geburts-Frau", d.h. eine Hebamme.

Die Tätigkeit der Hebamme war bei den Nordgermanen wie bei den meisten anderen Völkern auch eng mit dem Geburtsorakel und der Schicksalsverkündung verknüpft. Daher stehen die Hebammen eng mit den Nornen und auch mit den Priesterinnen-Seherinnen in Verbindung.

Es ist unbekannt, ob die Priesterinnen stets zugleich Hebammen gewesen bzw. alle Hebammen auch Priesterinnen waren, aber dies wird sehr wahrscheinlich des öfteren der Fall gewesen sein. Im Oddrun-Lied zeigt sich jedenfalls deutlich, daß die Hebamme auch Zauberlieder kannte und eine Verbindung zu den Göttinnen hatte.

I 3. n) „flagd"

Ein „flaga" ist ein Schlag, ein plötzlicher Anfall u.ä. Dinge. Dieses Wort ist mit lateinisch „flagellum" für „Peitsche, Geißel, Dreschfelgel" verwandt. Auch in dem deutschen Wort „Dreschflegel" steckt noch der „flaga" und ein „Flegel" selber ist ursprünglich ein „Schläger" gewesen.

Eine „Flagd" ist also eine Frau, die schlägt und dadurch Schaden verursacht – damit kann durchaus auch der „Hexenschuß", also der plötzliche Schmerz im Rücken gemeint sein. Als „Flagd" konnte sowohl eine Hexe als auch eine Trollfrau bezeichnet werden – beides wurde spätestens in der Epoche der fortgeschrittenen Christianisierung weitestgehend gleichgesetzt.

I 4. Die Fachbegriffe

Im Kult gab es eine große Anzahl von Fachbegriffen, von denen im folgenden jedoch nur diejenigen aufgeführt sind, die besonders eng mit den Priesterinnen verbunden sind. Die übrigen finden sich in den betreffenden Kapiteln, u.a. in Band 56 über den Tempel.

I 4. a)   „völr", „gandr"

Der Stab in der Hand der Priesterin-Seherin-Zauberin symbolisiert den Weltenbaum und somit die Verbindung zu dem Jenseits, in dem sich die Götter und die Ahnen befinden. Aus ihm wurde später der Zauberstab und der Hexenbesen, also der als unauffälliges Haushaltsutensil getarnte Seherinnenstab.

Sowohl „völr" als auch „gandr" bedeuten „Stab". „Völr" ist mit dem deutschen „Wall" für „Erdanhäufung mit Palisadenzaun" verwandt.

I 4. b)   „gjarda", „gyrdill"

Der Gürtel war neben dem Stab und den Handschuhen eines der drei Berufs-Abzeichen der Priester und Priesterinnen.

I 4. c)   „ulf-hanzki"

Der „Wolfs-Handschuh" wurde von Zauberinnen getragen. Die Handschuhe waren eines der drei Kennzeichen einer Priesterin-Seherin-Zauberin: Stab, Gürtel und Handschuh.

I 4. d)   „gand-reid"

Der „gand-reid", also der „Ritt auf dem Zauberstab" ist die technische Bezeichnung der Nordgermanen für die Astralreise. Die Ähnlichkeit mit dem späteren Flug der Hexen auf ihren Besen ist nicht zu übersehen.

I 4. e) „galdr"

Der „galdr" ist der Kultgesang bzw. Zaubergesang.

I 4. f) „seidr"

Der „seidr" ist die Braukunst oder Sudkunst (Sieden), die sich auf das Kochen des Fleisches der Opfertiere und auf das Herstellen des Ritual-Mets und der Zaubertränken bezieht.

Dieser Begriff wurde mit der Zeit zu einer allgemeinen Bezeichnung für „Magie", was zeigt, daß der „seidr" ursprünglich eine der wichtigsten Tätigkeiten im Kult gewesen sein muß.

Das altnordische „seidr" ist jedoch nicht mit dem deutschen Verb „sieden" verwandt, das wie das altnordische Verb „sjoda" für „kochen, sieden" von dem germanischen Verb „seuthan" für „kochen, sieden" abstammt. Die Wurzel dieses Wortes ist wiederum das indogermanische Verb „seut" für „bewegen". Das Kochen ist also nach dem aufwallenden Wasser im Kessel benannt worden.

Von dem altnordischen Verb „sjoda" für „kochen, sieden" ist das Substantiv „sjodr" für „Koch" abgeleitet worden.

Der Ursprung des altnordischen „seidr" für „Zauber, Strick, Band, Gürtel" ist das germanische „seithaz" für „Zauber, Strick". Der Ursprung dieses Wortes ist das indogermanische „sei" für „binden, Strick".

Es stellt sich jetzt natürlich die Frage, um welchen Strick es sich hier wohl handeln mag, der zu der Bedeutung „Zauberei" geführt hat.

Es wäre der Gürtel der Priester und Priesterinnen denkbar – aber dieser Gürtel ist nirgendwo in der Überlieferung derartig wichtig, daß er plausiblerweise zu der Bedeutung „Zauberei" hätte führen können.

Ein zweites Substantiv mit der Bedeutung „Band, Schnur, Fessel" hat jedoch eine zentrale Bedeutung in der germanischen Religion: „bönd". Nach diesem Band konnten die Götter als „Bönd" bezeichnet werden. Damit sind die Götter als diejenigen, mit denen die Menschen verbunden sind, gemeint. Das Urbild für dieses Band, das einen Bund bildet, ist die Nabelschnur.

Das Wort „Religion" hat genau dieselbe Bedeutung wie „bönd", da es „Wieder-Anbindung" bedeutet. Das Bönd und die Religion binden die Menschen wie mit einer Nabelschnur an die Götter an und geben ihnen auf diese Weise Schutz und Geborgenheit.

Der Begriff „bönd" stammt somit aus dem Kult. Er hat vermutlich einst wie das ägyptische „nefer" oder das chinesische „Wu wei" das sinnvolle Verhalten bezeichnet. Er wird zudem wie das ägyptische „hotep" oder das chinesische „Tê" den guten Zustand beschrieben haben, der erreicht wird, wenn man im Einklang mit der eigenen Seele und mit den Göttern lebt.

I 4. g)   „anda"

Dieses Substantiv bedeutet „Atem, Lebenskraft, Seele". Die Gleichsetzung dieser drei Dinge findet sich in vielen Religionen. So wird z.B. sowohl der Wind als auch der Geist Gottes, „der über den Wassern schwebte", am Anfang der Genesis der Bibel „ruach" genannt. Dieses Bild der Wind-Seele findet sich auch bei den Germanen, die die Seele und das Bewußtsein „Wind der Riesin" nennen konnten – wobei diese „Riesin" die Göttin im Jenseits ist, die die Seelen nach dem Tod der Menschen wiedergebiert.

I 4. h)   „anda-liga"

Dieses Adjektiv, das man wörtlich mit „Seelen-gleich" bzw. „zur Seele gehörend" übersetzen kann, bedeutet „spirituell, religiös, magisch".

I 4. i)   „anda-gift"

Das „Seelen-Geschenk" ist die „Inspiration.

I 4. j)   „andar-auga"

Dieses „Seelen-Auge" ist das „spirituelle Auge", d.h. das „Dritte Auge" aus dem Yoga, mit dessen Hilfe man Visionen sehen (innere Bilder) und auch hellsehen kann (Lebenskraft wahrnehmen).
Dieses „Dritte Auge" wurde auch als „hugsanar-augu", d.h. als „Geist-Augen" bezeichnet.

I 4. j) „fugl-heill"

Das zusammengesetzte Substantiv „fugl-heill" bedeutet wörtlich „Vogel-Klang" im Sinne von „Vogel-Omen".

Dies ist eine weit verbreitete Orakel-Variante, da die Vögel mit den Seelenvögel der Ahnen, von denen man Rat und Hilfe erhoffte, assoziiert wurden.

I 4. k) „önd-vegi"

„Önd" ist eine Variante von „and".

Dieser „Seelen-Weg" ist eine Bezeichnung für die beiden Säulen, die hinter dem Hochsitz und innen vor dem Tempeltor standen. Sie sind oben durch einen Bogen verbunden gewesen und stellten das Tor zum Jenseits dar. Hinter dem Hochsitz verbanden sie den Herrscher auf seinem Sitz mit dessen Ahnen und innen hinter dem Tempeleingang ermöglichten sie den eintretenden Kult-Teilnehmern den Kontakt mit den Göttern. Auf Schnitzereien, Wandteppichen u.ä. wurden Tempel oft nur durch diese beiden Säulen und den sie verbindenden Bogen dargestellt, unter dem dann in der Regel eine Seherin oder ein Herrscher sitzt.

Diese beiden Säulen wurden „öndvegi-sula", also „Jenseitsweg-Säulen" genannt.

I 4. l) „vard-lokkur"

Diese „Wächter-Anrufungen" sind die Lieder, die gesungen wurden, wenn die Seherin innerlich ins Jenseits reiste, um die Götter und Ahnen zu befragen.

I 5. Zusammenfassung der Fachbegriffe

Die Existenz der in Klammern gesetzten Begriffe wird nur vermutet, aber ist nicht nachgewiesen.

Die Priester und die Priesterinnen wurden vor dem Antritt ihrer Tätigkeit geweiht, bzw. sind durch ihre „Ausbildung" zu einem bzw. zu einer Geweihten geworden.

altnordischer Begriff	wörtliche Übersetzung	Bedeutung
ve	Geweihte(r)	Priester(in)
gisl	Gott-Geweihte(r) (?)	Priester(in)
diar (dise)	(der/die zu Tyr Gehörige)	

Um diese Weihung zu erlangen, mußten sie jedoch in der Lage sein, ins Jenseits zu reisen (Astralreise) und dort Kontakt mit den Göttern und Ahnen aufzunehmen, da von ihnen aller Rat und alle Hilfe kommt.

altnordischer Begriff	wörtliche Übersetzung	Bedeutung
gand-reid	Stab-Ritt	Astralreise („Ritt auf dem Hexenbesen")
myrk-rida	Düsternis-Reiterin	Jenseitsreisende (über den Düsterwald)
kval-rida	Nacht-Reiterin	Jenseitsreisende (durch die Nacht)
tunn-rida	Haus-Reiterin	Jenseitsreisende (auf dem Dach statt auf dem Hochsitz)
mar-lidendr	Meer-Übequererin	Jenseitsreisende (über die Meeres-Jenseitswasser)
Fala	Feuchte	mit dem Jenseitswasser verbundene Frau; Riesin-Name

Nach dem Erlernen dieser Jenseitsreise und den dadurch begründeten Kontakt zu den Göttern und den Ahnen waren sie in der Lage, effektiv durch das Jenseits-Tor zu gehen, die Götter und Ahnen zu sehen sie mit Worten und Liedern um Rat und Hilfe zu bitten.

altnordischer Begriff	wörtliche Übersetzung	Bedeutung
and, önd	Atem	Atem, Lebenskraft, Bewußtsein, Seele
önd-vegis	Seelen-Weg	Jenseitsweg
önd-vegis-sula	Seelenweg-Säulen	Jenseitsweg-Tor, Jenseitstor
gydja	Anrufende	Anrufungs-Priesterin
görninga-vättr	anrufende „Göttin"	Anrufungs-Priesterin, Zauberin
galdr	Gesang	Kultgesang, Zaubergesang; Magie
vard-lokkur	Wächter-Anrufung	Kultgesang (bei der Jenseitsreise der Seherin)
galdra-kona	Zaubergesang-Frau	Zauberin
galdr-kind	Zaubergesangs-Kundige(r)	Zauberin
anda-liga/ligr	Seelen-gleich	spirituell, religiös, magisch
anda-gift	Seelen-Geschenk	Inspiration
andar-auga	Seelen-Auge	„Drittes Auge" (Visionen, Hellsehen)
hugsanar-augu	Geist-Auge	„Drittes Auge" (Visionen, Hellsehen)

Wenn eine Frau auf diesem Weg nun eine Priesterin geworden war, durfte sie die drei Abzeichen der Priesterin-Seherin-Zauberin tragen: Stab, Gürtel und Handschuhe.

altnordischer Begriff	wörtliche Übersetzung	Bedeutung
völr	Stab	Priesterinnen-Stab, Zauberstab
gandr	Stab	Priesterinnen-Stab, Zauberstab
völva, wala	Stab(-Frau)	Stabträgerin (Priesterin, Seherin, Zauberin)
gjarda	Gürtel	Gürtel (Abzeichen der Priesterin)
gyrdill	Gürtel	Gürtel (Abzeichen der Priesterin)
ulf-hanzki	Handschuhe aus Wolfsfell	Handschuhe (Abzeichen der Priesterin)

Nun konnte die Priesterin auch die Rituale durchführen, die zu einem wesentlichen Teil aus den Opferungen bestanden.

altnordischer Begriff	*wörtliche Übersetzung*	*Bedeutung*
blot-kona	Opfer-Frau	Priesterin
blot-gydja	Opfer-Anrufende	Priesterin
seidr	Band, Verbindung, Bund	Religion, Kult, Zauberei

Ein zweiter wichtiger Teil der Tätigkeiten der Priesterinnen war das „Sehen", also das Erkennen der Zukunft und manchmal auch der Dinge, die weit fort waren. Dadurch wurde sie zu einer „Frau, die viel weiß" und die weise ist.

altnordischer Begriff	*wörtliche Übersetzung*	*Bedeutung*
spa-kona	Späher-Frau	Seherin
spa-dis	Späher-Göttin	Seherin
Saga	Sagende, Sprechende	Seherin, Verkünderin (Göttin-Name)
visindi-kona	Weisheits-Frau	weise Frau, Zauberin
fjölkyngis-kona	vielwissende Frau	weise Frau, Zauberin
(kenni-kona)	(Kundige)	(Priesterin)
fugl-heill	Vogel-Klang	Deutung von Vogel-Omen

Die dritte Aufgabe der Priesterinnen war die magische Unterstützung der Menschen, die bei ihr Rat und Hilfe suchten.

altnordischer Begriff	*wörtliche Übersetzung*	*Bedeutung*
for-däda	Tat-Fördernde	Zauberin

Eine vierte, in der Überlieferung meist im Hintergrund stehende, jedoch sehr wichtige Funktion der Priesterin war die der Hebamme.

altnordischer Begriff	wörtliche Übersetzung	Bedeutung
bjarg-rygr	Geburts-Frau	Hebamme (oft eine Priesterin)

Es wird auch einige ehrfurchtsvolle Anreden für die Priesterinnen gegeben haben.

altnordischer Begriff	wörtliche Übersetzung	Bedeutung
dise	zu Tyr Gehörende	„Geehrte"
drottningar	Herrin	„Hochwürden"

Aus einigen der Bezeichnungen für die Priesterin sind nach der Christianisierung Schimpfworte geworden.

Fachbegriffe		
altnordischer Begriff	wörtliche Übersetzung	Bedeutung
hag-tusja	Garten-Geist	Garten-Schutzgeist; später dann: Hexe
simul	Rentier-Weibchen	Trollfrau, Zauberin
flagd	Schlägerin	Trollfrau, Hexe; Name einer Riesin

Aus diesen Begriffen ergibt sich, daß die Priesterin eine geweihte Frau ist, die in der Lage ist, durch das Jenseitstor zu den Göttern und Ahnen zu reisen und von ihnen mithilfe von Anrufungen und Gesängen Rat und Hilfe zu erhalten, die die Priesterin dann den Hilfesuchenden in der Form von dem Erkennen der Zukunft und magischer Unterstützung weitergibt. Sie leitet auch die Opferungen für die Götter, sie ist die weise Frau und sie ist auch die Hebamme. Ihre Kennzeichen sind Stab, Gürtel und Handschuhe.

Aus dem Althochdeutschen sind noch einige weitere Bezeichnungen für den Priester und die Priesterin bekannt, die die damaligen Vorstellungen über das Wesen und die Aufgaben der heidnischen Priesterschaft veranschaulichen:

anabetari	= Anbeter, Wahrsager, heidnischer Priester
barawari	= Opferschauer, Opferpriester
opfarari	= Opferpriester
ewahalto	= Gesetzeshalter, Hohepriester
eowartinna	= Gesetzeshalterin, Hohepriesterin
wihari	= einer, der Priester weiht
galstarari	= Zauberer, Gaukler, Astrologe
harugari	= Wahrsager, heidnischer Priester, Zeichendeuter

Die zusätzliche Information, die sich in diesem Namen findet, ist die Aufgabe des „Gesetzeshalters", d.h. vermutlich des Bewahrers der von der Gemeinschaft festgelegten Regeln, wie dies z.B. für Island bezeugt ist, wo zu Beginn eines größeren Thing der Zuständige die Gesetze vortrug. Dies wird ursprünglich eine Aufgabe der Priester gewesen sein, die zugleich auch die Skalden waren, die die gesamte Überlieferung auswendig lernten.

Die Astrologie als eine Form des Orakels ist aus dem Mittelmeerraum in die althochdeutschen Vorstellung über die heidnischen Priester gelangt.

I 6. Kenningar

Diese Schilderung der Priesterinnen wird durch die Kenningar bestätigt und durch einige kleine Details ergänzt.

Zur Ausübung ihrer Tätigkeit brauchten die Priesterinnen, Seherinnen und Zauberinnen den Kontakt zu den Wesen des Jenseits:

Riesin	*Sorgen-Gefährtin der Seherin*	Riesin = Hel	Bragi Boddason der Alte	(Skaldskaparmal)
Hel	*freundliche Gefährtin der Seherin*	Hel	Bragi Boddason der Alte	(Skaldskaparmal)

Diesen Kontakt zu den Gottheiten und Ahnen erlangen sie durch ihre Jenseitsreisen:

Trollfrau	*Sonnen-Abendreiterin*	wohl eine Assoziation zu der Wiedergeburtsgöttin, zu der Tyr, d.h. die Sonne nach ihrem abendlichen Tod gelangt	Thorvaldr Hjaltson	Lausavisur

Die Priesterinnen-Zauberinnen singen die Kultgesänge bzw. die Zauberlieder:

Hexe	*Zaubergesang-Reiterinnen der grünen Schilde*	Zaubergesang-Reiterin = Hexe, Troll-Frau; grüner Schild = Garten	Sturla Thordarson	Hakonarkvida

Die Priesterinnen-Zauberinnen tragen einen Stab und einen Ring – ob dieser Ring zu ihrer Insignien gehört, ist unsicher, da er ansonsten nur bei den Priestern und den Thing-Leitern (was in der Regel dasselbe ist) erwähnt wird.

Arm	*das glänzend-gepflügte steile Feld der Ringe des Seherin-Stabes*	Feld des Stabes = Arm, der den Stab hält; steiles Feld = hängender Arm; Ring und Stab sind Symbole der Seherinnen; glänzend-gepflügt = mit goldene Armreifen versehen	Thjodolfr Arnorsson	Sexstefja

I 7. Frauennamen

Viele Frauen- und Walkürennamen scheinen darauf hinzuweisen, daß es einst auch Sonnenpriesterinnen gegeben zu haben scheint. Diese würden dann als „Dise" den männlichen „Diar" entsprechen, die bis zur Völkerwanderungszeit die Priester des Sonnengott-Göttervaters Tyr gewesen sind.
Dem entspricht die bereits genannte Trollfrau-Kenning „Sonnen-Abendreiterin".

Priesterinnen-Namen		
Name	*Übersetzung*	*Bedeutung*
Heidvik	Licht-Priesterin	Walküre (Licht = Schwert)
Heid	Licht	Seherin (ein häufiger Seherinnen-Name)
Sölvi	Sonnen-Priesterin	Priesterin
Sunnlöd	Sonnen-Einladung	Priesterin
Solbjörg	Sonnen-Helferin	Priesterin (?)
Solvör	Sonnen-Frau	Priesterin (?)
Solveig	Sonnen-Macht	Priesterin (?)
Solgerd	Sonnen-Schutzort	Priesterin (?)
Solrun	Sonnen-Rune	Priesterin (?)
Sunngifu	Sonnen-Gabe	Priesterin (?)
Ljotunnr	Licht-Woge	Priesterin (?)

II Priesterinnen in der germanischen Überlieferung

Zu die Priesterinnen bei den Germanen gibt es recht verschiedenartige Beschreibungen und Hinweise.

Der Übergang zwischen Priesterinnen, Seherinnen und Zauberinnen ist sehr fließend – letztlich sind sie dieselbe Frauen, nur in verschiedenen Funktionen und z.T. in verschiedener Bewertung durch die Gemeinschaft.

Die Auffassung der Germanen über die Priesterinnen und die Priester ist sich naturgemäß sehr ähnlich, weshalb es sinnvoll ist, zum Verständnis des Charakters und der Stellung der Priesterinnen auch den Band 59 Kapitel über die Priester und evtl. noch die Bände über die rituelle Kleidung und den Schmuck (Band 60), den Tempel (Band 56), die Einrichtung des Tempels (Band 57) sowie das Kapitel über den Kult und das Kapitel über die Opferungen, die sich beide in Band 64 befinden, hinzuzuziehen.

II 1.   Berichte der Germanen

II 1. a)   Die Geschichte über die Gotland-Leute

Der folgende Bericht ist ein indirekter Hinweis auf eine Priesterschaft:

In jenen Tagen und noch lange danach glaubten die Menschen an den Heiligen Hain und das Hügelgrab, an Tempel und geweihte Bereiche und an die heidnischen Götter.

Sie opferten ihre Söhne und ihre Töchter und ihr Vieh während sie Feste feierten und tranken. Das taten sie in ihrem Irrglauben.

Das Hauptopfer bei diesen Leuten war das für das ganze Land, aber jedes Drittel hatte seine eigenen, kleineren Versammlungen mit kleineren Opfern aus Vieh, Nahrung und Bier.

Sie wurden „suth-nautar", also „Brüder des Brühens" genannt, denn sie kochten gemeinsam bei dem Opfer-Fest.

Die Formulierung „an 'holt' und 'howe' glauben", also an „Hain und Hügel", klingt wie eine feststehende Redewendung.

Hier ist das gotländische „suth", das dem altnordischen „seidr" entspricht, als „sieden" aufgefaßt worden.

II 1. b) Hyndla-Lied

In diesem Lied zählt Hyndla (Hel) in einer ihrer Namens-Listen u.a. eine Priesterin mit dem Namen Hledis auf. Ob deren Name, der „Meeres-Dise" bedeutet, einen Bezug zu ihrem Beruf hat, ist unklar, aber gut denkbar.

Hyndla:
„Du bist Ottar, der Sohn des Instein,
und Instein ist der Sohn von Alf dem Alten,
Alf der des Ulf, Ulf der des Säfari,
und Säfaris Vater war Svan der Rote.

Deine Mutter strahlend mit schönen Armreifen,
wurde, denke ich, Hledis die Priesterin genannt;
Frothi war ihr Vater und Friaut ihre Mutter –
Übermenschlich schien diese ganze Sippe."

II 1. c) Die jüngere Version der Huldar-Saga

In dieser Saga wird die Göttin Thorgerdr Holgabraut als eine Seherin, Priesterin und Zauberin aufgefaßt. Sie hatte die Funktion der Anrufungs-Priesterin.

Als Vedrhallr sein zwölftes Jahr vollendet hatte, zog er westwärts auf Heerfahrt. In einem Kampf mit dem Wikinger Sotrudr, einem Neffen des Riesen Helreginn, gerät er in schwere Gefahr, wird aber nach Anrufen der Thorgerdr durch deren Hilfe errettet.
Sie aber wurde Holga-Braut genannt oder auch Horga-Braut und ihr Tempel hieß „Steinaltar". Der Tempel der Göttin hieß deshalb „Steinaltar", weil dort die Anrufungs-Priesterin die Göttin herbeirief. Einige aber nannten sie auch Holgatröll.

II 1. d) Loddfafnir-Lied

Offenbar saßen die Seherinnen und Seher wie Odin auf einem Hochsitz („Rednerstuhl"), wenn sie ihre Visionen oder ihre Weisheiten verkündeten:

Zeit ist's zu reden vom Rednerstuhl.
An dem Brunnen Urdas
Saß ich und schwieg, saß ich und dachte
Und merkte der Männer Reden.

Von Runen hört ich reden und vom Ritzen der Schrift
Und vernahm auch nütze Lehren.
Bei des Hohen Halle, in des Hohen Halle
Hört ich sagen so:

Anschließend folgen die Ratschläge.

II 1. e) Gesta danorum

In dieser „Geschichte der Dänen" tritt der Gott Hödur als der Held „Hother" auf. Er gelangt, nachdem er sich auf einer Jagd in einem Nebel verlaufen hat, in einem Wald zu der Hütte von drei Walküren.

Dies ist eine der „klassischen Sagen-Szenerien" für die Umdeutung der Jenseitsreise. Auch das Begrüßtwerden mit dem eigenen Namen durch Unbekannte ist ein typisches Motiv für die Ankunft im Jenseits – die Bewohner des Jenseits wissen, wer zu ihnen kommt, da sie auch auf magische Weise sehen können.

Zu dieser Zeit geschah es Hother, während er jagte, daß er sich in einem Nebel verirrte und zu einer Hütte kam, in der Waldfrauen wohnten. Als sie ihn mit seinem Namen grüßten, frug er sie, wer sie seien. Sie erklärten, daß es ihre Führung und ihre Lenkung sei, die im Wesentlichen den Verlauf der Kriege entscheiden würden.

II 1. f) Gylfis Vision

Über Röskwa, die Dienerin-Priesterin des Thor, wird nur ein einziges mal etwas ausführlicher berichtet:

Da sprach Thridi: „Der Anfang dieser Erzählung ist nun, daß Ökuthor („Wagen-Thor") ausfuhr mit seinem Wagen und seinen Böcken und mit ihm der Ase, der Loki heißt.

Da kamen sie am Abend zu einem Bauern und fanden da Herberge. Zur Nacht

nahm Thor seine Böcke und schlachtete sie; darauf wurden sie abgezogen und in den Kessel getragen. Und als sie gesotten waren, setzte sich Thor mit seinem Gefährten zum Nachtmahl.
   Thor bat auch den Bauern, seine Frau und beide Kinder, mit ihm zu speisen. Des Bauern Sohn hieß Thialfi und die Tochter Röskwa. Da legte Thor die Bocksfelle neben den Herd, und sagte, der Bauer und seine Hausleute möchten die Knochen auf die Felle werfen.

Thialfi und Röskva sind zu Beginn der Geschichte einfache Bauernkinder.

Thialfi, des Bauern Sohn, hatte das Schenkelbein des einen Bocks, das schlug er mit seinem Messer entzwei, um zum Mark zu kommen.

Hier geht Thialfi mit einem der Knochen der Ziegenböcke auf eine Weise um, die ihm nicht erlaubt gewesen ist.

Thor blieb die Nacht da und am Morgen stand er vor Tag auf, kleidete sich, nahm den Hammer Miölnir und erhob ihn, die Bocksfelle zu weihen. Da standen die Böcke auf; aber dem einen lahmte das Hinterbein. Thor sah es und sagte, der Bauer oder seine Hausgenossen müßten unvorsichtig mit den Knochen des Bocks umgegangen sein, denn er sehe, das eine Schenkelbein wäre zerbrochen.

Das Nicht-Beschädigen der Knochen von Thors beiden Ziegenböcken ist offenbar ein sinnvolles Tabu gewesen, da die Böcke nur aus den heilen Knochen wieder gesund neu entstehen können.

Es braucht nicht weitläufig erzählt zu werden, da es ein jeder begreifen kann, wie der Bauer erschrecken mochte, als er sah, daß da Thor die Brauen über die Augen sinken ließ, und wie wenig er auch von den Augen noch sah, so meinte er doch, vor der Schärfe des Blicks zu Boden zu fallen.
   Thor faßte den Hammerschaft so hart mit den Fingern an, daß die Knöchel davon weiß wurden.
   Der Bauer gebärdete sich, wie man denken mag, so, daß alle seine Hausgenossen entsetzlich schrien und alles, was sie hatten, zum Ersatz boten.
   Als Thor ihren Schrecken sah, ließ er von seinem Zorn, beruhigte sich und nahm ihre Kinder Thialfi und Röskwa zum Vergleich an: die wurden nun Thors Dienstleute und folgen ihm seitdem überall.

Symbolisch und magisch gesehen besteht die Verbindung zwischen Thor und Thialfi sowie Röskva in den geopferten Ziegenböcken. Sie werden Opfertiere sein (siehe „Ziegen" in Band 42), was wiederum Thialfi und Röskwa in die Nähe der Priester und Priesterinnen rückt.

Thialfis Name bedeutet „Diener-Alf". Die Bezeichnung „Diener eines Gottes bzw. der Ahnen" ist eine weltweit verbreitete Umschreibung für „Priester". Diese Geschichte ist somit eine Ursprungs-Mythe der Thor-Priester. Röskwa ist demnach entweder eine Thorpriesterin oder vielleicht auch die Priesterin der Sif, die Thors Frau ist.

Der Bischof Adam von Bremen berichtet um 1075 in seiner „Hamburgischen Kirchengeschichte", daß in dem schwedischen Haupttempel in Uppsala drei Götter verehrt wurden: als Hauptgott Thor und neben ihm Odin und Freyr. Zusätzlich zu Thor könnte dort auch noch dessen Frau Sif verehrt worden sein.

Für die Annahme, daß auch Sif in Uppsala verehrt worden ist, spricht, daß in der Mythe über Sif und Loki die vier Gottheiten Thor, Sif, Odin und Freyr ihre magischen Gegenstände erhalten:

Die drei Götter von Uppsala			
Gott (und Göttin)		**Geschenk des Brock**	**Geschenk des Sindri**	**Priester(-in)**
Thor und Sif	Thor		Hammer Mjöllnir	Thialfi
	Sif	Getreide: goldenes Haar		Röskwa
Odin		Speer Gungnir	Ring Draupnir	Hermodr
Freyr		Schiff Skidbladnir	Eber Gullinborsti	Skirnir

Diese vier Gottheiten und ihre Diener-Priester kann man noch durch die beiden Zauberer-Priester aus dem „Lied über Helgi Hiörvard-Sohn", die sich Tyr und Loki zuordnen lassen, sowie durch die Dienerin der Frigg, über die Snorri Sturluson berichtet, ergänzen:

Die Priester der Götter in den germanischen Mythen		
Gott	*Priester*	*Beschreibung seiner Stellung*
Odin	Hermodr	Sohn, Schamane
Freyr	Skirnir	Bote, Diener, Schamane
Thor	Thialfi	Diener, Helfer, Krieger, Schamane
Sif	Röskwa	Dienerin
Tyr	Atli	Priester-Magier
Loki	Franmar	Priester-Magier
Frigg	Gna	Schamanin

II 1. g) Gesta danorum

In der „Geschichte der Dänen" des Mönches Saxo des Schriftkundigen findet sich eine Szene, in der die Jenseitsgrenze als eine Mauer beschrieben wird.

Die „Ich"-Person in dem folgenden Text ist der Mönch Saxo grammaticus, der manchmal seine Meinung zu den von ihm berichteten Ereignissen kundtut.

Während König Hadding beim Abendessen saß, sah er, wie eine Frau, die Wasserfenchel trug, neben dem Kohlenbecken ihren Kopf erhob und die Schürze ihrer Robe ausstreckte, als ob sie fragen würde: „In welchem Teil der Welt wachsen solche frischen Gewürze im Winter?"

Der König wollte es erfahren. Da hüllte sie ihren Mantel um ihn und zog ihn mit sich unter die Erde und verschwand.

Ich vermute, daß die Götter der Unterwelt wollten, daß er mit seinem lebendigen Leib auf einen Besuch in das Reich ging, in das er gehen muß, wenn er stirbt.

Da drangen sie zunächst durch eine dunkle, neblige Wolke und folgten dann einem Weg, der von seiner langen Benutzung ganz ausgetreten war.

Diese „Nebelwolke" findet sich auch in der schon berichteten Szene über den Gott Hödur und auch noch an einigen anderen Stellen wie z.B. in der Saga von Thorsteinn Hausmacht. Sie wird manchmal auch als Nebel, Dampf u.ä. beschrieben. Diese Wahrnehmung tritt des öfteren zu Beginn einer hellsichtigen Wahrnehmung oder einer Vision auf – insbesondere wenn dabei eine Kristallkugel, ein Spiegel oder etwas ähnliches benutzt wird.

Dort sahen sie einige Männer, die reiche Roben trugen, und Edle, die in Purpur gekleidet waren – an diesen gingen sie vorüber und erreichten schließlich die sonnigen Gegenden, in denen die Kräuter, die die Frau mitgebracht hatte, wuchsen.

Als sie weitergingen, kamen sie zu einem rauschenden und tosenden Fluß von bleischwarzem Wasser, das mit seiner schnellen Strömung um verschiedene Speere herumwirbelte, und durch eine Brücke passierbar gemacht wurde.

Dies ist der Jenseitsfluß „Gjallar" („Tosender"), über den die Gjallarbrücke führt. Der Name „Pfeil-Fluß" („Örmt") für den Jenseitsfluß ist auch von Snorri bekannt, der berichtet, daß Thor jeden Tag diesen „Fluß voller Pfeile" überquert.

Die Frau mit dem frischen Wasserfenchel hat hier die Funktion einer Walküre.

Nachdem sie den Fluß überquert hatten, sahen sie zwei Heere, die einander mit aller Kraft und Macht bekämpften.

Und als Hadding die Frau nach diesem Geschehen befrug, antwortete sie: „Dies sind diejenigen, die, nachdem sie in der Welt durch das Schwert getötet worden sind, ihren Tod durch eine endlose Wiederholung vorführen und die Taten ihres vergangenen Lebens in einem lebendigen Schauspiel zeigen."

Man könnte auch sagen, daß diese Menschen in den Traumata ihres vergangen Lebens gefangen sind und diese heftigen Erlebnisse deshalb ständig neu inszenieren. Dies ist eine Beobachtung, die sich in vielen Visionen über das Jenseits und auch in den Erfahrungen von Menschen findet, die sich um die Geister in Spukhäusern u.ä. kümmern. Es entspricht auch recht gut dem indischen Karma-Konzept.

Dann kamen sie zu einer Wand, die sehr schwer zu erreichen und zu erklettern war. Die Frau versuchte sie zu überspringen, aber es gelang ihr nicht – sie konnte nicht einmal mit ihrem schlanken, dünnen Körper hinübergelangen.

Da drehte sie einem Hahn, den sie mit sich herabgenommen hatte, den Kopf ab und warf ihn über die den Weg versperrende Mauer hinüber. Auf der anderen Seite kam der Vogel sofort wieder ins Leben zurück und bekundete seine Rückkehr zum Atem durch ein lautes Krähen.

Dann wandte sich Hadding zurück und begann seinen Heimweg.

Diese Mauer ist die Grenze zwischen Diesseits und Jenseits: Das, was im Diesseits gestorben ist, erwacht im Jenseits wieder zum Leben.

Das Huhn wurde im Jenseits wieder lebendig, weil die Toten im Totenreich „lebendig" sind – aus demselben Grund kann Odin vermutlich auch mit seinem blinden, d.h. „toten" Auge im Jenseits sehen. Das Huhn ist vermutlich ein Seelenvogel – es erinnert an den Priestergott „Hönir", dessen Name „Huhn" bedeutet.

II 1. h)   Zweites Gudrun-Lied

In diesem Lied erscheint die Kenning „Land der Haddinge" für „Jenseits". Sie bezieht sich auf die eben berichtete Geschichte.

In das Horn hatten sie allerhand Stäbe
Rötlich geritzt; ich erriet sie nicht.
Den langen Lindwurm des Landes der Haddinge,
Ungeschnittne Ähre und Eingang von Tieren.

Die beiden letzten Zeilen beziehen sich auf die Zutaten zu einem Zaubertrank.

II 1. i)   Landnahme-Buch

In einigen Texten wird nur eine Priesterin kurz erwähnt, ohne daß man Näheres über ihre Tätigkeit erfährt:

Hrolf der Jüngere gab seine Tochter Thorlaug die Priesterin dem Odd Yr-Sohn zur Frau.

II 1. j)   Landnahme-Buch

Thorstein heiratete Thurid die Tempel-Priesterin.

II 1. k)   Edda-Prolog

In der Zeit, in der Snorri Sturluson lebte, war es allgemein üblich, die Götter der Heiden als Könige der Vorzeit zu deuten – und den christlichen Gott Vater als den einzigen wirklichen Gott. Aus diesem Grund erscheinen auch die Götter Njörd und Freyr sowie die Göttin Freya im Folgenden als Priesterin – was jedoch recht sicher zeigt, daß es Priester des Njörd und des Freyr sowie Priesterinnen der Freya gegeben hat, und daß die Freya-Priesterinnen die wichtigsten Priesterinnen und Zauberinnen gewesen sind.

Es ist auffällig, daß hier nur die Priesterschaft der Wanen und nicht die der Asen erwähnt wird.

Odin bestimmte Njörd und Freyr zu Opferpriestern und sie wurden die Diar der Asenland-Leute. Njörds Tochter Freya wurde die Opferpriesterin und sie lehrt die Asenland-Leute die magischen Künste, so wie sie bei den Wanenland-Leuten üblicherweise benutzt wurden.

Diar = Priester, ursprünglich der Priester des Göttervaters (Diar = Tyr); der Titel „Diar" bedeutete daher vermutlich „Hohepriester"

II 1. l) Fiölswin-Lied

Die folgende Szene könnte durch eine Hohepriesterin und ihre Helferinnen, die u.a. ihr Chor sind, inspiriert worden sein. Das Motiv der Göttin Menglöd (Freya) und ihrer neun Mädchen ähnelt der Darstellung der Hohepriesterin und ihres Chors in der Sturlaug-Saga.

Da hier eine Göttin und ihre Begleiterinnen dargestellt wird, sind es nicht sie selber, die wie die Priesterinnen opfern, sondern es wird ihnen geopfert.

Der Wechsel von Fragen und antworten zwischen Svipdag, der sich in dem Lied anfangs „Windkald" nennt, und Fiölswinn ist eine der vielen Varianten des Rätsel-Wettstreits zwischen Odin und Tyr, durch den der neue Göttervater Odin seine Überlegenheit über den alten Göttervater Tyr demonstrieren will.

Windkald (Tyr):
„Sage mir, Fiölswinn, was ich Dich fragen will
Und zu wissen wünsche:
Wie heißen die Mädchen, die vor Mengladas Knien
Einig beisammen sitzen?"

Fiölswinn (Odin):
„Hlif heißt eine, die andere Hlifthursa,
Die dritte Dietwarta,
Biört und Blid, Blidur und Frid,
Eir und Örboda."

Windkald (Tyr):
„Sage mir, Fiölswinn, was ich Dich fragen will
Und zu wissen wünsche:
Schirmen sie alle, die ihnen opfern,
Wenn sie des bedürfen?"

Fiölswinn (Odin):
„Jeglichen Sommer, so ihnen geschlachtet
Wird an geweihtem Orte,
Welche Krankheit überkommt die Menschenkinder,
Jeden nehmen sie aus Nöten."

Die neun Dienerinnen-Priesterinnen der Menglöd-Freya sind hier vor allem Heilerinnen.

II 1. m)   Saga über Hervor und König Heidrek den Weisen

In dieser Saga wird gesagt, daß es die Opfer in den Tempel auch Nachts stattfanden – und es klingt so, als ob dies recht üblich gewesen sei.

Alf war der König, der über Alfheim herrschte. Alfhild war seine Tochter. Alfheim lag zwischen dem Goten-Fluß und dem Raum-Fluß.
An einem Herbsttag veranstaltete König Alf ein großes Disen-Opfer und Alfhild ging zu den Opferungen. Sie war schöner als alle Frauen und auch alle anderen Leute in Alfheim waren schöner anzusehen als andere Menschen zu jener Zeit. Aber in der Nacht, als sie den Altar rötete, raubte Starkad Ala-Krieger die Alfhild und nahm sie mit zu sich heim.

Alfhild „rötet den Altar", was vermutlich bedeutet, daß diese Königstochter eine Disen-Priesterin gewesen ist.

II 1. n)   Gylfis Vision

Da frug Gangleri: „Welches sind die Asinnen?"
Har antwortete: „... ... ... Die neunte ist Wara; sie hört die Eide und Verträge, welche Männer und Frauen zusammen schließen und straft diejenigen, welche sie

brechen. Wara ist weise und erforscht alles, so daß ihr nichts verborgen bleibt; daher kommt die Redensart, daß man eines Dinges gewahr werde, wenn man es in Erfahrung bringt. ... ..."

Wara verkörpert die Aufgabe der Priester und Priesterinnen, „die Gesetze zu wahren", was der althochdeutschen Bezeichnung „ewahalto" für „Gesetzeshalter, Hohepriester" entspricht.

„... ... ... Die dreizehnte ist Gna, welche Frigg in ihren Geschäften nach allen Weltteilen schickt. Sie hat ein Pferd, das durch Luft und Flut rennt und Hofhwarfnir heißt. Einst geschah es, daß sie von etlichen Wanen gesehen ward, als sie durch die Luft ritt. Da sprach einer:

'Was fliegt da, was fährt da,
Was lenkt durch die Luft?'

Sie antwortete:

'Ich fliege nicht, ich fahre nicht,
Ich lenke durch die Luft
Auf Hofhwarfnir, den Hamskerpir
Zeugte mit Gardrowa.'"

Gna als „fliegende Göttin" entspricht den „fliegenden Zauberinnen" – der „Ritt" der beiden durch Luft ist ein Bild für die Astralreise. Gna ist offenbar eine Schamanin.

II 1. o) Sigdrifa-Lied

Die Walküre Sigdrifa tritt in den folgenden Strophen entweder nur „nebenberuflich" in der Funktion einer Priesterin auf oder sie wurde als „hauptberufliche" Priesterin angesehen. Vermutlich faßte man die Walküren, da sie in engem Kontakt zu Odin standen, jedoch als Wesen auf, die aufgrund ihres Charakters als Priesterinnen handeln konnten.

„Heil Dir Tag, Heil euch Tagessöhnen,
Heil Dir Nacht und nährende Erde:
Mit unzornen Augen schaut auf uns
Und gebt uns Sitzenden Sieg.

Heil euch Asen, Heil euch Asinnen,
Heil Dir, fruchtbares Feld!
Wort und Weisheit gewährt uns edlen zwein
Und immer heilende Hände!"

Diese acht Verse sind offensichtlich ein Gebet an die Götter, das vermutlich beim Reichen des Met-Tranks gesprochen wurde.

Die „Tagessöhne" könnten zunächst sowohl die Götter als auch die Menschen sein. Das Ende des Satzes zeigt jedoch, daß die Asen gemeint sein müssen, da der Satz eine Bitte um einen Segen ist. Direkt angesprochen ist die „Nacht", d.h. das Jenseits und somit die Göttin im Jenseits, womit Freya gemeint sein wird, sowie die „nährende Erde", die die Riesin Jörd sein wird. In der ersten Zeile werden somit die Asen und in der zweiten Zeile die Asinnen angerufen und gebeten, den Versammelten freundlich gesonnen zu sein und ihnen Sieg zu geben.

Diese explizite Erwähnung des Sieges könnte auf eine frühere Version dieses Segensspruches hinweisen, in der der Göttervater selber angerufen wurde, da der „Sieg" eng mit dem Göttervater verbunden gewesen ist. Möglicherweise stand er einst an der Stelle der „Tagessöhne", die als Plural zu dem wiedergeborenen Sonnengott-Göttervater entstanden sein könnten.

Die Muttergöttin ist anscheinend vor allem mit der Nacht und dem Jenseits assoziiert worden, während der Göttervater vorwiegend als mit dem Tag und dem Diesseits verbunden angesehen worden ist.

II 1. p) Oddruns Klage

Oddrun ist u.a. eine Hebamme und kennt auch Zauberlieder.

Heidrek hieß ein König, seine Tochter hieß Borgny und Wilmund ihr Geliebter. Sie konnte nicht gebären bis Oddrun hinzu kam, Atlis Schwester. Die war Gunnars Geliebte gewesen, des Sohnes Giukis. Von dieser Sage ist hier die Rede.

„Heidrek" bedeutet „Lichtkönig" und ist ein Beiname des ehemaligen Sonnengott-Göttervaters Tyr gewesen.

Ich hörte sagen in alten Geschichten,
Daß eine Maid kam gen Morgenland.
Niemand wußte auf weiter Erde
Der Tochter Heidreks Hilfe zu leisten.

Das hörte Oddrun, Atlis Schwester,
In schweren Wehen winde die Jungfrau sich.
Sie zog aus dem Stalle den scharfgezäumten
Und schwang dem Schwarzgaul den Sattel auf.

Sie spornte den schnellen den ebnen Sandweg
Bis sie die hohe Halle stehn sah.
Von des Rosses Rücken riß sie den Sattel,
Trat ein und schritt den Saal entlang.
Dies war das erste Wort, das sie sprach:

„In diesen Gauen gibt es was neues?
Was hört man Gutes in Hunnenland?"

  Eine Magd:
„Borgny liegt hier überbürdet mit Schmerzen,
Deine Freundin, Oddrun: eil ihr zur Hilfe."

  Oddrun:
„Welcher der Fürsten fügte den Schimpf Dir?
Warum ist so bitter Borgnys Qual?"

  Die Magd:
„Wilmund heißt des Herrschers Vertrauter:
Er wand die Maid in warme Decken
Fünf volle Winter ohne des Vaters Wissen."

Sie sprachen, dünkt mich, dies und nicht mehr.
Mildreich saß sie der Maid vor die Knie.
Kräftig sang Oddrun, mächtig sang Oddrun
Zauberlieder der Borgny zu.

Da konnte den Kiesweg Knab und Mädchen treten,
Holde Sprößlinge des Högnitöters.
Zu sprechen säumte nicht die sieche Maid;
Dies war das erste Wort, das sie sprach:

  kiesen = Wählen; Kies-Weg = Geburts-Weg

*„So mögen milde Mächte Dir helfen,
Frigg und Freyja und viel der Götter,
Weil Du mich befreitest aus gefährlicher Not."*

Frigg und Freya halfen offenbar den Hebammen. Die Hebammen könnten daher nicht nur Zauberinnen, sondern auch Priesterinnen der Frigg und der Freya gewesen sein.

II 1. q) Völsungen-Saga

Die Verkündung des Schicksalsspruches der Nornen scheint mit einem Ritual verbunden gewesen zu sein, das bei der Namengebung für das Neugeborene durchgeführt wurde.

Als Helgi geboren wurde, kamen die Nornen zu ihm und sprachen über ihm und sagten, daß er, wenn seine Zeit gekommen sei, der berühmteste aller Könige werden solle.
Gerade da kam Sigmund von seinen Kriegen nach Hause zurück und so gab er ihm den Namen „Helgi" und er gab ihm diese Dinge zu seinem Fest der Namensgebung: den Ring-Ort, den Sonnen-Hügel und das Schwert. Und er bat darum, daß er zu großem Ruhm heranwachse und wie die Sippe der Völsungen werde.

Der Segen der Nornen für Helgi wird durch den Segen seines Vaters Sigmund bekräftigt. Im Original lautet die von Sigmund benutzte Formel, die einen dreifachen Stabreim enthält, „*Hring-Stadi ok Sólfjöll ok sverd*".
Die drei Dinge, die Sigmund seinem Sohn Helgi als Zeichen gibt, sind sehr interessant:

„*Hringstaði*" setzt sich aus „hring" für „Ring" und aus „stada" für „fester Stand, Platz, Ort" zusammen und bedeutet daher wörtlich „Ort, an dem sich der Ring befindet".
Dieser „Ort der Ringe" oder dieses „Land der Ringe" ist das Jenseits und der Ort, an dem die Götter wohnen. Der Ring ist Draupnir, das Symbol der Verbindung zwischen den Menschen und den Göttern. Als ein „Herr des Landes der Ringe" ist Helgi ein Gott-gesegneter, dem insbesondere Odin beistehen wird, der der Besitzer des Draupnir ist, der das Urbild aller Jenseitsreise-Ringe (keltisch: „Torque") ist.
Da „Helgi" einst ein Beiname des ehemaligen Göttervaters Tyr gewesen ist, ist der Ring auch ein Symbol der Sonne.
Konkret könnte Sigmund dem Helgi einen solchen goldenen Ring zu seiner

Namensverleihung geschenkt haben. Möglicherweise ist dies aber nur ein gesprochener Segen.

Sólfjöll setzt sich aus „sól" für „Sonne" und „fjöll" für „Hügel, Berg" (altenglisch: „fell") zusammen und bedeutet somit „Berg der Sonne".

Der „Sonnen-Hügel" erinnert an die Szene aus dem Sigdrifa-Lied, in der Odin nach seiner Rückkehr von seiner Jenseitsreise mit erhobenem Schwert sozusagen in der Haltung des wiedergeborenen Sonnengott-Göttervaters Tyr auf einem Hügelgrab steht: *„Auf dem Berge stand er mit blankem Schwert, den Helm auf dem Haupte."* Dieser „Sonnen-Hügel" könnte mit dem „Sonnen-Land" identisch sein.

Das „Schwert" („*sverð*") ist wahrscheinlich das Schwert, das dem Fürsten vermutlich bei seiner Krönung überreicht worden ist – die mythologische Variante findet sich in der Halle des Völsung, in der Sigmund das Schwert des Odin aus dem Branstock zieht. Dieses Schwert geht auf das Schwert des Tyr zurück.

Somit haben alle drei Begriffe einen Bezug zu dem ehemaligen Sonnengott, Schwertgott und Göttervater Tyr.

Alle drei Formulierungen könnten aus einem alten Text stammen, der bei der Krönung eines germanischen Fürsten gesprochen wurde: *„Hringstaði ok Sólfjöll ok sverð"*. Sehr wahrscheinlich stammt dieser Text noch aus der Zeit vor 500 n.Chr. als Tyr noch der nordgermanische Göttervater gewesen ist.

Und es kam wie vorhergesagt: Er wuchs auf und war hochherzig und wurde von allen geliebt und war allen Männer an Kühnheit überlegen. Die Geschichte erzählt, daß er in den Krieg zog, als er fünfzehn Winter alt war. Helgi war der Herr und Lenker des Heeres, aber Sinfiötli war sein Genosse darin und die beiden waren sich fast nie uneins darin.

II 1. r) Beowulf

Das Wort „Wyrd" bedeutet sowohl „Schicksal" als auch „Norne" – es entspricht dem altnordischen „Urd". „Wyrd" erscheint auch schon im Beowulf eindeutig als Person: *„Sein Herz war bekümmert, voll düsterer Ahnung, denn drohend stand ihm schon Wyrd zu Häupten."*

Moglicherweise ist dieser Satz ein Hinweis darauf, das die Seher bzw. die Seherinnen, die die Seele des Sterbenden ins Jenseits begleiteten, am Kopfende des Lagers des Sterbenden standen oder saßen.

Diese Szene mit der zentralen Aufgabe der Schamanen gehört mit der Szene aus dem Baldur-Mythos zusammen, in der Odin seinem Sohn Baldur etwas ins Ohr flüstert – die Anweisungen an die Seele für ihren Weg ins Jenseits. Auch bei diesem

Flüstern befindet sich der Flüsternde (Odin) „zu Häupten" des sterbenden bzw. Toten (Baldur).

II 1. s) Das kleinere der beiden Goldhörner von Gallehus

dreifache Frau auf dem großen Goldhorn von Gallehus (Dänemark, 400 n.Chr.)

Auf diesem goldenen Ritual-Trinkhorn ist eine dreiköpfige Frau abgebildet, die eine kleine Axt und eine Ziege an einer Leine halt. Die Gestalt läßt sich anhand ihrer Brüste und der betonten Scham als Frau identifizieren. Vermutlich ist sie die dreifache Norne, die einen Ziegenbock als Opfertier für einen Jenseitsreisenden opfert.

Dieses Motiv zeigt, das die Nornen auch eine Wurzel in den Priesterinnen bei den Jenseitsreise-Ritualen (Bestattung, Priesterweihe, Krönung u.a.) hatten – bzw. daß sich die Seherinnen, die eng mit den Nornen verbunden waren, aus den ehemaligen Priesterinnen der Germanen entwickelt haben.

Diese dreiköpfige Frau kann man daher als die früheste Darstellung einer altnordischen Opferpriesterin ansehen.

Ihre Dreiköpfigkeit läßt auch vermuten, daß sie bereits als eine Riesin angesehen und möglicherweise gefürchtet worden ist.

II 1. t) Saga über Sturlaug den Mühen-Beladenen

In dieser Saga rauben Sturlaug und seine Männer ein magisches Horn aus einem Thor-Tempel, der von einer Priesterin bewacht wird, die allerdings schon leicht verzerrt dargestellt wird, um der Saga eine größere Dramatik zu geben.

Sturlaug blickt in den Tempel und sieht nun den sehr großen Thor dort auf dem Ehrenplatz sitzen. Vor ihm steht ein schöner Tisch, der mit Silber überzogen war. Auf ihm sieht er das Auerochsen-Horn vor Thor stehen. Es war schön und voller Gift. Dort war auch ein Tafl-Spiel und Tafl-Spielfiguren – eine jede von ihnen war aus Gold gefertigt.

Tafl-Spiele wurden ursprünglich zu Orakel-Zwecken benutzt (siehe „Tafl" in Band 57).

Dort befanden sich Pfosten, an denen Kleider und goldene Ringe hingen.

Diese Kleider waren vermutlich Kleider für die Statuen. Die Ringe waren wahrscheinlich Eid-Ringe.

Dort drinnen in dem Tempel waren sechzig Frauen und eine von ihnen fiel unter ihnen allen besonders auf. Sie war groß wie eine Riesin, so blau wie der Tod und so fett wie eine Stute, schwarz-äugig und böse blickend.

Diese Frau ist offenbar nach dem Bild der Unterweltsgöttin Hel geschildert worden.

Doch sie war trotzdem gut gekleidet. Sie diente an dem Tisch (vor den Göttern).
Sie sangen das folgende Lied:

*„Hier kommt Sturlaug,
der Mühen-beladene,
er sucht das Horn,
und einen Hort aus Ringen.
Hier in dem Horn,
auf dem Heiligen Fest,
sind Schätze und Gold.
Wir sind ihm übel gesonnen!"*

Da antwortete die Priesterin und sprach: „Er wird diesen Ort niemals lebend verlassen, wenn es nach meinem Willen geschieht oder wenn meine Glaube und meine Gebete erfüllt werden!"
Dann sang sie:

*„Im Grab wird unser Gast
Ruhe finden,
und viele Wunden
werden seine Ruhe stören.
Dann wird an ihm, Sturlaug
dem Mühen-Beladenen,
an seinem Fleisch genagt werden
mit den Messern des Gaumens!"*

Messer des Gaumens = Zähne

Danach machte sich Sturlaug bereit hineinzugehen und verbot seinen Eid-Brüdern, ihm zu folgen.

In dem Tempel standen drei Felsen, die so hoch wie die Rippen eines Mannes reichten und zwischen denen tiefe Gruben voller Gift waren, sodaß Sturlaug über sie springen mußte, um zu dem Platz zu gelangen, an dem sich das Auerochsen-Horn befand.

Da entschloß sich Sturlaug und sprang kühn und geschickt über die drei Steine hinein, ergriff schnell und ohne behindert zu werden das Horn und rannte zurück.

Die Priesterin stand angeschwollen vor Wut und hielt ein zweischneidiges Kurzschwert. Er konnte an den Schneiden des Kurzschwertes etwas sehen, daß wie brennendes Feuer aussah. Sie schrie ihn auf eine schreckliche Weise an und fletschte ihre Zähne in seine Richtung, obwohl sie sich zurückhielt, ihn tatsächlich anzugreifen.

Als Sturlaug zu den Steinen kam, sah er Hrolf Neb über die Steine springen. Hrolf rannte dorthin, wo Thor und Odin waren, schnappte sich das Tafl-Spiel, steckte sie in seine Tasche und rannte durch die Tempelhalle zum Ausgang.

Da sah er die Priesterin ihm hinterherrennen, ihre Zähne fletschen und knurren. Er sprang über die Steine, um hinauszukommen, aber die Priesterin bekam seine Tunika zu fassen, riß ihn in die Höhe und schleuderte ihn nieder gegen die Steine, sodaß sein Rückgrat sofort zerbrach. So starb Hrolf Neb in großer Kühnheit.

Diese Szene ist ein umgedeutetes Menschenopfer.

Danach rannte die Priesterin hinaus und schrie mit solch schrecklichem Eifer und Toben und Drohungen, daß die Echos von jeder Klippe und jedem Hügel ringsum antworteten.

Sie erblickte Sturlaug und jagte ihm hinterher und griff ihn an. Er verteidigte sich gut und mutig und mit großem Geschick.

In dem Augenblick sah Sturlaug jemanden aus dem Wald kommen, dann eine weitere und eine dritte Gestalt und im nächsten Augenblick kamen sie aus allen Richtungen.

Sturlaug zog sich zurück, aber sie griff ihn umso härter an, als sie sah, daß die anderen herbeirannten.

Er sprang sie mit Horn Nebs Geschenk (einer Hellebarde) an und stieß ganz durch sie hindurch, sodaß ihre Spitze zwischen ihren Schultern wieder herauskam. Sie zuckte so heftig zurück, daß er die Hellebarde aus seinem Griff verlor und so blieb sie dort, aber sie starb augenblicklich.

Sturlaug rannte zu dem Schiff und zerschnitt das Haltetau.

II 1. u) Die Saga über Bosi und Herraud

In dieser Saga ist die Priesterin wie in der Sturlaug-Saga bereits zu einer „Troll-Frau" verzerrt worden.

„Dort in dem Wald steht ein großer Tempel, der König Harek gehört, der über Bjarmaland herrscht. Der Gott, der dort verehrt wird, heißt Jomali. Dort gibt es viel Gold und Schätze. Die Mutter des Königs, die Kolfrosta heißt, ist die Leiterin des Tempels."

Jomali ist der Name des baltisch-finnischen Göttervaters. Da es sich hier um eine Wikinger-Saga handelt, wird die Beschreibung des Jomali-Tempels wahrscheinlich weitgehend den Vorstellungen der Wikinger über ihre eigenen Tempel entsprechen.

„Sie ist durch ihre Zauberkunst so stark, daß sie nichts überraschen kann. Sie weiß durch ihre Magie bereits, daß sie diesen Monat nicht überleben wird, und ist deshalb in der Gestalt eines Tieres nach Osten zu der Glasir-Ebene gereist und hat Hleidi geraubt, die Schwester des Königs Godmund, und will sie zu ihrer Priesterin machen. Das ist ein großer Verlust, denn sie ist eine sehr schöne und sehr freundliche Maid, und es wäre am besten, wenn man das verhindern könnte."

„Godmund von der Glasir-Ebene" ist ein Beiname des ehemaligen Göttervaters Tyr. Die „Glasir-Ebene", also der „Glanz-Bereich" ist das Sonnen-Jenseits des Tyr. Sie entspricht vermutlich dem bereits beschriebenen „Sonnen-Land" und dem „Sonnen-Hügel" aus der Völsungen-Saga.
Hleidi ist vermutlich eine Sagen-Variante der Jenseitsgöttin, evtl. der Freya.

„Was ist an dem Tempel schwierig?" sagte Bosi.
„Es gibt dort den Geier," sagte sie, „Er ist so verflucht und wild, daß er alles tötet, das ihm nahekommt. Er steht genau gegenüber der Tür und ergreift alles, was hereinkommt und daher gibt es für niemanden mehr irgendeine Lebens-Hoffnung, der seinen Klauen oder seinem Gift nahekommt.
Dann gibt es einen Diener in dem Tempel; er wacht über das Essen der Priesterin. Sie benötigt für jede Mahlzeit eine zweijährige Jungkuh."

Dies ist offenbar eine Umdeutung des Stieropfers – zumal der Stier das Opfertier des ehemaligen Göttervaters Tyr gewesen ist, der hier zu dem finnisch-baltischen Himmelsgott-Göttervater Jomali geworden ist.

„Unter dem Geier liegt das Ei, daß ihr holen sollt.

In dem Tempel ist weiterhin ein Stier, der von Trollen verflucht und verzaubert worden ist. Er ist mit eisernen Fesseln gebunden. Er muß die Jungkuh besteigen und auf diese Weise gelangt das Gift in die Kuh, sodaß alle, die davon essen, von den Trollen verzaubert werden."

Dies klingt nach der Umdeutung eines Wiederzeugungs-Rituals. Wenn der Stier der Stier des Göttervaters gewesen ist, würde ursprünglich durch das Besteigen der Jungkuh durch diesen Stier der Samen und somit die Kraft des Göttervaters („Gift") auf die Kuh und somit auf die Ritual-Gemeinschaft, die diese Kuh verspeist, übertragen worden sein.

Eine recht archaische Form, um einen Segen des Göttervaters zu erhalten …

„Die Jungkuh wird für Hleidi, die Schwester des Königs, vorbereitet, damit sie wie ein Troll wird – so wie die Priesterin vor ihr."

Dieses Ritual scheint also nicht für die gesamte Kult-Gemeinschaft, sondern nur für die Priesterinnenweihe bestimmt gewesen zu sein.

„Es scheint mit unwahrscheinlich, daß ihr dies alles vollbringen könnt, wo doch soviel Zauberei im Spiel ist."

Bosi dankte ihr für all das, was sie berichtet hatte, und gab ihr eine gute Belohnung, indem er ihnen beiden noch einmal Vergnügen bereitete. Sie hatten beide viel Spaß daran und schliefen dann bis zum Tagesanbruch.

Am Morgen ging Bosi zu Herraud und erzählte ihm, was er gehört hatte. Sie blieben dort drei Nächte lang.

Die Tochter des Bauern zeigte ihnen die Richtung, in der der Tempel lag, und wünschte ihnen beim Abschied alles Gute. Dann machten sie sich auf ihren Weg.

Früh an einem Morgen sahen sie einen gutgebauten Mann in einem grauen Umhang. Er führte eine Kuh mit sich. Sie vermuteten, daß dies der Sklave sein mußte, und so griffen sie ihn an. Bosi schlug ihn so heftig mit einer Keule, daß es der Tod des Sklaven war.

Danach töteten sie die Jungkuh und zogen ihr das Fell ab und füllten es mit Moos und Heidekraut. Herraud zog den Umhang des Sklaven an und zog hinter sich das Kuhfell her, während Bosi seinen Umhang über den Sklaven warf und ihn auf seinem Rücken trug, bis sie zu dem Tempel kamen. Dann nahm Bosi seinen Speer und stach ihn von hinten zwischen den Schultern und durch den Leib des Sklaven hindurch. Dann gingen sie zu dem Tempel.

Herraud ging in der Kleidung des Sklaven in den Tempel. Die Hohepriesterin schlief.

Der Stier besprang die Jungkuh. Das Moos-gefüllte Kuhfell fiel sofort in sich zusammen und der Stier stürzte gegen die Mauer und brach sich beide Hörner ab. Herraud ergriff ihn an den Ohren und dem Kiefer und drehte ihm den Kopf von seinem Nackenwirbel.

Genaudieselbe Art des Tötens eines Stieres findet sich in der Egil-Saga, in der Egil nach einem gewonnenen Zweikampf den Opferstier auf diese Weise tötet. Hier wird offenbar die traditionelle Art, einen Stier zu opfern, beschrieben.

Da erwachte das alte Weib und sprang auf.
 Da kam Bosi in den Hof und hielt den Sklaven über seinem Kopf auf dem Speer. Der Geier erhob sich plötzlich und stürzte sich von seinem Nest herab und wollte die Person, die hereingekommen war, verschlingen. Er verschlang den Sklaven bis zu dessen Hüfte. Bosi stieß den Speer hinauf, sodaß er in den Hals des Geiers stach, bis er dessen Herz erreichte. Der Geier stach seine Krallen in die Schenkel des Sklaven und schlug seine Flügelspitzen gegen Bosis Ohren, sodaß dieser bewußtlos niederfiel. Da stürzte der Geier auf Bosi nieder und krümmte sich in einem furchtbaren Todeskampf.

Es wäre denkbar, daß der Geier ursprünglich ein Adler gewesen ist, da der Adler der Seelenvogel des Göttervaters war. Es gibt ansonsten allerdings keinerlei Hinweise darauf, daß in Tempeln lebende Adler gehalten worden wären. In den Mythen erscheint jedoch der Tyr-Adler als derjenige, der das Stier-Opfer an den Göttervater Tyr abholt (siehe „Thiazi" in Band 5).

Herraud wandte sich gegen die Priesterin und es gab einen heftigen Kampf zwischen ihnen. Die kaum geschnittenen Fingernägel der Priesterin rissen ihm das Fleisch von den Knochen. Der Kampf führte sie hinüber zu dem Platz, an dem Bosi lag und wo viel Blut geflossen war. Die alte Frau rutschte auf dem Blut des Geiers aus und fiel auf ihren Rücken und es gab einen weiteren heftigen Kampf zwischen ihnen, sodaß jeder abwechselnd der Unterlegene war.
 Dann kam Bosi hinzu und ergriff den Kopf des Stieres und schlug damit auf die Nase des alten Weibes. Herraud hieb ihre Arme an ihren Schultern ab. Trotzdem versuchte sie sich noch immer zu wehren und in ihrem Todeskampf kam es zu einem großen Erdbeben.
 Dann gingen sie in dem Tempel umher und untersuchten ihn. In dem Nest des Geiers fanden sie das Ei und es war überall mit goldenen Zeichen beschrieben. Sie fanden so viel Gold, daß sie es garnicht alles tragen konnten.
 Sie kamen zu dem Altar, wo Jomali saß. Sie nahmen ihm seine goldene Krone, in die zwölf Edelsteine eingelassen worden waren, und eine Kette, die dreihundert Mark wert war, und von seinen Knien nahmen sie einen silbernen Kelch, der so groß war,

daß ihn selbst vier Männer nicht leeren konnten. Er war voller rotem Gold.
Aber der wertvolle Baldachin, der über Jomali hing, war mehr wert als die Ladung von drei der reichsten Schiffe, die das Mittelmeer befuhren.
Dies alles nahmen sie für sich selber.
Dann fanden sie einen geheimen Seitenraum in dem Tempel. Vor ihm war eine Steintür, der stark befestigt worden war, und zu deren Aufbrechen sie einen ganzen Tag benötigten, bevor sie hineingehen konnten.

Diese geheime Kammer ist ursprünglich vermutlich ein Hügelgrab gewesen. Dazu paßt auch die steinerne Tür vor ihrer Kammer.

Dort sahen sie eine Frau auf einem Stuhl sitzen. Sie hatten noch nie eine schönere Frau gesehen. Ihr Haar, das so schön wie gedroschenes Stroh oder Goldfäden war, war an die Pfosten gebunden worden. Um ihre Hüfte lag ein eisernes Band, das fest verschlossen war. Sie weinte bitterlich.

Eine Frau, deren Haar an einen Hochsitz gebunden ist, ist eine Seherin bei ihrer Tätigkeit. Eine schöne Frau in der steinernen Grabkammer in einem Hügelgrab ist hingegen die Jenseitsgöttin, mit der sich der Tote wiederzeugt, d.h. Freya.
Hier sind offenbar mehrere mythologische Motive miteinander vermischt worden.

Als sie die Männer sah, frug sie, was all dieser Lärm zu bedeuten habe, „der dort an diesem Morgen war, und warum schätzt ihr euer Leben so wenig, daß ihr hierher in die Hände der Trolle kommt, denn die, die hier herrschen, werden euch töten, wenn sie euch hier sehen?"
Aber sie sagten, daß sie darauf später antworten würden.
Sie frugen sie, wie sie hieße und warum sie so streng gefesselt worden sei.
Sie sagte, ihr Name wäre Hleidi und daß sie die Schwester des Königs Godmund, der im Osten auf der Glasir-Ebene herrsche, sei, „aber die Trollfrau, die hier herrscht, brachte mich durch Zauberei hierher und will, daß ich den Kult in diesem Tempel fortführe und hier die Hohepriesterin bin, wenn sie tot ist, aber ich würde mich lieber lebendig verbrennen lassen!"

Hleidi wird als Schwester des Tyr-Godmund ursprünglich die Göttin Freya gewesen sein.

„Du würdest gut für den Mann sein," sagte Herraud, „der Dich hier herausholen würde."
Sie sagte, daß sie nicht glaube, daß dies möglich sei.
Herraud sagte: „Würdest Du mich heiraten, wenn ich Dich hier herausholen

würde?"

„Niemand kennt einen solch abscheulichen Mann auf der ganzen Erde," sagte sie, *„daß ich nicht lieber ihn heiraten als hier in diesem Tempel verehrt werden würde! Aber wie ist Dein Name?"*

„Ich bin Herraud," sagte er, *„der Sohn des Königs Hring von Ost-Gotland. Aber Du brauchst die Tempel-Priesterin nicht mehr zu fürchten, denn Bosi und ich haben bereits über ihren Schädel-Nähten gesungen und deshalb wirst Du einsehen, daß ich bereits einige Ehrerbietung von Dir verdiene, wenn ich Dich hier heraushole."*

„Ich habe nichts anderes zu geben als mich selber," sagte sie, *„wenn das der Wille meiner Familie ist."*

„Ich habe nicht vor, um deren Zustimmung zu bitten," sagte Herraud, *„und ich will keine Ausflüchte, denn mit scheint, daß Du mich nicht hoch genug schätzt – und ich werde Dich auf jeden Fall befreien."*

„Ich kenne keinen Mann," sagte sie, *„den ich lieber als Dich von allen, die ich gesehen habe, heiraten würde."*

Da befreiten sie sie. Herraud frug sie, ob sie lieber mit ihnen heim segeln und ihn heiraten oder lieber nach Osten gesandt und ihn nie wieder sehen würde.

Aber sie wollte mit ihm gehen und sie versprachen einander, sich treu zu sein.

Danach trugen sie alles Gold und alle Schätze aus dem Tempel und legten dann Feuer an ihn und verbrannten ihn zu Asche, sodaß keine Spuren außer der Asche mehr von ihm zu sehen waren.

Da brachen sie mit dem auf, was sie erbeutet hatten.

II 1. v) Ibn Fadlans Reisebericht

In dem Reisebericht des arabischen Kaufmanns und Forschers Ibn Fadlan aus dem Jahr 922 n.Chr. findet sich u.a. die Bestattung eines Häuptling der ost-schwedischen Wikingern, die sich „Rus", d.h. „Ruderer" nannten. Dieser Name ist der Ursprung von „Rußland".

In diesem arabischen Bericht findet sich im Zusammenhang mit der bei der Bestattung getöteten Dienerin auch die Vorstellung der Wiederzeugung. Man wird daher den Tod der Nanna und die Hilfe durch die Riesin Hyrrokkin bei der Bestattung des Baldur recht sicher als Erinnerungen an das Wiederzeugungsmotiv und die damit verbundenen Bestattungsbräuche der Germanen ansehen können.

Das Ritual wird zumindestens teilweise von einer Priesterin geleitet, deren Titel von Ibn Fadlan mit „Todesengel" übersetzt worden ist. Sie hat deutliche Ähnlichkeit mit den als Trollfrauen geschilderten Priesterinnen in den Wikinger-Sagas.

Es wurde mir mehrfach erzählt, daß dann, wenn einer ihrer Häuptlinge stürbe, viele Dinge geschehen würden, wovon die Leichenverbrennung die wichtigste sei. Ich war deshalb sehr daran interessiert, etwas genaueres darüber zu erfahren. Eines Tages bekam ich davon zu hören, daß ein angesehener Mann unter ihnen gestorben war. Sie legten ihn in ein Grab und deckten dieses für 10 Tage zu, bis sie mit dem Zuschneiden und Nähen der Leichenkleider fertig waren.

Die Bestattung ging auf folgende Art und Weise vonstatten. Für den Armen unter ihnen machten sie ein kleines Schiff, legten ihn hinein und verbrannten es. Aber wenn es um einen Reichen unter ihnen ging, so sammelten sie sein ganzes Vermögen und teilten dieses in drei gleichgroße Teile. Ein Drittel geht zu der Familie des Verstorbenen, für das zweite Drittel machten sie die Leichenkleider für den Toten und für das letzte Drittel brauten sie Nabid (Met oder Bier), welches getrunken wird, wenn seine Sklavin sich für ihn tötet und mit ihrem Herrn verbrannt wird.

Die Rus sind ganz dem Nabid verfallen, welchen sie Tag und Nacht trinken. Oft geschieht es, daß einer von ihnen mit dem Becher in der Hand stirbt.

Wenn ein Häuptling unter ihnen tot ist, so sagt seine Familie zu seinen Sklavinnen und Dienern: „Wer von euch möchte mit ihm sterben?" Eine von denen antwortete: „Ich." Da bekamen zwei andere Sklavinnen den Auftrag sie zu bewachen, wo immer sie auch stand und wohin sie auch ging und wuschen ihr mit ihren eigenen Händen die Füße.

So begannen sie und nahmen sich der hinterbliebenen Dinge des Toten an, um die Kleider für den Toten zu nähen und machten alles fertig, wie es sein sollte. Aber die Sklavinnen tranken und sangen jeden Tag in einer Freude, als ob sich etwas glückliches in naher Zukunft ankündige.

Als der Tag kam, an dem der Fürst und seine Sklavin verbrannt werden sollten, ging ich zum Flußufer, wo sein Schiff lag. Dies war an Land hochgezogen worden und wurde durch vier Stützen aus Birkenholz oder anderen Holzarten aufrechtgehalten.

Weiterhin war etwas aufgebaut worden, das wie ein großes Lager oder Magazin aus Holz aussah. Das Schiff wurde dorthin gezogen und an das Holzgestell angebracht. Und das Volk lief hin und her und sie sprachen eine Sprache, die ich nicht verstand, während der Tote noch in seinem Grabe lag. Sie hatten ihn noch nicht aus dem Grab herausgenommen.

Dann kamen sie mit einer Bank und setzten sie auf das Schiff und bedeckten sie mit Teppichen, mit byzantinischem Dibag (bemalter Seidenstoff) und mit Kissen aus byzantinischem Dibag.

Nun kam eine alte Frau, welche der Todesengel genannt wurde und breitete die Teppiche über der Bank aus. Sie stand vor den Kleidern für den Toten und vor dem Gestell für die Leiche. Das ist auch diejenige, die die Mädchen tötet (Sklavinnen). *Ich sah, daß sie eine alte, riesengroße Frau, dick und düster vom Aussehen her war.*

(Sie ist die Verkörperung der Hel/Hyrrokkin.)

Als sie zu seinem Grab kamen, nahmen sie die gesamte Erde weg vom Holz und danach entfernten sie das gesamte Holz. Und so zogen sie von ihm die Kleider, die der Tote trug. Ich möchte bemerken, das er ganz schwarz aufgrund der Kälte im Lande geworden war. In das Grab hatten sie zusammen mit ihm Bier, Früchte und eine Mandoline hineingelegt. Und all dies nahmen sie nun aus dem Grab. Der Tote roch merkwürdigerweise überhaupt nicht und nichts hatte sich verändert an ihm außer seiner Hautfarbe.

Dann kleideten sie ihn mit Hosen, Überhosen, Stiefeln, Gürtel und einen Mantel aus Dibag mit Goldknöpfen. Sie setzten ihm eine Kappe aus Dibag und Zobelfell auf seinen Kopf und trugen ihn in das Zelt, das auf dem Schiff aufgestellt worden war. Dort setzten sie ihn auf den Teppich und stützten ihn mit Kissen.

Dann kamen sie mit Nabid, Früchten und wohlriechenden Pflanzen und legten diese zu seinen Seiten nieder. Weiterhin brachten sie Brot, Fleisch und Zwiebeln und legten sie vor ihm hin. Dann kamen sie mit einem Hund und schnitten ihn in zwei Teile und warfen ihn ins Schiff. Danach kamen sie mit seinen Waffen und legten sie zu seinen Seiten nieder. Dann nahmen sie zwei Pferde und trieben sie solange bis sie schweißnaß waren. Daraufhin hieben sie diese in Stücke mit ihren Schwertern und warfen das Fleisch in das Schiff. Genauso taten sie es mit zwei Kühen, auch diese hackten sie in Stücke und warfen das Fleisch ins Schiff. (Die Pferde und Rinder sind die Opfertiere, die die Zeugungskraft des Toten magisch sichern sollen.) *Schließlich kamen sie mit einem Hahn und einem Huhn, töteten diese und warfen auch diese auf das Schiff.*

Die Sklavin, die getötet werden wollte, ging währenddessen hin und her. Sie ging in das eine oder das andere Zelt und der Herr des Zeltes hatte sexuellen Umgang mit ihr, während er sagte: „Sage dies zu Deinem Herren: Das habe ich getan aus Liebe zu Dir." (rituelle Wiederzeugung)

Als es Freitag Nachmittag geworden war, nahmen sie die Sklavin mit zu einer Art Türrahmen („Jenseitstor"). Sie setzte ihre Beine auf die Handflächen der Männer, wodurch sie so hoch kam, daß sie über diesen Rahmen hinausragte, woraufhin sie etwas in deren Sprache sagte. Anschließend ließen sie sie herunter. Aber kurz darauf hoben die Männer sie wieder hoch und sie machte dasselbe wie beim ersten mal. Schließlich ließen die Männer sie wieder herunter um sie ein drittes mal hochzuheben und sie tat dasselbe, wie beim ersten und beim zweiten mal zuvor. Da reichten sie ihr eine Henne und sie schnitt dem Huhn den Kopf ab und warf es weg. Die Männer hoben die tote Henne auf und warfen sie in das Schiff.

Da frug ich den Übersetzer was sie gemacht hatte.

Er antwortete: „Das erste mal, als sie hoch gehoben wurde sagte sie: 'Seht dort, ich sehe meinen Vater und meine Mutter dort (im Jenseits) *sitzen!' Das zweite mal sagte sie: 'Seht dort, ich sehe alle meine toten Verwandten dort sitzen!' Und beim dritten mal sagte sie: 'Seht dort, ich sehe meinen Herrn im Paradies sitzen und das Paradies ist farbig und grün und zusammen mit meinem Herrn sind Männer und junge Diener. Er ruft nach mir. Laßt mich zu ihm gehen!'" Und so gingen sie mit ihr zum Schiff.*

Sie nahm zwei Armreifen von ihrem Arm und gab sie der alten Frau, welche der Todesengel genannt wurde und sie töten sollte. Dann nahm sie von sich zwei Achselringe und gab sie den Töchtern der Frau, welche der Todesengel genannt wurde („Draupnir-Ringe").

Dann führten sie sie hinauf zum Schiff, aber ließen sie nicht ins Zelt. Dann kamen Männer mit Schildern (Symbol der Sonnenscheibe?) *und Holzstäben* (die „Zauberstäbe", die auch auf dem Goldhorn von Gallehus und auf den Runensteinen abgebildet sind?).

Dann reichten sie ihr einen Becher mit Nabid. Sie sang darüber und trank den Becher aus. (rituelles Trinken des „Göttermets")

Der Übersetzer sagte zu mir: „Nun nimmt sie Abschied von ihren Freunden." Und so wurde ihr ein neuer Becher gereicht. Sie nahm ihn und trank diesen sehr langsam aus. Aber die alte Frau drängte sie, schnell auszutrinken, damit sie ins Zelt zu ihrem Herren gehen konnte. Da sah ich zu ihr und sie sah ganz verstört aus. Sie wollte in das Zelt hineingehen und steckte den Kopf ins Zelt, so daß sie zwischen dem Zelt und dem Schiff war. Aber da nahm die Frau ihren Kopf und zog ihn in das Zelt und die Frau ging ihr in das Zelt nach.

Die Männer begannen da mit den Holzstäben gegen die Schilde zu schlagen, so das der Lärm die Schreie der Sklavin überdeckte, damit die anderen Mädchen nicht verängstigt würden und nicht mehr den Tod zusammen mit ihren Herrn suchen würden wollen, wenn die Zeit dafür kommt. (Dies ist wahrscheinlich eine Deutung von Ibn Fadlan und nicht unbedingt die rituelle Bedeutung des „Trommelns".)

Da gingen sechs Männer in das Zelt und sie nahmen sie nacheinander (rituelle Wiederzeugung).

Da lag sie nun neben ihrem toten Herrn. Zwei hielten ihre Beine und zwei die Hände. Die Frau, die der Todesengel hieß, legte einen Strick um ihren Hals und knüpfte die Enden in die entgegengesetzte Richtung, sodaß zwei Männer daran ziehen konnten. So ging die Frau mit einem kleinen Dolch mit breitem Blatt und stach diesen zwischen die Rippen des Mädchens und zog ihn wieder heraus und die zwei Männer würgten sie mit dem Strick. So starb sie.

Dann kamen die vom Volk, die mit dem Toten am nächsten verwandt waren, zum Platz. Der Häuptlingssohn nahm ein Holzstück und zündete es an. Er ging rückwärts mit dem Rücken zum Schiff und das Gesicht zum Volk und hielt in der einen Hand das Holzstück während er die andere Hand hinter dem Rücken auf seinem Gesäß ruhte. Er war nackt (wie die Gestalten auf dem Goldhorn; d.h. er war im Jenseits).

Auf diese Weise wurde überall Feuer unter dem Gestell, das das Schiff stützte, gelegt, nachdem sie die getötete Sklavin an die Seite ihres Herrn gelegt hatten.

Nun kam das Volk zu dem Platz mit Holz und jeder hatte ein Holzstückchen mit Feuer an der Spitze. Sie warfen das Holz so unter das Schiff, das das Feuer nur so um sich griff. Erst brannte das Schiff und dann das Zelt mit dem Mann und der Sklavin darin sowie alles, was im dem Schiff war. Da kam ein starker und fürchterlicher Wind, sodaß die Flammen kräftiger wurden und das Feuer sehr weit in den Himmel emporloderte.

Zu meiner Seite stand ein Mann von den Rus und ich hörte ihn, wie er sich mit dem Übersetzer unterhielt.

Ich frug ihn dann, was er zu ihm gesagt hatte.

Er antwortete: „Ihr Araber seit dumm."

Ich frug: „Wieso das?"

Er sagte: „Den den ihr am meisten unter euch Menschen liebt und ehrt, werft ihr in die Erde, wenn er tot ist, sodaß die Erde, Kriechtier und Gewürm ihn verzehren kann. Wir dagegen brennen ihn hinauf in einem Augenblick, sodaß er dann am selben Ort zur selben Stund ins Paradies geht."

Und da begann er laut zu lachen.

Als ich ihn genauer darüber befragte, sagte er: „Sein Herr (Tyr/Odin) *hat in seiner Liebe den Wind gesendet, so daß er in einer Stunde hinweggetragen wird."*

Und dies geschah wirklich. Es dauerte nicht mehr als eine Stunde, bis das Schiff und das gesamte Holz und die Sklavin und ihr Herr und alles zu Asche und Aschestaub geworden war!

Schließlich bauten sie da, wo das Schiff, das sie vom Ufer hochgezogen hatten, stand, einen Hügel auf. Mitten auf diesem Hügel errichteten sie eine schwere Holzstütze aus Birkenholz. Auf diese schrieben sie den Namen des Mannes und den Namen Rus-König (Entsprechung zu den Runensteinen) *und gingen ihres Weges.*

Die alte, dicke und düstere Opferpriesterin ist anscheinend die Wurzel für die Schilderungen der Schreckensgestalt-Priesterinnen in einigen Sagas.

II 2. Berichte von Außenstehenden

II 2. a) Die „Geographie" des Strabon

Der Grieche Strabon berichtete um ca. 10 v.Chr. in dem 2. Kapitel seines 7. Buches über die folgende kultische Verwendung von Kesseln bei dem Germanenstamm der Kimbern:

Es wird berichtet, daß die Kimbern einen seltsamen Brauch hatten. Sie wurden auf ihren Wanderungen von ihren Frauen begleitet, diesen folgten grauhaarige Priesterinnen, die ganz in Weiß gekleidet waren und leinene Umhänge trugen, die mit einer Fibel zusammengehalten wurden, die mit bronzenen Gürteln gegürtet waren und barfuß liefen.
Diese Frauen gingen mit gezogenen Schwertern zu den Gefangenen in dem Lager und führten sie, nachdem sie sie gekrönt hatten, zu einem Bronzegefäß, das ungefähr zwanzig Amphoren fassen konnte und auf einer erhöhten Plattform stand. Eine der Priesterinnen stieg dort hinauf, hielt den Gefangenen und durchschnitt seine Kehle. Dann verkündete sie anhand der Art, wie das Blut floß, verschiedene Vorhersagen, während andere, die die Leichname öffneten und die Eingeweide untersuchten, den Sieg des eigenen Heeres vorhersagten.

II 2. b) Indiculus superstitionum et paganiarum

Um ca. 790 n.Chr. ist im Rahmen der Missionierung der Sachsen durch Karl den Großen zur Unterstützung der Missionare eine Schrift über die heidnischen Bräuche mit dem Titel „Kleines Verzeichnis des Aberglaubens und des Heidentums" verfaßt worden, von dem leider nur die 30 Überschriften erhalten geblieben sind.

Vier dieser Überschriften weisen indirekt auf die Existenz einer Priesterschaft hin:

„Über den Gottesdienst, der für einen Heiligen geschieht"
„Über Quellengottesdienste"
„Über Anrufung, die Gutgesinnte als die der Heiligen Maria bezeichnen"
„Über Feiern, die sie für Jupiter und Merkur veranstalten"

II 3. archäologische Funde

II 3. a) Das Runenkästchen von Auzon

Das Runenkästchen von Auzon wurde um ca. 700 n.Chr. in Northhumbria in Mittelengland aus den Kieferknochen eines Wales hergestellt. Es wurde nach seinem Fundort Auzon in Südfrankreich benannt.

Der Germane, der dieses Runenkästchen hergestellt hat, lebte somit zu derselben Zeit wie der Skalde, der das Beowulf-Epos niedergeschrieben hat – ob sie sich kannten, weiß man nicht, aber sie werden in etwa dasselbe Weltbild gehabt haben.

Das Kästchen ist 22,8cm breit, 18,5cm lang und 10,5cm hoch. Sein Volumen innen beträgt somit ca. 3.600cm^3, d.h. ungefähr 3,6 Liter. Es paßte nicht viel in dieses Kästchen, aber für einen kleinen Vorrat an Goldmünzen und einige goldene Armreifen reichte es.

Runenkästchen von Auzon - Gesamtansicht

Die vollständige Darstellung, Beschreibung und Deutung dieses Kästchens findet sich in dem Kapitel „Kiste" in Band 57.

Runenkästchen von Auzon   -   Oberseite: Krieger (Egil)

Die Runen über dem Bogenschützen in der Burg kennzeichnen ihn als Egil, den Bruder von Wieland und Slagfid.

Rechts von ihm hockt unter einem Gebäude, von dem zwei Säulen und ein Bogendach zu sehen sind, eine Frau. Diese Frau, die sich an einem „besonderen Ort" befindet, hält wie die germanischen Seherinnen einen Stab in ihrer Hand. Über ihr sind zwei Vogelköpfe zu sehen, die einen „Doppelvogel" bilden. Durch sie wird sie als Walküre gekennzeichnet – sie ist sehr wahrscheinlich die im Wölund-Lied genannte Egil-Freundin Aelrun. Möglicherweise wurden die beiden Vögel auch mit Hugin und Mugin, den beiden Raben des Odin assoziiert.

Die beiden Säulen mit dem Bogen sind die typische Darstellung eines „Seelenweg-Tores" („öndvegi-sula"), also eines Jenseitstores. Aelrun sitzt also in einem Tempel oder zumindestens vor einem Jenseitstor.

Die Walküre Aelrun sitzt auf einem „Doppelwolf", der wohl Odins Wölfen Geri und Freki entspricht.

Falls die Verbindungslinien zwischen den beiden Vogelköpfen nicht nur aufgrund der Kuppel über Aelrun gebogen sind, könnten sie einen Regenbogen darstellen. Dieser wäre dann als die Regenbogenbrücke Bifröst eine weitere Verbindung zwischen Himmel und Erde.

Eine sehr ähnliche architektonische Struktur findet sich auf dem Runenkästchen von Auzon in der Szene, in der die Anbetung der drei Magier dargestellt wird. Es besteht anscheinend eine Analogie zwischen Aelrun und Maria.

Aelrun scheint zu meditieren oder konzentriert Magie auszuüben – was auch die passende Tätigkeit für ihren Aufenthalt in einem Tempel ist. Vermutlich unterstützt sie durch ihre Magie Egil bei der Verteidigung der Festung.

rechts: Aelrun im „Tempel"
links: Egil (Runen: „Agil")

rechts: Maria mit Christus im „Tempel"
links: die drei Magier (Runen: „Magi")

Offensichtlich hilft Aelrun dem Egil durch Walküren-Magie. Diese wird u.a. in der Isländersaga über Hromund Greipsson beschrieben:

Helgi der Kühne war immer siegreich gewesen und er hatte seine Siege durch Magie erlangt. Der Name seiner Geliebten war Kara – sie war bei ihm in der Gestalt eines Schwanes. Helgi schwang sein Schwert so hoch über sich (er holte aus, um Hromund zu erschlagen), *daß er die Beine seiner Schwanenfrau Kara abschlug.*

Er rammte sein Schwert bis zum Griff in den Boden und sprach (zu Hromund)*: „Mein Glück ist geflohen: Es war schlimm, daß ich Dich nicht getroffen habe."*

Hromund entgegnete: „Du hattest großes Unglück, Helgi, daß Du der Mörder Deiner eigenen Geliebten geworden bist und nun kein Glück mehr haben wirst."

Kara stürzte tot herab.

Aelrun scheint auf einem „Doppelwolf" zu sitzen. Vielleicht sitzt der Wolf jedoch auch neben ihr. Der „Doppelvogel" und der „Doppelwolf" betonen die enge Verbindung der Walküre mit dem Jenseits.

Oben rechts über dem Tempel findet sich wieder ein Hrungnir-Herz.

Vor der Burg befinden sich 8 Krieger, die Egil angreifen. Der oberste von ihnen gehört jedoch möglicherweise nicht zu den Angreifern, da er auf sie zu schießen scheint.

Interessant ist die glatte Fläche in der Mitte, auf der mithilfe von fünf Nägel etwas Kreisförmiges befestigt gewesen ist – evtl. ein Schild. Dieser Schild könnte die Sonne symbolisiert haben, denn er muß schon etwas sehr Wichtiges gewesen sein, da man ihn sonst auch hätte schnitzen statt aus Gold o.ä. hätte anfertigen können. Auch die zentrale Position auf dem Deckel des Kästchens zeigt, daß das, was sich dort befand, etwas Wichtiges gewesen sein muß – zumal sich auf keiner der anderen Platten etwas ähnliches befunden hat.

Auf dem Deckel ist im Gegensatz zu den vier Außenplatten keine Runen-Inschrift angebracht worden. An ihrer Stelle stand der vermutete „Sonnenschild".

II 3. b)   Das Frauen-Grab von Köpingsvid

Auf der schwedischen Ostseeinsel Öland wurde in einem Frauen-Schiffsgrab ein 82cm langer, eiserner Stab gefunden, der mit einigen kleinen Elementen aus Bronze verziert ist und an seinem oberen Ende das Modell eines Hauses trägt – vermutlich eine der Götterhallen in Asgard.

Der Stab wird einer Seherin gehört haben.

Stab und Gefäße aus dem Grab von Köpingsvid

II 3. c)   Das Frauen-Grab von Gävle

Auch in diesem Grab ist ein Seherinnen-Stab gefunden worden.

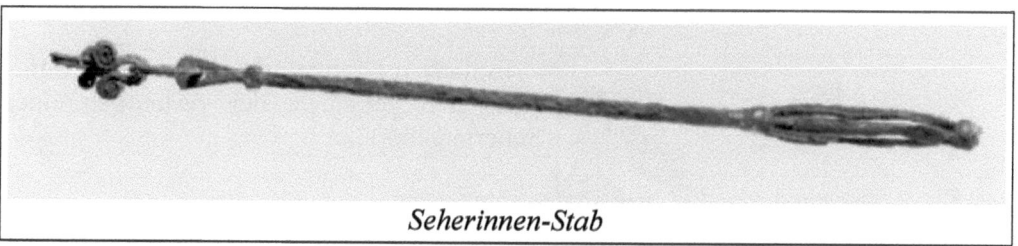

Seherinnen-Stab

II 3. d)   Das Frauen-Grab von Fuldby

Aus diesem Grab stammt ein weiterer Metall-Stab einer Seherin.

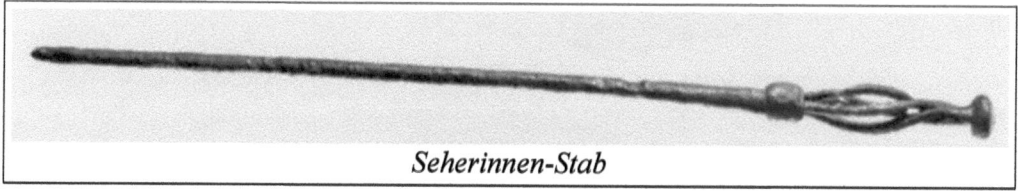

Seherinnen-Stab

II 3. e) Das Frauen-Grab von Romsdal

Aus diesem Grab stammt der vierte bekannte Metall-Stab einer Seherin.

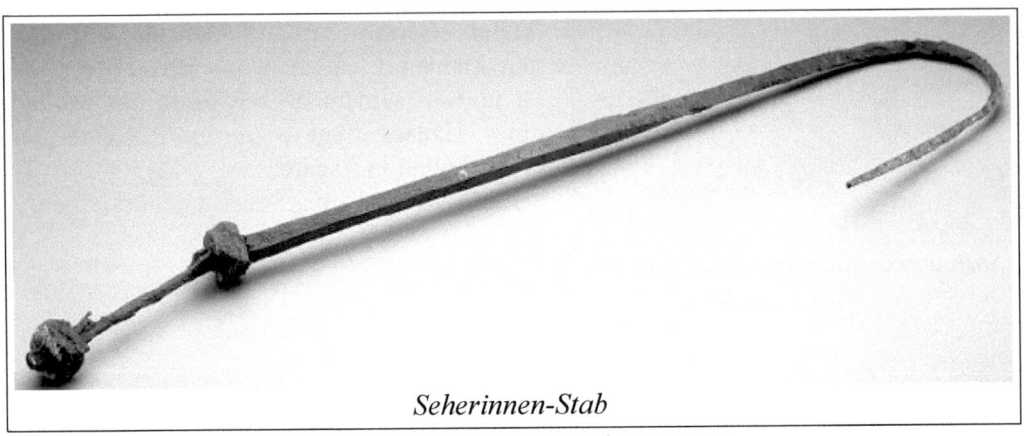

Seherinnen-Stab

II 3. f) Das Frauen-Grab von Björko

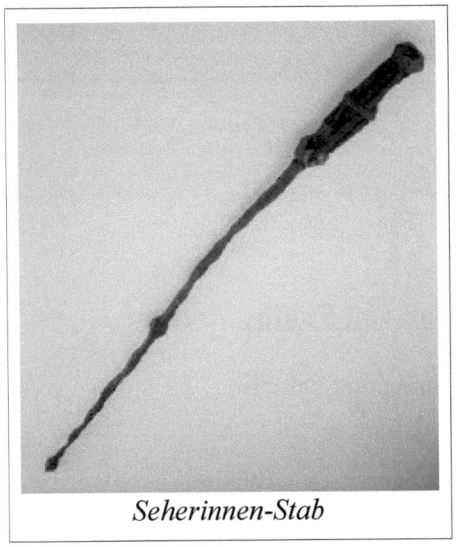

Seherinnen-Stab

In diesem Grab wurde ein weiterer, einfacher Stab gefunden, der vermutlich einer Seherin gehört hat.

II 3. g) Das Frauen-Grab von Furkat

Aus diesem Grab stammt ein weiterer Metall-Stab, bei dem jedoch nicht sicher ist, ob es sich um einen Seherinnen-Stab handelt.

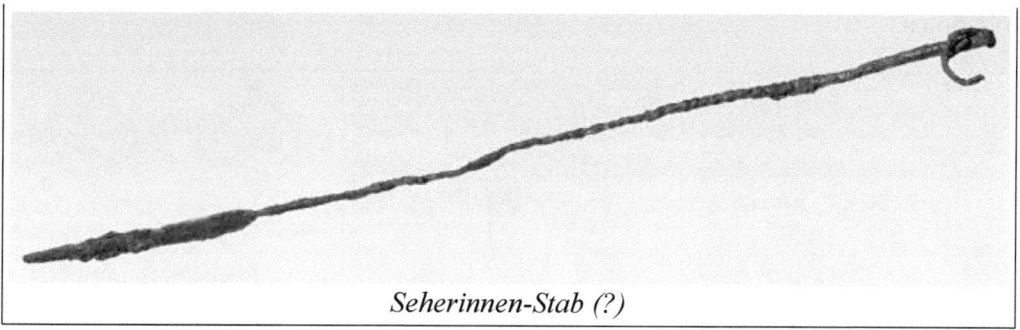

Seherinnen-Stab (?)

II 3. h) Das Grab von Hegebyhöga

In diesem Grab, in dem um ca. 1000 n.Chr. eine Seherin bestattet wurde, fanden sich ihr Stab, geopferte Pferde, ein Wagen, ein arabischer Bronze-Krug und ein silberner Kettenanhänger, der eine Frau mit Halsreif darstellt, die vermutlich die Göttin Freya sein soll, die auch eine Seherin gewesen ist.

II 3. i) Das Grab von Birka

In diesem Grab lag ein Mann mit einem Speer und eine Frau mit einem Stab, die wahrscheinlich ein Ehepaar gewesen sind – ein Krieger und eine Priesterin-Seherin.

II 3. j) Stäbe in Frauen-Gräbern

Insgesamt wurden ca. 40 Gräber mit Frauen gefunden, die zusammen mit einem Stab bestattet worden sind. Sie werden Priesterinnen-Seherinnen gewesen sein.
Es fällt auf, daß drei der erhaltenen (und als Bild verfügbaren) Seherinnen-Stäbe sich an ihrem oberen Ende in vier Bögen aufteilen, die dann wieder an der Spitze

zusammenkommen. Diese Vierzahl läßt einen Bezug zu den vier Himmelsrichtungen und somit zu der Sonne vermuten.

Ein solches Element ist auch von den hindhuistisch-buddhistischen Donnerkeilen bekannt, die „Vajra" genannt werden. Auch das hethitisch-mesopotamische Blitzsymbol in der Hand des Himmels- oder Donnergottes hat Ähnlichkeit mit diesen beiden Symbolen.

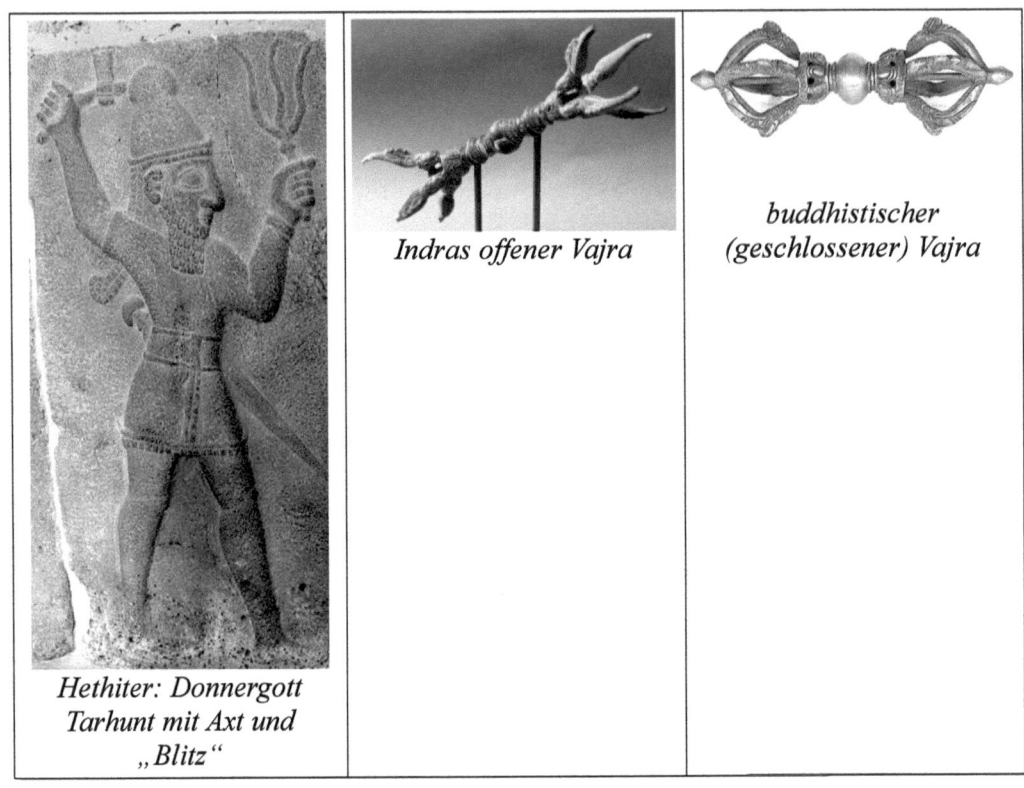

Hethiter: Donnergott Tarhunt mit Axt und „Blitz"

Indras offener Vajra

buddhistischer (geschlossener) Vajra

Es ist somit gut denkbar, daß diese Vierteilung des oberen Endes des Seherinnen-Stabes eine alte indogermanische Tradition ist.

II 3. k) Grab von Fyrkat

Amulett: Freya auf einem Hochsitz

In diesem dänischen Grab lag sich der Leichnam einer Seherinnen, der mit einem langen Gewand bekleidet gewesen ist. Sie trug Zehen-Ringe und Sandalen.

In ihrem Grab fanden sich ein Kessel, ein Wagen, ein Kiste mit ihren Magie-Utensilien (ein Eulen-Gewölle, kleine Vogel- und Tier-Knochen), eine Beutel mit Bilsenkraut-Samen (diese Samen fördern geräuchert Visionen und Astralreisen) und ein silbernes Amulett in der Form eines Stuhles. Diese Art des Amuletts fand sich nur in Frauengräbern und wird eine Seherin oder Freya auf einem Seherinnen-Hochsitz darstellen.

II 3. l) Oseberg-Schiff

Meditierender am Griff eines Ritual-Eimers

Dieses im Jahr 820 n.Chr. erbaute, 22m lange, 5m breite und reich beschnitzte Wikingerschiff wurde unter einem Grabhügel am Westufer des Oslofjords gefunden. In der Grabkammer hinter seinem Mast waren im Jahr 832 n.Chr. zwei Frauen bestattet worden, von denen die eine 60-70 Jahre alt und die andere (nach neueren Untersuchungen) 50-55 Jahre alt gewesen ist.

Es ist unklar, wer von beiden die wichtigere Frau gewesen ist und ob eine der beiden getötet wurde, um die andere ins Jenseits zu begleiten.

Die reichhaltigen Grabbeigaben haben zu der Vermutung geführt, daß die ältere Frau entweder eine Königin (evtl. Asa) oder eine Hohepriesterin gewesen ist.

Für die Deutung einer der beiden Frauen als Hohepriesterin spricht der Fund eines Eimers, der sich unter den Grabbeigaben befand, an dessen Griff sich eine Buddha-ähnliche Figur befindet, die offensichtlich in Meditation versunken ist und diesen Eimer als einen Ritual-Gegenstand kennzeichnet.

II 3. m) Funde von Broschen in Kessel-Form

Es sind verschiedene Broschen gefunden worden, die vermutlich Amulette gewesen sind:

Funde von Kessel-Broschen							
Land	gesamt	Material			Fundort		
		Gold	Silber	Blei	Grab		sonstige
					Mann	Frau	
Norwegen	8	8					8 (Hort)
Schweden	12		10	2		9	3
Gotland	2		2				2
Dänemark	2		2			1	1
gesamt	24	8	14	2	-	10	14

Die typische Kessel-Brosche besteht somit aus Silber und wurde in Schweden oder Norwegen von einer Frau getragen. Möglicherweise wurden diese Broschen mit den Priesterinnen assoziiert.

Das Wort „Ketil" für „Kessel" ist ein beliebter Namensbestandteil bei den Nordgermanen gewesen – jedoch hauptsächlich in Männernamen. Allerdings wurden Hexen auch als „Kesselträgerinnen" bezeichnet.

II 4. Frauennamen

Es gibt recht viele Frauen-Namen, die mit einem der Begriffe für „Priesterin" gebildet worden sind.

Frauenname	Bedeutung
mit „Priesterin" gebildete Frauennamen	
- Priesterin der Götter -	
Asvör	Asen-Frau: „Asin" oder „Frau der Asen" (Priesterin?)
Gudve	Gottes-Priesterin oder Gottes-Stärke
Ärnvi	Adler(=Tyr?)-Priesterin
Heidvik	Licht(=Sonne?=Tyr?)-Priesterin
Gullve	Gold(=Sonne?)-Priesterin
Thyrvi	Tyr-Priesterin oder Thor-Priesterin
Thorvi, Thörin, Tura	Thor-Priesterin
Thrugils	Thor-Geisel = dem Thor Geweihte
Ingvi	Yngvi-Priesterin
Vefreyja	Freya-Priesterin
Alfheid	Alfen-Licht = Sonne (Name einer Zauberin; Priesterin der Sonne, d.h. des Tyr ?)
- allgemeine Priesterin -	
Hallvi	Hallen(=Tempel?)-Priesterin
Värun	Tempel-Rune(=Geheimnis)
Ketilve, Kjellvi, Kätilvi	(Ritual-)Kessel-Priesterin

	- Walküren-Priesterin -
Gunnevi	Kampf-Priesterin
Hedinvi	Felljacken-Priesterin (Fell der Berserker/Ulfhedinn?)
Randvi	Rand(=Schild)-Priesterin
Rodhvi	Ruhm-Priesterin/Tempel
	- Jenseitsinsel-Priesterin (?) -
Holmvi	Insel-Priesterin
	- Seherin (?) -
Ragnvi	Rat-Priesterin

Es gab somit Priesterinnen der Götter allgemein, des Tyr (unsicher), der Sonne (unsicher), des Thor, des Yngvi-Freyr und der Freya.

Die Priesterinnen waren mit der Braukunst (Kessel) und mit den Walküren verbunden.

Sie waren auch Seherinnen.

II 5. Zusammenfassung

Die wichtigste und vermutlich auch älteste germanische Bezeichnung der Priester und Priesterinnen ist „Anrufer(in)", auf altnordisch „gode" bzw. „gydja".

Eine Priesterin war eine „Geweihte". Sie konnte in das Jenseits reisen, was als „Stab-Ritt" bezeichnet wurde – die Priesterin selber war daher eine „Meer-Überquererin", „Nacht-Reiterein", „Düsternis-Reiterin" und „Haus-Reiterin" (das Haus steht anstelle des Hochsitzes). Anschließend konnte sie über den „Seelen-Weg" (Jenseitstor) als „Anrufungs-Priesterin" und „Zaubergesang-Frau" mit ihrem „Seelen-Auge" das Jenseits wahrnehmen und zu den dort wohnenden Göttern und Ahnen Kontakt aufnehmen und sie um Rat und Hilfe bitten.

Sie brachte als „Opfer-Frau" oder „Opfer-Anrufende" den Göttern die Opfertiere dar.

Sie war als „spähende Frau" die Seherin, die dann als „Sagende" ihre Visionen verkündete. Daher wurde sie auch „vielwissende Frau" genannt.

Als „Tat-Fördernde" war sie auch die Zauberin, die denjenigen half, die sie um Unterstützung baten.

Sie war zudem die „Geburts-Frau", also die Hebamme, die bei der Geburt auch das Schicksal des Neugeborenen sah und verkündete.

Sie war schließlich noch die Bewahrerin der Tradition, weshalb sie (im Althochdeutschen) auch „Gesetzes-Halterin" genannt wurde.

Aus dem Althochdeutschen ist auch bekannt, daß die heidnischen Priester und Priesterinnen für die Opfer, für das Wahrsagen und die Orakeldeutung zuständig waren.

Zu den Aufgaben der Priesterin gehören die Tieropfer und die (seltenen) Menschenopfer, die Wahrsagung und die magische Unterstützung der Hilfesuchenden. Ihr wichtigstes Hilfsmittel ist dabei die Jenseitsreise zu den Göttern und zu den Ahnen.

Um 400 n.Chr. gab es das Motiv einer dreiköpfigen Opfer-Frau, die vermutlich sowohl die Opferpriesterin als auch die drei Nornen dargestellt hat.

In den Sagas steht diese Anrufungs-Priesterin am Steinaltar. Es gab auch Chöre von Frauen (Priesterinnen) und evtl. auch Wechselgesänge zwischen Hohepriesterin und Frauenchor.

Die Priesterin sitzt vermutlich nicht nur als Seherin, sondern auch als Priesterin und Zauberin auf ihrem Hochsitz vor dem aus zwei Säulen und einem oberen Bogen bestehenden Jenseitstor.

Die Priesterinnen-Weihe bestand vermutlich zu einem Teil darin, daß die Anwärterinnen das Fleisch einer zweijährigen Kuh aßen, die zuvor von dem Stier des Göttervaters besprungen worden war.

Die Priesterin-Seherin trägt Handschuhe, einen Stab, einen Gürtel mit Felltasche, in der sich u.a. Bilsenkraut-Samen, Eulen-Gewölle und kleine Tier- und Vogelknochen befunden haben, sowie evtl. auch Armreifen. Stab, Handschuhe und Gürtel waren die Amts-Insignien der Priesterinnen/Seherinnen und der Priester/Seher (siehe „Stab" in Band 67, „Handschuhe" und „Gürtel" in Band 60).
Ob der Ring nur ein Kennzeichen der Priester oder auch der Priesterinnen gewesen ist, ist unklar.
Zu den wesentlichen Besitztümern einer Priesterin scheinen auch ein Krug, ein Halsreif sowie manchmal ein Ketten-Anhänger in Form einer Frau mit Halsreif (Freya?) oder eines Hochsitzes zu gehören.

Es sind Priesterinnen der Disen (Göttinnen), der Sif („Röskwa"), der Frigg („Gna"), der Freya und vermutlich auch der Menglöd sowie des ehemaligen Göttervaters Tyr („Kolfrosta"), der Sonne (=Tyr?), des Adlers (Seelenvogel des Odin/Tyr?), des Thor und des Yngvi-Freyr bekannt. Es wird jedoch recht sicher auch noch Priesterinnen anderer Gottheiten gegeben haben.

Die Priesterinnen wurden auch mit den Walküren (Aelrun, Sigdrifa u.a.) assoziiert.
In den späten Sagas wurden die Hohepriesterinnen manchmal auch der Hel gleichgesetzt und auch entsprechend gruselig geschildert.

Die Hohepriesterinnen hatten eine sehr hohe soziale Stellung.

III Seherinnen

III 1. Die Seherinnen in den Schriften der Germanen

Der Übergang von der Seherin zur Priesterin und von diesen beiden zur Zauberin und später auch zur Hexe ist fließend.

So kann man sich z.B. fragen, ob eine zauberkundige Frau, die einen Totengeist aus seinem Hügelgrab heraus beschwört, eher eine Seherin ist, weil sie den Kontakt mit dem Jenseits erlangen kann, oder ob sie eine Zauberin ist, weil sie die Macht hat, Tote aus dem Jenseits herbeizurufen – oder vielleicht eine Priesterin, weil der Kontakt zum Jenseits die Grundlage für jedes effektiv wirkende Priestertum ist. Und von den Christen wurde sie aufgrund ihrer Tätigkeit als Hexe angesehen ...

III 1. a) Die Saga über Erik den Roten

In dieser Saga wird ausführlich über eine Priesterin/Seherin bei der Arbeit berichtet. Zu dem Ritual gehört auch das Singen der Anrufungen.

Zu dieser Zeit herrschte eine große Hungersnot in Grönland – diejenigen, die zum Fischen hinausgefahren waren, hatten nur wenig gefangen und einige von ihnen waren nicht zurückgekehrt.

In der Siedlung lebte eine Frau, deren Name Thorbjorg war. Sie war eine Seherin und wurde Klein-Wala genannt, Sie waren neun Schwestern gewesen, die alle Seherinnen gewesen waren, aber sie war nun die einzige, die noch lebte.

Eine „Wala" ist eine „Stab-Frau", d.h. eine Seherin.

Es war der Brauch der Thorbjorg, im Winter eine Rundreise zu machen, und die Leute luden sie in ihre Häuser ein, insbesondere diejenigen, die etwas über die kommenden Jahreszeiten wissen wollten oder die etwas über ihr Schicksal erfahren wollten.

Da Thorkell in der Siedlung der Ober-Bauer war, wollte er in Erfahrung bringen, wann die Hungersnot, die über der Siedlung lag, enden würde. Daher lud er die Seherin in sein Haus ein und bereitete ihr einen herzlichen Empfang so wie es üblich war, wo immer auch eine Frau dieser Art empfangen wurde. Es wurde für sie ein Hochsitz bereitet und ein Kissen voller Daunenfedern daraufgelegt.

Am Abend kam sie in der Begleitung des Mannes, der ausgesandt worden war, um sie zu treffen. Sie war wie folgt gekleidet:

Sie trug einen blauen Umhang mit Schnüren am Hals, auf dem bis zu dem Saum hinab Edelsteine befestigt waren. An ihrem Hals trug sie Glasperlen. Auf ihrem Kopf trug sie eine schwarze Kapuze aus Lammfell, die mit Hermelinfell verbrämt war.

Hermelinfell ist weiß.

In ihrer Hand hielt sie einen Stab mit einem Knauf obenan; er war mit Bronze verziert und rings um den Knauf mit Edelsteinen eingelegt.

Sie trug um ihre Hüfte einen Gürtel aus weichem Haar, an dem eine große Felltasche hing, in denen sie die Talismane aufbewahrte, die sie für ihre Kunst benötigte.

Sie trug an ihren Füßen Schuhe aus ungeschorenem Kalbsfell mit langen und stabil aussehenden Schnüren mit großen Bronze-Perlen an ihren Enden.

An ihren Händen trug sie Handschuhe aus Hermelinfell, die weiß waren und deren Fell-Seite nach innen gekehrt war.

Mantel, Handschuhe, Gürtel und Stab gehörten zu der Bekleidung der Priester/Seher und Priesterinnen/Seherinnen.

Als sie nun eintrat, fanden alle Männer, daß es ihre gebührende Pflicht war, ihr Willkommensgeschenke zu überreichen. Diese nahm sie in der Weise an, wie die Männer ihr genehm waren.

Der Freibauer Thorkell nahm die Weise bei ihrer Hand und geleitete sie zu dem Sitz, der für sie bereitet worden war. Er bat sie, ihren Blick über seine Herde, seinen Haushalt und sein Heim schweifen zu lassen. Sie schwieg die ganze Zeit.

Am Abend wurden die Tafeln bereitet und nun muß ich euch berichten, welche Speisen für die Seherin bereitet wurden. Sie machten ihr einen Pudding aus Ziegenmilch und sie brieten die Herzen von allen lebenden Wesen, die dort waren.

Sie hatte einen bronzenen Löffel und ein Messer mit einem Griff aus einem Walroß-Stoßzahn, der von zwei Bronze-Ringen gekrönt war und dessen Spitze abgebrochen war.

Als die Tafeln fortgebracht worden waren, näherte sich der Freibauer Thorbjorg und frug, wie sie seinen Haushalt und das Verhalten seiner Männer fand und wie bald sie nach dem sehen würde, nach dem er gefragt hatte und was die Männer wissen wollten. Sie antwortete, daß sie ihre Antwort nicht vor dem Morgen, nachdem sie eine Nacht dort geschlafen hatte, geben würde.

Nachdem der größte Teil des nächsten Tages vorüber war, wurden die Dinge für sie vorbereitet, die sie für die Durchführung ihres Zaubers benötigte.

Sie bat sie darum, die Frauen zu ihr zu bringen, die mit dem Wissen vertraut waren, das für die Durchführung solcher Zauber notwendig war und das unter dem Namen „Vardlokkur" bekannt ist. Es kam jedoch keine Frau, die diese Lieder kannte. Da wurde auf dem ganzen Hof nach einer Frau gesucht, die diese Lieder singen konnte.

Die Namen der „Vardlokkur" genannten Lieder bedeuten „Wächter-Lockungen", d.h. „Anrufungen der Wächter". Ein „Vardlokkur" ist ein Zauberer, d.h. jemand, der die „Wächter", d.h. vermutlich die Götter und Ahnen herbeirufen konnte.

Da sprach Gudrid: „Ich bin nicht in der tiefen Weisheit geübt und ich bin auch keine weise Frau, auch wenn Halldis, meine Ziehmutter, mich in Island die Kunst gelehrt hat, die sie 'Vardlokkur' nannte."
„Dann bist Du zur rechten Zeit weise," antwortete Thorbjorg.
Aber Gudrid antwortete: „Diese Kunst und dieses Ritual sind von solcher Art, daß ich nicht vorhabe, dabei zu helfen, denn ich bin eine Christen-Frau."
Da antwortete Thorbjorg: „Vielleicht könntest Du ja doch den hier versammelten Männern Deine Hilfe anbieten – Du wirst dann sicherlich keine schlechtere Frau sein als Du zuvor gewesen bist. Ich übergebe Dir, Thorkell, die Aufsicht über die Vorbereitung aller Dinge, die notwendig sind."
Da drängte Thorkell Gudrid, ihnen zu helfen, und sie gab seinen Wünschen nach. Die Frauen formten nun einen Ring um Thorbjorg, die auf das Gerüst stieg und sich auf den Sitz, der für ihren Zauber bereitet worden war, setzte.
Dann sang Gudrid die 'Wächter-Anrufungen' in solch schöner und vorzüglicher Weise, daß es niemandem dort schien, daß er dieses Lied schon einmal von solch einer schönen Stimme gesungen gehört hatte wie jetzt.
Die Seherin dankte ihr für ihren Gesang. „Viele Geister," sagte sie, „sind durch seinen Zauber gekommen und haben gerne dem Lied gelauscht, die sich zuvor von uns abgewandt hätten und uns keine solche Ehre erwiesen hätten. Nun sind mir viele Dinge klar geworden, die zuvor sowohl mir als auch anderen verborgen gewesen sind.
Und ich kann sagen, daß die Hungersnot nicht länger währen wird und daß sich die Zeiten verbessern werden, wenn der Frühling naht. Die Fieber-Krankheit, die uns nun schon so lange heimgesucht hat, wird schneller enden, als wir es hoffen konnten.
Und Dich, Gudrid, will ich sofort belohnen, denn diese Deine Hilfe ist von großem Vorteil für uns alle gewesen, denn Dein Schicksal ist nun klar und sichtbar für mich. Du wirst hier in Grönland einen Mann finden, einen sehr ehrenhaften, auch wenn Du nicht lange mit ihm zusammensein wirst, denn Dein Weg führt nach Island, wo von Dir eine lange Linie von Nachkommen abstammen wird, die sowohl zahlreich als auch angesehen sein werden. Und über den Zweigen Deiner Nachkommen wir ein heller Lichtstrahl leuchten.
So fahre nun dahin in gutem Schicksal und in Glück, meine Tochter!"

Danach gingen die Männer zu der weisen Frau und ein jeder frug nach dem, was er am meisten wissen wollte. Sie gab freizügig ihre Antworten und alles, was sie sagte, erwies sich als wahr.

Danach kam jemand von einem anderen Hof und bat sie zu kommen und sie ging dorthin.

III 1. b) Haus-Reiter

In der Magie und bei Wahrsagungen und Flüchen wurde ein „Gerüst" verwendet, auf dem die Zauberer und Zauberinnen dabei saßen oder standen. Manchmal wurde auch das Hausdach als ein solches Gerüst verwendet, wobei das Sitzen auf dem Dach bei diesen Gelegenheiten „reiten" genannt wurde.

Es wäre gut denkbar, daß diese „Magie-Gerüste" als Hilfsmittel, die Zaubernden mit dem Jenseits zu verbinden, aufgefaßt worden sind. Dadurch wären sie eine Analogie zu dem Jenseitsreisepferd, sodaß ihre Tätigkeit als „Reiten" bezeichnet werden konnte.

Dieses Motiv muß einst so geläufig gewesen sein, daß man Zauberinnen „Abendreiterinnen" („kveldrida"), „Nachtreiterinnen" („Myrkrida"), „Zaunreiterinnen" („hagrida") und „Dorf-Reiterinnen" („tunrida") nennen konnte. Aus der Zaunreiterin entstand über „Hagazussa" unser Wort „Hexe".

Die Tradition dieser Magie-Emporen reicht bis vor die Indogermanen zu den Schamanen in der frühen Jungsteinzeit in Mesopotamien zurück und hat den Namen von zwei der bekanntesten Göttinnen geprägt, deren Name „Sitz" bedeutet: Isis und Astarte.

Siehe dazu auch den Band 59 über die „Priester, Seher, Zauberer" und den Band 56 über die „Tempel".

III 1. c) Saga über König Olaf den Ruhmreichen Tryggva-Sohn

Dasselbe generelle Vorgehen der Seherinnen und der Leute, die sie um Rat frugen, wird auch in dieser Königs-Saga berichtet.

Völven, die man auch als Seherinnen (spákonur) bezeichnete, zogen durch das Land und sagten die Schicksale (ørlög) der Menschen voraus, weshalb viele Männer sie auf ihre Gehöfte einluden, Feste für sie ausrichteten und sie zum Abschied reich beschenkten.

III 1. d)   Saga über Pfeile-Odd

Auch in dieser Saga tritt eine Seherin auf, die einen Stab und einen blauen Mantel trägt – sie heißt Heidr. Sie sagt dem Pfeile-Odd sein 300 Jahre währendes Leben sowie seinen seltsamen Tod voraus: Er wird durch den Schädel des Pferdes Faxi sterben.

Pfeile-Odd tötete daraufhin das Pferd Faxi und vergrub es tief in der Erde, doch nach 300 Jahren war die Erde vom Wetter abgetragen und der Schädel wieder an die Oberfläche gelangt, sodaß Odd über ihn stolperte, woraufhin aus dem Schädel eine Giftschlange kroch und Pfeile-Odd biß, sodaß er starb.

III 1. e)   Saga über die Leute aus dem Vatnsdal

Eine Frau wurde Heidr genannt, sie war eine Seherin und Zauberin und wußte durch ihre Zauberkunst von noch ungeschehenen Dingen.
Sie fuhr zu Festen weit im Lande umher, dorthin, wo die Bauern sie einluden. Sie sagte den Menschen ihr Schicksal und die Witterungsverhältnisse und andere Dinge voraus. Sie hatte dreißig Leute bei sich: fünfzehn Jungen und fünfzehn Mädchen.
Es trug sich zu mit ihrer Reise, daß sie auf einem Fest in der Nähe Ingjalds war.
...

Ingjald sprach: „Ihr sollt die Seherin hierher zum Fest einladen"
...

Asmund ging nun zusammen mit vier Männern und lud die Seherin nach Berurjodr ein. Sie empfing ihn wohlwollend und sagte, daß sie kommen würde, und am selben Abend traf sie mit ihrem ganzen Gefolge ein.
Ingjald ging ihr mit großer Mannschaft entgegen und führte sie in die Halle, und dort wurde ein gutes Gastmahl bereitet.
...

Ingjald und die Seherin hatten in der Nacht einen großen Zauber vor. Sie ging zu der Zeit mit ihren Leuten hinaus, um den Zauber auszuüben, als die andern schlafen gingen.
Am Morgen danach ging Ingjald zu Heidr, um Auskunft über das Orakel zu holen und frug, wie der Zauber verlaufen sei.
„Das glaube ich", sagt sie, „daß ich gewiß die Dinge erfahren habe, die für Dich

von Bedeutung sind, und die Du mich gebeten hast zu erfragen."

Ingjald und seine Männer bereiteten ein magisches Ritual in der alten Weise vor, damit die Männer erfahren konnten, was die Nornen für sie vorgesehen hatten. Eine Zauberin der Lappen war unter ihnen anwesend. Ingimund und Grim kamen mit einem großen Gefolge bei dem Fest an.

Die Lappen-Frau saß in prachtvoller Kleidung auf dem Hochsitz.

Die Männer verließen ihre Bänke und gingen vor, um nach ihrem Schicksal zu fragen.

III 1. f) Saga über König Olaf den Ruhmreichen Tryggva-Sohn

In dem folgenden Text sieht eine Seherin die Kindheit des Königs Olaf voraus.

König Valdemar hatte eine Mutter mit dem Namen Gerda, die so alt und gebrechlich war, daß sie immer im Bett lag. Sie war wundersam geschickt als Seherin und es war Brauch, daß sie in der Jul-Zeit, wenn sich die Gäste in der Halle des Königs versammelt hatten, seine Mutter dort hinein getragen und auf den Hochsitz gesetzt wurde. Dort sagte sie alle Gefahren, die das Königreich bedrohten, und ähnliche Dinge voraus – jenachdem, welche Fragen man ihr stellte.

Da geschah es in dem ersten Winter, in dem Olaf in Holmgard war, daß Valdemar am Jul-Fest, als seine Mutter hereingetragen worden war, sie frug, ob im folgenden Jahr irgendein ausländischer Fürst oder Krieger in sein Königreich eindringen oder seine Waffen gegen sein Königreich erheben werde.

Die alte Mutter strich mit ihren krummen Fingern durch die dünnen, weißen Locken ihres Haares und blickte mit ihren trüben Augen in die Halle und sprach dann diese Prophezeiung:

„Ich kann keine Anzeichen für irgendeinen schrecklichen Krieg erkennen," sagte sie, „und auch kein anderes Unglück.

Aber ein wundersames Ereignis kann ich sehen. Im Lande Norwegen ist vor kurzem ein Kind geboren worden, das hier in Holmgard aufgezogen werden wird bis er zu einem berühmten Fürst geworden ist – einen so hochbegabten, wie hier noch nie zuvor einer gesehen worden ist.

Er wird diesem Königreich keinen Schaden antun, sondern er wird in jeder Hinsicht Deinen Ruhm vermehren.

Er wird in sein Geburts-Land zurückkehren, während er noch in der Blüte seiner Jahre ist, und er wird in diesem nördlichen Teil der Welt mit großem Ruhm herrschen. Aber nicht lange, nicht für lange ...

Nun tragt mich wieder fort."

III 1. g) Ausspruch der Seherin

Da wurde Mord in der Welt zuerst,
Da sie mit Geren Gulweig stießen,
In des Hohen Halle die helle brannten.
Dreimal verbrannt ist sie dreimal geboren,
Oft, unselten, doch ist sie am Leben.

Man nannte sie Heidr.
Wo sie ins Haus kam.
die weissagende Völva,
verwendete sie Zauberkunst.

Sie trieb Seidr, was sie konnte,
Sie wandte die Sinne der Menschen zum Seidr
Immer war sie angenehm
bösartigen Frauen.

„Gulveig" bedeutet „Goldkraft", was ein Name für die Sonne sein könnte. Sie wurde mit dem Namen „Heid" umschrieben, der daher ein Titel oder etwas ähnliches sein könnte.

Da Gullveig eine „Völva" („Stabträgerin"), d.h. eine „Seherin" ist, könnte „Heid" der Titel einer Sonnen-Priesterin sein.

Gullveig wurde von den Asen getötet. Normalerweise wird von den Asen nur der ehemalige Sonnengott-Göttervater Tyr (Thiazi, Geirröd, Hrungnir usw.) getötet. Auch dies bestätigt die Annahme, daß Gullveig bzw. Heid sehr eng mit der Sonne verbunden sein müssen.

Die dreifache Tötung weist auf einen endlosen, zyklischen Vorgang hin, wie er von den drei Inkarnationen der Saga-Varianten des Tyr wie z.B. Helgi oder der dreifachen Lebensdauer von 300 Jahren wie bei Starkad, Norna-Gest, Pfeile-Odd usw., die ebenfalls Saga-Varianten des Tyr sind, bekannt ist.

Für diese Deutung spricht auch, daß auf jede Ermordung eine Wiedergeburt folgt – was in dieser zyklischen Form nur auf die Sonne zutrifft.

Es hat den Anschein, als ob es zumindestens kurz nach der Absetzung des Tyr durch Thor und Odin um 500 n.Chr. sowohl einen Sonnengott-Göttervater (Tyr) als auch eine Sonnengöttin gegeben hat. Möglicherweise wurde die Sonnengöttin in den neuen Odin-zentrierten Mythen an die Stelle des Tyr in den alten Mythen gesetzt.

Die Annahme, daß es vor 500 n.Chr. nur eine Sonnengöttin gegeben haben könnte, führt zu einem Widerspruch, da dann das Motiv für die Ermordung der Gullveig durch die Asen fehlen würde – das bei Odins Vorgänger Tyr gegeben ist.

Diese Sonnengöttin und auch ihre Priesterinnen wurden „Heid" genannt. Dieser Name ist offenbar das Gegenstück zu dem „Diar" genannten Priester des Sonnengott-Göttervaters Tyr gewesen.

III 1. h)   Der Seherin Ausspruch

Gewoben weis da Wala Todesbande,
Und fest geflochten die Fessel aus Därmen.
Viel weiß der Weise, weit seh ich voraus
Der Welt Untergang, der Asen Fall.
Gräßlich heult Garm vor der Gnipahöhle,
Die Fessel bricht und Freki rennt.

„Völva" bedeutet „Stabträgerin, d.h. „Seherin".
Die Verse beziehen sich auf den gefesselten Fenris-Wolf in der Hel.

III 1. i)   Der Seherin Ausspruch

Die drei Nornen sind zwar genaugenommen keine Seherinnen, aber da sie das Schicksal festlegen, kennen sie wie die Seherinnen dieses Schicksal. In den folgenden Versen befragt Odin eine der Nornen auf dieselbe Weise, wie die Menschen eine Seherin befragen.

Es ist anzunehmen, daß die Seherinnen dieses Schicksal letztlich von den Nornen erfahren.

Die Walküren verkünden das von den Nornen bestimmte Schicksal bzw. verwirklichen es.

Eine Esche weiß ich, heißt Yggdrasil,
Den hohen Baum netzt weißer Nebel;
Davon kommt der Tau, der in die Täler fällt.
Immergrün steht er über Urds Brunnen.

Davon kommen Frauen, vielwissende,
Drei aus dem See dort unterm Wipfel.
Urd heißt die eine, die andre Werdani:
Sie schnitten Stäbe; Skuld hieß die dritte.

*Sie legten Lose, das Leben bestimmten sie
Den Geschlechtern der Menschen, das Schicksal verkündend.*

*Allein saß sie außen, da der Alte kam,
Der grübelnde Ase, und ihr ins Auge sah.
„Warum fragt Ihr mich? Was erforscht Ihr mich?
Alles weiß ich, Odin, wo Du Dein Auge bargst :*

*In der vielbekannten Quelle Mimirs.
Met trinkt Mimir allmorgendlich
Aus Walvaters Pfand!" Wißt ihr, was das bedeutet?*

*Ihr gab Heervater Halsband und Ringe
Für goldene Sprüche und spähenden Sinn.
Denn weit und breit sah sie über die Welten all.*

III 1. j) Inschrift von Elephantine

Auf der ägyptischen Tempel-Insel Elephantine am oberen Nil wurde eine römische Soldliste gefunden, die um ca. 150 v.Chr. verfaßt worden ist und auf der auch eine Seherin mit dem germanischen Namen *„Waluburg"* aufgeführt wird. Ihr Name bedeutet *„die durch den Stab schützt"*.

III 1. k) Ardeatinische Inschrift

Die Seherin Veleda starb vermutlich um ca. 80 n.Chr. südlich von Rom in Ardea. In dem dortigen Tempel fand sich eine Inschrift, in der die Seherin als *„Veleda, die lange Jungfrau, die von den Rheinwasser-Trinkern verehrt wird"* bezeichnet wird.

III 1. l) Inschrift aus Hippo Regius

Hippo Regius ist eine Küstenstadt im heutigen östlichen Algerien an der Mündung des Flusses Seybousse. Dort fand sich eine Inschrift des Germanenstammes der Vandalen, die um ca. 450 n.Chr. graviert wurde. In ihr wird eine *„Guiliaruna* *presbiterissa"* erwähnt.

Der zweite Teil dieses Namens oder Titels bedeutet „(christliche) Priesterin", der erste Teil „Freuden-Rune". Der Namensbestandteil „-runa" bedeutet „Geheimnis" und nach ca. 100 n.Chr. auch „Rune". Der Name hat Ähnlichkeit mit dem von Jordanes genannten Priesterinnennamen „Alioruna". „Guiliaruna" könnte daher sowohl ein Frauennamen als auch ein Priesterinnen-Titel sein.

III 1. m) Landnahme-Buch

Hrolf der Jüngere gab seine Tochter Thorlaug die Priesterin dem Oddi Sohn des Yr zur Frau, woraufhin Hrolf auf die Westseite des Ball-Flusses zog und dort lange lebte und unter dem Namen Hrolf von Ball-Fluß bekannt war.

III 1. n) Landnahme-Buch

Thorstein heiratete Thurid Tempel-Priesterin, die Tochter des Solmund von Asbjorns-Ness. Deren Söhne waren Ingolf der Blonde und Gudbrand.

III 1. o) Lachstal-Saga

In der Lachstal-Saga wird berichtet, daß man in dem Grab einer Seherin einen Zauberstab gefunden hat.

Dort ließ sie in die Erde hinuntergraben, und dort fanden sie einige schwarze und häßliche Gebeine. Dort fanden sie auch eine Brosche und einen großen Seidir-Stab. Die Leute glaubten, daß sie daraus schließen könnten, daß dies das Grab einer Völva war.

III 1. p) Heidarviga-Saga

Dort holten Alof, die Schwester des Bardi, und ihre Ziehmutter das Fleisch herein. Ihre Ziehmutter hieß ebenfalls Alof. Sie war eine Weisheits-Frau und sie war auch die

Ziehmutter des Bardi und der anderen Söhne des Gudmund. Sie wurde Kiannok genannt und durch diesen Namen hielt man die beiden Alofs auseinander.

Alof, Bardis Ziehmutter, war sehr weise und konnte viele Dinge klar sehen und war den Söhnen des Gudmund wohlgesonnen. Sie war voller Kenntnisse und viele alte Dinge ruhten in ihrem Geist.

III 1. q) Njal-Saga

In dieser Saga sagt eine alte Frau, die als Seherin bekannt ist, ein Unglück vorher – aber niemand hört auf sie …

Auch Nial selber hat kurz vor den Ereignissen eine Vision von dem bevorstehenden Überfall.

Auf Bergthorshvol befand sich ein Weib namens Saun. Sie war sehr alt und die Nialsohne nannten sie eine alte Närrin, weil sie immer so viel zu schwatzen hatte. Aber sie verstand sich auf viele Dinge und schaute in die Zukunft, sodaß manches eintraf, was sie voraussagte. Eines Tages ergriff sie einen Stock, ging um das Haus herum zu einem Schober Vogelgras und begann ihn mit dem Stock zu bearbeiten.

Skarphedin wurde dessen gewahr, lachte und fragte, warum sie denn gegen den Schober so erzürnt sei.

„Diesen Schober wird man dazu benutzen, Feuer anzulegen, wenn man Nial und meine Hausmutter Bergthora verbrennen will. Nimm ihn und wirf ihn ins Wasser oder verbrenne ihn sobald als möglich."

„Nein," sagte Skarphedin, „ist es so vorherbestimmt, dann findet sich wohl anderes, um Feuer anzulegen, selbst wenn der Schober entfernt ist."

Das Weib aber fuhr fort, den ganzen Sommer hindurch darüber zu reden, daß man doch den Schober unter Dach bringen möchte, allein es geschah nicht.

Am Montag Morgen ritten Nial's Söhne Grim und Helge nach einem Hofe, wo sich Kinder von ihnen in Pflege befanden, und sagten zu ihrer Mutter, sie würden erst am nächsten Tage wiederkehren.

Am Abend desselben Tages sprach Bergthora zu ihrem Gesinde: „Diesen Abend teile ich Euch Eure Mahlzeit nicht zu; ihr dürft selbst wählen, sodaß ein jeder erhält, was ihm am liebsten ist. Es wird wohl der letzte Abend sein, an dem ich meinem Gesinde die Mahlzeit vorsetze."

„Das sei ferne," meinten diese.

„Es wird doch so kommen, wie ich sage," versetzte sie; „ich könnte mehr davon erzählen, wenn ich wollte. Wünschet Ihr ein Zeichen, daß ich die Wahrheit rede, so werden meine Söhne Grim und Helge diesen Abend zurückkehren, bevor Ihr gesättigt

seid; trifft das ein, so geschieht mehr von dem, was ich vorausgesagt habe."

Darauf setzte sie das Essen auf den Tisch.

Bald nachher sagte Nial: „Es ist doch wunderbar: mir scheint, ich blicke über den ganzen Raum des Hauses hin; die Giebelwand ist fort, aber der Tisch und das Mahl schwimmt in lauter Blut."

Alle entsetzten sich, Skarphedin aber bat sie, nicht üble Nachrede hervorzurufen durch Klagen und unziemliche Gebärden.

„Uns kommt es mehr als anderen zu, Mut und mannhaftes Herz zu zeigen," äußerte er.

Ehe die Tische weggenommen worden waren, kehrten Grim und Helge zurück. Da wurde allen unheimlich zu Mute.

Nial frug sie, weshalb sie so bald wiederkamen.

Sie versetzten, sie hätten einige Weiber angetroffen, die ihnen mitteilten, sie hätten alle Sigfussohne, fünfzehn Mann stark, in voller Waffenrüstung auf Trehorninghals zureiten sehen; Grane Gunnar-Sohn und Gunnar Lambe-Sohn mit einer anderen Schar hätten dieselbe Richtung verfolgt.

„Da meinten wir," sagte Helge, „Flose müßte von Osten gekommen sein, um mit ihnen zusammenzutreffen; darum wollten wir nirgends anders sein, als wo unser Bruder Skarphedin ist."

Nun gebot Nial, das niemand zu Bette gehen dürfe, sondern alle sollten gute Wache halten.

Kurz danach wurde Nials Haus angegriffen, wie Bergthora und Nial es vorhergesehen hatten.

III 1. r) Saga über Kampf-Glum

In dieser Saga tritt eine wandernde Seherin auf.

In dem Teil des Landes gab es eine Frau mit Namen Oddbiörg, die die Leute damit unterhielt, daß sie Geschichten erzählte – sie war eine Seherin („Späkona").

Man hatte das Gefühl, daß es wichtig war, wie die Hausherrin sie empfing, denn das, was sie sagte, hing mehr oder weniger davon ab, wie gut sie behandelt wurde.

Es ist nicht zu übersehen, daß der Schreiber dieser Saga keine allzuhohe Meinung von den Seherinnen und ihren Fähigkeiten hatte – obwohl sich andererseits im Verlauf der Saga zeigt, daß alle ihre Vorhersagen richtig waren.

Sie kam nach Upsala und Saldis bat sie, für sie wahrzusagen – etwas Gutes, was die Jungen betraf.

Das ist eine recht merkwürdige Bitte an die Seherin – nur etwas Gutes über die Jungen zu sagen …

Ihre Antwort war: „Diese Jungen sind vielversprechend, aber es ist schwierig zu sehen, was ihr zukünftiges Geschick sein könnte."
Saldis rief aus: „Wenn ich anhand dieser unbefriedigenden Antwort von Dir urteilen soll, dann bist Du unzufrieden mit Deiner Behandlung hier."
„Lasse Dich nicht davon in Deiner Gastfreundschaft beirren," sprach Oddbiörg, „und nimm diese Worte nicht so schwer."
„Je weniger Du sagst, um so besser," entgegnete Saldis, „wenn Du uns nichts Gutes erzählen kannst."
„Ich habe bisher nicht zuviel erzählt," antwortete sie, „aber ich glaube nicht, daß ihre Liebe zueinander lange halten wird."
Da sagte Saldis: „Ich habe gedacht, daß die gute Behandlung, die ich Dir gewährt habe, ein besseres Omen verdient hätte – und wenn Du böse Orakel verkündest, kann es Dir geschehen, daß Du zur Türe hinausgeworfen wirst!"

Saldis unterscheidet hier ganz offensichtlich nicht zwischen dem Verkünden der wahrgenommenen Zukunft und dem Benutzen eines Zauberspruches, der den Lauf der Dinge ändert.

„Nun," sagte Oddbjörg, „da Du ohne Ursache so wütend bist, sehe ich keinen Grund mehr, Dich zu schonen – und ich werde Dich nie wieder belästigen! Aber was auch immer Du damit tun wirst: Diese Jungen werden sich später gegenseitig den Tod bringen und etliche Übel, eines größer als das andere, wird von ihnen über diese Gegend kommen!"

Das psychologische Feingefühl der Seherin dafür, was sie wann sagt, ist in ähnlicher Weise auch von den keltischen Barden/Druiden bekannt.

III 1. s) <u>Hrolf Kraki und seine Recken</u>

Die folgende Geschichte zeigt, daß es die Seherinnen des öfteren nicht leicht hatten, wenn sie unangenehme Dinge verkündeten – die damaligen Menschen neigten dazu, dem Überbringer der schlechten Botschaft die Schuld an den für sie schlechten

Ereignissen zu geben und sie dafür zu bestrafen ...

Einst lebte ein Mann mit dem Namen Halfdan und ein anderer, der Frodi genannt wurde – zwei Brüder, zwei Königssöhne – und jeder von ihnen herrschte über sein eigenes Königreich. König Halfdan war friedlich und umgänglich und gutmütig, aber König Frodi war wild und grausam.

Diese Schilderung erinnert an das Brüderpaar Heidrek und Angantyr, die eine Sagen-Variante der beiden Götter Tyr und Loki sind. Der friedliche Bruder ist Tyr, Angantyr und Halfdan; der wilde Bruder ist Loki, Heidrek und Frodi.

König Halfdan hatte drei Kinder: zwei Söhne und eine Tochter. Sie wurde Signy genannt. Sie war die älteste und wurde Jarl Saevil zur Frau gegeben.
Das, was hier berichtet wird, geschah, als seine Söhne noch jung waren. Einer von ihnen wurde Hroar genannt, der andere Helgi. Regin war ihr Ziehvater und er liebte sie sehr.

König Halfdan hat wie Tyr zwei Söhne (die beiden Alcis) und eine Tochter (die zu seiner Tochter umgedeutete Jenseitsgöttin).
Die Deutung von Halfdan und Frodi als die in die Sage übertragenen Götter Tyr und Loki wird zum einen dadurch bestätigt, daß „Helgi" einer der Beinamen des Tyr gewesen ist (siehe „Helgi" in Band 39), und zum anderen dadurch, daß Regin als Ziehvater des Helden auch aus der Völsungen-Saga (Regin lehrt Sigurd), die ebenfalls auf die Tyr-Mythen zurückgeht, gut bekannt ist.

Nicht weit von Halfdans Festung entfernt lag eine Insel. Dort lebte ein Mann, der Vivil genannt wurde. Er war ein lebenslanger Freund des Halfdan. Vivil hatte zwei Hunde, Hopp und Ho. Er war recht wohlhabend und kannte viel von den alten Weisheiten, wenn es hart auf hart kam.
Nun wird berichtet, daß König Frodi daheim in seinem Königreich saß und seinem Bruder König Halfdan dessen Königreich heftig neidete. Und er war mit seinem Los, so wie es sich gefügt hatte, nicht besonders glücklich und ihm schien, daß er allein Dänemark beherrschen sollte. Daher versammelte er ein großes Heer und zog im Dunkel der Nacht nach Dänemark und brannte alles bis auf den Boden nieder. König Halfdan konnte nur wenig tun um sich verteidigen. Er wurde gefangengenommen und getötet, während alle, die dazu in der Lage waren, flohen.
Alle Bewohner mußten Frodi den Treueschwur leisten, wenn sie nicht auf die verschiedensten Weisen gefoltert werden wollten.

Auch Loki tötet Tyr und ebenso Heidrek seinen Bruder Angantyr.

Regin, der Ziehvater des Helgi und des Hroar, brachte sie zu dem Bauern Vivil auf seine Insel. Sie trauerten sehr über ihren Verlust. Regin sagte, daß „in den meisten Schutzorten Schnee fällt" und daß es eine traurige Angelegenheit wäre, wenn Vivil sie nicht vor König Frodi schützen könne.

Die Verbannung auf eine Insel ist ein Symbol für die Jenseitsreise, das am besten von der durch König Nidud (Loki) festgelegten Gefangenschaft des Wieland (Tyr) auf einer Insel bekannt ist.
  Eine Variante dieses Motives ist die Reise über einen Fluß, wie es sich in der Völsungen-Saga und in der Thirdrek-Sage bei der Schilderung der Geburt und Kindheit des Sigurd (Siegfried) findet.

Vivil sprach: „Da spielen wir Tauziehen mit einem Hartgesottenen." Aber er sagte auch, daß er sehr dazu verpflichtet sei, den Jungen zu helfen.
Da nahm er sie und brachte sie in ein unterirdisches Erd-Haus, in dem sie die meisten Nächte verbrachten. Am Tage kamen sie jedoch heraus, um etwas frische Luft in den Wäldern zu bekommen, die die Hälfte der Insel bedeckten. Dort ließ Regin sie.

Das „unterirdische Erd-Haus" ist ein Hügelgrab – eine Wiederholung des Motivs in das Jenseits. Diese Szene findet sich auch als die Gefangenschaft von Sigurds Vater Sigmund und dessen Sohn Sinfiötli in einem Hügelgrab in der Vöslungen-Saga und als Odins Reise zu Gunnlöd in dem Hügelgrab „Hnitbjörg".

Regin besaß große Ländereien in Dänemark und auch Frau und Kinder und er sah keine andere Möglichkeit, als zu Frodi zu gehen und ihm den Treueeid zu leisten. König Frodi unterwarf sich nun ganz Dänemark und verhängte Steuern und Tribut-Zahlungen. Die meisten unterwarfen sich ihm nur, weil sie dazu gezwungen waren, denn er wurde von allen gehaßt. Und er belegte auch Jarl Sävil auf dieselbe Weise mit Steuern.
Nachdem er all dies erreicht hatte, bereitete es König Frodi viele Sorgen, daß er die Jungen Helgi und Hroar nicht gefunden hatte. Er ließ nun in allen Richtungen nach ihnen suchen, nach und fern, im Norden und im Süden, im Osten und im Westen, und er setzte eine große Belohnung für den aus, der ihm Neuigkeiten über sie bringen konnte, und bedrohte die, von denen jemals ans Licht kommen sollte, daß sie sie verbargen, mit allen Arten von Foltern – aber niemand wußte irgendetwas, was er dem König hätte erzählen können.
Da ließ er aus dem ganzen Land Seher herbeiholen – Zauberinnen und Zauberer – und befahl ihnen, das gesamte Land von vorne nach hinten, von links nach rechts, alle Inseln und alle fern draußen liegenden Schären zu durchsuchen, aber sie konnten die beiden Söhne nicht finden.

Da ließ er Zauberer herbeiholen, die alles sehen konnten, was sie wollten, und sie sagten ihm, daß die Jungen nirgendwo in dem Land aufgezogen würden, aber daß sie auch nicht weit fort seien.

König Frodi sagte: „Wir haben sie weit und breit gesucht, daher ist es sehr unwahrscheinlich, daß sie in der Nähe sind, aber es gibt noch eine Insel, die nicht weit entfernt ist, wo wir uns keine besondere Mühe gegeben haben, weil dort niemand lebt – nun, niemand außer einem Bauern, einem armen Hungerleider."

„Siehe zuerst dort nach," sprach der Galdr-Mann, „denn über dieser Insel liegt ein dichter Nebel und wir können nicht gut sehen, was rings um den Hof dieses Mannes liegt. Uns scheint, daß dieser Mann geschickt ist und daß er mehr ist, als er zu sein scheint."

Diese Szene zeigt, daß der Schreiber dieser Saga sich entweder durch eigene Erfahrungen oder durch Erlebnisse mit Sehern mit dem Thema ausgekannt hat, denn es ist noch heute bei der Suche nach „magisch verborgenen Dingen" die sinnvollste Vorgehensweise, nicht nach dem Ding selber zu suchen, sondern nach Orten, an denen etwas magisch verborgen worden ist, was man beim inneren Schauen entweder daran erkennen kann, daß über diesen Orten ein Nebel zu liegen scheint, der die innere Sicht behindert (ein recht einfacher Schutzzauber) oder daß man an manche Orte erst gar nicht nicht schauen will (ein etwas geschickterer Schutzzauber). Vivil kannte offenbar beide Arten des Schutzzaubers.

Diese Inanspruchnahme der Hilfe von Zauberern scheint damals in solchen Fällen allgemein üblich gewesen zu sein.

Der König sagte: „Dann werden wir dort noch einmal suchen, aber es scheint mir nicht sehr glaubhaft, daß ein einfacher Fischer die beiden Jungen verbirgt und es wagen sollte, Leute vor uns zu verstecken."

Eines frühen Morgens erwachte Vivil und sprach: „Viele und seltsame Dinge sind gerade unterwegs, auf Flügeln und auf Pfaden, und große Geister sind zu der Insel gekommen und es gehen große Jagden vor sich. Auf, Söhne des Halfdan, Hroar und Helgi, verbergt euch heute in den Wäldern!"

Vivil ist offensichtlich ein fähiger Seher, der nicht nur die Gabe hat, etwas sehen zu können, wenn er danach schaut, sodern der auch herannahende Gefahren spüren und sie als Vision („große Geister") sehen kann.

Da liefen sie in den Wald. Da geschah es genau so, wie es der Hofherr geahnt hatte. König Frodis Gesandte kamen auf die Insel und suchten an allen Orten, die ihnen einfielen, nach ihnen, aber sie konnten sie nirgendwo finden. Der Hofherr schien ihnen sehr verdächtig, aber sie beließen es dabei und gingen wieder fort und berichteten dem König, daß sie sie nicht hatten finden können.

"Ihr könnt nicht allzugut gesucht haben," sagte der König, "und dieser Landmann ist ein listiger Kerl voller Magie. Geht daher wieder zurück zu ihm – geht genau den Weg den ihr gekommen seid, wieder zurück, während er euch nicht erwartet, sodaß er keine Zeit hat, sie zu verbergen, falls sie bei ihm sein sollten ..."

Sie konnten nichts anderes tun als dem König zu gehorchen und gingen ein zweites mal zu der Insel.

Vivil sagte zu den Jungen: "Dies ist nicht die richtige Zeit, um herumzusitzen, ihr zwei! Lauf so schnell ihr könnt in den Wald!"

Genau das taten die Jungen. Da stürmten die Männer des Königs herein und verlangten, das er sie suchen ließe, und Vivil öffnete ihnen alles, aber sie konnten sie nirgendwo auf der Insel finden, egal wo sie auch suchten, daher beließen sie es dabei und gingen zu dem König zurück und berichten ihm dies.

König Frodi sagte: "Jetzt ist Schluß mit diesem sanften Umgang mit diesem Bauern! Ich werde selber auf diese Insel gehen – gleich als erstes morgen früh."

Und genau das geschah auch – der König ging selber.

Solche drei Versuche, etwas magisch Verborgenes zu entdecken, finden sich auch in der Saga über die Siedler von Eyre, in der die Zauberin Katla dreimal nacheinander ihren Mann vor dessen Feinden verbirgt, die nach ihrer ersten Suche noch zweimal umkehrten und noch einmal suchten und dann Katlas Mann fanden.

Eine Dreizahl an einer ähnlichen Stelle findet sich auch in den drei Wettkämpfen des Thor und seiner Begleiter Loki und Thialfi mit den Männern des Utgart-Loki, die alle drei Wettkämpfe gegen Thor und seine Begleiter durch magische Verschleierungen der tatsächlichen Vorgänge gewinnen.

Vivil erwachte sehr unruhig und sah, daß sie wieder sehr schnell eine Hilfe finden mußten.

Er sprach zu den Brüdern: "Merkt euch dies: Wenn ich laut nach meinen Hunden Hopp und Ho rufe, dann seid ihr gemeint! Lauft dann zu eurem Erd-Haus, denn das ist das Zeichen für Gefahr; versteckt euch dort, denn euer Onkel Frodi führt nun die Suche an und er will euch mit Listen und Hinterhalten ans Leben und ich bin mir nicht sicher, ob ich euch nun noch retten kann."

Auch diese Gleichsetzung der beiden Königssöhne mit Hunden ist ein Motiv aus den Mythen des Tyr, da seine beiden Söhne, die als Jünglinge erscheinen konnten und auch als zwei Schimmel, die seinen Streitwagen zogen (Griechen: Kastor und Pollux), und die als Krieger die Gestalt von zwei Wölfen hatten, aus denen nach der Absetzung des Tyr durch Odin die beiden Wölfe des neuen Göttervaters wurden.

Dann ging Vivil an den Strand, wo die Schiffe des Königs angelangt waren. Vivil tat so, als ob er es nicht gesehen hätte und tat, als ob er überall nach seiner Herde sehen würde und so beschäftigt wäre, daß er den König und seine Männer nicht bemerken würde.

Der König befahl, ihn zu ergreifen, was auch getan wurde. Sie brachten ihn vor den König.

Der König sagte: „Du bist ein Zauberkundiger – oh ja, so listig ... Sag mir, wo des Königs Söhne sind, denn Du weißt es!"

Vivil sagte: „Ich wünsche euch auch einen sehr schönen Tag, mein Herr, doch haltet mich bitte nicht auf, sonst wird der Wolf meine Herde reißen!" Dann rief er laut aus: „Hopp! Ho! Paßt auf die Herde auf, ich kann sie nicht beschützen!"

Der König sprach: „Wen rufst Du da?"

Er sagte: „Meine Hunde, so heißen sie. Sucht wo ihr wollt, Herr, aber ich glaube kaum, daß die beiden Königssöhne hier irgendwo erscheinen werden, und es wundert mich, daß Ihr glaubt, daß ich Leute vor Euch verberge."

Der König sagte: „Du bist wirklich ein gerissener alter Bursche, aber sie können hier nach dieser Suche wirklich nicht versteckt sein, selbst wenn Du sie bisher hier gehabt haben solltest, und es wäre nur recht, wenn Du getötet werden würdest."

Der Bauer sagte: „Das liegt in Euren Händen, Herr. Dann habt Ihr zumindestens eine Sache auf der Insel vollbracht, anstatt es einfach auf sich beruhen zu lassen."

Der König sagte: „Nein, ich werde Dich nicht töten lassen, obwohl ich befürchte, daß das ein Fehler ist."

Der König kehrte heim und beließ es dabei. Vivil fand die Jungen und sagte, daß sie nicht länger hier bleiben könnten. Ich werde euch zu eurem Schwager Sävil senden und ihr beiden werdet berühmte Männer werden, wenn ihr dafür lange genug lebt."

Hroar war zwölf und Helgi zehn, auch wenn er der größere und mutigere der beiden war. Sie gingen nun beide fort und Hroar nannte sich Hrani und Helgi nannte sich Ham, wohin sie auch gingen oder wo sie Leute fanden, mit denen sie sprachen.

Die beiden Alcis-Söhne des ehemaligen Göttervaters Tyr haben oft Namen, die einen Stabreim bilden: die Sonnenwagen-Rosse Arwakr und Alswid, die Zwerge Dwalin und Durin, die zauberkundigen Schmiede Olius und Alius (alle Vokale galten als zueinander stabreimend) sowie Var und Var (sie trugen denselben Namen), die Königssöhne Alfarin und Alfar, Erp und Eitil sowie Aethelred und Aethelberht, die Fürsten-„Brüder" Ibur und Aio (Langobarden), Aggi und Ebbi (Langobarden), Raos und Raptos (Wandalen) sowie Hengist und Horsa (Angelsachsen). Aus diesen beiden „Pferde-Söhnen" des Tyr wurde dann um 500 n.Chr. das „Doppelpferd" Sleipnir des Odin.

Diese Jungen kamen zu Jarl Sävil und blieben eine Woche bei ihm bevor sie begannen, mit ihm darüber zu sprechen, daß sie bei ihm bleiben wollten.

Er sagte: „Mit euch beiden würde ich ja kaum große Männer erhalten, aber ich werde euch zumindestens fürs erste nicht Nahrung vorenthalten."

Sie blieben eine Weile dort und waren recht zurückhaltend: Niemand konnte herausfinden, wer sie waren oder zu welcher Sippe sie gehörten. Der Jarl hatte keinerlei Verdacht – nun, sie hatten ihm auch keinerlei Hinweise darauf gegeben, wer sie waren. Einige Leute sagten, daß sie mit Schorf geboren worden sein müßten, und zogen sie damit auf, daß sie allezeit Kapuzen trugen und niemals ihre Kopfbedeckungen abnahmen, und viele glaubten, daß sie Läuse hätten. Dort blieben sie bis zum dritten Winter.

Da begab es sich, daß König Frodi Jarl Sävil zu einem Fest einlud. Der König hatte den Verdacht, daß er die Jungen beherbergte, da er mit ihnen verwandt war. Der Jarl bereitete sich für die Reise mit einem großen Gefolge vor. Auch die Jungen bereiten sich darauf vor, mit ihm zu ziehen, doch der Jarl sagte, daß sie nicht mitkommen durften.

Signy, die Frau des Jarls, kam ebenfalls mit. Ham, der in Wirklichkeit Helgi war, nahm sich ein noch nicht zugerittenes Hengstfohlen und galoppierte der Gemeinschaft hinterher – den Rücken nach vorne und das Gesicht zum Schweif gewandt und benahm sich wie ein völlig Verrückter. Sein Bruder Hrani nahm ein ebensolches Pferd, aber setzte sich richtig herum darauf. Der Jarl sah sie kommen und sah, daß sie keine Kontrolle über ihre Pferde hatten. Die struppigen Hengstfohlen sprangen unter ihnen vor und zurück, sodaß Hranis Kapuze herunterfiel.

Ihre Schwester Signy erblickte dies und erkannte sie sofort und weinte bitterlich.

Der Jarl frug, warum sie weine.

Da sprach sie Strophe:

„Dies ist alles, was geblieben ist
was von den Herren von Lund,
von der Sköldungen
verstreuten Zweigen.
Ich sah meine Brüder
sattellos reiten,
während Sävils Helden
in Sätteln saßen."

„Sköldungen" ist der Name des dänischen Königshauses, das nach dessen Begründer Skjöld Odin-Sohn benannt worden ist.

Der Jarl sprach: „Das sind große Neuigkeiten. Sage sie niemandem!"

Er ritt nach hinten und befahl ihnen nach Hause zurückzukehren und sagte ihnen, *daß sie eine Schande seinen und unpassend für eine vornehme Gesellschaft. Da stiegen die Jungen ab und gingen zu Fuß.*

Er sprach zu ihnen auf diese Weise, weil er vorsichtig war mit dem, was er sagte, sodaß niemand erkannte, wer diese Jungen waren.

Sie tollten am Rande der Gemeinschaft umher und hatten keine Lust, zurückzukehren und trieben sich daher am Ende der Gemeinschaft herum.

Schließlich kamen sie zu dem Festmahl und rannten die Halle hinauf und hinunter.

Einmal kamen sie dorthin, wo ihre Schwester Signy saß. Sie flüsterte ihnen zu: „Bleibt nicht in der Halle; ihr seid noch nicht groß genug!"

Doch sie beachteten das nicht.

König Frodi begann darüber zu reden, wie er Halfdans Söhne fangen wolle, und sagte, daß er dem große Gunst erweisen werde, der ihm Neuigkeiten über sie bringen würde.

Damals lebte eine gewisse Seherin mit dem Namen Heid.

Der Name „Heid" bedeutet „Licht" und ist des öfteren (selbst in „Der Ausspruch der Seherin") anscheinend auch eine Bezeichnung für eine Seherin und Zauberin.

Die vielen mit „Licht", „Sonne" u.ä. gebildeten Frauennamen, die auf „-ve" („Geweihte, Priesterin") enden, lassen vermuten, daß es sich bei „Heid" ursprünglich um eine Priesterin des Sonnengott-Göttervaters Tyr gehandelt haben könnte.

Frodi forderte sie auf, ihre Fähigkeiten zu benutzen und zu schauen, ob sie irgendetwas über die Jungen herausfinden könne. Er ließ ein großes Fest für sie veranstalten und ließ sie sich auf den Hochstuhl setzen.

Dann frug der König sie, ob sie irgendetwas wichtiges sehen könne, „denn," sagte er, „ich weiß, daß nun viele Dinge vor Dir erscheinen und ich sehe ein großes Glück auf Dir. Ich habe ein gutes Gefühl dabei, also antworte mir schnell, Seidr-Frau!"

Dieses „Glück" ist eine Mischung aus „Lebenskraft", „gutem Geschick" und „guter Gelegenheit", die alle zusammen zum Erfolg führen (siehe auch „persönliches Glück" in Band 64)

Sie öffnete ihren Mund weit und gähnte sehr herzhaft.

Dieses Detail spricht dafür, daß der Schreiber dieses Textes selber Seherinnen bei ihrer Arbeit gesehen hat, da Trancen, Traumreisen, Visionen u.ä. oft mit einem sehr tiefen Atemzug beginnen, der mit dem Wechsel in die nach innen gerichtete Aufmerksamkeit verbunden ist.

Daraufhin sprach sie diese Verse:

„Dort drinnen sind zwei
– ich traue keinem von ihnen –
sie sitzen am Feuer;
beide sind stattliche Gestalten."

Da sprach der König: *„Sind das die beiden Jungen oder die, die sie verbergen?"*

Sie sprach:

„Es sind jene Jungen,
die sich selber auf der Insel verstecken:
Vivils Hunde,
Hopp und Ho."

In dem Augenblick warf Signy ihr einen goldenen Ring zu. Dieser Ring gefiel der Seherin und sie wollten nun aufhören.

Dieses Stören, das die Vision der Seherin unterbricht, scheint ziemlich unpassend zu sein – aber vielleicht waren die Seherinnen auch sehr geübt darin, ihren Bewußtseineszustand sehr schnell und mehrfach hintereinander zu wechseln, was ja rein „Visions-technisch" gesehen durchaus möglich ist. In diesem Fall wäre die Belohnung der Seherin sehr direkt und unvermittelt an ihre Aussagen geknüpft gewesen. Aber es kann auch verschiedene Verhaltensweisen gegenüber den Seherinnen gegeben haben – schließlich sind auch die Menschen sehr verschieden ...
An dieser Stelle wird Signy jedoch durch dieses Stören versucht haben, die Seherin daran zu hindern, noch mehr zu sagen, da dadurch ihre beiden Brüdern in noch größere Gefahr geraten würden.

„Wie ist das geschehen?" sagte sie, *„Dies sind alles Lügen, was ich sage, und nun sind meine Kräfte sehr verwirrt geworden ..."*

Die Seherin hat offenbar Signys Absicht verstanden und versucht ihr zu helfen ...

Der König sprach: *„Du wirst gefoltert werden bis Du sprichst, wenn Du das jetzt nicht alles richtig erkennst! Ich weiß nicht mehr als zuvor in diesem Gewimmel von Menschen, was Du eigentlich sagen willst – und warum ist Signy nicht auf ihrem Platz? Kann es sein, daß sich hier Wölfe mit Wargs verschworen haben?"*

„Warg" bedeutet „Würger" und ist eine beliebte Umschreibung für „Wolf" gewesen. Der König ahnt, daß sich Signy mit Absicht eingemischt hat.

Man sagte dem König, daß sich Signy wegen dem Rauch, der über der Feuerstelle hing, nicht wohl fühle.

Jarl Sävil bat sie, sich aufzusetzen und tapfer zu sein, „denn es könnte sein, daß das die Leben der Jungen rettet – wenn es darum gehen sollte. Laß daher niemanden sehen, was Du denkst, denn im Augenblick können wir keinen Finger rühren, um ihnen zu helfen."

König Frodi drängte nun die Seherin und verlangte, daß sie die Wahrheit sagen solle, wenn sie nicht gefoltert werden wolle.

Sie gähnte wieder tief, aber es fiel ihr schwer, eine Vision zu erlangen, aber schließlich sang sie eine Strophe:

„Ich sah sie dort sitzen,
die Halfdans-Söhne,
Hroar und Helgi,
gesund und wohlbehalten.
Nun gehört Frodis Leben ihnen,
sie können es nehmen ...

... außer wenn sie schnell daran gehindert werden, was jedoch nicht geschehen kann," sagte sie.

Es hat den Anschein, als ob die Seherin selber durch das, was sie sieht, überwältigt wird, sodaß sie nicht in der Lage ist, die beiden letzten Verse ihres traditionellen Achtzeilers zu verfassen und den Rest ungereimt in Prosa ausspricht.

Danach sprang sie von der Seidr-Platform und rief:

„Tödlich ist der Blick
von Ham und Hrani;
Kriegsherren sind sie beide,
wundersam kühn!"

Da rannten die Jungen beide in Todesangst hinaus in den Wald. Ihr Ziehvater Regin erkannte sie und hatte Mitleid mit ihnen.

Und die Völva gab ihnen diesen Rat, als sie aus der Halle rannte: „Rettet euch!"

Da befahl der König seinen Männer, aufzuspringen und sie zu verfolgen. Regin löschte alle Lichter in der Halle und einige Männer griffen nach anderen, weil sie wollten, daß die Jungen entkamen, und so gelang es ihnen, in den Wald zu entkommen.

Der König sprach: „Sie sind mir sehr nah gekommen und ich glaube, daß viele hier drinnen zu ihnen halten und sich mit ihnen verschworen haben, und das wird hart gerächt werden, sobald es Zeit dafür gibt. Aber nun werden wir den ganzen Abend trinken, denn sie werden froh sein, daß sie davongekommen sind, und ihr erster Gedanke wird sein, sich selber zu retten."

III 1. t) Gesta danorum

Dieselbe Geschichte wird mit einigen Abweichungen auch von Saxo dem Schriftkundigen in seiner „Geschichte der Dänen" berichtet. Dieser Bericht ist zwar ein wenig dadurch entstellt, daß er aus er aus der Sicht eines christlichen Mönches verfaßt worden ist, aber es läßt sich dennoch gut die hohe Achtung der Germanen vor ihren Seherinnen und deren großen Fähigkeiten erkennen.

Nur Frode weigerte sich, an ihren Tod zu glauben, und ging zu einer Frau, die in der Wahrsagekunst bewandert war und frug sie, wo sie verborgen seien. Ihre Zaubersprüche waren so mächtig, daß sie auf jede beliebige Entfernung alles sehen zu können schien, egal wie gut es fortgesperrt worden war, und es an Tageslicht holen konnte.

Sie erklärte, daß ein gewisser Ragnar sie heimlich ernähre und sie mit den Namen von Hunden anspräche, um die Angelegenheit zu verbergen.

Als die jungen Männer sahen, daß sie durch die schreckliche Macht ihrer Zaubersprüche aus ihrem Versteck geholt und vor die Zauberin gezogen werden würden, warfen sie, da sie nicht entdeckt werden wollten, einen Schauer von Gold in ihren Schoß, den sie von ihren Bewachern erhalten hatten.

Als sie das Geschenk erhalten hatte, gab sie zu sterben vor und fiel wie eine Leblose nieder.

Ihre Diener frugen sie, warum sie so plötzlich niederstürze, woraufhin sie erklärte, daß das Versteck der Söhne des Harald nicht entdeckt werden könne, da deren wundersame Macht selbst ihren mächtigsten Sprüchen überlegen sei.

So war sie mit einem kleinen Verdienst zufrieden, weil sie es nicht ertragen konnte, auf einen größeren Lohn aus den Händen des Königs zu warten.

Hier hat der dänische Mönch Saxo grammaticus den scheinbar leblosen Zustand, der u.a. auch von Odin bei seinen Astralreisen berichtet wird, zu einem Betrugsversuch umgedeutet – vermutlich waren Saxo persönlich keine Astralreisen und die damit verbundenen Phänomene bekannt.

III 1. u) Sonnenlied

Auf der Nornen Stuhl saß ich neun Tage,
Ward dann auf den Hengst gehoben.
Schauerlich schien die Sonne der Riesin
Aus Nacht und Nebel nieder.

Der Stuhl der Seherin bzw. hier der Stuhl der Norne ist eine Variante des Podestes, auf dem die Seherinnen bei ihrer Tätigkeit sitzen.
Die Riesin ist die Jenseitsgöttin. Die „Sonne der Riesin" ist die Sonne in der Unterwelt.

III 1. v) Völsungen-Saga

Nun muß erzählt werden, daß König Siggeir in dieser Nacht zusammen mit Signy ins Bett ging.
Am nächsten Morgen war das Wetter schön. Da sprach König Siggeir, daß er nicht warten wolle, da der Wind vielleicht stärker werden und die See unbefahrbar werden könnte.
Es wird nicht gesagt, daß Völsung oder seine Söhne ihn aufzuhalten versuchten – und das um so weniger, als sie spürten, daß er das Fest gerne verlassen würde.
Aber da sprach Signy zu ihrem Vater: „Ich habe nicht den Wunsch, mit Siggeir fortzugehen und mein Herz lächelt ihm nicht zu und ich weiß durch meine Gabe des Vorhersehens und durch den Geist unserer Sippe, daß aus diesem Ratschluß großes Unheil über uns kommen wird, wenn diese Heirat nicht schnell wieder aufgelöst wird."

III 1. w) Völsungen-Saga

Nach einiger Zeit, als Signy in ihrem Frauenhaus saß, geschah es, daß eine zauberkundige Frau zu ihr kam, die über die Maßen geschickt war und Signy sprach solcherart mit ihr: „Ich hätte gerne," sprach sie, „daß wir unser Aussehen miteinander tauschen."
Sie sprach: „Es soll sein, wie Du willst."
Und so bewirkte sie mit ihren Künsten, daß sie ihr Aussehen tauschten. Nun saß die Zauber-Frau nach ihrem Ratschluß an Signys Platz und ging in der Nacht mit dem König zu Bett und er wußte nichts darüber, daß er eine andere Frau neben sich hatte.

Die Geschichte erzählt jedoch über Signy, daß sie zu dem Erdhaus ihres Bruders ging und ihn bat, ihm Unterkunft für die Nacht zu gewähren, „denn ich habe mich in den Wäldern verirrt und weiß nicht mehr, wo ich bin."

So sagte er ihr, daß sie bleiben könne und daß er einer einsamen Frau die Herberge nicht verweigern werde, da er glaubte, daß sie seine Güte nicht mit Gerede über ihn lohnen werde. So trat sie in das Haus und saß zum Essen nieder und seine Blicke ruhten oft auf ihr und sie schien ihm eine schöne und edle Frau zu sein. Als sie jedoch gesättigt waren, sagte er zu ihr, daß er wünschte, daß sie für die Nacht nur ein gemeinsames Lager hätten. Sie wehrte dies in keiner Weise ab und so lag sie für drei Nächte mit ihm im Bett.

Danach kehrte sie nach Hause zurück und fand die Zauber-Frau und bat sie, ihr Aussehen wieder zu tauschen und so tat sie.

Diese Geschichte erinnert u.a. an Njörd und seine Schwester, die zusammen die beiden Kinder Freyr und Freya haben – bei den Wanen war die Geschwisterehe erlaubt.

Auch bei den Kelten, die den Germanen nah verwandt waren, findet sich ein sehr ähnliches Motiv: Merlin gab dem König Uther Pendragon die Gestalt des Gorlois, Herzogs von Cornwall, damit dieser mit mit Igraine, der Frau des Herzogs schlafen konnte. Aus dieser Verbindung entstand König Artus.

Da zu der Jenseitsreise (bei Männern) die Wiederzeugung mit der Jenseitsgöttin und (bei Männern und Frauen) die anschließende Wiedergeburt durch sie gehörte, wird die Vereinigung von Sigmund und Signy in ihrem Erdhaus „unter der Erde" diese Wiederzeugung in der Unterwelt sein.

Dieses Motiv findet sich u.a. auch in der Wielandsage in der Vereinigung des Schmiedes Wieland mit der Königstochter Bödwild („zum Kampf bitten"), die ihrem Namen nach eine Walküre zu sein scheint, wieder. Anschließend an die Vereinigung mit ihr verwandelt Wieland sich in einen Adler – der Seelenvogel des Göttervaters, als der er nach seiner Wiedergeburt erscheint.

Auch die Verwandlung der Signy in eine andere Frau könnte aus den Krönungsritualen der Indogermanen stammen, da in diesen Ritualen z.T. die Wiederzeugung inszeniert wurde. Bei den Krönungsritualen der Inder vereinte sich die angehende Königin z.B. mit dem getöteten Hengst, dessen Zeugungskraft magisch auf den König übertragen wurde. Auf Kreta war es ein Stier, mit dem sich die Königin vereinte, wodurch dann der Minotaurus entstand.

Die Opferung eines männlichen Herdentieres für den Jenseitsreisenden (Toter, Schamane, König) ist sehr weit verbreitet, da die Herdentiere aufgrund ihres Lebens in Herden offenbar sowohl sehr fruchtbar als auch sehr zeugungskräftig waren und der Jenseitsreisende und die Jenseitsgöttin diese Qualitäten bei der Wiederzeugung und der Wiedergeburt benötigten. Dadurch wurden die Toten im Jenseits zu den

„Gehörnten" (dem späteren Teufel) und dadurch erhielt auch die Jenseitsgöttin die Gestalt einer Kuh, Stute, Ziege, Bache usw.

Die Gestaltverwandlung der Signy könnte aus dem von dem arabischen Reisenden um 922 n.Chr. über die Wikinger berichteten Brauch abstammen, daß bei der Bestattung eines Fürsten eine Dienerin anstelle der Königin getötet und mitbestattet wurde, nachdem die Freunde des Toten sich mit ihr vereint hatten. Diese Vereinigung war die rituelle Darstellung der Wiedervereinigung von König und Göttin im Jenseits. Bei dieser Vereinigung mit der Dienerin übernahmen die Freunde des Toten offensichtlich die Rolle des Toten bei der Wiederzeugung und nahmen daher sozusagen dessen Gestalt an – was dann in den späteren Sagas zu einem tatsächlichen Gestaltwandel vor der Vereinigung wurde.

Signys Verwandlung läßt sich somit auch aus der Krönungssymbolik der Germanen erklären.

Es hat den Anschein, daß die Wielandsage und die Völsungen-Saga sich in etwa auf der gleichen Entwicklungsstufe in der allmählichen Umdeutung der früheren Mythen der Götter in die Sagen der Helden befinden.

Signy wollte ein gemeinsames Kind von sich und ihrem Bruder Sigmund haben, da sie vorhergesehen hatte, daß nur ein solches Kind stark genug sein würde, um ihre Sippe, die Völsungen, zu rächen.

III 1. x) Völsungen-Saga

In dieser Saga wird auch Grimhild als Seherin und Zauberin angesehen wie ihre Benennung als *„Grimhild die Weisheits-Frau"* zeigt.

III 1. y) Völsungen-Saga

Gudrun kann die Zukunft vorhersehen und gibt entsprechenden Rat:

Da sprach Gudrun: „Gebt mir nicht diesen Mann, denn von Ihm wird Schlimmes über Deine Sippe kommen und er wird für seine eigenen Söhne Übles bereiten und danach mit einer schrecklichen Rache belohnt werden."

Diese Vorhersage hat sich bewahrheitet: Atli ermordete Gudruns Brüder und Gudrun tötete anschließend Atli und die beiden gemeinsamen Söhne.

III 1. z) Orkneyinga-Saga

Die Mutter des Sigurd Hlodvirsson ist eine Zauberin. Als ihr Sohn sie um einen Rat bittet, nachdem er von dem schottischen Jarl Finnleik zum Zweikampf herausgefordert worden ist, erhält er von ihr eine recht markante Antwort, die die Möglichkeiten und den Wert des Vorhersehens der Zukunft schildert:

„Wenn ich geglaubt hätte, daß Du für immer leben würdest," sagte sie, „dann hätte ich Dich in meinem Woll-Körbchen aufbewahrt."

III 1. aa) Hyndla-Lied

Von Widolf stammen die Walen alle,
Alle Zauberer sind Wilmeidis Erzeugte,
Die Südkunstler stammen von Swarthofdi,
Aber von Ymir all' die Riesen.

„Walen" ist der (deutsche) Plural von „Wala" (Stabträgerin = Seherin). Sie sollen merkwürdigerweise alle von einem Mann mit dem Namen „Widolf" abstammen. Sein Name bedeutet „Wald-Wolf" oder „Jenseitswald-Wolf". Ist damit evtl. der ehemalige Göttervater Tyr gemeint, der als Wolfskrieger („Ulfhedin") Fenrir gewesen ist?

III 1. ab) Landnahme-Buch

Der folgende Text bezieht sich auf Ereignisse, die ungefähr um 850 n.Chr. stattfanden. Diese Berichte zeigt, wie präzise Vorhersagen diese Seherinnen machen konnten – was natürlich heute noch genauso möglich ist.

Ihr Sohn war Ingimund der Alte; er wurde in Hefn bei Thorir, dem Vater des Grim und des Hromund, aufgezogen.
Die Wahrsagerin Heidr weissagte ihnen allen, daß sie sich in dem Lande ansiedeln würden, das unentdeckt westwärts im Meer liegt.
Aber Ingimund sagte, er würde das Gegenteil tun.
Die Wahrsagerin sagte, das würde er nicht können, und gab als Wahrzeichen an, daß ein Amulett aus seiner Tasche verschwinden und sich erst wiederfinden würde, wenn er in jenem Lande seine Hochsitzsäulen eingraben würde.

Dies ist genau so eingetroffen.

III 1. ac)   Der Name „Heid"

Der Name „Heid" tritt auffällig oft als Name einer Priesterin oder Seherin auf:

\multicolumn{5}{c}{„Heid"}				
Name	*Bedeutung*	*Stellung*	*Textquelle*	*Anmerkung*
Heidr	„Licht"	Seherin	Pfeile-Odd	Pfeile-Odd = Saga-Variante des Tyr
Heidr	„Licht"	Seherin	die Leute aus dem Vatnsdal	-
Heidr	„Licht"	Seherin, Zauberin	Ausspruch der Seherin	Berufsname oder Beiname der Gullveig
Heidr	„Licht"	Seherin	Hrolf Kraki und seine Recken	die Saga ist eine Umdeutung der Tyr-Mythen
Heidr	„Licht"	Seherin	Landnahme-Buch	-
Heid	„Licht"	Seherin	Fridthjof der Kühne	-

In einem Fall ist „Heid" entweder ein Beiname oder eine Berufsbezeichnung für „Seherin".

In zwei Fällen tritt die Seherin Heid in einer Saga auf, die auf die Mythen des ehemaligen Sonnengott-Göttervaters Tyr zurückgeht.

Es gibt viele Personennnamen, die mit „Heid" gebildet worden sind. Sie lassen sich in die drei Gruppen „alt", „evtl. eine Neubildung" und „neu" unterteilen. Die zweite dieser beiden Gruppen kann noch vor dem Hintergrund alter Vorstelungen entstanden sein, während dies bei der dritten Gruppe schon sehr unsicher ist.

1. Personennamen - alt			
Namen			**Bedeutung**
Männer	*Frauen*	
	a) *Sonne, Sonnengöttin*	
	Dagheid	Tages-Licht, Sonnen-Licht
	Baugheid	Ring-Licht, rundes Licht (Sonne)
	Foldheid	Erd-Licht, Erden-Licht
	Thjodheid	Volks-Licht
	Heidbjört	Licht-Glanz
	Adalheid, Adelheid	edles Licht, Licht-Erbhof
	Botheid, Botheidr	helfendes Licht
	Fastheid	(stand-)festes Licht

=> *Die Sonne scheint am Tag (Dagheid), erhellt die Erde (Foldheid) und ist rund (Baugheid). Ihr kostbares, verläßliches, helles Licht (Adalheid, Fastheid, Heidbjört) scheint für alle Menschen (Thjodheid) und hilft ihnen (Botheid).*

Die Sonne ist als Göttin aufgefaßt worden, da alle diese Namen Frauennamen gewesen sind.

1. Personennamen - alt			
Namen		Bedeutung	
Männer	Frauen		
<td colspan="3" align="center">*b) die Sonnen-Gottheit*</td>			
Heidrek		Lichtkönig (Beiname des Tyr)	
Heidingi		„der aus dem Lichtland" oder „der aus der Heide" (Umschreibung für „Wolf")	
Nerheid		errettendes Licht	
Heidbjört		Licht-Glanz	
	Alfheid	Alfen-Licht (wurde auch mehrfach als Umschreibung für „Sonne" verwendet: „Alfen-Bestrahlerin")	
	Äsheidr, Asheid, Astheidur	Asen-Licht	
	Arnheid	Adler-Licht (Adler = Seelenvogel des ehemaligen Sonnengott-Göttervaters Tyr)	
	Sveinheid	junges Licht (wiedergeborene Sonne)	
	Jorheid	Keiler-Licht, König-Licht	
	Ragnheid	Rat-Licht, Königs-Licht, Götter-Licht	

=> *Der ehemalige Sonnengott-Göttervater Tyr ist die Sonne (Heidbjört) und der Lichtkönig gewesen (Heidrek, Jorheid, Ragnheid). Er war ein Ase (Asheidr) und lebte in dem Lichtland (Heidingi), d.h. in Muspelheim, wo auch die „Alfen" genannten Totenseelen wohnten (Alfheid). Tyr in dem Lichtland wird in den Sagas auch oft „Godmund von den Glanz-Gefilden" genannt. Tyr wird an jedem Morgen als Adler-Seelenvogel wiedergeboren (Sveinheid, Arnheid) und er hilft den Menschen (Nerheid).*

Bei diesen Namen findet sich sowohl die Vorstellung der Sonnengöttin (Frauennamen) als auch des Sonnen-gleichen Göttervaters Tyr (Männernamen).

1. Personennamen - alt

Namen		Bedeutung
Männer	Frauen	
	c) Sonnen-Mutter (Göttin)	
	Heidrun	Licht-Rune, Licht-Geheimnis (Name der Ziege in Walhall)
	Lyngheid	Heide-Licht (eine der beiden Töchter des Tyr-Hreid-mar => ursprünglich die Jenseitsgöttin = Frigg/Freya)
	Lofnheid	Lob des Lichtes (eine der beiden Töchter des Tyr-Hreid-mar => ursprünglich die Jenseitsgöttin = Frigg/Freya)

=> *Die Ziege Heidrun ist sehr wahrschenlich einst eine der Herdentier-Gestalten der Jenseitsgöttin bei der Wiederzeugung, bei der Wiedergeburt und bei dem Wiederstillen gewesen.*

Lyngheid und Lofnheid werden wie Fenja und Menja und andere Göttinnenpaare ursprünglich Frigg und Freya gewesen sein.

Der Namensbestandteil „heid" zeigt, daß diese Göttinnen einst als die Mutter der Sonne, d.h. des Tyr angesehen worden sind.

1. Personennamen - alt

Namen		Bedeutung
Männer	Frauen	
	d) Sonnen-Priesterin	
	Gislheid	die dem Licht Geweihte
	Heidvik	die dem Licht Geweihte

=> *Diese beiden Namen sind die einzigen Namen, die mit Sicherheit einst Titel von Sonnen-Priesterinnen gewesen sind.*

1. Personennamen - alt

Namen		Bedeutung
Männer	Frauen	
e) Sonstige		
	Gunnheid	Kampf-Licht
	Thorheid	Thor-Licht
	Ulfheid	Wolf-Licht

=> „Wolflicht" bezieht sich evtl. auf die Wolfskrieger-Gestalt (Fenrir) des Tyr – aber das ist unsicher.
„Thorheid" ist recht sicher ein Name, der aus der Zeit nach der Absetzung des Thor als Göttervater stammt.
„Gunnheid" ist ein zu allgemeiner Name, um ihn sicher deuten zu können – es könnte evtl. der endlose, zyklische Kampf zwischen Tyr und Loki gemeint sein.

2. Personennamen - evtl. neu

Namen		Bedeutung
Männer	Frauen	
a) Sonnengöttin		
	Heiddis	Licht-Göttin
	Heidbrun	Licht-Brünne, Licht-Gelbbraun („Hellgoldene")
Heidr	Heidi, Heidr	Kurzform
b) helfende Sonnengöttin		
	Heidveig	Licht-Macht/Kraft
	Heidborg	Licht-Schutzort

	c) Sonnen-Priesterin	
	Heidvör	Licht-Frau/Braut
	d) Sonnengott (Tyr)	
	Marrheid	Meeres-Licht, Pferde-Licht
	Ingheid	Yngvi-Licht
	Heidvig	Licht-Kampf
	e) Sonstige	
	Gestheid	Gast des Lichtes
	Torfheid	Torf-Licht

=> *Abgesehen von den beiden letzten Namen passen sich diese Namen, deren Alter nicht sicher ist, zu den bereits besprochenen Gruppen von Namen.*

3. Personennamen - neu		
Namen		*Bedeutung*
Männer	*Frauen*	
a) Sonnen-Mutter (Göttin)		
	Brynheid	Brünnen-Licht, gelbes Licht
	Magnheid	mächtiges Licht
b) Sonnengott-Göttervater Tyr		
Heidmar		Licht-Ruhm
Heidmann		Licht-Mann
Heidmund		Licht-Hand (Schwertgott Tyr)
	Valdheid	Herrschafts-Licht

	c) wiedergeborene Sonne (Göttin oder Tyr)	
	Heidny	neues Licht, Morgensonne
	d) sterbende Sonne (Göttin oder Tyr)	
	Elinheidur	altes Licht (Abendsonne)
	Skarpheid	geschrumpftes Licht
	Ormheid	Schlangen-Licht, Drachen-Licht
	e) beschützende Sonne (Göttin oder Tyr)	
	Mundheid	Beschützer-Licht
	f) Sonnen-Land	
	Borgheid	Schutzort-Licht
	g) Sonnen-Priesterin	
	Laugheid	die dem Licht Versprochene
	Heidlaug	die dem Licht Versprochene
	h) offensichtliche Neubildungen	
	Hrafnheid	Raben-Licht
	Svanheid	Schwanen-Licht
	Heidlos	Licht-Goldregenpfeifer
	Heidbjörk	Licht-Birke
	Heidlinde	Licht-Linde
	Laufheid	Laub-Licht
	Heidros	Licht-Rose
	Stigheid	Steg/Weg-Licht
	Danrheid	Dänen-Licht

Björnheid		Bären-Licht
Heidher		Licht-Heer
	i) Neubildungen mit nicht-germanischen Elementen	
	Heidbritt	Licht-Edle (germanisch-keltisch)
	Heidlor	Licht-Hannelore (germanisch-christlich)
	Jonheid	Johanna-Licht (germanisch-christlich)
	Palheid	Paul-Licht (germanisch-christlich)

=> *Auch diese Namen passen zum größten Teil in die vorigen Kategorien oder lassen sich von ihnen ableiten wie die Ergänzung der Morgensonne (Heidny) durch die Abendsonne (Skarpheid) oder wie der Sonnengott-Göttervater Tyr in der Unterwelt als Drache (Ormheid).*

Das Wort „Heid" bedeutet zwar generell „Licht", aber es bezeichnet in der germanischen Überlieferung recht sicher die Sonne, die Sonnengöttin und den ehemaligen Sonnengott-Göttervater Tyr.

Es gibt in den Liedern und Sagas sechs Seherinnen mit dem Namen „Heidr", von denen eine als Umdeutung der Muttergöttin erkennbar ist und zwei aus Sagas stammen, die umgedeutete Tyr-Mythen sind.

Dazu finden sich noch als sichere alte Namen, die auf einen Titel der Sonnenpriesterin zurückgehen, „Gislheid" („die dem Licht Geweihte") und „Heidvik" („die dem Licht Geweihte"). Auch „Heidvör" („Licht-Frau/Braut") könnte ein alter Name sein. Die beiden neuen Namen „Laugheid" und „Heidlaug" („die dem Licht Versprochene") sind offenbar neue Varianten zu „Heidvör" und zu „Gislheid", da „laug", „vör" und „gisl" alls drei einen Eid, eine Widmung, ein Versprechen und ähnliches bezeichnen, womit hier die Bestimmung einer Frau zu einer Sonnen-Priesterin gemeint ist.

Es ist somit recht sicher, daß es bei den Nordgermanen einst (vermutlich bis zu Tyrs Absetzung um 500 n.Chr.) Sonnen-Priesterinnen gegeben hat.

III 2. Lied einer Seherin

III 2. a) Der Seherin Ausspruch

Dieses Lied ist zwar ein Wissensgedicht, aber es ist gut denkbar, daß es von seinem Stil her einige Ähnlichkeit mit den Orakelsprüchen und Visions-Wiedergaben der Seherinnen hat.

Auch die bereits angeführten Visions-Verkündigungen der Seherin in der „Saga über König Hrolf und seine Recken" sind in dieser Form verfaßt worden. In der „Vision der Seherin" sind je zwei Verse zu einem zusammengefaßt worden, sodaß diese Achtzeiler hier als Vierzeiler erscheinen. Die Strophenlänge ist jedoch nicht ganz regelmäßig.

Diese Achtzeiler sind allerdings damals das allgemein übliche Versmaß gewesen, sodaß nicht sicher ist, ob die Seherinnen oft in Achtzeilern gesprochen haben oder ob erst der Skalde, der die Worte der Seherin aufgeschrieben hat, diese in Achtzeiler gefaßt hat.

Da auch einige Helden ihre Träume in Achtzeilern berichtet haben, wäre es denkbar, daß diese Form damals für Träume, Weissagungen u.ä. üblich gewesen ist – sicher ist dies jedoch nicht.

Allen Edlen gebiet ich Andacht,
Hohen und Niedern von Heimdalls Geschlecht;
Ich will Walvaters Wirken künden,
Die ältesten Sagen, der ich mich entsinne.

Riesen acht ich die Urgebornen,
Die mich vor Zeiten erzogen haben.
Neun Welten kenn ich, neun Äste weiß ich
An dem starken Stamm im Staub der Erde.

Einst war das Alter, da Ymir lebte:
Da war nicht Sand nicht See, nicht salzge Wellen,
Nicht Erde fand sich noch Überhimmel,
Gähnender Abgrund und Gras nirgend.

Bis Bors Sohne die Bälle erhuben,
Sie die das mächtige Midgard schufen.
Die Sonne von Süden schien auf die Felsen
Und dem Grund entgrünte grüner Lauch.

Die Sonne von Süden, des Mondes Gesellin,
Hielt mit der rechten Hand die Himmelsrosse.
Sonne wußte nicht, wo sie Sitz hatte,
Mond wußte nicht was er Macht hatte,
Die Sterne wußten nicht wo sie Stätte hatten.

Da gingen die Berater zu den Richterstühlen,
Hochheilge Götter hielten Rat.
Der Nacht und dem Neumond gaben sie Namen,
Hießen Morgen und Mitte des Tags,
Nachmittag und Abend, die Zeiten zu ordnen.

Die Asen einten sich auf dem Idafelde,
Hof und Heiligtum hoch sich zu wölben.
(Übten die Kräfte alles versuchend,)
Erbauten Essen und schmiedeten Erz,
Schufen Zangen und schon Gezäh.

Sie warfen im Hofe heiter mit Würfeln
Und darbten goldener Dinge noch nicht.
Bis drei der Thursen-Töchter kamen
Reich an Macht, aus Riesenheim.

Da gingen die Berater zu den Richterstühlen,
Hochheilige Götter hielten Rat,
Wer schaffen sollte der Zwerge Geschlecht
Aus Brimirs Blut und blauen Gliedern.

Da ward Modsognir der mächtigste
Dieser Zwerge und Durin nach ihm.
Noch manche machten sie menschengleich
Der Zwerge von Erde, wie Durin angab.

Nyi und Nidi, Nordri und Sudri,
Austri und Westri, Althiof, Dwalin,
Nar und Nain, Niping, Dain,
Bifur, Bafur, Bombur, Nori;
Ann und Anarr, Ai, Miodwitnir.

Weig, Gandalf, Windalf, Thrain,
Theck und Thorin, Thror, Witr und Litr,
Nar und Nyrad; nun sind diese Zwerge,
Regin und Raswid, richtig aufgezählt.

Fili, Kili, Fundin, Nali,
Hepti, Wili, Hannar und Swior,
Billing, Bruni, Bild, Buri,
Frar, Hornbori, Fragr und Loni,
Aurwang, Jari, Eikinskjaldi.

Zeit ist's, die Zwerge von Dwalins Zunft
Den Leuten zu leiten bis Lofar hinauf,
Die aus Gestein und Klüften strebten
Von Aurwangs Tiefen zum Erdenfeld.

Da war Draupnir und Dolgtrasir,
Har, Haugspori, Hlawang, Gloi,
Skirwir, Wirwir, Skafid, Ai,
Alf und Yngwi, Eikinskjaldi.

Fialar und Frosti, Finnar und Ginnar,
Heri, Hoggstari, Hliodolf, Moin.
So lange Menschen leben auf Erden,
Wird zu Lofar hinauf ihr Geschlecht geleitet.

Gingen da dreie aus dieser Versammlung,
Mächtige, milde Asen zumal,
Fanden am Ufer unmächtig
Ask und Embla und ohne Bestimmung.

Besaßen nicht Seele, und Sinn noch nicht,
Nicht Blut noch Bewegung, noch blühende Farbe.
Seele gab Odin, Hönir gab Sinn,
Blut gab Lodur und blühende Farbe.

Eine Esche weiß ich, heißt Yggdrasil,
Den hohen Baum netzt weiser Nebel;
Davon kommt der Tau, der in die Taler fällt.
Immergrün steht er über Urds Brunnen.

Davon kommen Frauen, vielwissende,
Drei aus dem See dort unterm Wipfel.
Urd heißt die eine, die andre Werdani:
Sie schnitten Stäbe; Skuld hieß die dritte.
Sie legten Lose, das Leben bestimmten sie
Den Geschlechtern der Menschen, das Schicksal verkündend.

Allein saß sie außen, da der Alte kam,
Der grübelnde Ase, und ihr ins Auge sah.
„Warum fragt ihr mich? Was erforscht ihr mich?
Alles weiß ich, Odin, wo Du Dein Auge bargst:

In der vielbekannten Quelle Mimirs.
Met trinkt Mimir allmorgendlich
Aus Walvaters Pfand!" Wißt ihr, was das bedeutet?

Ihr gab Heervater Halsband und Ringe
Für goldene Sprüche und spähenden Sinn.
Denn weit und breit sah sie über die Welten all.

Ich sah Walküren weither kommen,
Bereit zu reiten zum Rat der Götter.
Skuld hielt den Schild, Skögol war die andre,
Gunn, Hilde, Gondul und Geirskögul.
Hier nun habt ihr Herjans Mädchen,
Die als Walküren die Welt durchreiten.

Da wurde Mord in der Welt zuerst,
Da sie mit Geren Gulweig stießen,
In des Hohen Halle die Helle brannten.
Dreimal verbrannt ist sie, dreimal geboren,
Oft, unselten, doch ist sie am Leben.

Heid hieß man sie wohin sie kam,
Wohlredende Wala, sie zähmte Wölfe.
Sudkunst konnte sie, Seelenheil raubte sie,
Übler Leute Liebling allezeit.

Da gingen die Berater zu den Richterstühlen,
Hochheilige Götter hielten Rat,
Ob die Asen sollten Untreue strafen,
Oder alle Götter Sühnopfer empfangen.

Gebrochen war der Burgwall den Asen,
Schlachtkundge Wanen stampften das Feld.
Odin schleuderte über das Volk den Spieß:
Da wurde Mord in der Welt zuerst.

Da gingen die Berater zu den Richterstühlen,
Hochheilge Götter hielten Rat,
Wer mit Frevel hatte die Luft erfüllt,
Oder dem Riesenvolk Odhurs Braut gegeben?

Von Zorn bezwungen zögerte Thor nicht,
Er säumt selten, wo er solches vernimmt:
Da schwanden die Eide, Wort und Schwüre,
Alle festen Vertrage jüngst trefflich erdacht.

Ich weis Heimdalls Horn verborgen
Unter dem himmelhohen heiligen Baum.
Einen Strom seh ich mit starkem Fall
Aus Walvaters Pfand: Wißt ihr, was das bedeutet?

Östlich saß die Alte im Eisenwald
Und fütterte dort Fenrirs Geschlecht.
Von ihnen allen wird eins das schlimmste:
Des Mondes Mörder mit übermenschlicher Gestalt.

Ihn mästet das Mark gefällter Manner,
Der Seligen Saal besudelt das Blut.
Der Sonne Schein dunkelt in kommenden Sommern,
Alle Wetter wüten: Wißt ihr, was das bedeutet?

Da saß am Hügel und schlug die Harfe
Der Riesin Hüter, der heitre Egdir.
Vor ihm sang im Vogelwalde
Der hochrote Hahn, geheißen Fialar.

Den Göttern gellend sang Gullinkambi,
Weckte die Helden beim Heervater,
Unter der Erde singt ein andrer,
Der schwarzrote Hahn in den Sälen Hels.

Ich sah dem Baldur, dem blühenden Opfer,
Odins Sohne, Unheil drohen.
Gewachsen war über die Wiesen hoch
Der zarte, zierliche Zweig der Mistel.

Von der Mistel kam, so scheint mir,
Häßlicher Harm, da Hödur schoß.
(Baldurs Bruder war kaum geboren,
Als einsichtig Odins Erbe zum Kampf ging.

Die Hände nicht wusch er, das Haar nicht kämmt er,
Eh er zum Buhle trug Baldurs Töter.)
Doch Frigg beklagte in Fensal dort
Walhalls Verlust: wißt ihr, was das bedeutet?

In Ketten lag im Quellenwalde
In Unholdgestalt der arge Loki.
Da sitzt auch Sigyn unsanfter Gebärde,
Des Gatten Waise: wißt ihr, was das bedeutet?

Gewoben weiß da Wala Todesbande,
Und fest geflochten die Fessel aus Därmen.
Viel weiß der Weise, weit seh ich voraus
Der Welt Untergang, der Asen Fall.
Gräßlich heult Garm vor der Gnipahöhle,
Die Fessel bricht und Freki rennt.

Ein Strom wälzt ostwärts durchs Eitertaler
Schlamm und Schwerter, der Slidur heißt.

Nördlich stand an den Nidabergen
Ein Saal aus Gold für Sindris Geschlecht.
Ein andrer stand auf Okolnir
Des Riesen Biersaal, Brimir genannt.

*Einen Saal seh ich, der Sonne fern
In Nastrand, die Türen sind nordwärts gekehrt.
Gifttropfen fallen durch die Fenster nieder;
Mit Schlangenrücken ist der Saal gedeckt.*

*Im starrenden Strome stehn da und waten
Meuchelmörder und Meineidige
(Und die andrer Liebsten ins Ohr geraunt).
Da saugt Nidhögg die entseelten Leiber,
Der Menschenwürger: Wißt ihr, was das bedeutet?*

*Viel weiß der Weise, sieht weit voraus
Der Welt Untergang, der Asen Fall.*

*Brüder befehden sich und fällen einander,
Geschwister sieht man die Sippe brechen.
Der Grund erdröhnt, üble Disen fliegen;
Der eine schont des andern nicht mehr.*

*Unerhörtes ereignet sich, großer Ehbruch.
Beilalter, Schwertalter, wo Schilde krachen,
Windzeit, Wolfszeit eh die Welt zerstürzt.*

*Mimirs Söhne spielen, der Mittelstamm entzündet sich
Beim gellenden Ruf des Giallarhorns.
Ins erhobne Horn bläst Heimdall laut,
Odin murmelt mit Mimirs Haupt.*

*Yggdrasil zittert, die Esche, doch steht sie,
Es rauscht der alte Baum, da der Riese frei wird.
(Sie bangen alle in den Banden Hels
Bevor sie Surturs Flamme verschlingt.)
Gräßlich heult Garm vor der Gnipahöhle,
Die Fessel bricht und Freki rennt.*

*Hrym fährt von Osten und hebt den Schild,
Jormungand wälzt sich im Jötunmute.
Der Wurm schlägt die Flut, der Adler facht,
Leichen zerreißt er; los wird Naglfar.*

Der Kiel fährt von Osten, da kommen Muspels Söhne
Über die See gesegelt; sie steuert Loki.
Des Untiers Abkunft ist all mit dem Wolf;
Auch Bileists Bruder ist ihm verbündet.

Surtur, fährt von Süden mit flammendem Schwert,
Von seiner Klinge scheint die Sonne der Götter.
Steinberge stürzen, Riesinnen straucheln,
Zu Hel fahren Helden; der Himmel klafft.

Was ist mit den Asen? Was ist mit den Alfen?
All Jötunheim ächzt, die Asen versammeln sich.
Die Zwerge stöhnen vor steinernen Türen,
Der Bergwege Weiser: Wißt ihr, was das bedeutet?

Da hebt sich Hlins anderer Harm,
Da Odin eilt zum Angriff des Wolfs.
Belis Mörder mißt sich mit Surtur;
Schon fällt Friggs einzige Freude.

Nicht säumt Siegvaters erhabner Sohn
Mit dem Leichenwolf, Widar, zu fechten:
Er stößt dem Hwedrungssohn den Stahl ins Herz
Durch gähnenden Rachen: So rächt er den Vater.

Da kommt geschritten Hlodyns schöner Erbe,
Wider den Wurm wendet sich Odins Sohn.
Mutig trifft ihn Midgards Segner.
Doch fährt neun Fuß weit Fiörgyns Sohn
Weg von der Natter, die nichts erschreckte.
Alle Wesen müssen die Weltstatt räumen.

Schwarz wird die Sonne, die Erde sinkt ins Meer,
Vom Himmel schwinden die heitern Sterne.
Glutwirbel umwühlen den allnährenden Weltbaum,
Die heiße Lohe beleckt den Himmel.

Da seh ich auftauchen zum andernmale
Aus dem Wasser die Erde und wieder grünen.
Die Fluten fallen, darüber fliegt der Aar,
Der auf dem Felsen nach Fischen weidet.

Die Asen einen sich auf dem Idafelde,
Über den Weltumspanner zu sprechen, den großen.
Uralter Sprüche sind sie da eingedenk,
Von Fimbultyr gefundner Runen.

Da werden sich wieder die wundersamen
Goldenen Figuren im Grase finden,
Die in Urzeiten die Asen hatten,
Der Fürst der Götter und Fiölnirs Geschlecht.

Da werden unbesät die Äcker tragen,
Alles Böse bessert sich, Baldur kehrt wieder.
In Heervaters Himmel wohnen Hödur und Baldur,
Die walweisen Götter. Wißt ihr, was das bedeutet?

Da kann Hönir selbst sein Los sich kiesen,
Und beider Brüder Söhne bebauen
Das weite Windheim. Wißt ihr, was das bedeutet?

Einen Saal seh ich heller als die Sonne,
Mit Gold bedeckt auf Gimils Höhn:,
Da werden bewährte Leute wohnen
Und ohne Ende der Ehren genießen.

Da reitet der Mächtige zum Rat der Götter,
Der Starke von oben, der alles steuert.
Den Streit entscheidet er, schlichtet Zwiste,
Und ordnet ewige Satzungen an.

Nun kommt der dunkle Drache geflogen,
Die Natter hernieder aus Nidafelsen.
Das Feld überfliegend trägt er auf den Flügeln
Nidhöggurs-Leichen – und nieder senkt er sich.

III 3. Göttinnen als Seherinnen

III 3. a) Gylfis Vision

Da frug Gangleri: „Welches sind die Asinnen?"
Har antwortete: „Frigg ist die vornehmste: Ihr gehört der Palast, der Fensal heißt und überaus schön ist. Eine andere heißt Saga, die Söckwabeck bewohnt, das auch eine große Halle ist."

„Saga" bedeutet „Sprecherin, Sagende, Wahrsagerin". Die Göttin Saga ist vermutlich der Seherin-Aspekt der Göttin Freya.

III 3. b) Grimnir-Lied

Sökkwabeck heißt die vierte, kühle Flut
Überrauscht sie immer;
Odin und Saga trinken alle Tage
Da selig aus goldnen Schalen.

III 3. c) Lokasenna

Auch die Göttin Gefion ist eine Seherin – auch sie ist recht wahrscheinlich eine Aspekt der Göttin Freya und als Seherin wohl mit Saga identisch.

Gefion:
„Ihr Asen beide, was ist's, daß ihr euch
Mit scharfen Worten streitet?
Loptr träumt sich nicht, daß er betrogen ist,
Ihn hier die Himmlischen hassen."

Loki:
„Schweig Du, Gefion! sonst vergeß ich's nicht
Wie Dich zur Lust verlockte
Jener weiße Knabe, der Dir das Kleinod gab,
Als Du den Schenkel um ihn schlangst."

Odin:
„Irr bist Du, Loki, und aberwitzig,
Wenn Du Gefion gram Dir machst:
Aller Lebenden Lose weiß sie
Ebensowohl wie ich."

III 3. d) Lokasenna

Auch die Göttin Frigg ist eine Seherin:

Freyja:
„Irr bist Du, Loki, das Du selber anführst
Die schnöden Schandtaten.
Wohl weiß Frigg alles was sich begibt,
Auch wenn sie es nicht sagt."

III 3. e) Gylfis Vision

Snorri Sturluson zitiert diese Stelle aus der Lokasenna:

Odins Frau ist Frigg; sie weiß aller Menschen Geschick, obgleich sie es keinem vorhersagt.

III 3. f) Skaldskaparmal

Auch Ran wird „Seherin" genannt, aber es ist fraglich, ob sie dadurch tatsächlich als „Seherin" bezeichnet werden soll oder ob „Gymirs Seher-Frau" nicht nur als eine eindrucksvolle Umschreibung für „Ran" anzusehen ist.

Gymirs naßkalte Seher-Frau
leitet den Bären der verzwirnten Seile
oft in Ägirs weit offenen Rachen,
wenn der wütende Brecher zerstiebt.

Hier wird gesagt, daß Ägir und Gymir beide derselbe sind.

„Gymir" = „Ägir" = Tyr in der Wasserunterwelt.
„Seher-Frau" des Gymir = Ran
„verzwirnte Seile" = Schiffstaue; „Bär der verzwirnten Seile" = Drachenschiff
In diesen Versen wird gesagt, daß Ran versucht, die Drachenschiffe in Ägirs weit offenen Rachen zu lenken, d.h. in der Tiefe des Meeres versinken zu lassen.

III 3. g) Edda-Prolog

Im Vorwort des Snorri Sturluson zur Edda beschreibt er die germanischen Götter als Könige der Vorzeit. Dieselbe Ansicht über die germanischen Götter findet sich auch in der „Gesta danorum" („Geschichte der Dänen") des Saxo grammaticus („Saxo der Schriftkundige"). An einer Stelle deutet Snorri den Göttinnen-Namen „Sif" als identisch mit dem Namen der griechischen Orakel-Seherin Sybille. Aus der germanischen Überlieferung ist jedoch nirgendwo bekannt, daß Sif eine Seherin gewesen ist.

Im nördlichen Teil der Welt traf und heiratete Thor eine Prophetin, die Sibyl genannt wurde, während wir sie Sif nennen. Ich kenne Sifs Vorfahren nicht, aber sie war die schönste aller Frauen mit Haaren wie Gold. Hloridi, der wie sein Vater wurde, war der Sohn von Thor und Sif.

III 3. h) Odins Rabenzauber

Das folgende Lied schildert gewissermaßen den Besuch bei einer Seherin – allerdings in den Bereich der Götter übertragen: Odin sendet Heimdall, Bragi und Loki aus, damit diese die Göttin Freya-Idun über das Schicksal des Baldur befragen.
Eine ausführliche Betrachtung und Deutung dieses Liedes findet sich in Band 78 „Frühe Skaldenlieder".

Allvater waltet,
Alfen verstehen,
Wanen wissen,
Nornen weisen,

Iwidie gebiert,
Menschen dulden,
Thursen erwarten,
Walküren trachten.

„*Iwidie*" = Asinnen („die All-Weite") = evtl. Freya
„*Thursen*" = Riesen.
„*Alfen*" = Totengeister.
 Kenning-freie Übersetzung der Strophe: „*Odin herrscht, die Alfen verstehen, die Wanen wissen, die Nornen weisen, Freya gebiert, Menschen dulden, Riesen erwarten, Walküren trachten.*"

Die Asen ahnten
übles Verhängnis:
Geister verwirrten
mit Runen das Wetter.

Urda sollte
Odhrörir beschützen,
vor dem
mächtigsten Winter.

„*Urd(-a)*" = Norne
„*Ödrörir*" = Göttermet
„*mächtigster Winter*" = „Fimbulwinter" („riesiger Winter"), der den Ragnarök, also den Untergang der Götter ankündet – Baldurs Tod ist offenbar identisch mit dem Winter.
 Kenning-freie Übersetzung der Strophe: „*Die Asen sahen schlechte Wetter-Omen und ahnten, das Böses drohte. Urda sollte den Met vor dem mächtigsten Winter beschützen.*"

Auf hob sich Hugin
den Himmel zu suchen;
Unheil fürchteten die Asen,
wenn er verweilte.

Thrains Ausspruch
ist schwerer Traum;
dunkler Traum
ist Dains Ausspruch.

„*Hugin*" = Odins Rabe
„*Thrain*" = Zwerg („der Bedrohliche")
„*Dain*" = Zwerg („Toter")
Kenning-freie Übersetzung der Strophe: „*Odins Rabe Hugin flog zum Himmel empor, denn die Asen befürchteten Schlimmes. Die beiden Zwerge Thrain und Dain sahen Unheil voraus.*"

Den Zwergen
schwindet die Stärke.
Die Himmel neigen sich nieder
zu Ginnungs Nähe.

Alswidr sinkt
oftmals herab,
oft hebt er die Sinkenden
wieder empor.

„*Ginnung(-agap)*" = „gähnende Abgrund", der am Anfang der Zeit die beiden Urgegensätze Niflheim und Muspelheim voneinander trennte
„*Zwerge*" = Austri, Sudri, Westri und Nordri (Himmelsträger)
„*Alswidr*" („Allgeschwind") und „*Arwakr*" („Frühwach") sind die beiden Pferde, die den Sonnenwagen ziehen.
Kenning-freie Übersetzung der Strophe: „*Die vier Zwerge werden schwächer: der Himmel droht herabzustürzen. Alswidr bemüht sich, den Zwergen zu helfen.*"

Nirgends haben Sonne
und Erde Halt;
widrige Winde
wollen nicht enden.

In Mimirs klarer Quelle
liegt verborgen
die Weisheit der Männer.
Wißt ihr, was das bedeutet?

„*Mimir*" („Erinnerung") ist ein Riese, der an der Quelle „Hvergelmir" („brodelnder Kessel") unter dem Weltenbaum Yggdrasil am Nordpol wohnt. Odin unterhält sich an dieser Quelle des öfteren mit dem Schädel des toten Mimir. Auch dies ist wieder ein Bild dafür, daß die Asen versuchen, aus der Unterwelt eine zuverlässige Deutung von

Baldurs schweren Träumen zu erlangen.
   Kenning-freie Übersetzung der Strophe: *„Nirgends haben Sonne und Erde Halt, widrige Winde wehen. In Mimirs klarer Quelle liegt die Weisheit der Männer verborgen. Wißt ihr was das bedeutet?"*

*Im Tale weilt
die vorwissende Dise;
von Yggdrasils Esche
ist sie hinabgesunken.*

*Sie ist von Alfengeschlecht,
Idun genannt:
die Jüngste von Iwalts
älteren Kindern.*

   „*Dise*" = Göttin
   „*Idun*" = Göttin der Äpfel der ewigen Jugend
   „*Tal*" = Unterwelt
   „*Iwalt*" = Zwergenkönig („All-Herrscher") = Tyr im Jenseits
   Kenning-freie Übersetzung der Strophe: *„Die Alfe Idun, die Jüngste von Tyrs älteren Kindern, ist vom Weltenbaum herabgesunken und weilt nun in der Unterwelt."*

*Schwer nur erträgt
sie dies Niedersinken:
sie ist an den Stamm
des ehrwürdigen Baumes gebannt.*

*Es behagt ihr nicht
bei Nörwis Tochter,
da sie heitere Wohnung
daheim gewöhnt war.*

   „*ehrwürdiger Baum*" = Weltesche
   „*Nörwi*" = Riese, Vater des Nacht („der Finstere")
   Kenning-freie Übersetzung der Strophe: *„Idun leidet unter ihrer Verbannung in die dunkle Unterwelt."*

*Die Sieggötter sehen
Nauma trauern
in der Wohnung des Wolfes:
sie geben ihr ein Wolfsfell.*

*Damit bekleidet sie sich:
verändert ist ihre Stimmung,
sie erfreut sich der List,
sie verwandelt ihre Gestalt.*

„*Nauma*" = Frauenname, Flußname, Inselname = Jenseits (Göttin auf einer Insel jenseits des Flusses)
„*Wohnung des Wolfes*" = Unterwelt.
„*Wolfsfell*" = Symbol der Jenseitsreise?
Kenning-freie Übersetzung der Strophe: „*Die Asen sehen Idun-Nauma-Nanna in der Unterwelt trauern und geben ihr ein Wolfsfell, mit dem sie sich bekleidet. Sie freut sich über die Verwandlung.*"

*Widar wählte den
Wächter der Brücke,
den Gjallar-Bläser,
um die Trägerin*

*von Gjallars Sonne zu befragen,
was sie von den Weltgeschicken weiß.
Ihn geleiten als Zeugen
Loptr und Bragi.*

„*Widar*" = Sohn des Odin
„*Giallar-Bläser*" = Heimdall
„*Loptr*" („Luft") = Loki
„*Bragi*" = Gott der Dichtkunst, Mann der Göttin Idun
„*Sonne des Gjallar-Flusses*" = „Gold"; „*Trägerin des Goldes*" = Frau, Göttin
Die in den bisherigen Strophen beschriebenen Omen veranlassen Odin, die Jenseitsgöttin zu fragen, welche Ereignisse von diesen Omen angekündigt werden.
Kenning-freie Übersetzung der Strophe: „*Odin wählte Heimdall aus, um die Idun danach zu befragen, was sie über die Zukunft weiß. Ihn begleiten Loki und Bragi als Zeugen.*"

*Zauberlieder sangen,
auf Wölfen ritten
Rögnir und Regin
gegen das Haus der Welt.*

*Odin spähte
von Hlidskialfs Sitz
und blickte den in die Ferne
Reisenden nach.*

„*Haus der Welt*" = Himmel
„*auf Wölfen reitenden Rögni und Regin*" = Jenseitswesen
„*Hlidskialf*" („Tor-Insel") = Odins Seher-Thron
„*in die Ferne Reisende*" = Heimdall, Loki und Bragi.
Kenning-freie Übersetzung der Strophe: „*Rögni und Regin sangen Zauberlieder und bedrohten damit den Himmel. Odin sah von seinem Thron aus den in die Ferne reisenden Asen Heimdall, Loki und Bragi nach.*"

*Der Weise frug die
Wächterin des Tranks,
es frug der Nachkomme der Asen
und seine Weggefährten,*

*ob sie den Ursprung,
die Dauer und das Ende
des Himmels,
der Hel und der Erde wisse.*

„*Wächterin des Tranks*" = Norne, Idun
„*Weiser*" = Heimdall
Kenning-freie Übersetzung der Strophe: „*Heimdall und seine beiden Gefährten frugen Idun-Urd nach der Zukunft.*"

*Sie mochte nicht sagen,
was sie wußte.
Gefion konnte kein Wort sprechen
und zeigte keine Freude:*

*Tränen schossen aus
den Schilden des Schädels,
die Mächtige
war ihrer Macht beraubt.*

    „Gefion" („Geberin") = Göttin
    „Schilder des Schädels" = Augen
    „sie war ihrer Macht beraubt" = sie war einer Ohnmacht nah
    Kenning-freie Übersetzung der Strophe: *„Idun-Urd-Gefion mochte nicht sagen, was sie wußte. Sie war stumm und traurig: Tränen flossen aus ihren Augen und sie war einer Ohnmacht nah."*

*Da hebt sich von
Osten aus dem Eliwagar
die dornige Rute
aus dem Feld*

*des reifkalten Riesen,
mit dem Dain jede Nacht
alle Menschen in Schlaf schlägt,
die Midgard bewohnen.*

    „Eliwagar" = Gletscher im Norden und im Osten
    „Riese" = Nörwi, Vater der Nacht
    „Feld des reifkalten Riesen" = Eliwagar
    „Dornige Rute" = *„Schlafdorn"* = Schwert, Zauberstab
    Kenning-freie Übersetzung der Strophe: *„Im Osten dunkelt es, die Nacht bricht an und die Menschen fallen in Schlaf."*

*Die Kräfte ermatten,
die Arme ermüden,
Schwindelnd wankt
der weiße Schwertgott.*

*Benommenheit vertreibt
den Wind der Riesin,
die Tätigkeit des Geistes
aller Menschen.*

„*weißer Schwertgott*" = Sonnengott-Göttervater Tyr
„*Wind einer Riesin*" = Bewußtsein der Menschen
„Kenning-freie Übersetzung" der Strophe: „*Tyr sinkt nieder und die Menschen schlafen ein.*"

*So sahen die Asen
den Zustand der Jorunn:
überschwemmt von Sorgen,
als keine Antwort von ihr kam.*

*Sie drängten stärker,
als die Antwort verweigert wurde,
doch all ihre Worten
waren ohne Nutzen.*

„*Jorunn*" = Erdgöttin
Kenning-freie Übersetzung der Strophe: „*So sahen die Asen die Göttin: überschwemmt von Sorgen. Sie gab ihnen keine Antwort. Sie drängten sie noch mehr zu antworten, doch all ihre Worte waren vergeblich.*"

*Da fuhr hinweg
der Führer der Gruppe:
Der Hüter von Herians
gellendem Horn.*

*Den Sohn der Nal
nahm er zum Begleiter.
Als Wächter der Erde
blieb Grimnirs Skalde.*

„*Herian*" = Odin.
„*Nal*" = Mutter des Loki; „*Sohn der Nal*" = Loki
„*Grimnir*" = Odin
„*Führer der Gruppe*" = Heimdall
Kenning-freie Übersetzung der Strophe: „*Da reiste Heimdall zusammen mit Loki zurück. Bragi jedoch blieb bei Idun.*"

*Nach Wingolf kehrten
Widars Gesandte zurück:
beide von Forniots
Söhnen getragen.*

*Unverzüglich traten sie ein
und grüßten die Asen,
Yggrs Gefährten
beim fröhlichen Bier-Fest.*

„*Widar*" = Odin
„*Yggr*" = Odin.
„*Wingolf*" („Haus der Freundschaft") = Gebäude neben Odins Halle Walhalla
„*Forniot*" = Vater des Ägir (Meeresgott), des Logi („Feuer") und des Kari (Gott des Windes); „*Forniots Söhne*" = Wind
Kenning-freie Übersetzung der Strophe: „*Heimdall und Loki kehrten von dem Windgott Kari getragen nach Asgard zurück. Unverzüglich traten sie ein und grüßten die Asen, die beim fröhlichen Bier-Fest beisammen saßen.*"

Heimdall:
„*Heil Dir, Hangatyr,
glücklichster Ase,
Mögest Du auf dem Hochsitz
des Mets walten!*"

Odin:
„*Setzt euch in Freuden,
ihr Götter, zum Trink-Fest,
Mögt ihr zusammen mit Yggjungur
ewigen Segen genießen.*"

„*Hangatyr*" = Odin
„*Yggjungur*" = Odin
Kenning-freie Übersetzung der Strophe: „*Heimdall: 'Heil Dir, Odin, mögest Du auf dem Hochsitz des Mets walten!' Odin: 'Setzt euch in Freuden, ihr Götter, zum Trink-Fest, genießt zusammen mit mir ewigen Segen.'*"

Nach Bölwerks Gebot
auf die Bänke verteilt,
von Sährimnir speisend
saß die Göttersippe.

Skögul schenkte an den Tafeln
aus Hnikars Schalen
den Met des Mimir
in Trinkhörner ein.

   „Bölwerk" = Odin
   „Hnikar" = Odin
   „Sährimnir" = Eber, den die Asen immer wieder schlachten und der sie ernährt und der immer wieder neu entsteht
   „Skögul" = Walküre
   Kenning-freie Übersetzung der Strophe: *„Die Götter saßen nach Odins Gebot auf die Bänke verteilt und aßen von Sährimnir und tranken aus ihren Trinkhörnern den Met, den ihnen die Walküre Skögul aus Odins Schalen einschenkte."*

Mancherlei frugen
über dem Mahle
die Götter den Heimdall,
die Göttinnen Loki:

Ob ihnen die Frau Weissagung
oder Weisheit gegeben hat –
den ganzen Tag frugen sie
bis das Zwielicht kam.

   „Frau" = Idun/Nanna/Urd/Hel
   Kenning-freie Übersetzung der Strophe: *„Bei dem Mahl frugen die Götter den Heimdall und die Göttinnen den Loki den ganzen Tag bis zum Abend, ob Idun-Urd ihnen etwas über die Zukunft gesagt hatte."*

Übel, sagten sie,
sei es ihnen
mit ihrer nutzlosen Botenfahrt
von geringem Ruhm ergangen:

*Es zeigte sich, daß es schwer ist,
die List zu finden,
mit der von der Frau
eine Antwort zu erhalten ist.*

   Kenning-freie Übersetzung der Strophe: *„Heimdall und Loki antworteten, daß ihre Fahrt nutzlos gewesen sei und daß sie keinen Weg gefunden hätten, um von Idun-Urd eine Antwort zu erhalten."*

*Omi antwortete
und alle horchten:
„Die Nacht ist die Zeit
für neuen Rat.*

*Jeder, der es vermag,
denke bis zum Morgen,
um nützlichen Rat
für die Götter zu finden."*

   „Omi" = Odin
   Kenning-freie Übersetzung der Strophe: *„Da befahl Odin den Asen, die Nacht über nach Rat für die Götter zu suchen."*

*Über den Rand
der Ebene der Rindr
sank nieder die müde
Nahrung Fenrirs.*

*Vom Gastmal schieden
die Götter,
Hroptr und Frigg grüßend,
als Hrimfaxi auffuhr.*

   „Rindr" = Göttin, Erde; *„Ebene der Rindr"* = Erdoberfläche; *„Rand der Ebene der Rindr"* = Horizont
   „Fenrirs müde Nahrung" = Sonnengott-Göttervater Tyr am Abend kurz vor dem Versinken am Horizont
   „Hroptr" = Odin
   „Hrimfaxi" („Rußmähne") = Pferd der Nacht

Kenning-freie Übersetzung der Strophe: „*Als die Sonne unterging, verließen die Asen das Fest und verabschiedeten sich von Odin und Frigg.*"

*Da trieb aus dem Tore
wieder Dellings Sohn
sein schön mit Gestein
geschmücktes Roß.*

*Weit über Menschenheim hinweg
glänzte die Mähne des Pferdes:
das Roß zog in seinem
Wagen Dvalins Spielgesellen.*

„*Delling*" = Tagesbruch, Tag, Sonne
„*Dvalin*" = Zwerg; „*Dvalins Spielgeselle*" = Sonne (er erstarrte durch einen Sonnenstrahl zu Stein)
Kenning-freie Übersetzung der Strophe: „*Es wurde wieder Tag.*"

*Am nördlichen Rand
der Jörmungrund,
unter des edlen Baumes
äußerster Wurzel*

*gingen zu ihren Lagern
Riesinnen und Riesen,
Totengeister, Zwerge
und Schwarzalfen.*

„*Jörmungrund*" = Erdgöttin Jörd
„*edler Baum*" = Weltesche
Kenning-freie Übersetzung der Strophe: „*Die Wesen des Jenseits gingen im Norden unter der äußersten Wurzel des Weltenbaumes schlafen.*"

*Die Herrscher erhoben sich,
die Alfenbestrahlerin lief,
Njola ging nördlich
gen Nifelheim.*

Ulfrunas Sohn,
der mächtige Hornbläser,
ließ Argiöl bis hinauf
zu den Himmelsbergen erschallen.

„*Herrscher*" = Asen
„*Alfenbestrahlerin*" = Sonne
„*Njola*" = Frauenname, Nacht
„*Ulfruna*" = Mutter des Heimdall
„*Argiöl*" = Morgenruf, Weckruf
Die „*Himmelsberge*" sind Asgard.

Kenning-freie Übersetzung der Strophe: „*Als die Sonne sich erhob und die Nacht verging, hob Heimdall die Regenbogenbrücke nach Asgard empor und die Asen erhoben sich.*"

III 4. Riesinnen als Seherinnen

III 4. a) Die Saga über Halfdan Brana-Ziehsohn

In dieser Saga begegnet Halfdan, nachdem er ein Riesen-Paar getötet hat, in der Höhle der getöteten Riesen einer „Frau auf einem Stuhl":

Als Halfdan dies vollbracht hatte, ging in die Höhle und fand eine Seitenhöhle. Dort saß eine Frau auf einem Stuhl. Ihr Haar war um einen Stuhl-Pfosten mit einem geschnitzten Gesicht gebunden. In Füße standen in eiskaltem Gletscherwasser.
Als sie den Mann sah, sagte sie: „Jarnnef wird Dich sofort töten, Herr, wenn er erfährt, daß Du hier bist!"
Halfdan sagte: „Ich habe ihn getötet und ebenso Sleggja. Aber wie lautet Dein Name?"
Sie sagte, daß ihr Name Hilda sei und daß sie Tochter des Jarls Angantyr von Schottland sei, „und meine Brüder werden Sigmund und Sigurd genannt. Sie sind Zwillinge. Wir haben unsere Heimat letztes Jahr verlassen. Jarnnef brachte uns alle durch Zauberkunst hierher und er wollte mich besitzen und seine alte Frau töten, aber das wollte ich nicht."

Insbesondere das Motiv des Bindens der Haare der Frau an den Stuhl, der durch seine geschnitze Köpfe als Hochstuhl erkennbar ist, sind interessant. Die Höhle der Riesen könnte ursprünglich ein Hügelgrab gewesen sein. Es findet sich somit eine Frau auf einem Seherstuhl, deren Haare an die Säule hinter diesem Stuhl bzw. an die geschnitzten Pfosten dieses Stuhles gebunden worden sind. Dieses Anbinden wird man sicherlich als eine Verbindung der Frau zu der Gottheit, deren Gesicht an den Stuhlpfosten geschnitzt worden ist, auffassen können. Möglicherweise handelt es sich dabei um einen Brauch der Seherinnen, wenn sie auf ihrem Stuhl saßen und ins Jenseits reisten.

Wenn diese Deutung zutreffen sollte, müßten die Seherinnen von Berufs wegen sehr lange Haare gehabt haben.

III 4. b) Illugi-Saga

Ein ganz ähnliches Haar-Motiv findet sich in dieser Saga, in der u.a. über die Riesin (Jenseitsgöttin) Grid berichtet wird:

Da ergriff Grid Illugi bei seinen Haaren und band ihn an ein Stuhlbein und mit ihrer anderen Hand setzte sie sehr hart und stechend ein blitzendes Messer an seinen Kopf, aber Illugi lag ruhig und ohne Angst.

Da sprach Grid voller Wut: „Hör mir zu, elender Kerl! Glaubst Du, daß ich es hinnehmen werde, daß Du meine Tochter verführst? Nein!" sagte sie, „Du wirst dafür Deinen Tod erhalten!"

Da sagte Illugi: „Mein Herz schlägt nicht stärker bei Deinen Worten, denn wenn ich in Deine Höhle gekommen bin, dann hat die Norne Urd das so gewollt. Und kein Mensch stirbt mehr als einmal – deshalb fürchte ich mich nicht vor Deinen Drohungen."

Auf diese Worte hin warf Grid ihn wieder nieder. Er entkam ihrem Stuhlbein und war sehr froh darüber.

Es hat den Anschein, als ob auch die Seher langhaarig gewesen sein könnten – falls es sich hier nicht um die Umdeutung eines Seherinnen-Motivs handeln sollte. Die generelle Symbolik der Haare spricht jedoch dafür, daß auch die Seher lange Haare hatten (siehe „Haare" in Band 63).

Es ist jedoch nicht sicher, ob in dieser Textstelle gemeint ist, daß Illugi mit seinen Haaren an das Stuhlbein gefesselt worden ist, oder ob die Riesin ihn nur an seinen Haaren dorthin gezerrt hat.

III 4. c)   Die Saga über Halfdan Brana-Ziehsohn

Die Riesin Brana ist eine Seherin und eine Zauberin, die vorhersehen kann, was geschehen wird und was dann getan werden muß.

Brana sagte, das dies so sein solle, „und Du mußt von hier nach England segeln. Dort herrscht ein König, der Olaf genannt wird. Er hat eine Tochter mit dem Namen Marsibil. Über sie wird gesagt, daß sie schönste Maid unter allen Frauen der Welt ist. Sie kennt alle Frauen-Künste und ich möchte, daß Du sie heiratest.

Du sollst Dich dort als Händler ausgeben und hier sind Kräuter, die ich Dir geben will. Gib' sie der Königstochter und sie wird Dich lieben. Sie haben die Macht, daß sie Dich wie ihr eigenen Leben lieben wird, wenn sie sie unter ihren Kopf legt und auf ihnen schläft."

III 5.   Nornen als Seherinnen

III 5. a)   Die Saga über Norna-Gest

Die drei Nornen waren sich nicht immer einig, was interessante Folgen hatte. Dieses Motiv stammt allerdings mit Sicherheit erst aus der Zeit, als die Mythen nach und nach zu Sagas umgeschrieben worden sind.

Da Norna-Gest aufgrund dieser merkwürdigen Umstände 300 Jahre lang lebte, bevor er aus eigenem Willen heraus starb, hat er viel Dinge erleben können und war u.a. eine zeitlang der Begleiter von Sigurd (Siegfried).

Norna-Gest ist nach diesem Streit unter den Nornen benannt worden. Der eigentliche Personenname „Gest" in „Nornen-Gest" bedeutet „Gast" (englisch: „guest").

Norna-Gest erzählt die Begebenheit, durch die er seinen Namen erhielt, wie folgt:

Ich wuchs in meines Vaters Haus an einem Ort auf, der Gräning genannt wurde. Mein Vater war recht wohlhabend und führte einen großzügigen Haushalt.

Zu dieser Zeit zogen Seherinnen, die Prophetinnen genannt wurden, im Land umher und sagten den Leuten ihre Zukunft. Zu diesem Zweck luden die Leute sie in ihre Häuser ein und bereiteten Feste für sie und gaben ihnen Geschenke, wenn sie fortgingen. Auch mein Vater hielt es so.

Sie kamen in der Begleitung von Männern, um mir mein Schicksal vorherzusagen. Ich lag in meiner Wiege und sie sollten nun mein Schicksal vorhersagen. Über mir brannten zwei Kerzen. Sie sprachen zu mir und sagten, daß ich sehr glücklich sein werde, größer als meine anderen Vorfahren oder die Söhne der Anführer in dem Land und sie sagten, daß alles entsprechend meinem Wyrd geschehen werde.

Die jüngste der Nornen dachte, daß sie im Vergleich zu den beiden anderen nicht genug wertgeschätzt würde, da sie nicht nach solchen Prophezeiungen gefragt wurde und die beiden anderen daher höher geachtet wurden. Es waren auch einige grobe Männer dort, die sie von ihrem Sitz stießen, sodaß sie zu Boden fiel.

Darüber wurde sie sehr wütend. Sie rief lauf und wütend aus, daß sie aufhören sollten, solch gute Prophezeiungen über mich zu sprechen, „denn ich bestimme für seine Zukunft, daß er nicht länger leben soll als diese Kerze brennt, die neben ihm entzündet worden ist!"

Auch hier findet sich der fließende Übergang vom Vorhersehen dessen, was kommen wird, und dem eigenständigen Bestimmen, was geschehen soll.

Danach griff die älteste Seherin nach der Kerze und löschte sie aus und bat meine Mutter, sie gut aufzubewahren und sie nicht vor dem letzten Tag meines Lebens anzuzünden. Danach gingen die Prophetinnen fort, banden die junge Norne und hielten sie auf diese Weise fern, und mein Vater gab ihnen gute Geschenke bei ihrem Fortgang.

Als ich erwachsen war, gab meine Mutter mir die Kerze zur Aufbewahrung. Ich habe sie nun hier bei mir.

... ...

Nach sehr langer Zeit beschloß Norna-Gest schließlich zu sterben:

Gest nahm die Kerze aus dem Kasten seiner Harfe. Der König gebot sie zu entzünden und so ward es getan. Und als die Kerze entzündet worden war, brannte sie schnell herab.
Der König frug Gest: „Wie alt bist Du?"
Gest antwortete: „Ich bin nun dreihundert Jahre alt."
„Du bist wirklich alt," sprach der König.
Gest legte sich nieder. Er bat sie, ihn mit Öl zu ölen. Der König tat es für ihn. Und nachdem dies geschehen war, war nur noch sehr wenig von der Kerze übrig. Da sahen die Leute, daß Gest nur noch wenig Zeit blieb. Gest starb gerade, als die Kerze ganz herabgebrannt war und jeder fand, daß sein Tod bemerkenswert sei.

Die Ähnlichkeit dieser Szene mit dem Märchen „Dornröschen" ist nicht zu übersehen: Die zwölf weisen Frauen entsprechen den beiden alten Seherinnen/Nornen und die dreizehnte der jungen Seherin/Norne. Auch die weisen Frauen sprechen einen Segen aus und können den Fluch der dreizehnten noch gerade entschärfen.

Offenbar sind auch die dreizehn weisen Frauen in dem Märchen Seherinnen und zumindestens teilweise auch die Nornen – die Zwölfzahl der Tierkreiszeichen und der Apostel hat im Laufe der Zeit viele der alten „magischen Zahlen" wie die drei der Nornen ersetzt.

Das Motiv des 300-jährigen Lebens stammt aus den Tyr-Mythen, in denen die 300 Jahre die Bedeutung „drei Lebenszeiten" haben. Die „3" ist wiederum die Zahl des Zyklus von Leben (Sommer), Tod (Herbst), Jenseitsaufenthalt (Winter) und Wiedergeburt (Frühling), den der ehemalige Sonnengott-Göttervater Tyr jedes Jahr durchläuft.

Dieses Motiv ist in mehreren Sagas als Rahmenhandlung benutzt worden (siehe „300" in Band 47).

III 5. b) Völsungen-Saga

Die Verkündung des Schicksalsspruches der Nornen scheint mit einem Ritual verbunden gewesen zu sein, das bei der Namengebung für das Neugeborene durchgeführt wurde.

Als Helgi geboren wurde, kamen die Nornen zu ihm und sprachen über ihm und sagten, daß er, wenn seine Zeit gekommen sei, der berühmteste aller Könige werden solle.
Gerade da kam Sigmund von seinen Kriegen nach Hause zurück und so gab er ihm den Namen „Helgi" und er gab ihm diese Dinge zu seinem Fest der Namensgebung: den Ring-Ort, den Sonnen-Hügel und das Schwert. Und er bat darum, daß er zu großem Ruhm heranwachse und wie die Sippe der Völsungen werde.

Der Segen, auf den sich der Name „Helgi" bezieht, ist der Segen der Nornen, der durch den Segen seines Vaters Sigmund bekräftigt wird. Im Original lautet die von Sigmund benutzte Formel *„Hringstaði ok Sólfjöll ok sverð"*.
Die drei Dinge, die Sigmund seinem Sohn Helgi als Zeichen gibt, sind sehr interessant:
„Hringstaði" setzt sich aus „hring" für „Ring" und aus „stada" für „fester Stand, Platz, Ort" zusammen und bedeutet daher wörtlich „Ort, an dem sich der Ring befindet".
Dieser „Ort der Ringe" oder dieses „Land der Ringe" ist das Jenseits, das Hügelgrab und der Ort, an dem die Götter wohnen. Der Ring ist Draupnir – er ist primär das Symbol der Sonne und sekundär auch das Symbol der Verbindung zwischen den Menschen und den Göttern, das die Priester im Kult tragen. Als ein „Herr des Landes der Ringe" ist Helgi ein Gott-gesegneter Mann, dem insbesondere Odin beistehen wird, der der Besitzer des Draupnir ist, der das Urbild aller Jenseitsreise-Ringe (keltisch: „Torque") ist.
Konkret könnte Sigmund dem Helgi einen solchen goldenen Ring zu seiner Namensverleihung geschenkt haben. Möglicherweise ist dies aber nur ein gesprochener Segen.
„Sólfjöll" setzt sich aus „sol" für „Sonne" und „fjöll" für „Hügel, Berg" (altenglisch: „fell") zusammen und bedeutet somit „Berg der Sonne". Dieser „Sonnen-Hügel" erinnert an die Szene aus dem Sigdrifa-Lied, in der Odin nach seiner Rückkehr von seiner Jenseitsreise mit erhobenem Schwert sozusagen in der Haltung des wiedergeborenen Sonnengott-Göttervaters Tyr auf einem Hügelgrab steht: *„Auf dem Berge stand er mit blankem Schwert, den Helm auf dem Haupte."*
Das „Schwert" (*„sverð"*) ist wahrscheinlich das Schwert, das dem Fürsten vermutlich bei seiner Krönung überreicht worden ist – die mythologische Variante findet

sich in der Halle des Völsung, in der Sigmund das Schwert des Odin aus dem Branstock zieht.

Alle drei Formulierungen könnten aus einem alten Text stammen, der bei der Krönung eines germanischen Fürsten gesprochen wurde: *„Hringstaði ok Sólfjöll ok sverð"*. Diese Vermutung wird dadurch, daß „Helgi" einst ein Beiname des ehemaligen Sonnengott-Göttervaters Tyr gewesen ist, noch wahrscheinlicher.

Und es kam wie vorhergesagt: Er wuchs auf und war hochherzig und wurde von allen geliebt und war allen Männer an Kühnheit überlegen. Die Geschichte erzählt, daß er in den Krieg zog, als er fünfzehn Winter alt war. Helgi war der Herr und Lenker des Heeres, aber Sinfiötli war sein Genosse darin, die beiden waren sich fast nie uneins darin.

III 5. c)   Das erste Lied über Helgi Hunding-Töter

Dieselbe Szene wird auch im ersten Helgi-Lied geschildert, in dem die drei Seherinnen jedoch als die drei Nornen erscheinen. Dieses Lied ist also noch näher an den ursprünglichen Mythen und noch nicht so weit in die Saga verschoben worden.

In alten Zeiten, als Aare sangen
Heilige Wasser rannen von Himmelsbergen,
Da hatte Helgi den Großherzigen,
Borghild geboren in Bralund.

Nacht in der Burg war's, Nornen kamen,
Die dem Edeling das Alter bestimmten.
Sie gaben dem König der Kühnste zu werden,
Aller Fürsten Edelster zu dünken.

Sie schnürten scharf die Schicksalsfäden,
Daß die Burgen brachen in Bralund.
Goldene Fäden fügten sie weit,
Sie mitten festigend unterm Mondessaal.

Westlich und östlich die Enden bargen sie,
In der Mitte lag des Königs Land.
Einen Faden nordwärts warf Neris Schwester,
Ewig zu halten hieß sie dies Band.

Neri = Spinnerin; ihre Schwester = Norne
Norden = Niflheim, Jenseits, Wohnort der Nornen

Eins schuf Angst dem Ülfingensohn,
Und ihr, der Frau, die Freude gebar:
Rabe sprach zum Raben – auf ragendem Baum
Saß er ohne Atzung –: „Ich weiß etwas.

Es steht der Sohn Sigmunds in der Brünne,
Einen Tag alt: unser Tag bricht an.
Er schärft die Augen – so schauen Helden –,
Der Wölfe Freund: freuen wir uns!"

Die Raben freuen sich auf die Leichen in den nun kommenden Schlachten.

Dem Volke schien sein Fürst geboren,
Sie wünschten sich Glück zu goldener Zeit.
Der König selber ging aus dem Schlachtlärm
Dem jungen Edling edlen Lauch zu bringen.

Lauch = Schwert

Er hieß ihn Helgi und gab ihm Hringstad,
Solfiöll, Snäfiöll und Sigarswöll,
Hringstad, Hatun und Himinwangi,
Gab ein blutig Schwert Sinfiötlis Bruder.

III 5. d) Wegtam-Lied

Sowohl der Zauberstab der Seherinnen und des Schamanen- und Magier-Gottes Odin als auch die Seherin Wala selber erscheinen in dem Wegtam-Lied:

Da ritt Odin ans östliche Tor,
Wo er der Wala wußte den Hügel.
Das Wecklied begann er der Weisen zu singen,
– Nach Norden schauend schlug er mit dem Stabe,
Sprach die Beschwörung Bescheid erheischend –
Bis gezwungen sie aufstand Unheil verkündend.

Das „Wecklied" ist offenbar die Beschwörungsformel, mit der die Germanen die Toten aus dem Jenseits herbeiriefen. Damit könnte das bereits genannte „Vardlokkur" der Seherin auf Grönland gemeint sein.

Bei dieser Beschwörung blickte man offenbar nach Norden zum Tor der Hel unter der nördlichen Wurzel des Weltenbaumes.

Das „östliche Tor", an das Odin ritt, ist ein des öfteren benutztes Bild für das Jenseitstor, das dadurch entstanden ist, daß die Sonne im Osten aufgeht, d.h. wieder aus der Unterwelt zurückkehrt. An dieser Stelle hätte auch stehen können, daß Odin zum Tor des Hügelgrabes der Wala geritten ist.

Die „Wala im Jenseits" ist entweder eine tote Seherin oder (was wahrscheinlicher ist) eine Norne.

III 5. e)   Der Seherin Ausspruch

Riesen acht ich die Urgebornen,
Die mich vor Zeiten erzogen haben.
Neun Welten kenn ich, neun Äste weis ich
An dem starken Stamm im Staub der Erde.

„*von Riesen erzogen*" = Die Seherin, die dieses Lied singt, ist keine normale Seherin, sondern eher eine Norne.

III 6. Walküren als Seherinnen

III 6. a) Ragnar Lodbrök

Die Walküre Aslaug Sigurd-Tochter, ist wie alle Walküren auch eine Seherin.

Und als der Abend kam, begannen die Männer zu trinken und danach schlafen zu gehen. Und als sich Ragnar und Kraka in dasselbe Bett legten, frug sie ihn noch einmal nach Neuigkeiten und er antwortete, daß er keine wüßte. Da wollte sie noch mehr mit ihm reden, aber er sagte, daß er sehr müde und von der Reise erschöpft sei.
„Dann kann ich Dir Neuigkeiten erzählen," sagte sie, „wenn Du sie nicht mir erzählen willst."
Er frug, was das sein könne.
„Ich nenne es Neuigkeiten," sagte sie, „wenn eine Frau einem König versprochen wird, auch wenn einige Männer sagen, daß er schon eine andere hat."
„Wer hat Dir das gesagt?" frug Ragnar.
„Deine Männer werden ihr Leben und ihre Glieder behalten, da mir niemand von ihnen dies erzählt hat," sagte sie, „Du erinnerst Dich wohl, wie drei Vögel in einem Baum nah bei Dir saßen. Sie haben mir diese Neuigkeiten berichtet. Ich bitte Dich um dies: daß Du nicht bei diesem Kurs bleibst, zu dem Du Dich entschlossen hast. Ich sage Dir nun, daß ich die Tochter eines Königs bin und nicht eines armen Mannes und daß mein Vater solch ein großer Mann gewesen ist, daß niemand sich als seinesgleichen erwiesen hat, und daß meine Mutter die schönste aller Frauen und die weiseste gewesen ist. Ihr Name wird hochgehalten werden, solange die Welt steht."
Da frug er, wer ihr Vater gewesen sei, wenn sie nicht die Tochter des armen Mannes sei, der in Spangarheid lebte.
Sie sagte, sie sei die Tochter von Sigurd Fafnir-Töter und Brünhild Budli-Tochter.
„Es scheint mir sehr unwahrscheinlich, daß deren Tochter 'Kraka' genannt werden würde und daß deren Kind in solch einer Armut aufwachsen würde wie in der, die auf Spangarheid ist."
Sie antwortete solcherart: „Dies ist die Geschichte," und dann redete sie und legte ihm die Geschichte des Treffens von Sigurd und Brünhild auf dem Berg dar und wie sie gezeugt wurde, „und als Brünhild mich gebar, wurde mir ein Name gegeben und ich wurde 'Aslaug' genannt," und dann sprach sie über alles, was geschehen war, bis sie den armen Mann getroffen hatten.
Da antwortete Ragnar: „Ich bin überrascht über dieses Wahnsinns-Gefasel über Aslaug, das Du erzählst."
Sie antwortete: „Du weißt, daß ich ein Kind in mir trage. Es wird ein Junge sein, den ich gebären werde und dieses Zeichen wird der Junge tragen: Es wird aussehen,

als ob eine Schlange in den Augen des Jungen liegen würde. Und wenn dies so geschieht, bitte ich Dich dies: daß Du nicht nach Schweden gehst und die Tochter von König Eystein nimmst. Aber wenn dies nicht so geschieht, dann gehe, wenn Du willst. Aber ich will, daß der Junge nach meinem Vater benannt wird, wenn in seinen Augen dieses Zeichen des Ruhmes ist, von dem ich glaube, daß es dort sein wird."

Das von Aslaug benutzt Wort „ormr" bezeichnet sowohl eine Schlang als auch einen Drachen – der Drache ist gewisserweise eine mythologische „Schlangenart", die größer als üblich ist und einige zusätzliche Eigenschaften hat (siehe „Drache" in Band 41).

Schließlich lag sie in Wehen und sie gebar einen Jungen. Da nahm die Hebamme den Jungen und benetzte ihn mit Wasser. Da sagte sie, daß sie ihn zu Ragnar bringen und ihn ihn sehen lassen sollten. Dies taten sie dann auch und so wurde der junge Mann in die Halle gebracht und in Ragnars Schoß auf seinen Umhang gelegt. Als er ihn sah, frug er, wie er genannt werden solle.
Da sprach er die folgenden Verse:

„Sigurd soll der Junge genannt werden –
so wird er in der Schlacht sein,
sehr dem Vater seiner Mutter ähnlich,
nach dem er benannt wird.

So wird der Größte
von Odins Rasse genannt,
der Schlangenäugige,
und er wird vielen den Tod bringen!"

Das Wort „Schlangenäugiger" bezeichnet offensichtlich eine hoch geschätzte Eigenschaft. Die Schlange ist hier demnach etwas, das ein Wikinger als erstrebenswert ansah und das Sigurd in hohem Maße besessen haben muß. Leider ist es an dieser Stelle unsicher, welche Qualität damit gemeint ist. Sie könnte mit seiner Stärke im Kampf zu tun haben. Falls dies zutreffen sollte, wäre die Schlange hier vom Symbol für die Toten zum Todbringer geworden.

III 6. b)   Göndul

Möglicherweise wurde auch die Walküre *„Göndul"* als Seherin aufgefaßt, da ihr Name „Stabträgerin" bedeutet (Ableitung von „gandr" = Stab).

III 7. Geister als Seherinnen

III 7. a) Thorstein-Saga

In dieser Saga sagt ein Junge zu seiner Mutter (die beide Tote in einem Hügelgrab sind):

„Einst zog Thorsteinn nach Osten und als er nach Balagardssidu kam, gab es keinen Wind, um segeln zu können.
Am Morgen ging er an Land und als die Sonne im Südosten stand, kam Thorsteinn zu einer Lichtung, auf der ein schöner Grabhügel stand. Er sah auf dem Hügelgrab einen Jungen mit kahlgeschorenem Kopf, der sprach: „Meine Mutter, gib mir meinen Krummstab heraus und meine Handschuhe, denn ich will auf einen Hexenritt gehen. In der Unterwelt ist gerade ein großes Fest."
Da wurde ein Krummstab aus dem Hügelgrab herausgeworfen, der wie ein Schüreisen aussah. Der Junge stieg auf seinen Stab, zog seine Handschuhe an und lief los so wie es Kinder tun.
Thorsteinn ging zu dem Hügelgrab und sprach dieselben Worte wie der Junge und wieder wurde ein Stab und Handschuhe herausgeworfen und eine Stimme sprach: „Wer hat diese erhalten?"
„Dein Sohn Bjalfi," antwortete Thorsteinn.
Dann stieg er auf den Stab und ritt dem Jungen hinterher das Hügelgrab hinab. Sie kamen zu einem großen Fluß und stürzten sich hinein und es war, als ob sie durch Rauch waten würden. Bald wurde es vor ihren Augen heller und sie kamen zu einem Ort, an dem der Fluß über eine Klippe stürzte. Dort sah Thorstein einen Platz und eine große Stadt, die dort erbaut worden waren. Sie gingen zu der Stadt hinab, in der Menschen an einer Tafel saßen.

Dieser Text ist eine gute Beschreibung des Effektes auf einer Traumreise oder in einer Vision, wenn die Bilder anfangen klarer zu werden.
Da sich die Toten als Geister im Jenseits befinden, sind sie bereits in dem Bereich, in den die Seher und Seherinnen gehen, um die Zukunft und das Fernliegende zu sehen, weshalb auch die Geister letztlich Jenseitsreisende sowie Seher und Seherinnen sind.

III 8. Berichte von Außenstehenden

III 8. a) Commentarii de Bello Gallico

In seinen Kommentaren zu dem Gallischen Krieg schreibt Julius Cäsar im Zusammenhang mit seinen Zusammenstößen mit den germanischen Stämmen, daß der Stammesführer Arivistus um 58 v.Chr. nicht gekommen war, weil die Seherinnen („matrons" = „Mütter") vor den Schlachten mithilfe von Losen erkundeten, ob ein Sieg bevorsteht oder nicht, und sie in diesem Fall gesagt hatten, *„daß es nicht der Wille des Himmels sei, daß die Germanen siegen würden, wenn sie vor dem Neumond in die Schlacht eingreifen würden."*

III 8. b) Tacitus

Der römische Geschichtsschreiber Tacitus (28 – 120 n.Chr.) berichtet über eine Seherin, die um 70 n.Chr., d.h. zu seinen Lebzeiten einen großen Einfluß hatte.

Die folgenden Zitate stammen aus den Historien des Tacitus, Buch 4, Absatz 61 und 64 sowie Buch 5, Absatz 22 und 24.

Der Römer Civilis leitete den Aufstand der westgermanischen Bataver während der politischen Unruhen im Römischen Reich nach dem Tod Kaiser Neros im Jahr 69 n.Chr.

Dann erfüllte Civilis einen Schwur, der oft von den Barbaren abgelegt wurde: Nachdem er die Vernichtung der römischen Legionen vollendet hatte, schnitt er sein Haar kurz, das er seit dem Tag, an dem er die Waffen gegen Rom ergriffen hatte, hatte wachsen lassen und rot gefärbt hatte.

Diese Sitte hat sich lange erhalten können. So schwor noch König Harald um ungefähr 872 n.Chr., König von ganz Norwegen zu werden. Da er sich ab diesem Zeitpunkt nicht mehr das Haupthaar, den Bart und auch nicht die Fingernägel schnitt, wurde er schon bald „Harald Struwelkopf" genannt. Als er dann nach ungefähr 20 Jahren sein Ziel erreicht hatte und einen Barbier aufgesucht hatte, wurde er anschließend in „Harald Haarschön" umbenannt.

Munius Lupercus, der Legat einer der Legionen wurde mit noch anderen Geschenken zur Veleda gesandt, einer jungen Frau vom Stamm der Brucerer, die

einen sehr großen Einfluß besaß, denn die Germanen glaubten aufgrund ihrer sehr alten Tradition, daß viele ihrer Frauen prophetische Kräfte besaßen und, als der Aberglaube immer mehr zunahm, daß sie sogar göttlicher Natur waren. Die Autorität der Veleda war auf ihrem Höhepunkt angekommen, denn sie hatte den Erfolg der Germanen und die Vernichtung der Legionen vorhergesagt.
... ...

Da einerseits den Bewohner der (belagerten) Niederlassung ihre Furcht vor ihrem zukünftigen Schicksal es ihnen unmöglich machte, die gestellten Bedingungen anzunehmen und ihre derzeitige Verfassung es ihnen andererseits unmöglich machte, offen und verächtlich zu antworten, nahmen sich viel Zeit für ihre Beratungen und antworten schließlich folgendes: „... ... ... Als Schlichter zwischen uns wollen wir Civilis und Veleda haben. Unter ihrer Obhut soll der Vertrag unterzeichnet werden."
Die Tencterer waren damit zufrieden und Boten wurden mit Geschenken zu Civilis und Veleda gesandt, die alle Angelegenheiten zu der Zufriedenheit der Bewohner der Niederlassung regelten.
Ihnen wurde jedoch nicht erlaubt, sich selber an die Veleda zu wenden. Um ihnen noch mehr Respekt vor ihr einzuflößen, wurde ihnen nicht erlaubt, sie zu sehen.
Sie lebte in einem hohen Turm und einer ihrer Verwandten, der für diese Aufgabe ausgewählt wurde, trug wie ein Götterbote die Fragen und Antworten hin und her.
... ...

Die Feinde (Germanen) ruderten am hellen Tageslicht mit den (von den Römern) eroberten Schiffen zurück. Die praetorische Trireme (Segelschiff mit drei Reihen von Rudern übereinander) vertäuten sie weiter oben an dem Fluß Lupia als Geschenk für die Veleda.

III 8. c) Tacitus

Sie glauben sogar, daß in ihren Frauen etwas Göttliches und der Geist der Prophetie wohnt.
... ...

Während der Herrschaft des Vespasian haben wir gesehen, daß die Veleda für eine lange Zeit und von vielen Völkern für eine Gottheit gehalten und so verehrt worden ist.
In der früheren Zeit wurden in derselben Weisen Aurinia und verschiedene andere verehrt – nicht aus Gefälligkeit oder aus dem Bemühen um Schmeichelei und auch

nicht als von ihnen selber erschaffene Gottheiten (d.h. daß sie als echte Gottheiten verehrt wurden).

Den geographischen Angaben in den römischen Berichten zufolge scheint die Veleda am Oberlauf des Flusses Lippe, der in den Rhein mündet, gelebt zu haben – möglicherweise in der Nähe der heutigen Städte Gütersloh, Lippstadt und Paderborn.

III 8. d) Silvae

In diesen Gelegenheits-Dichtungen des Statius findet sich ein Lobeshymne an Rutilius Gallicus, der von 40-96 n.Chr. in Neapel gelebt hat, in der Statius kurz den Sieg des Gallicus über die Germanen und ihre Seherin Veleda um 77 n.Chr. erwähnt:

Die Zeit ist zu knapp, um über die Heere des Nordens,
die Aufständischen am Rhein, die Gebete der Veleda zu berichten,
und auch über den größten und neuesten Ruhm:
Rom wurde nach Dacians Tod Gallicus anvertraut –
er, dem gutes Schicksal nicht ungewohnt ist, wurde erwählt,
die Zügel der Stadt aus den Händen unseres großen Anführers zu übernehmen.

III 8. e)   Cassius Dio

Der römische Senator, Konsul und Historiker Lucius Cassius Dio berichtet um ca. 200 n.Chr. über die Nachfolgerin der Veleda:

Masyus, der König der Semnonen, und Ganna, eine Jungfrau, die in Germanien eine Priesterin und die Nachfolgerin der Veleda war, kamen zu Domitian und kehrten, nachdem sie von ihm mit Ehren bedacht worden waren, wieder heim.

Es hat den Anschein, als ob es eine Reihe von Seherinnen gegeben hätte, die jeweils die Nachfolgerinnen ihrer Vorgängerinnen gewesen wären: „verschiedene Seherinnen" – Aurinia – Veleda – Ganna – …
Diese „Nachfolgerin-Reihe" erweckt den Eindruck, als ob es jeweils eine Oberpriesterin gegeben haben könnte.

III 8. f) Getica

Jordanes berichtet um ca. 550 n.Chr. in seiner „Getica" („Geschichte der Goten"), daß es bei den Goten Seherinnen gegeben habe, die den Namen „Aliorumnas" trugen, was vermutlich eine Entstellung von „halju-runnos" ist. Dieser Name bedeutet „Hel-Läuferinnen" und bezieht sich auf die Jenseitsreisen der Seherinnen. Dieser Name entspricht ganz den späteren Bezeichnungen „Nacht-Reiterinnen", „Düsternis-Reiterinnen", „Meeres-Überquerein" u.ä.

Jordanes berichtet lediglich, daß diese Seherinnen von dem Gotenkönig Filimer vertrieben wurden, als die Goten die Ukraine besiedelten.

III 8. g) Historia Langobardorum

Diese „Geschichte der Langobarden" wurde von Paul dem Diakon um ca. 790 n.Chr. niedergeschrieben. In diesem Bericht darüber, wie der germanische Stamm der Langobarden („Langbärte") einst von Skandinavien nach Italien gezogen war, berichtet Paul im 1. Buch in Kapitel VIII und IX auch über Odin („Godan") und Frigg/Freya („Frea").

An der Wortwahl in diesem Berichtes ist wieder deutlich zu hören, daß hier ein Mönch über den „Aberglauben" seiner Vorfahren berichtet.

Über diesen Zeitpunkt erzählten die Menschen in den alten Zeiten die einfältige Geschichte, daß die Vandalen zu Godan kamen und ihn baten, ihnen den Sieg über die Winniler zu schenken, und daß er antwortete, daß er denen den Sieg geben würde, die er als erste sehen würde.

Es ist gut möglich, daß sich diese seltsame Aussage auf eines der ältesten Rituale der Indogermanen bezieht: den morgendlichen Gruß an den wiedergeborenen Sonnengott-Göttervater. Dann würde diese merkwürdige Entscheidung des Göttervaters Odin eigentlich bedeuten, daß er denen den Sieg gibt, die ihn am meisten verehren.

Die Vandalen, die zu Godan gingen, wird man als Seher auffassen können, die in ihre Vision zu Odin gereist sind. Dasselbe gilt für Gambera, die in dem nächsten Abschnitt zu Frea geht, d.h. als Seherin innerlich zu ihr reist.

Da ging Gambera zu Frea, der Frau des Godan und bat sie um den Sieg für die Winniler. Frea gab ihm den Rat, daß die Frauen der Winniler ihr Haar lösen und es wie Bärte vor ihre Gesichter halten sollen, und daß sie früh am Morgen mit ihren Männern an dem Ort stehen sollen, auf den Godan am Morgen üblicherweise nach

Osten hin blickte. Und dies taten sie.

Es war ein Problem, daß die verschiedenen germanischen Stämme alle denselben Göttervater um den Sieg bei den Kämpfen gegeneinander baten. Dies konnte nur zu der Ansicht führen, daß man nicht wußte, wem Odin den Sieg gewährte. Daher lag es nahe, den gegnerischen Stamm dadurch zu überlisten, daß man sich an die Frau des Göttervaters wandte, und sie zu helfen bat, den Göttervater dazu zu bewegen, ihnen den Sieg zu schenken.

Dies dürfte eine der Ursachen für die Sagen des Streites zwischen Odin und Frigg, Odin und Freya, sowie zwischen Odin und der Walküre Sigdrifa darum sein, welcher germanische Stamm oder welcher einzelne Germane den Sieg erhalten soll.

Als Godan sie dann bei Sonnenaufgang sah, sprach er: „Wer sind diese Langbärte?" Und Frea verleitete ihn dazu, denen den Sieg zu geben, denen er diesen Namen gegeben hatte. So gab Godan den Sieg den Winnilern.

Diese Dinge sind nur Gelächter wert und haben keinerlei Bedeutung. Denn der Sieg hängt nicht von der Kraft der Menschen ab, sondern wird vom Himmel bestimmt.

Es ist jedoch sicher, daß die Langobarden danach wegen ihren langen Bärten, die nie ein Messer berührte, mit diesem Namen bezeichnet wurden, obwohl sie sich vorher Winniler genannt hatten, denn in ihrer Sprache bedeutet „lango" „lang" und „bard" bedeutet „Bart".

Diese langen Bärte beziehen sich wohl auf einen gemeinsamen Schwur aller Winniler, da es bei den Germanen üblich war, nach einem Eid bis zu dessen Erfüllung sich nicht das Haar zu schneiden.

III 8. h) Origo gentis langobardorum

Vermutlich hat Paul der Diakon die von ihm berichtete Sage aus dieser Schrift mit dem Namen „Ursprung der Langbart-Sippe", die um ca. 650 n.Chr. verfaßt worden ist, entnommen. Sie schildert die eben berichtete Geschichte noch etwas ausführlicher:

Im Norden gibt es eine Insel, die Scadanam genannt wird, was als „Zerstörung" aufgefaßt wird. Dort leben viele Menschen.

„Scadanam" ist die Halbinsel Skandinavien. Die Deutung dieses Namens ist bis heute umstritten. Eine mögliche Herleitung ist die von der Riesin/Göttin Skadi, die zusammen mit Odin die Mutter und Vater einiger skandinavischen Königsgeschlechter und auch die Urahnin der Völsungen, deren berühmtester Sohn Sigurd/Siegfried war, ist.

Unter diesen war ein kleines Volk, die die Winniler genannt wurden. Bei ihnen war eine Frau mit Namen Gambera, die hatte zwei Söhne. Ybor war der Name des einen und Agio der Name des anderen. Sie waren zusammen mit ihrer Mutter die Herrscher der Winniler.

Der Frauenname „Gambera" bedeutet entweder „die Freuden trägt" oder „die (viele) Jahre trägt", d.h entweder „Freudenbringerin" oder „Alte".

Da zogen die Anführer der Vandalen, das waren Ambri und Assi, mit ihren Heeren gegen sie und sprachen zu den Winnilern: „Entrichtet uns entweder Abgaben oder bereitet euch auf einen Kampf mit uns vor."
Da antworteten Ybor und Agio zusammen mit ihrer Mutter Gambera: „Es ist besser für uns, uns auf den Kampf vorzubereiten als den Vandalen Abgaben zu entrichten."

Es fällt auf, das beide Stämme von zwei Brüdern angeführt werden. Auch von den Sachsen ist solch ein Brüderpaar mit Namen Hengist und Horsa bekannt. Möglicherweise handelt es sich hier nicht nur um eine politische Einrichtung, sondern auch um ein mythologisches Motiv, da der Göttervater als der Anführer der Götter von zwei Söhnen, die sich in Schimmel verwandeln konnten und dann seinen Streitwagen zogen, begleitet wurde.

Diese Pferdezwillinge hießen bei den Griechen „Dioskuren" („Zeus-Söhne") und bei den Germanen „Alcis" („Elche").

Aus ihnen wurden später sowohl die beiden Zwergenschmiede, die das Schwert des Göttervaters neuschmiedeten und auch alle anderen magischen Gegenstände der Götter herstellten, als auch das achtbeinige „Doppelpferd" Sleipnir, als Odin von Streitwagen auf den Sattel umstieg. Diese Deutung der beiden Brüder wird auch dadurch bestätigt, daß die Namen der beiden Sachsen-Anführer „Hengist" und „Horsa" die Bedeutung „Hengst" und „Pferd" (englisch: „horse") haben.

Es hat den Anschein, als ob sich die Anführer der Germanen als die Söhne des Tyr ansahen – so wie sich in allen Reichen die Könige als Sohn des jeweiligen Göttervaters angesehen haben. Diese Anführer der Germanen haben sich daher mit den beiden Alcis identifiziert und haben ihren Stamm folglich zu zweit angeführt.

Da baten Ambri und Assi, das sind die Anführer der Vandalen, Godan, daß er ihnen den Sieg über die Winniler geben möge.

Godan antwortete und sprach: „Dem, den ich als ersten bei Sonnenaufgang sehen werde, dem werde ich den Sieg geben."

Zu dieser Zeit ersuchte Gambera zusammen mit ihren beiden Söhnen, das sind Ybor und Agio, die die Anführer der Winniler waren, Frea, die Frau des Godan, den Winnilern günstig gesonnen zu sein. Da gab Frea ihnen den Rat, daß die Winniler kommen sollten und daß ihre Frauen, die ihr Haar lösen und es sich wie einen Bart vor ihr Gesicht legen sollten, ebenfalls mit ihnen kommen sollen.

Als es dann hell wurde, als die Sonne aufging, Drehte Frea, die Frau des Godan, das Bett, in dem ihr Ehemann lag, herum und hielt sein Gesicht nach Osten und weckte ihn.

Da blickte er auf die Winniler und sah ihre Frauen, die ihre Haare um ihre Gesichter hängen hatten. Da sprach er: „Wer sind diese Langbärte?"

Da sprach Frea zu Godan: „Da Du ihnen den Namen gegeben hast, gib ihnen auch den Sieg!"

Und er gab ihnen den Sieg, und gab ihnen Rat, wie sie sich verteidigen und so den Ring erringen sollten.

Seit dieser Zeit werden die Winniler „Langobarden" genannt.

Der geschickte „Trick" der Frea war es, zum einen das Bett des Odin und sein Gesicht zu den Winnilern hin zu wenden und zum anderen ihn mit einer überraschenden Situation zu konfrontieren, sodaß er die unwillkürlich die Frage stellte „Wer sind diese Langbärte?", denn durch diese Frage war bewiesen, daß Odin zuerst die Winniler, d.h. die späteren Langobarden erblickt hatte – und ihnen den Sieg geben mußte.

III 8. i) Annalen von Fulda

Im Jahr 847 n.Chr., also recht kurz nach der Christianisierung der alemannischen Bevölkerung in der Gegend von Fulda, wurde dort eine Frau mit dem Namen Thiota nach einem Prozeß ausgepeitscht, weil sie von Gott empfangene Offenbarungen, d.h. Visionen öffentlich verkündet hatte, die den nahem Weltuntergang verkündeten.

Es ist recht wahrscheinlich, daß der Umgang mit solchen Visionen und die Bereitschaft der damaligen Menschen, solche Verkündigungen ernst zu nehmen, in der Tradition der germanischen Seherinnen begründet liegt.

III 8. j) Gesta danorum

Während er jedoch glaubte, daß der Rest nun einfach und seinen Angriffen ungeschützt ausgeliefert sein würde, warnte den König auf einmal eine Frau, die eine Seherin, eine Art von göttliches Orakel oder eine Verkünderin des Willens des Himmels war, mit einer den König errettenden Vorhersage und verhinderte durch ihre für ihn Glück-bringene Ankündigung das sich nahende Unheil, indem sie ihm sagte, daß die Flotte des Siward an der Mündung des Flusses vor Anker gegangen sei.

Der Herrscher, der die Warnung befolgte, weil er begriffen hatte, daß der Feind nah war, war dadurch in der Lage, die Barbaren aufzuhalten, die ihm auf diese Weise angekündigt worden waren.

III 8. k) Hamburgische Kirchengeschichte

In seinem Bericht zur Situation in den umliegenden Ländern schildert Bischof Adam von Bremen einige interessante Details über die Tätigkeit der Seher und Seherinnen.

Die Stimmen und den Flug der Vögel zu befragen, war jenem Volke eigentümlich; ebenso die Anzeichen und Bewegungen der Rosse zu erkunden und das Wiehern und Schnauben derselben zu beobachten; und zwar wurde diesen Zeichendeutungen vor allen Glauben geschenkt, nicht allein vom geringen Volke, sondern auch von den Vornehmen.

Auch gab es noch eine andere Beobachtung von Anzeichen, wodurch sie den Ausgang großer Kriege zu erforschen bemüht waren. Sie suchten nämlich von dem Volke, dem der Krieg galt, auf irgend eine Weise einen Gefangenen zu erlangen, und ließen denselben dann mit einem aus ihrem Volke Erwählten, jeden mit seinen heimischen Waffen, im Zweikampfe sich messen; den Sieg des einen oder des anderen aber hielten sie für einen Urteilspruch.

Wie sie aber an gewissen Tagen, sobald der Mond zuzunehmen beginnt oder voll ist, das Beginnen zu unternehmender Dinge für das am meisten Glück verheißende erachteten, und andere unzählbare Arten von abergläubischen Meinungen, in denen sie befangen waren, befolgten, das alles das übergehe ich.

Dies habe ich im Auszuge aus Einhards Schriften über die Ankunft, die Sitten und den Aberglauben der Sachsen gegeben, welchen die Sclaven und Sueonen noch heutzutage nach heidnischem Brauche zu bewahren scheinen.

III 9. Vorahnungen

III 9. a) Saga über Haken-Ref

Jeder konnte Vorahnungen haben:

„Ich habe die Vorahnung, daß das Ergebnis für Dich übel sein wird, wenn Du gehst."

III 9. b) Saga über Kampf-Glum

Man kann die Zukunft auch anhand von Omen erkennen:

„Viele Zeichen weisen in diese Richtung."

III 9. c) Völsungen-Saga

Auch Träume können kommende Ereignisse ankündigen:

„... denn man träumt immer vor dem Sturm."

III 9. d) Saga über Grettir den Starken

Es existierten auch allgemeine Regeln, anhand derer man abschätzen konnten, was geschehen wird:

„Wenn Du noch ein drittes Mißgeschick hast, wird das der Tod von uns allen sein."

III 10. Sollte man die Zukunft kennen?

III 10. a) Frischwassertal-Saga

Schließlich gab es auch die Ansicht, daß es besser sei, wenn man nichts über die Zukunft weiß:

„Es ist mir nicht wichtig, meine Zukunft zu kennen, bevor sie geschieht."

III 10. b) Havamal

Auch Odin ist dieser Ansicht – obwohl er doch selber fleißig in die Zukunft schaut und die Seherinnen im Jenseits (Nornen) befragt …

„Der Mann muß mäßig weise sein,
Doch nicht allzuweise.
Sein Schicksal kenne keiner voraus,
So bleibt der Sinn ihm sorgenfrei."

III 11. Mißtrauen gegen Seherinnen

III 11. a) Havamal

Das Mißtrauen gegenüber den Seherinnen, das in den folgenden Versen empfohlen wird, könnte entweder aus einer späteren, schon christliche geprägten Zeit stammen, oder in dem gelegentlich von den Wikingern vertretenen Ideal, alles nur durch die eigenen Kraft und nicht durch Magie zu erreichen, begründet sein.

Krachendem Bogen, knisternder Flamme,
Schnappendem Wolf, geschwätziger Krähe,
Grunzender Bache, wurzellosem Baum,
Schwellender Meerflut, sprudelndem Kessel;

Fliegendem Pfeil, fallender See,
Einnächtgem Eis, geringelter Natter,
Bettreden der Braut, brüchigem Schwert,
Kosendem Bären und Königskinde;

Siechem Kalb, gefälligem Knecht,
Wahrsagendem Weib, auf der Walstatt Besiegtem,
Heiterm Himmel, lachendem Herrn,
Hinkendem Köter und Trauerkleidern;

Dem Mörder Deines Bruders, wie breit auch die Straße sein mag,
Halbverbranntem Haus, windschnellem Hengst,
(Bricht ihm ein Bein, so ist er unbrauchbar):
Dem allen soll niemand voreilig trauen.

III 12. Jacob Grimm: Deutsche Mythologie

Jacob Grimms Ausführungen über die „weisen Frauen" sind sehr ausführlich und verdeutlichen vor allem die fließenden Übergänge zwischen Göttinnen, Nornen, Walküren und weisen Frauen.

Das verhältnis der frauen und männer zu den göttern ist sehr verschieden, weil nur männer berühmte geschlechter bilden, mit frauen das geschlecht stirbt. die stammsage enthält nichts als heldennamen; alle königstöchter bleiben darin ungenannt oder verschwinden wieder, sobald sie als gemahlinnen aufgeführt worden sind.

Eben deshalb erscheinen vergötterte söhne, nicht vergötterte töchter, ja aus der ehe unsterblicher mit sterblichen wurden fast immer söhne geboren. Den helden, die wir im vorhergehenden cap. als eine mischung himmlischer und irdischer natur betrachtet haben, lassen sich also keine frauen zur seite setzen, denn die spindel begründet keinen anspruch auf unsterblichkeit wie das schwert. sehr bezeichnend legten die Angelsachsen der frau und dem knecht, den im kampf unthätigen, im haus thätigen, das geschäft des friedewebens bei. männern ziemte die heldenarbeit.

Was die frauen aber hier einbüßen wird ihnen auf anderm wege reichlich erstattet. für jene besonderheit einzelner heldenrollen, die in der sage oft unwirksam untergeht, sind ihnen allgemeine ämter mit vielbedeutigem, dauerndem einfluß überwiesen. eine ganze reihe anmutiger oder furchtbarer halbgöttinnen vermittelt den menschen die gottheit: ihr ansehn ist offenbar größer, ihr cultus eingreifender, als die verehrung der heroen. es gibt keine eigentlichen heldinnen, doch was unter den frauen den helden entgegentritt, scheint noch erhöhter und geistiger. Brunhild ragt über Siegfried, die schwanjungfrau über den held hinaus, dem sie sich verbindet:

iuch het got ze einer gotinne
gemacht in himelrîche
harte wünneclîche.

Gegenüber den harten männern, haben die frauen auch den vorzug, daß sie gütig und erbarmend sind, selbst riesinnen und teufelinnen.

Auch andere mythologien lassen wahrnehmen, daß im zweiten rang der götter weibliche wesen vorwalten, während der erste fast den männlichen behalten bleibt, jene göttlichen helden aber nur im dritten stehn. Ich habe schon die längere dauer der überlieferung von einigen göttinnen mit daraus erklärt, daß sie bleibendere lieblichere eindrücke in dem gemüte des volks zurückließ.

Nichts wird bei solchen untersuchungen schwerer sein, als zwischen göttinnen und halbgöttinnen zu unterscheiden. eines jeden gottes gemahlin muß zugleich für wirkliche göttin gelten; allein es gibt auch unverehelichte göttinnen, z.b. Hel.

Halbgöttin ist die sich weder als gemahlin, noch tochter eines gottes erweisen läßt, und in abhängigem verhältnis zu höheren gottheiten steht. Ein solcher schluß taugt jedoch nicht überall für unvollständig erhaltene mythologien; eben weil halbgöttinnen höher stehen als halbgötter, sind diese leichter, jene schwieriger gegen die classe der großen götter abzugrenzen. Die grenze kann sich dadurch verrücken, daß einzelne volksstämme göttliche wesen geringeren ranges, deren cultus bei ihnen überhand nahm, zu höherem rang erhoben, welches freilich auch bei dem heldendienst, obwol seltner, eintreten mag.

Geschäft und bestimmung der halbgöttinnen ist nun im allgemeinen so zu bezeichnen, daß sie den oberen göttern dienen, den menschen verkündigen.

Es ist ein bedeutsamer zug unseres heidenthums, daß zu diesem amt frauen und nicht männer auserlesen werden.

Die jüdische und christliche ansicht bildet hier einen gegensatz: propheten weissagen, engel, erscheinende heilige verkündigen, und richten gottes befehle aus; die griechischen und deutschen götter bedienen sich männlicher und weiblicher boten.

Nach deutscher ansicht scheinen aussprüche des schicksals im munde der frauen größere heiligkeit zu erlangen, weissagung und zauber in gutem wie bösem sinn sind vorzugsweise gabe der frauen, und vielleicht hängt damit noch zusammen, daß die sprache tugenden und laster durch frauen allegorisiert. Wenn es in der natur des menschen überhaupt gelegen ist, dem weiblichen geschlecht eine höhere scheu und ehrfurcht zu beweisen, so war sie den deutschen völkern von jeher besonders eingeprägt. männer verdienen durch ihre thaten, frauen durch ihre weisheit vergötterung: fatidicae augescente superstitione deae.

Diese schon bei Tacitus hervorgehobne germanische frauenverehrung wird in unsern alten volksrechten, zumal dem alamannischen und bairischen, durch eine verdoppelte composition bedeutsam ausgedrückt: die wehrlose empfängt damit schutz und heiligung, ja sie soll dieses vorzugs verlustig gehn, sobald sie zu des mannes waffen greift.

Frauencultus erscheint aber nicht bloß in den minneliedern unseres mittelalters allenthalben, sondern auch in einer merkwürdigen formel des ritterthums, wie sie volkslieder und höfische gedichte enthalten: ›durch aller frouwen êre‹. (Wolfdietrich, Morolt, Morolf, Ecke, Rosengarten); ›durch reiner frouwen êre‹. (Ecke); ›durch willen aller frouwen, ein held ruf dem andern zu: ›nu beite, durch willen aller meide!‹‹; ›durch willen schœner wîbe‹. (Ecke); ›durch ander maget êre‹, (Gudrun); ›durch elliu wîp‹ (Parzifal); ›êre an mir elliu wîp!‹ (Erec).

›êret an mir elliu wîp!‹ sagt in "Parzifal" eine frau, um der erhörung ihrer bitte gewis zu sein; ›allen meiden tuot ez ze êren‹ (Gudrun); ›êre und minne elliu wîp!‹ (Tristan) wird beim schwertgeben geboten; ›tuon allez daz frouwen wille sî‹. ›als liep iu alle frouwen sîn‹. (Laurin).

Ihre verehrung wird der göttlichen gleichgestellt: ›êret got und diu wîp!‹ (Iwain);

›durch got und durch der wîbe lon‹; ›wart sô mit riterschaft getân, dês got sol danken und diu wîp‹; ›dienen got und alle frouwen êren‹. von Parzivâl wird sogar gesagt: ›er getrûwete wîben baz dan gote‹.

Diese redensarten, dieser glaube steigen in weit höheres alter hinauf: ›dô sprah er êrlîcho ubaral, sô man zi frowûn skal‹ und ›ni sît irboigan wîbe‹; weiber soll man nicht schelten (Etzels hofhalt). ›sprich wîben übel mit nihte‹ heißt es im gedicht von der stete ampten. Die frau ist ja ihrem namen nach göttin, vergleiche, was über den sinn der worte frau und weib gesagt wurde.

Aber noch mehr, der held, wenn er in kampfes nöthen die geliebte frau (althochdeutsch trûtin, trûtinna, mittelhochdeutsch triutinne, neuhochdeutsch Traute) ansah, ihrer gedachte, ihren namen nannte, erhöhte dadurch seine stärke, und war des siegs gewis.

Man dürfte hierher selbst den ausspruch des Tacitus nehmen: memoriae proditur quasdam acies inclinatas jam et labantes a feminis restitutas constantia precum et objectu pectorum.

Aus den gedichten des 13 jahrhunderts will ich bloß die hauptstellen hersetzen:

und als er dar zuo an sach
die schœnen frowen Erîten,
daz half im vaste strîten.

swenne mich der muot iwer ermant,
sô ist sigesælic mîn hant:
wand iwer guote minne
die sterkent mîne sinne,
daz mir den vil langen tac
niht wider gewesen mac.

diu dâ gegenwurtic saz,
diu gehalf ir manne baz.
ob im dehein zwîvel geschach,
swenn er si danne wider an sach,
ir schœne gap im niwe kraft
sô daz er unzagehaft
sîne sterke wider gewan
und vaht als ein geruowet man.

der gedanc an sîn schœne wîp
der kreftigete im den lîp.

swenne im diu muoze geschach
daz er die maget reht ersach,
daz gap ir gesellen
Gâwâne manlich ellen.

nu sach er daz si umb in was in sorgen,
alrêst er niuwe kraft enpfant.

den Heiden minne nie verdrôz,
des was sîn herze in strôte grôz.

ern welle an minne denken,
sone mager niht entwenken.

wes sûmest du dich, Parzivâl
daz du an die kiuschen liehtgemâl
niht denkest, ich mein dîn wîp,
wiltu behalten hie den lîp?

der getoufte nam an kreften zuo,
er dâht, des was im niht ze fruo,
an sîn wîp die küniginne,
unt an ir werden minne.

swâ ich sider kom in nôt,
ze hant so ich an si dâhte,
ir minne helfe brâhte.

müede was ir bêder lîp,
niuwan daz sie dâhten an diu wîp
sie wæren bêdesamt gelegen.

Im carmen de Phyllide et Flora heißt es: ›ille me commemorat inter ipsas caedes‹, der geliebte nennt im kampf meinen namen, um siegreich daraus hervorzugehen. das klingt recht heidnisch, da die götter augenblicklich beistanden, sobald ihr name genannt wurde.

Snorri sagt in der Ynglinga saga von Oðinn: svâ var oc um hans menn, hvar sem þeir urðu î nauðum staddir â siâ eða â landi, þâ kölludu þeir â nafn hans, oc þôttiz iafnan fâ af því frô.

Als den âsen Hrûngnir unerträglich wurde, þâ nefna þeir Thôr, þvî næst kom Thôrr *î höllina.*

Kraka, ein halbgöttliches wesen ermahnte den Erich: *si suprema necessitatis violentia postularet, nominis sui nuncupatione remedium celerius esse quaerendum, affirmans se divina partim virtute subnixam et quasi consortem coelitum insitam numinis gestare potentiam.* (Saxo grammaticus)

So nimmt die valkyrie sich ihres erkornen helden an, wenn er ihren namen ausruft, sie ist seine schutzgöttin geworden und gleichsam von den göttern entsandt ihm beistand zu bringen:

do versuocht ich'n, ob er kunde sîn
ein friunt, daz wart vil balde schîn.
er gap durch mich sîn harnas
enwec . . .
mange âventiure suohter blôz.

Die ritter tragen wapen und kleinod, besonders gern ermel, mouwe, stauche, stücke vom ermel, durch die frauen. die frau ist schirm, schild und geleite des ritters, dessen schwert in ihrer hand ist.

›*ich wil in strîte bî iu sîn*‹ sagt Obilôte zu Gawan (Parzifal). der geliebten des siegers müssen sich die gefangnen ergeben (Parzifal). die geliebte ist also auch kriegerin wie Freya und schildfrau.

Der ermel (Ärmel), welchen der ritter als zeichen an seinem schilde trägt, hat der jungfrau bloßen arm gerührt (Parzifal, Erec). ein hemde, das der geliebten bloßen leib berührte, ist des ritterlichen halsberges dach (Parzifal). es gibt dir gleich, naizwan, ain kraft, wen du im an den rock rüerest (Keisersberger spinnerin). die bloßen arme zeigt die geliebte (Hätzlerin). das anschauen der geliebten stärkt (Lancelot). *die frouwen begunder ansehen, der schoene gap im solhe maht.* Schionatulander stärkt sich im kampf und siegt dadurch, daß er an Sigune denkt, wie sie sich ihm in voller schönheit nackt zeigte, und sie gewährte ihm eben das nacktzeigen, um ihn dadurch in gefahren zu sichern.

sed in cordibus milites
depingunt nostras facies,
cum serico in palliis
colore et in clipeis.

Sifrit gedâht an daz küssen, daz ver Krîmhilt im hâte getân, dâ von der degen küene ein niuwe kraft gewan (Rosengarten).

Nu sich an die frouwen und gedenke an frou Herchen (Rosengarten).

In dirre nôt gedâhte er der schoenen megde Larîen.

Wis muotic unde balt, gedenke an reiner wîbe blic, der gruoz man ie mit dienste galt.

man sol vor êrste an got gedenken in der nôt, dar nâch gedenke an die süezen mündel rôt und an ir edeln minne, diu verjagt den tôt.

Wer beim anblick des rings an die geliebte denkt, wird stark.

Une dame à qui vous estes bien obligé, dans tous les combats de barrière et toutes les courses de bague, elle vous a souhaité d'en emporter l'honneur.

Daß die götter sofort zum beistand erschienen, wenn ihr name genannt wurde, bezeugt auch Snorri: kölluðu â þôr oc iafnskiôtt kom hann. Vagnoftus erscheint auf nennung plötzlich (Saxo grammaticus). sogar ente und ameise, an die gedacht wird, stehn plötzlich da.

So werden auch die geliebten zum beistand im kampfe angerufen, die geliebte fee Phiolede von Darifant.

›Dîn scône helphet mich vorwâr!‹

Wolfram von Eschenbach: ›dîn wîplich güete neme mîn wâr und sî mîn schilt hiut hin und her!‹ denn ›bî werdem man sô wachent wîbes güete‹.

Vergleiche das wachen der Saelde (in convivio sibi amator talos cum jacit, scortum invocat).

Auch rufen die frauen dem kämpfer zu, oder wünschen: the little strength that I have, I would it were with you! (Skakespeare: as you like it).

Frauenschönheit spaltet felsen. von ir schoene müese ein fels erkrachen.

Sie heilt kranke: der sieche muose bî in genesen (Dietrichs drachenkampf).

Sol daz ein siecher ane sehn, vor fröide wurde er schier gesunt.

Ir smieren und ir lachen und solde ein sieche daz ansehn, dem müeste sorge swachen.

Die flucht zu frauen rettet. hie sal die zuht vore gân, nu he under den vrowin ist komin.

Frauentritte verletzen die blumen nicht. ich waen swelhe trat diu künegîn, daz si niht verlôs ir liehten schîn.

Die bestimmung solcher frauen war also sterblichen menschen heil oder unheil, sieg oder tod anzusagen und zu bereiten. am längsten, wie wir sahen, hat der volksglaube ihren bezug auf kampf und sieg festgehalten. Wie bei den helden beruht ihr wesen selbst auf menschlicher natur, und sie scheinen meistentheils aus königs und heldengeschlecht hervorgegangen, vermutlich ist auch bei ihnen einmischung göttlicher ahnen vorauszusetzen. Um aber ihr geschäft zu bewerkstelligen musten ihnen weisheit und übernatürliche kräfte zu gebot stehn: ihre weisheit erspäht, ja sie lenkt und ordnet verflechtungen unseres schicksals, warnt vor gefahr und räth in schwieriger lage. bei der geburt des menschen erscheinen sie weissagend und begabend, in kampfes nöthen hilfreich und sieg verleihend. darum heißen sie kluge, weise frauen, altnordisch spâkonor (vergleiche spâkr, althochdeutsch spâhi, prudens), schottisch spae wife, mittelhochdeutsch wîsiu wîp.

Ich schicke aber einen älteren ausdruck voraus, der mir ganz den eben entwickelten sinn zu gewähren, und in seiner allgemeinheit sämtliche, hernach näher abzuhandelnde besondere wesen zu umfassen scheint.

Das althochdeutsche itis plural itisî, altsächsisch ides, plural idisî, angelsächsisch ides, plural idesa bedeutet femina überhaupt und kann von jungfrauen oder frauen, armen oder reichen gelten. gleich dem griechischen νύμφη scheint es jedoch schon in frühster zeit vorzugsweise auf übermenschliche wesen angewandt, die geringer als göttinnen, höher als irdische frauen angesehn gerade den mittelrang einnehmen, von welchem hier die rede ist.

Tacitus meldet uns, ein berühmtes schlachtfeld an der Weser habe bei den Cheruskern Idisiaviso (so bessere ich aus Idistaviso) geheißen, d. i. nympharum pratum, frauenwiese; einerlei ob die stätte schon vor dem kampf mit den Römern diesen namen führte oder ihn erst nachher überkam. hier war einmal oder zum andernmal unter leitung dieser hehren frauen gesiegt worden. in voller thätigkeit stellt uns das Merseburger lied die idisî dar:

sumâ hapt heptidun, sumâ heri lezidun,
sumâ clûbôdun umbi cuniowidi,

Einige hefteten haft, d. i. thaten (dem kampfe) einhalt, wie es bei Renner heißt:

dez muoz ich heften einen haft
an dirre materie ân mînen danc,
wan ich fürhte, sie werde ze lanc.

Andere hielten das heer auf (gothisch hari latidêdun), noch andere pflückten nach ketten oder kränzen, d. i. nach bindenden, fesselnden pflanzen und reisern, aus welchen sie hemmende binden oder kränze dem sieger zu winden gedachten. ihr geschäft war also, wie es auch die anwendung des zauberspruchs fordert, hier ein hemmendes, aufhaltendes; merkwürdig stimmen dazu die in der Edda nebeneinander angeführten eigennamen zweier nordischen valkyrien Hlöck = althochdeutsch Hlancha, d. i. catena und Herfiötr = althochdeutsch Herifezzara, exercitum vinciens. sicher stand es auch in ihrer gewalt zu lösen und zu fördern, wie zu binden und zu hemmen.

Mit itis zusammengesetzt sind die frauennamen Itispuruc, Itisburg, Idisburg und Itislant, die wie Hiltipurc, Sigipurc, Sigilant sich für solche frauen unsrer vorzeit eignen.

Aber viel reichere aufschlüsse über ihr wesen gewinnen wir aus den nordischen quellen, es ist bisher verkannt worden, daß dem althochdeutschen itis, angelsächsischen ides das altnordische dîs plural dîsir entspricht; ein beispiel ähnlicher aphaeresis war Rîgr für Iring, und Sangrim, Singrim für Isangrim, Isingrim. alle zweifel schwinden sobald man das eddische dîs Skiöldûnga mit dem angelsächsischen ides Scildinga (Beovulf) vergleicht.

Auch die nordischen dîsir sind bald gütige, schirmende, bald feindliche, hindernde wesen. ein beispiel der letzteren art liefert die geschichte von Thiđrandi, den dîsir umbrachten, thann er sagt at dîsir vaegi, quem deas interfecisse dicunt (Nialssaga); die umständliche erzählung nennt sie bloß konur (frauen). spâdîsir (nymphae vaticinantes) in der Völsungen saga sind nichts anders als was spâkonur; die redensart: ›ecki eru allar dîsir dauđar enn‹ (Alfs saga) sagt ganz allgemein: noch sind nicht alle guten geister ausgestorben. ›yđr munu dauđar dîsir allar‹ (euch sind alle geister todt) (fornaldur sögur).

Das volk aber verehrte sie und brachte ihnen opfer: öfter ist die rede von dîsablôt (Egilssaga, Vigaglum saga); blôta kumla dîsir (deabus tumulatis sacrificare) (Egilssage).

Aus dieser stelle folgt ein zusammenhang der dîsir mit gespenstern, d. h. abgeschiednen geistern, deren wiedererscheinen vorbedeutet: ›konor hugđak dauđar koma î nôtt‹, todte frauen, d. h. dîsir. Herjans dîs ist nympha Odini, eine in Valhöll wohnende, zu Ođins gebot stehende jungfrau; dîs Skiöldûnga, aus dem geschlecht der Skiöldunga abstammende göttliche jungfrau, wird sowol Sigrûn als Brynhild genannt, vergleiche angelsächsich ides Scyldinga und ides Helrninga (Beovulf). aber selbst Freyja heißt Vanadîs (nympha Vanorum) und Skađi, eine andere göttin, öndurdîs (die in holzschuhen gehende), was gleichviel ist mit öndurguđ.

Mehrere weibliche eigennamen sind mit dîs zusammengesetzt: Thôrdîs, Hiördîs, Asdîs, Vigdîs, Halldîs, Freydîs und sie zeigen das beträchtliche alter der einsilbigen form dîs, welche auch in der edda stets auf D alliteriert, althochdeutsch hätte man Donaritis etc. zu gewarten. dem ursprünglichen idis könnte der name der göttin Idunn verwandt scheinen.

Wenn, wie ich annehme, schon zu Tacitus zeit der ausdruck idis gangbar war, so meldet er uns andere mehr besondere benennungen als bloße eigennamen, denen gleichwol noch ein gewisser allgemeiner sinn zustehen mag. bereits im fünften capitel als der zusammenhang zwischen wahrsagerinnen und dem priesteramt gewiesen wurde, habe ich die zeugnisse über Veleda, Ganna und Aurinia beigebracht.

Veleda scheint fast appellativ, und dem nordischen Vala, Völva oder gar dem masculinum Völundr, vielleicht auch der benennung der valkyrien verwandt. Sie wohnt auf einem thurm, wie Jetha und Brynhildr. eingegangene verträge wurden in ihrer gegenwart geheiligt; sie weissagte nicht bloß, sie hatte unter dem volk geschäfte zu schlichten und auszuführen. wird die Vala, nach der das berühmte lied Völuspâ genannt ist, auch Heiđr und Gullveig geheißen, und wie mit -heid unsre frauennamen Adalheid, Alpheid u. s. w. gebildet sind, will Finn Magnusen Veleda aus Valaheid, was sich aber nirgend anbietet, herleiten. Sehr anziehend ist die von ihr gegebne *schilderung: wohin im lande diese vala velspâ (fatidica) kam, übte sie zauber, man glaubte, daß sie umherziehe und in die häuser einkehre.*

Dies ›til hûsa koma‹ gemahnt an das ›drepa â vett sem völur‹ (pulsare aedes sicut fatidicae), wie auch anderwärts von weissagenden, begeisternden und heilbringenden frauen angenommen wurde, daß sie durch das land führen und an die häuser der menschen klopften, die sie beglücken wollten.

Ganna würde sich sicherer erklären lassen, wäre uns die eigentliche bedeutung der wurzel ginnan erschlossen; ein mittelhochdeutsches ginnen ist secare, das altnordische ginna allicere, seducere, und in Sæmingr-Edda wird gewarnt, den schmeichlerischen worten der vala zu trauen (›völo vilmæli trûi engi maðr‹); wie angelsächsische dichter ähnliche ausdrücke von der Vyrd gebrauchen, werden wir hernach sehn.

Dem Drusus, als er die Weser überschritten hatte und sich der Elbe näherte, trat im lande der Cherusker eine übermenschliche frau: γυνή τις μείζων ἢ κατὰ ανθρώπου φύσιν entgegen, wehrte ihm weiter vorzudringen und weissagte sein nahendes ende (Cassius Dio). species barbarae mulieris, humana amplior, victorem tendere ultra, sermone latino, prohibuit (Sueton. in Claudio l).

seu pede rura teras, seu ponto carbasa tendas,
infestos patiere deos, totumque per orbem
propositis inimica tuis elementa videbis.

Vielleicht giengen davon deutsche volkssagen, die den Römern bekannt wurden. einheimische weise frauen standen wie helden in der noth des vaterlandes auf und schreckten durch ihr erscheinen den feind.

Vor Veleda soll Aurinia in Deutschland berühmt gewesen sein); ali mag unter den händen der schreiber sich leicht in au verderbt haben, runa in rinia: so hätten wir Aliruna, wofür freilich Tacitus schon Alioruna schreiben durfte. aber die oft wahrgenommene einstimmung mit Jornandes ist auch unverkennbar, der, zur erklärung des ursprungs der Hunen, von Filimer dem gothischen könig berichtet:
'repperit in populo suo quasdam magas mulieres, quas patrio sermone aliorumnas (altlateinisch alyrumnas, aliorunas, aliuruncas) is ipse cognominat, easque habens suspectas de medio sui proturbat, longeque ab exercitu suo fugatas in solitudine coegit errare. quas silvestres homines, quos faunos ficarios vocant, per eremum vagantes dum vidissent, et earum se complexibus in coitu miscuisent, genus hoc ferocissimum edidere‹.

Mit -rûn, -rûna, werden viele frauennamen gebildet, althochdeutsche urkunden bieten, wiewol sparsam, auch Alarûn, Alerûna; Gosprecht der Alraunyn sun. niemals las ich Elirûn, was man nach jenem ali- erwarten sollte. bedeutsam aber steht der altnordische name Ölrûn gerade einer weisen frau zu, und alrûna, heutzutag alraun, ist aus der bedeutung eines weissagenden teuflischen geistes endlich in die der wurzel (mandragora), aus welcher man ihn schneidet, übergegangen.

Wir wenden uns zu andern benennungen, für welche die quelle der überlieferung reicher fließt.

Von den drei schicksalsgöttinnen enthält die edda einen abgeschlossnen tiefsinnigen mythus. sie heißen gemeinschaftlich nornir, einzeln aber Urðr, Verðandi, Skuld. der ausdruck norn (parca) hat sich bisher in keinem andern dialect aufgefunden, gehört jedoch ohne zweifel echtdeutscher wurzel an, und ist wie dorn, korn, horn u. s. w. gebildet, althochdeutsch würde man norn, plural nornî gesagt haben; auch die schwedische und dänische sprache kennen ihn nicht mehr.

In den drei eigennamen sind die formen abstracter verba unmöglich zu verkennen: Urðr ist aus dem pluralablaut von verða (varð, urðum) entnommen, Verðandi ist das feminin partizip praesens des nemlichen worts, Skuld das partizip praeteritum von skula, d. h. dem wort, mit welchem die mangelnden flexionen des futurums umschrieben werden. es ist also sehr passend das gewordne, werdende und werdensollende, oder vergangenheit, gegenwart und zukunft bezeichnet und jede der drei parzen in einer dieser richtungen aufgestellt.

Zugleich thun uns die namen dar, daß die lehre von den nornen ursprünglich unter allen deutschen völkern einheimisch war. eine gothische Vaúrþs, Vaírþandei, Skulds, eine althochdeutsche Wurt, Werdandi, Scult u. s. w. müssen als persönliche wesen bekannt gewesen sein, wir vermögen die persönlichkeit der ersten norn deutlich aus altsächsichen und angelsächsischen poesien zu beweisen.

›thiu Wurdh is at handun‹ heißt es im Helinad, wie ›dôd is at hendi‹: parce, tod stehen so nahe, daß sie den ihnen verfallnen menschen mit der hand greifen können; wir würden heute ebenso sinnlich sagen; ›stehen ihm bevor‹, ›sind vor handen‹. ›thiu Wurth nâhida thuo‹, nahte sich da (Heliand). ›Wurth ina benam‹ (Heliand): die todesgöttin nahm ihn weg.

Lebloser klingt der ausdruck des Hildebrandliedes ›wêwurt skihit‹, oder vielleicht getrennt ›wê! wurt skihit‹, weil ›geschehen‹ mehr von unsinnlichen dingen gesagt wird. auch eine althochdeutsche glosse hat wurt fatum. desto lebendiger sind angelsächsische redensarten: ›me þât Vyrd geväf‹ (parca hoc mihi texuit); ›Vyrd oft nereð‹ unfægne eorl, þonne his ellen deáh‹ (parca saepe servat virum, donec virtus ejus viget, ellan tao. Hildebrandlied). (Beovulf); ›him väs Vyrd ungemete neah, se þone gomelan grêtan sceolde, sêcean sâvlehord, sundur gedælan lîf við lîce‹. (Beovulf), ›svâ him Vyrd ne gescrâf‹ (ita ei fatum non ordinavit, decrevit) (Beovulf); ›ealle Vyrd forsveop‹ (alle riß die parze fort) (Beovulf); hie seo Vyrd besvâc, forlêolc and forlærde (eos parca decepit, allexit, seduxit); us seo Vyrd sceðeð (nos fatum laedit).

Unsinnlicher sind die stellen im Cædmon, doch heißt die Vyrd ›välgrim‹, schlachtgierig, grausam. der Vyrd wird demnach beigelegt: gretan (excitare, althochdeutsch cruozan), scrîfan (ordinare, althochdeutsch scrîpan), vefan (texere, althochdeutsch wepan), besvîcan (decipere, althochdeutsch pisuîchan), forlæcan (fallere, althochdeutsch *farleichan*), *forlæran* (seducere, male informare) *sceđan* (nocere), sie erscheint mächtig, oft aber grausam und kriegerisch.

Nicht so läßt sich die persönliche verwendung der beiden andern namen erweisen, obgleich der dritte altnordische *Skuld*, althochdeutsch *Scult*, angelsächsisch *Scyld* als abstractes femininum *skuld*, *scult*, *scyld*, mit der bedeutung von *debitum, delictum* überaus häufig fortgebraucht wurde.

Eine einzige benennung, nachdem das christenthum die heidnische vorstellung verdrängt hatte, genügte, und bald erlosch auch sie, um neueren ausdrücken wie schicksal, verhängnis und ähnlichen, die weit unbequemer und schwerfälliger sind, als die alten einfachen wörter, platz zu machen.

Am längsten scheint die englische und vorzüglich schottische mundart den ausdruck gehegt zu haben; bekannt sind die ›weirdsisters‹ in Shakspeares Macbeth, die er aus Holinshed entnahm; auch in Douglas Virgil stehen sie, und der complaynt of Scotland (geschrieben 1548) gedenkt unter mehrern fabelhaften erzählungen der ›of the thre weïrdsystirs‹; in Warners Albions England (zuerst gedruckt 1616) heißen sie ›the weirdelves‹, es sind wol die drei parzen der alten gemeint. eigenthümlicher scheint ›the weïrd lady of the woods‹, welche um rath befragt, aus ihrer höle weissagt, in Percys reliques.

Selbst im Norden muß Urđr bedeutsamer als die beiden andern gewesen sein, denn der brunnen an der heiligen esche heißt nach ihr Urđarbrunnr und neben dem brunnen steht der saal, aus welchem die drei nornen kommen; auch wird vornehmlich das ›Urđar orđ‹ genannt, und einmal ›grimmar urđir‹ (dira fata) abstract gebraucht.

Diese drei jungfrauen bestimmen jedem menschen seine lebenszeit (skapa mönnum aldr; skôp î ârdaga) ich habe schon den technischen bezug des ausdrucks skapa auf das richtende, urtheilende amt der nornen dargethan, denen eben darum dômr und qvidr beigelegt wird. liotar nornir skôpo oss lánga þrâ (dirae parcae creaverunt nobis longum moerorem); ›nornir heita þær er nauđ skapa‹. (skâldskaparmâl).

Gleichbezeichnend ›nornir vîsa‹, sie weisen das urtheil und sind weise. darum wird ihnen, wie den urtheilern, ein stul beigelegt: ›â norna stôli sat ek niu daga‹. Jedem neugebornen kinde nahen sie, und fällen über es ihr urtheil; als Helgi geboren war, heißt es Sæmingr-Edda:

nôtt var î bœ, nornir qvâmo,
þær er öđlingi aldr um skôpo:
þann bâđo fylki frægstan verđa,
ok Buđlûnga beztan þyckja.
snero þær af afli örlögþâtto,
þâ er borgir braut î Brâlundi:
þær um greiddo gullinsîmo,
ok und mânasal miđjan festo.

þær austr ok vestr enda fâlo,
þar âtti lofðûngr land â milli:
brâ nipt Nera â norðrvega
einni festi. ey bað hon halda.

In dieser merkwürdigen stelle ist gesagt, daß nachts in die burg tretende nornen dem helden die schicksalsfäden drehten und das goldne seil (pâttr = dâht, docht = sîmi) mitten am himmel ausbreiteten; eine norn barg ein ende des fadens gen osten, die andere gen westen, die dritte festigte gegen norden. diese dritte wird genannt ›schwester des Neri‹. nach dem dreifachen geschäft ist ihre nicht ausdrücklich benannte dreizahl zu entnehmen. alles gebiet zwischen dem östlichen und westlichen ende des seils sollte dem jungen helden zufallen; that die dritte norn dieser gabe eintrag, indem sie ein ewighaltendes band gegen norden hin warf?

sundrbornar miök hugg ek at nornir sê,
eigoð þaer aett saman,
sumar ero âskungar, sunrar âlfkungar,
sumar doetr Dvalins.

Das scheint gerade characteristisch in nornen und feensagen, daß was vorausgehende begabungen günstiges verheißen, durch eine nachfolgende zum theil wieder vereitelt wird.

Nornagestssaga capitel 11 heißt es: im land fuhren ›völvur‹, die man ›spâkonur‹ nannte, umher, die weissagten den menschen ihr geschick (›spâðu mönnum aldr‹ oder ›örlög‹). die leute entboten sie zu sich ins haus, bewirteten und beschenkten sie. Einst kamen sie auch zu Nornagests vater, das kind lag in der wiege, über ihm brannten zwei kerzen. nachdem die zwei ersten weiber es begabt und ihm glückseligkeit vor andern seines geschlechts versichert hatten, erhob sich zornig die dritte oder jüngste norn (›hin ŷngsta nornin‹), die man im gedränge von ihrem sitz geworfen hatte, daß sie zur erde gefallen war, und rief: ›ich schaffe, daß das kind nicht länger leben soll, als die neben ihm angezündete kerze brennt‹! schnell grif die älteste völva nach der kerze, löschte und gab sie der mutter vermahnend, sie nicht eher wieder anzustecken, als an des kindes letztem lebenstag, welches davon den namen Nornengast empfieng.

Hier ist völva, spâkona und norn vollkommen gleichbedeutig, wie wir vorhin sahen, daß die völur durchs land zogen und an die häuser klopften, thun es auch die nornir. den beiden ersten nornen wird wohlwollende, der dritten üble gesinnung zugeschrieben. diese dritte, folglich Skuld, heißt ›die jüngste‹, sie wurden also von verschiednem alter, und Urðr als älteste angenommen. Ähnliche erzählungen von fahrenden, begabenden zauberfrauen waren im ganzen mittelalter verbreitet.

ibant tres hominum curas relevare sorores,
  quas nos fatales dicimus esse deas.

  (Nigellus Wirekere: Speculum stultorum, ca. 1200 n.Chr.)

sie ziehen durchs land, um was die natur versäumt hatte wieder gut zu machen. zwei von den schwestern, zu weichherzig und vorschnell, wollen gleich auf den ersten schein eingreifen und helfen, werden aber von der dritten verständigern, welche sie domina nennen und als höhere macht verehren, zurückgehalten. Erst stoßen sie auf eine schöne, edle jungfrau, der alle güter zu gebot stehn und die dennoch klagt; ihr wird nicht geholfen, da sie sich selbst helfen kann. dann finden sie im wald eine sittsame jungfrau zu bett liegen, weil schwere füße und hüften sie am gehen hindern; auch sie erlangt den beistand der göttinnen nicht, an geist und leib treflich ausgestattet muß sie ihr übel geduldig tragen. Zuletzt treffen die schwestern unweit einer stadt eine arme, rohe bauerdirne:

exiit in bivium, ventrem purgare puella
  rustica, nil reverens inverecunda deas,
vestibus elatis retro nimiumque rejectis
  poplite deflexo crure resedit humi,
una manus foenum, panis tenet altera frustum;

  Diese wird, als die beiden ersten schwestern sich abwenden, auf ermahnung der dritten, von den göttinnen mit glücksgütern überschüttet:

haec mea multotiens genitrix narrare solebat,
  cujus me certe non meminisse pudet.

  Die edda lehrt ausdrücklich, daß es gute und böse (gôđar ok illar, grimmar, liotar), und, obgleich sie ihrer nur drei namhaft macht, noch mehrere gebe: einige nornen stammen von göttern, andere von elben, andere von zwergen. warum werden den nornen hunde beigelegt? grey norna.
  Man sieht es, in dieser ganzen vorstellung sind sache und personen genau getrennt. das schicksal selbst heißt örlög oder auch nauđr (necessitas) aldr (aevum); die nornen haben es zu verwalten, zu erspähen, zu verhängen und auszusprechen. Den übrigen dialecten wohnte auch hier der nämliche ausdruck bei: althochdeutsch urlac, angelsächsisch orläg, mittelhochdeutsch urlouc, altsächsich orlag, orlegi, aldarlagu

(Heliand) und erst nachdem man die heidnischen göttinnen ausgestoßen hatte, verwirrten sich die wortbegriffe, das persönliche wurt, wurđ, vyrd fieng an in die bedeutung von urlac überzugehen.

Wie norn zu örlög, verhält sich parca zu fatum (von fari, gleich jenem qviđr von qveđa), αἶσα, μοῖρα zu ανάγκη (naudr) oder ειμαρμένη. seit aber die parcae in der einbildung des volks verschwunden waren, bildete die romanische sprache (nach einem umgekehrten hergang, als dem eben bei uns nachgewiesnen) aus dem sächlichen wort ein neues persönliches, aus fatum ein italienisches fata, spanisches hada, provencalisches fada, französisches fée.

Ich weiß nicht, ob vom celtischen glauben nachhallende weibliche wesen, oder einwirkung germanischer nornen dazu nöthigten. diese feen, ursprünglich von verkündigung des schicksals benannt, sind aber bald überhaupt geisterhafte frauen geworden, ganz was unsere idisî und völur waren. wie sehr frühe die benennung in Italien gangbar war, bezeugen Ausonius, der im gryphus ternarii numeri: ›tres Charites, tria Fata‹ aufführt, und Procop, der (de bello gothico) eines römischen gehäuses am forum gedenkt, welches tà tría j~qta hieß, mit der bemerkung: οὕτω γὰρ Ῥωμαῖοι τὰς μοίρας νενομίκασι καλεῖν. damals also noch neutrum. allenthalben aber bei nornen, moeren, parzen und feen die dreizahl.

Von den romanischen feen geht eine menge sagen, die mit dem deutschen volksglauben zusammentreffen. Folquet de Romans singt:

aissim fadero tres serors
en aquella ora qu'ieu sui natz
que totz temps fos enamoratz.

Guilhdei Poitou:

assi fuy de nueitz fadatz sob'run puegau
(so wurde ich nachts auf einem berge begabt);

Marcabrus:

gentil fada
vos adastret, quan fas nada
duna beutat esmerada;

Tre fate gehn vorüber, lachen und begaben; die ersten fate begaben, die letzte verwünscht; Pervonto baut drei schlafenden fate eine laube und wird dann beschenkt; tre fate wohnen unten in einer felsenschlucht und begaben hinabsteigende kinder; fate erscheinen bei neugebornen, und legen sie an ihre brust; los siete castillos de las *siete fadas* nennt Cervantes (don Quixote); ›siete fadas me fadaron en brazos de una ama mia‹ romanisch: de la infantina; es gibt sieben feen im land, man bittet sie zu pathen und bereitet ihnen ehrensitze am tisch: als schon sechse platz genommen hatten, war die siebente vergessen worden, die nun erscheint, und während jene günstig begaben, ihre verwünschung murmelt (la belle au bois dormant); im deutschen kindermärchen (Dornröschen) sind es zwölf weise frauen, die dreizehnte hatte man übersehen.

Auch in dem berühmten wald Brezeliande, an der fontaine de Barendon, zeigen sich weißgekleidete *dames faées* und begaben ein kind, eine aber ist neidisch und schenkt ihm unheil (San Marte Arthursage). bei Olgers geburt erscheinen sechs weise frauen und begaben. die letzte heißt Morgue. In den kindern von Limburg, als Ectrites auf einer wiese an einem brunnen und lindenbaum einschläft, nahen ihm drei fahrende frauen und weissagen. Der altfranzösische roman de Guillaume au court nez schildert, wie dem auf einem nachen entschlafnen Renoart drei feen nahen und ihn wegführen. Bei Buchard von Worms heißen sie noch drei schwestern oder parzen, denen im hause der tisch mit drei tellern und drei messern gedeckt wird, vergleiche das ›praeparare mensas cum lapidibus vel epulis in domo‹. bei nächtlicher weile kommen die fatuae zu den kindern, waschen und legen sie an das feuer.

In den meisten erzählungen erscheinen drei feen, wie drei nornen oder drei parzen; einigemal sieben und dreizehn; aber auch einzeln, gleich jener weirdlady of the wood, und mit besondern eigennamen treten sie auf:

de mi certes naront il nient:
bien doivent falir à don bel
puisque jai fali à coutel,
honni soit qui riens leur donra!

Weil aber Morgue auf einer gabe besteht, verleiht Maglore dem einen gesellen kahles haupt und dem andern unheilvolle reise:

ains comperront chier le coutel,
qu'il ouvlierent chi à metre.

Vor tagesanbruch entfernen sich sodann die feen auf eine wiese, ihren sammelplatz, denn sie vermeiden es bei tag den blicken der menschen sichtbar zu werden. Man sieht hier recht deutlich das genaue zusammentreffen dieser drei feen mit den drei nornen; der herausgeber des gedichts versteht coutel unrichtig von einem der fee gebreiteten teppich, die stelle bei Burcard von Worms hebt allen zweifel. wäre Maglore aus Mandaglore, Mandagloire, wie sonst die mandragora heißt, verderbt, so ließe sich Alrûne, Ölrûn nah vergleichen. Morgue ist entstellt aus Morgan, welches *auf bretagnisch soviel als meerfrau (von mor meer und gwen splendens femina) bedeutet. man wäre fast versucht Morgan zu dem unerklärlichen norn zu halten, wie altnordisch morni für morgni steht; doch die norn hat weder mit dem morgen noch dem meer zu schaffen.*

Aus der französischen überlieferung erhellt ein naher zusammenhang der feen mit deutschen riesenjungfrauen, die feen tragen ungeheure felsblöcke auf dem haupt und in der schürze, während sie mit freier hand ihre spindel drehen; als eine fee, welch? den bau vollführte, zu ende war, rief sie ihren schwestern zu, mit dem herantragen aufzuhören, diese obgleich zwei meilen weit entfernt, hörten den ruf und ließen die steine fallen, die sich tief in die erde senkten; spannen aber die feen nicht, so trugen sie vier steine auf einmal. sie waren gutmütig und nahmen sich besonders der kinder an, deren schicksal sie verkündigten. in die häuser der nachbarn stiegen sie durch den rauchfang ein und aus, daher kam es, daß sich einst die unvorsichtigste unter ihnen verbrannte und ein lautes klaggeschrei ausstieß, auf welches alle feen der gegend zusammenliefen. Täuschen ließen sie sich nicht, denn als ein mann seiner frauen kleider anzog und des kindes pflegte, sagte die eintretende fee sogleich: ›non, tu n'es point la belle d'hier au soir, tu ne files, ni ne vogues, ni ton fuseau n'enveloppes‹. um ihn zu strafen, genügte es ihr die auf dem heerd kochenden äpfel in erbsen zu verwandeln.

Solcher erzählungen gibt es manche, niemals begegnet, so viel ich weiß, in romanischen oder deutschen volkssagen die nordische vorstellung vom drehen und festigen des seils, noch die griechische vom spinnen und abschneiden des lebensfadens. nur ein dichter des mittelalters, Marner, hat sie:

*zwô schepfer flâhten mir ein seil
dâ bî diu dritte saz;
diu zebrachz: daz was mîn unheil.*

Das scheint aber nach der römischen ansicht vom abbrechen des fadens.
Nach Ottokar wird von dem schepfen alles gelingen, in gutem und bösem, auferlegt. ›banun festan‹ im Hildebrandlied läßt sich kaum aus dem festigen eines todesfadens deuten.

Vergleicht man den nordischen und griechischen mythus, so ist jeder in unabhängiger eigenthümlichkeit gestaltet. Bei Homer ist es die personificierte Αἶσα, welche dem neugebornen seinen faden spinnt,

ἄσσα οἱ Αἶσα
γεινομένῳ ἐπένησε λίνῳ, ὅτε μιν τέκε μήτηρ.

aber Odyssee sind ihr noch (zwei) spinnerinnen beigesellt:

> ἄσσα οἱ Αἶσα Κατακλῶθές τε βαρεῖται
> γεινομένῳ νήσαντο λίνῳ, ὅτε μιν τέκε μήτηρ.

Hesiod läßt bei den kämpfenden drei göttinnen stehn: Κλωθώ, Λάχεσις, Ἄτροπος, *letztere klein von gestalt, doch die älteste und erhabenste aller. wol aber nennt er* θεογ.

> Κλωθώ τε Λάχεσίν τε καὶ Ἄτροπον, αἵτε βροτοῖσιν
> γεινομένοισι διδοῦσιν ἔχειν ἀγαθόν τε κακόν τε·

... *und fast mit den nemlichen worten. Die ausführlichste vorstellung gibt Plato (de republica): drei* μοῖραι *sind töchter der* Ἀνάγκη, *auf deren knien die spindel* (ἄτρακτος) *gedreht wird; sie sitzen weißgekleidet, gekränzt, und singen das schicksal, Lachesis* τὰ γεγονότα, *Klotho* τὰ ὄντα, *Atropos* τὰ μέλλοντα, *also wie bei den nornen der bezug auf vergangenheit, gegenwart, zukunft, was jedoch die griechischen eigennamen selbst nicht ausdrücken.* Κλωθώ *(gebildet wie* Αὐξώ, Θαλλώ, Λητώ, Μορμώ, Γοργώ) *spinnt (von* κλώδω, *ich spinne, zwirne), Lachesis lost, entscheidet (von* λαχεῖν), *Atropos, die unabwendbare, schneidet den faden. nicht zu übersehn, daß Hesiod die letzte, Atropos, als mächtigste hervorhebt, während bei uns Wurt, die älteste, größten eindruck hinterläßt.*

Lateinische schriftsteller legen die ämter der parzen anders aus, Apulejus: Clotho praesentis temporis habet curam, quia quod torquetur in digitis, momenti praesentis indicat spatia; Atropos praeteriti fatum est, quia quod in fuso perfectum est, praeteriti temporis habet speciem; Lachesis futuri, quod etiam illis quae futura sunt finem suum deus dederit.

Isidors meinung ist schon ausgehoben. Bedeutsame ähnlichkeit mit Nornagestssaga hat eine von Meleager, bei dessen geburt drei mören weissagen: Atropos bestimmt ihm so lange zu leben, als das auf dem heerde brennende scheit nicht verbrannt sei. Althaea, seine mutter, zieht es aus dem feuer.

Spätere deutsche märchen verwandeln hier nornen oder parzen in den tod. ein anderes von den drei spinnerinnen schildert sie als häßliche alte weiber, und kennt ihre hilfreiche, nicht mehr ihre weissagende erscheinung, sie wollen zur hochzeit geladen und basen genannt sein. anderwärts weissagen drei alte weiber, ohne daß sie spinnen. eine volkssage führt zwei jungfrauen in einer berghöhle spinnend ein, unter ihrem tisch ist der böse (ich denke die dritte norn) festgebunden; wiederum wird von dem hantbaum erzählt, auf dem zu mitternacht eine spinnende frau sitzt.

Nicht zu übersehen ist der eine webende norn bezeichnende angelsächsische ausdruck ›Vyrd gewäf‹, und wenn es im Beovulf heißt: ac him dryhten forgeaf vîgspêda geviofu (dominus ipsi largitus est successuum bellicorum texturas), so ist das eine ganz heidnische redensart und nur gott an der vyrd stelle gesetzt.

Blickers von Steinach reinen sinn schildernd drückt sich Gottfried (Tristan) aus:

ich wæne, daz in feinen
ze wunder haben gespunnen
und haben in in ir brunnen
geliutert und gereinet.

Saxo grammaticus bedient sich der lateinischen wörter *parca* und *nympha*, schildert aber unverkennbar nornen: ›mos erat antiquis super futuris liberorum eventibus parcarum oracula consultare. quo ritu Fridlevus Olavi filii fortunam exploraturus, nuncupatis solenniter votis, deorum aedes precabundus accedit, ubi introspecto sacello ternas sedes totidem nymphis occupari cognoscit. quarum prima indulgentioris animi liberalem puero formam, uberemque humani favoris copiam erogabat. eidem secunda beneficii loco liberalitatis excellentiam condonavit. tertia vero protervioris ingenii invidentiorisque studii femina sororum indulgentiorem aspernata consensum, ideoque earum donis officere cupiens, futuris pueri moribus parsimoniae crimen affixit‹.

Hier heißen sie schwestern, wie ich in altnordischen quellen sonst nicht gefunden habe, und die dritte nymphe ist wiederum die bösgesinnte, das geschenk der beiden ersten verringernde. abweichend ist nur, daß die nornen nicht dem neugebornen nahen, sondern der vater ihre wohnung, ihren tempel aufsucht.

ἄσσα οἱ αἶσα κατὰ κλῶθές τε βαρεῖαι
γεινομένῳ νήσαντο λίνῳ,

indem er κατά zu νήσαντο zieht.
ἡ Μοῖρα καὶ τὸ ἐξ ἀρχῆς οὕτως ἐπικεκλῶσθαι. (Lucian dialogi mortuorum). vergleiche ἐπικλώθω von göttern und dämonen. Atropos wurde auf der sonne, Clotho auf dem mond, Lachesis auf der erde gedacht (Plutarch).

Wine schöne beschreibung der drei parzen (parca, die sparsame, schonende?) gibt Catull 62, 302–321 mit dem immer dazwischen klingenden verse:

currite ducentes subtemina, currite fusi!

nubila nascenti seu mihi parca fuit.

scilicet hanc legem nentes fatalia parcae
stamina bis genito bis cecinere tibi.

o duram Lachesin, quae tam grave sidus habenti

fila dedit vitae non breviora meae.

*atque utinam primis animam me ponere cunis
jussisset quaevis de tribus una soror!*

tres parcae aurea pensa torquentes.

Vergleiche:

aurea volvebant bona fata colis.

*daz het im vrowe Chlôtô sô erteilet.
ouch was vil gefuoc vrô Lachesis daran.*

Auch serbische lieder singen vom goldnen faden (zlatna shitza), der sich vom himmel windet und um einen menschen schlingt.

Von spinnenden, webenden frauen ist die deutsche sage voll. ›kleit daz ein wildiu feine span‹ ein feine worhte den mantel. die feen weben mäntel auch in Charlemagne: paile que fist fere une fée. In Auberi in der höhle sitzt eine alte, welche spinnt. gelücke span im kleider an. gewöhnlich treten diese frauen in der dreizahl auf. tres nymphae auch noch bei Saxo grammaticus. drei puppen. die drei docken. die drei Marien. die drei Marien schützen gegen feuer. die drei spinnenden Marien. drei alte weiber auf dreibeinigem pferd. die tras feyes. drei spinnende mädchen.

Besonders reich an sagen von den drei frauen sind Panzers beiträge, zumal hebt sich hervor ihre weiße und schwarze kleidung. sie spannen ein seil (die wäsche zu trocknen). sie singen bei des kindes geburt und werden am Sunwendtage sichtbar.

Lohndorf in Oberfranken sah ein bursche einmal drei schloßfräulein gehn, zwei hatten kreuzrocken mit neun vollgesponnenen spindeln, die dritte einen stühlesrocken mit neun leeren. da sagten jene zu dieser: ›hättest du deine spindeln doch nur übersponnen, wenn auch nicht vollgesponnen, so wärest du nicht verloren!‹

Eine schöne mährische sage erzählt von drei jungfrauen, die mit sensen gehen und die leute niedermachen, die dritte hinkt, kann nicht nachkommen und wird von den andern verlacht. im zorn entdeckt sie den menschen heilkräuter.

Das weben der nornen und die spindel der feen weist uns auf häusliche, mütterliche gottheiten, und schon vorhin wurde bemerkt, daß ihr plötzliches erscheinen, ihr verweilen an brunnen und quellen mit den vorstellungen des alterthums von frau Holda, Berhta und ähnlichen göttinnen zusammentrift, die sich des spinnens befleißen, säuglinge und kinder begaben.

rite, rite rösli,
ze Bade stot e schlößli,
ze Bade stot e güldi hus,
es lüeged drei Mareie drus.
die eint spinnt side,
die ander schnätzelt chride,
die drit schnit haberstrau.
bhüet mer gott mis chindli au!

Schnätzeln heißt wol drehen? die siebente zeile lautet andermale: di dritte schneidt den faden. das kinderlied im wunderborn hat drei spinnende tocken (d. h. nymphen, feen).

Bei den Celten namentlich mögen die fatae in den begrif der matres und matronae auslaufen, wie wir ihn bei Deutschen mehr auf göttliche als halbgöttliche wesen angewandt finden. von dieser seite liegt in den feen etwas höheres als in unsern idesen und nornen, die dafür kriegerischer erscheinen.

Da jedoch die fatae mit dem fatum, dem ausspruch des schicksals oder der weissagung eng verbunden sind, so bewährt sich auch die verwandtschaft der feen mit den nornen. Kein geschick aber bewegte den sinn des altherthums lebhafter als der ausgang der schlachten und kriege; bedeutsam drückt jenes urlac, urlouc nicht allein fatum, sondern auch bellum aus, und die idisi fördern oder hindern den kampf. von diesem ihrem amt ist noch näher zu handeln.

Schon Julius Caesar (de bello gallica) berichtet die germanische sitte: ›ut matresfamilias eorum sortibus et vaticinationibus declararent, utrum proelium committi ex usu esset, nec ne‹.

Hausfrauen pflagen der weissagung, vielleicht besonders dazu erwählte frauen von höherem, göttlichen ansehen wie Veleda.

Man entsinne sich, welchen göttern hauptsächlich an dem ausgang des kampfs gelegen war: Oðinn und Freyja zogen alle in der schlacht gefallenen an sich, Oðinn nahm sie in seine himlische wohnung auf. diese hofnung, nach dem tod göttlicher gemeinschaft theilhaftig zu werden, durchdrang den glauben der Heiden. Nun bedeutet altnordisch valr, angelsächsisch väl, althochdeutsch wal niederlage der leichen auf dem schlachtfeld, inbegrif der erschlagenen: den val in empfang nehmen, holen nannte man kiosa, kiesen, überhaupt scheint dies verbum technisch zu stehen von der annahme jedes einem höheren wesen geschehnen opfers. dem Oðinn, der die siges kür hat, dienen aber in Valhöll jungfrauen, und sie entsendet er in jede schlacht, um die erschlagnen zu kiesen: ›kiosa er liðnir ero‹; ›vildi þik kiosa‹.

Hiervon heißt eine solche halbgöttliche jungfrau valkyrja, und es ist wieder eine der erwünschtesten einstimmungen, daß die angelsächsische sprache den gleichen ausdruck välcyrie (välcyrge, välcyrre) zur verdeutschung lateinischer wörter wie bellona, erinnys, Alecto, Tisiphone beibehalten hat, ja für parca und venefica verwendet. das manuscript cotton. Vitell hat eine glosse ›välcyrigean eágan, gorgoneus‹. das soll die griechische vorstellung in eine angelsächsische übertragen, flößten die augen der välcyrigean schauer ein wie die häupter der Gorgonen? ganz sicher folgere ich eine althochdeutsche walachuriâ (walachurrâ); valakusjô wäre die gothische. form. am schlusse der langobardischen geschlechtsreihe begegnet ein mannsname Walcausus.

Gleichbedeutend mit valkyrjur ist das altnordische valmeyjar (schlachtmädchen), vielleicht das heutige norwegische valdöger, nach Hallager ein schutzgeist. noch werden sie genannt skialdmeyjar, hialmmeyjar, weil sie gerüstet unter schild und helm ausziehen (vera und hialmi); nonnor Herjans. in der edda heißt die valkyrja: hvît, hvît und hialmi (alba sub galea), biört, sôlbiört, biartlituđ, hialmvitr, gullvariđ, margullin mær, alvitr, lauter beinamen, die schönheit und goldnen helmschmuck ausdrücken. Helm und schild steht diesen helmfrauen und schildfrauen gleich den helden zu, sie fahren in schildes amt, unter schildlichem dache, Sæmingr-Edda werden skialdmeyjar aldrstamar, junge schildmädchen an Atlis hofe genannt.

Die sage von den Amazonen (Herodot, Paulus Diaconus) scheint auf ähnlichen, doch verschiednen vorstellungen zu beruhen. suđrœn (australis) wird eine valkyrie genannt wol im sinne von biört, sôlbiört? auch dîsir suđrœnar.

Besonders zieht eine andere benennung an: ôskmeyjar (wunschmädchen), ich denke, weil sie in Ođins diensten stehen, und Ođinn Oski, Wunsc heißt. Hierzu tritt noch etwas anderes, eine bestätigung meiner ansicht, daß Wuotan den namen Wunsc führte, liegt in seiner identität mit Mercur, denn Mercur trägt den zauberstab (caduceus), der sich der wünschelruthe, ahd. wunsciligerta vergleicht. aus einer näheren betrachtung beider stäbe, die ich später anstellen werde, soll sich diese analogie bestimmter ergeben: sind aber Wuotan und Wunsc, Ođinn und Oski zusammenfallend, so läßt sich vermuten, daß der dorn oder schlafdorn, welchen Ođinn in das kleid der valkyrja Brynhildr steckte, wieder ein wunschdorn war?

Es wirft licht auf das wesen der Brunhild und Chrimhild, daß nach ihnen felsensteine benannt werden und einer spilstein, Chriemhildespil heißt, was nicht sowol aus spil (ludus) als aus spille (spindel, fusus) deutung empfängt. denn andere steine führen den namen kunkel und in französ. feensagen quenouille à la bonne dame, Dornröschen stach sich den finger an der spindel und fiel in todesschlaf, wie Brunhild vom wunschdorn; die spindel ist wesentliches kennzeichen aller weisen frauen des alterthums bei Deutschen, Celten und Griechen. die walküre ist ein wunschkint, Wunsches kint.

Der noch spät fortdauernde name wünschelweib soll hernach aufgewiesen, hier aber aus der dichtung von dem Staufenberger ein wesen beigebracht werden, welches den zusammenhang der walküren mit den feen außer zweifel setzt. dem ritter zeigt sich eine jungfrau mit weißem gewand (jenes hvît und biört) auf einem stein sitzend;

sie hat seiner von jugend her in gefahr und krieg gehütet und war unsichtbar um ihn; jetzt wird sie seine geliebte und ist bei ihm, so oft er nach ihr wünscht (›swenne du einest wünschest nâch mir, sô bin ich endelîchen bî dir‹). sie bewegt sich, durch übermenschliche kraft, schnell wohin ihr gelüstet (›wâr ich wil, dâ bin ich, den wunsch hât mir got gegeben‹,). Staufenberger, nachdem er sich ihr in liebe verbunden hat, darf alles, nur kein ehlich weib nehmen, sonst stirbt er in drei tagen.

*›er wünschte nâch der frouwen sîn,
bî im sô war diu schœne fin‹.*

Als er sich doch zu einer andern heirat entschließt, stößt sie ihren fuß durch die bühne, und er muß sterben. Dieser merkwürdigen sage zufolge wäre wunschweib, wünschelweib die, deren gegenwart der geliebte herbeiwünschen kann, so oft er sich nach ihr sehnt, gleichsam ihren namen nennt; das ist keine falsche und doch eine spätere deutung statt der ursprünglichen, auf den gott des wunsches und den göttlichen Wunsch bezognen. Die altnordische sage wird uns die natur dieser frauen näher aufschließen.

In Valhöll hatten die ôskmeyjar oder valkyrjur das geschäft, göttern und einherien das trinkhorn zu reichen und den tisch zu versorgen. Hieraus ergibt sich ihr besonderes verhältnis zu Freyja, die gleich ihnen ›wal kieset‹, Valfreyja heißt und beim gelag der Asen (at gildi Asa) einschenkt. Ebenso aber bietet Göndul, die auf einem stôl î rioðrinu (im niuriute) saß, dem nahenden aus einem horn zu trinken an und dazu treffen wieder die vollen züge der jüngeren volkssage: dem grafen von Oldenburg bot eine schön gekleidete bekränzte jungfrau aus dem Osenberg in silbernem horn, weissagungen aussprechend, einen trunk. Svend Fälling trank aus dem horn, das ihm elbfrauen darreichten, und dabei wurde etwas auf das pferd verschüttet, wie in der vorausgehenden sage. ich habe ausgeführt, daß Svend Fälling mit Siegfried identisch ist, dessen verhältnis zu der valkyrie Brunhild sich in jener sage offenbart. In einem schwedischen volkslied reichen drei bergjungfrauen silberkannen mit ihren weißen händen. einstimmende norwegische überlieferungen hat Faye; andere dänische Thiele.

Noch bedeutsamer ist der valkyrien amt im krieg. nicht nur ›kiosa val‹, ›kiosa feigð‹, auch das ›râða vîgum‹ oder ›sigri‹, also ausschlaggeben über kampf und sieg wird in ihre hand gelegt. Snorri: sie heißen ›görvar at rîda grund‹, ›görvar at rîda til goðþioðar‹. In ihrem wesen ist unwiderstehliche sehnsucht nach diesem kriegerischen geschäft begründet: daher in der edda ihre eigenthümlichste leidenschaft ausgedrückt wird durch das verbum ›þrâ‹ (desiderant), ›þrâðo‹ (desiderabant) oder ›fŷstoz‹ (cupiebant), ihr eignes sehnen, trachten und wünschen dreht sich in jenen wunsch nach ihnen um. Gewöhnlich reiten neun valkyrjur zusammen aus, ihre lanzen, helme und schilder glänzen.

Diese neunzahl ist auch in der sage von Thiđrandi, dem erst neun dîsir in weißem, dann neun andere in schwarzem gewand erscheinen. In Sämingr und daraus Snorri werden ihrer dreizehn genannt: Hrist, Mist, Skeggöld, Skögul, Hildr, Thrûđr, Hlöck, Herfiötr, Göll, Geirahöđ (alternativ Geirölul), Randgrîđ, Râdgrîđ, Reginleif; Sæmingr aber nur sechs: Skuld, Skögul, Gunnr, Hildr, Göndul, Geirskögul. die prosa Snorri hebt drei, als eigentlich walkiesende, siegbeherschende hervor: Guđr, Rota und Skuld, ›norn en ŷngzta‹.

Das berühmte schlachtwebelied der Nialssaga nennt folgende: Hildr, Hiörþrimul, Sangrîđr (Rangrîđr), Svipul, Gunnr, Göndul; Hâkonarmâl: Göndol, Skögol, Geirskögol; Krâkumâl: Hlöck und Hildr. Unter diesen namen haben einige schon jetzt für unsere untersuchung außerordentlichen werth, und keiner der übrigen wird bei fortgesetzter forschung aus den augen zu lassen sein.

Einmal Skuld; es geht daraus die gemeinschaft der nornen und valkyrien, zugleich aber ihre verschiedenheit hervor. eine dîs kann beides, norn und valkyrja sein, die verrichtungen sind gesondert, gewöhnlich auch die personen. Die nornen haben das fatum auszusprechen, sie sitzen auf ihren stühlen oder sie wandern im land unter den sterblichen und festigen ihre faden. niemals heißt es, daß sie reiten. Die valkyrien aber reiten in den krieg, bringen des kampfs entscheidung und geleiten die gefallenen gen himmel, ihr reiten gleicht dem der helden und götter, ihrer rosse geschieht erwähnung: skalf Mistar marr (tremuit Mistae equus); margullin mær (aureo equo vecta virgo); wenn sich die rosse der valkyrien schütteln, trieft von den mähnen thau in die thäler und fruchtbarer hagel auf die bäume, wozu man die ›destillationes in comis et collis equorum‹ der weißen frauen halte; eine ähnliche naturerscheinung könnte der name Mist, welcher sonst nebel bedeutet, anzeigen. Bloß Skuld, die jüngste norn kann auch valkyrja sein: dachte man sich Urđr und Verđandi allzubejahrt, oder allzuwürdig für die arbeit des kriegs? taugte das schneiden, abbrechen des fadens (wenn sich diese idee im Norden beweisen läßt) mehr für die waffengeübte jungfrau?

Zwei andere valkyrien, Hlöck und Herfiötr sind schon oben für die benennung der idisî in anspruch genommen und als hemmerinnen des kampfes gedeutet worden. auch in Kormakssaga kommt Hlökk (genitiv Hlakkar) für bellona vor.

Hildr, Gunnr, Thrûđr sind deshalb genauer zu betrachten, weil ihre persönlichkeit auch noch in andern deutschen sprachen durchbricht, also das dasein einzelner walachurien das ihrer ganzen gesellschaft außer zweifel setzt. schon das altnordische Hildr und Gunnr (= Guđr) abstrahieren sich in hildr und gunnr (pugna, proelium); aus bellona wird bellum. ›hildr hefir þû oss verit‹ (bellona nobis fuisti).

Umgekehrt steht neben dem angelsächsischen hild und gûđ noch ein persönliches Hild und Gûđ: ›gif mec Hild nime‹ (Beovulf); ›Gûđ nimeđ‹ (Beovulf), Gûđ fornam (Beovulf); wie sonst ›gif mec deáđ nimeđ‹ (Beovulf), vîg ealle fornam (Beovulf), gûđdeáđ fornam (Beovulf), Vyrd fornam (Beovulf), altsächsisch Wurd farnimid

(Heliand); oder ›svylt fornam‹ (Beovulf) oder wie ›Vyrd forsveop‹; vergleiche ›Hilde grâp‹ (Beovulf).

Und wie noch andre heil oder unheil bringende wesen bald beschwichtigt, bald erweckt werden, heißt es bezeichnend: Hildi vekja (bellonam excitare), sonst auch vîg vekja (bellum excitare); gleich Oðinn werden die valkyrjen von adlern und raben, die sich auf der wahlstätte niederlassen, begleitet, und krieg führen ist dichterisch ausgedrückt: ala gögl gunna systra (aves alere sororum belli).

Die althochdeutschen formen lauteten Hiltia und Gundia (Gûdea), beide bietet, freilich schon in abstracter bedeutung, das Hildebrnadlied; zusammengesetzte eigennamen haben -hilt, -gunt.

Die sage von Hildr, die nachts auf den wal geht und durch ihren zauber die gefallnen wieder ins leben weckt, hat sich in der edda und in der altdeutschen dichtung von Gûdrûn erhalten, wo sie Hilde heißt. Thrûðr endlich, das wiederum zum appellativ þrûðr (virgo) wird, und in vielen althochdeutschen frauennamen vorkommt (z. b. Alpdrûd, Wolchandrûd, Himildrûd, Plîddrût, Plihdrût (Plectrud), Kêrdrûd, Mîmidrûd, Sigidiûd, die leicht an geisterhafte wesen gemahnen), hat die allgemeine bedeutung von hexe, zauberin, unholde angenommen.

Hans Sachs braucht mehrmals ›alte trute‹ für hexe, und mit den worten: ›schweig, die drut kommt!‹ stillt man lermende kinder, so daß sie hier ganz frau Holla oder Berhta vertritt und desto füglicher die alte valkyrie sein kann. Einer angelsächsischen waldjungfrau namens Dhryð gedenkt die vita Offae secundi: sie stammt aus Frankreich, wurde ihrer übelthaten wegen zum tode verurtheilt, in ein schif ausgesetzt und nach Mercia verschlagen. da ersah Offa die wunderschöne jungfrau und heiratete sie, bald aber verübte sie neue missethaten. sie heißt Drida, Petronilla, Qvendrida (d. i. cven Thryð).

Außer den angeführten valkyrien muß es aber manche andere gegeben haben, und die zweite abtheilung der Sæmundaredda nennt einige als geliebten und gemahlinnen edler helden. so sind Svava, Sigrlinn, Kâra, Sigrûn, Sigrdrîfa, und heißen ausdrücklich valkyrien. zugleich erhellt, daß sie menschlicher abkunft und königstöchter waren, Svava des Eylimi, Sigrlinn des Svafnir, Sigrûn des Högni, Kâra des Hâlfdan, Sigrdrîfa des Buðli; Svava liebte den Helgi Hiörvarðssohn, Sigrlinn den Hiörvarðr, Sigrûn den Helgi Hundîngsbani, Kâra den Helgi Haddîngskaði, Sigrdrîfa oder mit anderm namen Brynhildr den Sigurðr. Grîmhîldr (die helmjungfrau) vor allen aber Brynhildr, Prunhilt, deren name schon die panzergekleidete Hildr anzeigt, ist übermenschlich: ihr unnahbarer saal steht auf einem berg, gleich dem der Veleda und Jetha; es war eine schildburg (skialdborg), wo sie selbst vom zauber bewältigt unter dem schilde schlief, bis sie Sigurðr löste. dann weissagte sie ihm und nochmals vor ihrem tod weissagte sie. ihr saal war mit wabernder lohe umschlungen (oc var um sal hennar vafrlogi).

ir wâret in iur alten site
komen, des ir pflâget ê,
daz ir sô gerne sehet strit?

Brynhildr ist ›mestr skörûngr‹. sie heißt hin rîka, hin fagra, hin mikilláta und ihre burg Sêgard. in den Nibelungenlied wohnt sie auf der burg Isenstein an der see, wird des tiufels wîp oder brût oder ungehiurez wîp genannt. sie trägt brünne und schild, wirft den stein im lauf und schießt den ger, sie hat übermäßige stärke und bindet den Gunther in der brautnacht zusammen.

Gerade wie der der Menglöđ (ahd. Maniklata, d. i. monili laetabunda) einer andern valkyrie: salr er slûnginn er vîsom vafrloga. vor dieser Menglöđ knien, sitzen und singen neun jungfrauen, ihnen allen wird geopfert. Vebiörg skialdmœr tritt fornaldur sögur auf. auch vrô Babehilt, die Dietrich am brunnen schlafend (wie Sigurd Brynhild) antrift, von der er sich heilende salben geben und sein geschick weissagen läßt muß den nornen oder valkyrien beigezählt werden.

Ihren liebhabern verliehen die valkyrien, wie dem Staufenberger seine geliebte, sieg und schutz im kampf (›Sigrûn hlîfđi honom opt sîđan î orrostom‹.), technisch gilt von ihnen verja (tueri), der helden schiffe bergen sie (Svava, Sigrûn). auch jene Hildr war königs Högni (Hagene) tochter, und Heđins verlobte.

Noch bis in spätere volkslieder ist die erinnerung an solche schildjungfrauen hinabgedrungen, bei Arvidsson erlöst Kerstin sköldmö mit ihren 8000 jungfrauen den verlobten aus der gefangenschaft, andre mal ist es eine schwester, die ihren bruder befreit, womit keine leibliche schwester, sondern wieder eine valkyrie gemeint wird, da diese höheren wesen überall schwestern heißen und sich ihren schützlingen verbrüdern. Aber die frauen in den gedichten unsers mittelalters, deren anblick zum siege stärkt, deren name nur ausgesprochen zu werden braucht, um sie, so schnell ein wunsch geschehen und sich erfüllen kann, herbeizuführen, sind offenbar solche schildfrauen.

Ođinn nahm also in seine valkyrienschaar sterbliche jungfrauen aus königlichem geschlecht auf, vergötterte frauen den vergötterten helden zur seite stehend; doch glaube ich nicht, daß alle valkyrien dieser herkunft waren, sondern die ältesten und berühmtesten, gleich den nornen, von göttern und elben stammten.

Bemerkenswerth ist auch, daß Kâra und ihr Helgi für eine wiedergeburt der Svava und des älteren Helgi angesehen wurden.

In Völundarqviđa erscheinen drei andere valkyrien nebeneinander: Hlađguđr svanhvît, Hervör alvitr und Ölrûn, die beiden ersten töchter könig Löđvers, die dritte Kiârs: sie verbanden sich mit Slagfiđr, Völundr und Egill, lebten sieben jahre bei ihnen und entflohen dann, ›at vitja vîga‹, um ihr altes kriegsgewerbe wieder zu treiben. Überhaupt, scheint es, schlug die verbindung dieser halbgöttinnen mit helden für beide theile nachtheilig aus; die helden fanden frühen tod oder anderes unheil, *wie auch Staufenbergers beispiel lehrt; ›Sigrûn varđ skammlîf‹ lebte nur kurz: vielleicht darf angenommen werden, daß die erhebung zur valkyrie unter der bedingung des jungfräulichen standes (was wieder an die Amazonen gemahnt) erfolgte. wenigstens als Ođinn auf Sigrdrîfa zürnte, die seinen schützling im kampf hatte unterliegen lassen, bestimmte er, daß sie nun vermählt werden sollte (qvađ hana giptaz scyldo). Hlađguđr, Hervör und Ölrûn waren von den männern mit gewalt und wider ihren willen entführt worden.*

Sven Färling han rider till jungfruns gård,
som stickade på silket det hvita,

Und dieser held ist gerade mit Sigurđ identisch.
Alle diese frauennamen sind bezeichnend. von Ölrûn war die rede. Hlađguđr ist wörtlich bellona stragis, Hervör geht gleich dem ähnlichen Gunnvör auf heer und schlacht, das beiwort alvitr auf die weissagungsgabe und svanhvît auf die schwangestalt. Saxo grammaticus nennt eine andere Svanhvita, die wiederum valkyrienhaft erscheint, geistersichtig ist, und dem Regner zum eingang ihres bundes ein schwert darreicht. Jenen Slagfiđr erkläre ich lieber nicht Slagfinnr, obwohl er ein sohn des Finnakonûngr heißt, sondern Slagfiöđr = alatus, pennatus, was besser zu Svanhvît seiner geliebten stimmt, und durch den althochdeutschen ausdruck slagifĕdara (penna) bestärkt wird.
Wie wenig man nornen und valkyrien völlig von einander trennen darf, lehrt auch die sage dieser drei letztgenannten jungfrauen. zu geschweigen daß auch bei den valkyrien, wie bei den nornen, dreizahl und schwesterliches beisammensein vorherscht, daß Hervör den beinamen alvitr (omniscia) führt, der sich mehr für eine norn, als für eine valkyrie schickt; heißt es von allen dreien, daß sie am seestrand saßen und köstlichen flachs spannen, ja von derselben alvitr, die wiederholentlich ›ûnga‹, wie Skuld in andern stellen genannt ist, daß sie ›örlög drýgja‹, schicksal treiben wollte. die entscheidung in der schlacht ist ein theil des schicksals, man dachte sich nicht bloß die nornen spinnend und webend, sondern auch die valkyrien. dies wird durch die furchtbarerhebende dichtung in der Nialssaga am sichersten erläutert.
Dörruđr sieht durch einen felsenspalt singende frauen an einem gewebe sitzen, wobei ihnen menschenhäupter zum gewicht, därme zum garn und wift, schwerter zur spule, pfeile zum kamm dienen: in ihrem schauerlichen gesang bezeichnen sie sich selbst als valkyrien, ihr gewebe als das für den zuschauenden Dörruđr. zuletzt zerreißen sie ihre arbeit, besteigen ihre pferde, und sechs reiten gen süden, sechs gen norden. Hierzu halte man die webende Vyrd des angelsächsischen dichters. Die theilung der jungfrauen in zwei nach verschiedner seite reitende haufen ist den hintereinander aufziehenden neun schwarz und neun weißgekleideten ähnlich.
Ich habe nornen und μοῖραι zusammengestellt, gleich treffend lassen sich valkyrien

und κῆρες *(ohne alle wörtliche gemeinschaft, die hier wol nur scheinbar wäre) nebeneinander setzen: auch die κήρ erscheint auf der walstatt in blutigem gewande, verwundete pflegend, todte fortziehend; schon dem neugebornen wird eine κήρ zugetheilt; Achill hatte zwei κῆρες, zwischen welchen er wählen durfte, und zwei legt Zeus in die wagschale, über Achills oder Hectors tod zu entscheiden. Hesiod läßt die dunkeln, weißzähnigen κῆρες um fallende krieger streiten, jede schlägt ihre klauen um den verwundeten, begierig sein blut zu trinken; gerade wie er den moeren klauen und blutgier beilegt, wodurch sich von neuem die identität der nornen und valkyrien bestätigt. die klauen der moeren und keren, die flügel der thrien deuten auf vogelgestalt. Die spätere ansicht hebt in den keren das unheilvolle hervor.*

Nun ist aber eine neue seite der valkyrien zu erörtern. es heißt von ihnen, daß sie durch luft und wasser ziehen, ›rîda lopt ok lög‹. die gabe zu fliegen und zu schwimmen ist ihnen eigen, mit andern worten: sie können den leib eines schwans annehmen, und weilen gern am seeufer, der schwan aber galt für einen weissagenden vogel. In Völundarqvida wird gesagt: drei frauen saßen am strand, spannen flachs und hatten neben sich ihre âlptarhamir, ihre schwanhemde, um augenblicklich wieder als schwäne fortfliegen zu können. ›meyjar flugo‹ und ›settuz at hvîlaz â sævarströnd‹; eine unter ihnen hat sogar den beinamen svanhvît (schwanweiß) und trägt schwanfedern (svanfiadrar drô).

Jene Kâra, worin nach der edda Svava wiedergeboren ward, tritt in Hrômundarsaga als zauberin mit schwanhemd (fiölkŷngiskona î âlftarham) auf und schwebt singend über den helden.

Helgi hatte durch ihren beistand immer gesiegt, es geschah aber, daß er in einem kampf mit dem schwert zu hoch in die luft fuhr und seiner geliebten den fuß abhieb: da fiel sie zu boden, sein glück war zerronnen.

Fridlevus, bei Saxo grammaticus vernimmt nachts aus der luft ›sonum trium olorum superne clangentium‹, die ihm weissagen und einen gürtel mit runen herabfallen lassen.

Brynhildr gleicht dem schwan auf der welle; das gleichnis verräth uns noch, daß sie wirklich die gabe hatte sich in den vogel zu wandeln.

Manche erzählungen von schwanfrauen leben noch unter dem nord. volk. Ein jüngling sah drei schwäne sich am strand niederlassen, ihr weißes vogelhemd ins gras legen und sich in schöne jungfrauen wandeln, dann im wasser baden, das hemd wieder nehmen und in schwangestalt fortfliegen. er lauerte ihnen ein andermal auf und entwandte der jüngsten das hemd, da fiel sie vor ihm auf die knie und flehte darum; er aber führte sie mit sich heim und heiratete sie. als sieben jahre verstrichen waren, zeigte er ihr das bisher verborgen gehaltne hemd: kaum hatte sie es in der hand, so entflog sie als schwan durch das ofne fenster, und der trauernde gatte starb kurz hernach.

Afzelius umgekehrt verläßt der schwanheld seine gattin, sobald die untersagte frage geschieht. Ein bauer hatte einen acker, auf welchem ihm alles, was er ausstellte, jedes jahr in der Johannisnacht niedergetreten wurde. er ließ zwei jahre hintereinander seine beiden ältesten söhne auf dem acker wachen, sie hörten mitternachts ein brausen in der luft und fielen davon in tiefen schlaf. als das nächste jahr der dritte sohn wachte, sah er drei jungfrauen geflogen kommen, die ihre flügel von sich legten und nun den acker auf und ab tanzten. er sprang auf, holte die flügel und legte sie unter den stein, auf dem er saß. nachdem sich die jungfrauen müde getanzt hatten, kamen sie zu ihm und baten um ihre flügel, er erklärte, wenn eine bleiben und sich ihm vermählen wolle, sollten die beiden andern die flügel zurück erhalten. von hier an nimmt das märchen andere wendung, die in den mythus von den schwanfrauen weniger eingreift, doch ist bemerkenswerth, daß eine der jungfrauen dem geliebten mit einem goldbecher in der hand einen trunk wasser reicht, gerade wie sonst die elbinnen und wunschweiber erscheinen.

Diese lieblichen schwanjungfrauen kannte deutsche überlieferung sicher schon lange. in kühler flut badend legen sie am ufer den schwanring oder das schwanhemd ab: wer es raubt, hat sie in seiner gewalt. obgleich es nicht ausdrücklich gesagt wird, die drei weissagenden meerweiber, denen Hagne das gewand weggenommen hatte, sind eben solche; es heißt wieder gleichnisweise:

sie swebten sam die vogele vor ihm ûf der fluot.

Zwar nennt unser lied nur zwei frauen (wîsiu wîp), Hadburc und Sigelint (das dänische sogar nur eine), aber die eine hebt zu weissagen an, und der frauen gewand wird als ›wunderlich‹ bezeichnet.

Dem mythus von Völundr begegnen wir in einer altdeutschen dichtung, welche statt der schwäne tauben setzt: drei tauben fliegen zu einer quelle, als sie die erde berühren, werden sie jungfrauen, Wielant entwendet ihnen die kleider und erstattet sie nicht eher, bis sich eine derselben bereit erklärt, ihn zum manne zu nehmen.

In andern gleichverbreiteten erzählungen werfen jünglinge hemd, ring oder kette über, die sie in schwäne verwandeln. kann die wiederannahme menschlicher gestalt nicht vollständig erfolgen, so behält der held einen schwanflügel bei: einen beweis des hohen alters dieser dichtung liefert ihr zusammenhang mit der heldensage von Scoup oder Sceáf; selbst in spätere genealogien hat sie sich fortgepflanzt.

Zumal wichtig, weil sie das genaue verhältnis dieser schwanfrauen zu den walküren deutlich erkennen läßt, ist eine darstellung: in einem wilden wald sah ein jagender edelmann eine nakte jungfrau im fluß baden, schlich hinzu und nahm ihr die goldne kette an der hand weg; da konnte sie nicht entfliehen. mit dieser kette war besondere kraft verbunden: ›dor ümme werden sülche frowen wünschelwybere genant‹. er heiratete sie und sie gebar auf einmal sieben kinder, alle hatten goldringe um die hälse, d. h. gleich ihrer mutter das vermögen schwangestalt anzunehmen. die schwan-

kinder sind also wunschkinder.

In Gudrun naht der weissagende engel als ein schwimmender wilder vogel, d. h. als schwan über die meersflut, im Lohengrin geleitet ein redender schwan den held im schif; der angelsächsichen poesie war es geläufig das meer selbst svanrâd (iter olorum) zu benennen, und alpiz, älfet berührt sich mit dem namen des geisterhaften alp, älf.

Man erzählt von einem schwan, der auf dem see eines hohlen berges schwimmend im schnabel einen ring halte: wenn er ihn fallen lasse, gehe die erde unter. auch auf dem Urðarbrunnr werden zwei schwäne unterhalten; eine andere sage von einem weissagenden schwan theilt Kuh aus der Mittelmark mit. auf einen verwandelten schwanjüngling zielt der bekannte westfälische kinderreim:

swane, swane, pek up de nesen,
wannehr bistu krieger wesen?

Ein andrer, aus Achen, lautet:

krune krane (kranich), wiße schwane,
we wel met noh Engeland fahre?

Auch in den angelsächischen genealogien scheint der name Sæfugel einen schwanhelden anzuzeigen.

An schwanjungfrauen darf die spinnende Berhta, und gansfüßige königin gemahnen. konnten jene weissagenden gallicenae beliebige thiergestalten annehmen; so mag auch den Celten frühe schon verwandlung in schwäne bekannt gewesen sein, und man darf in franz. feensagen, was sie verschweigen, ergänzen:

en la fontaine se baignoient
trois puceles preuz et senées,
qui de biaute sembloient fées:
lor robes a tout lor chemises
orent desoz un arbre mises
du bout de la fontaine en haut.

Die hemde werden geraubt und die jungfrauen aufgehalten. im lai du Desire erblickt der ritter eine schwanjungfrau ohne schleier (sans guimple) im wald. der weißgekleideten feen schleier gleicht den schwanhemden.

Wir sehn die wünschelfrauen auf weihern und seen des tiefen waldes erscheinen, sie sind zugleich waldfrauen, und auch an diese eigenschaft knüpfen sich weitere betrachtungen. der alte heilige wald scheint ihr lieblingsaufenthalt; da in hainen, auf bäumen götter thronten, werden die weisen frauen ihres gefolges und geleites denselben raum gesucht haben. wohnten die goth. aliorunen nicht im wald unter waldgeistern? lag der Veleda thurm nicht auf einem felsen, also des waldes?

   Völundarqiða hebt an mit den worten:

meyjar flugo sunnan Myrkvið igögnom,

   Sie flogen von süden durch den schwarzen wald zum seegestade, nachdem sie da sieben jahre geweilt hatten, erwachte ihr heimweh:

meyjar fÿstoz â myrkvan við,

   Nicht länger widerstanden sie und kehrten zurück in den schwarzen wald. fast alle schwanjungfrauen werden im walde angetroffen. die sieben jahre stimmen zu denen der angeführten schwedischen sage.

   Wie Sigrûn, Sigrdrîfa, Sigrlinn namen der valkyrien sind, noch in unserm epos eine der weisen weiber Sigelint heißt, glaube ich, daß althochdeutsch siguwîp, angelsächsich sigevîf, altnordisch sigrvîf allgemeine bezeichnung aller weisen frauen war, und kann dafür einen mir von Kemble mitgetheilten angelsächsichen zauberspruch beibringen:

sitte ge sigevîf, sîgað tô eorðan!
næfre ge vilde (lateinisch ville) tô vuda fleogan!
beo ge svâ gemyndige mînes gôdes,
svâ bið mannagehvylc metes and êðeles.

(Ihr sitzenden Sieg-Frauen, steigt herab zur Erde!
Fliegt nie mehr von der Stadt in den Wald
Wie eine Biene, denn meine Absicht ist gut;
Daher bleibt – alle Männer werden euch Speise und Lohn geben!)

   Gleich nornen, unter versprechung von gaben, werden sie ins haus geladen.
   Hierzu soll nun noch eine stelle des Saxo erwogen werden, worin er unverkennbar von valkyrien redet, obgleich, seiner weise nach, diese einheimische benennung meidend. in der bei ihm überhaupt so abweichenden geschichte des Hother und Baldr heißt es:

   Hotherus inter venandum errore nebulae perductus in quoddam silvestrium virginum conclave incidit, a quibus proprio nomine salutatus, quaenam essent, perquirit. illae suis ductibus auspiciisque maxime bellorum fortunam gubernari testantur: saepe enim se nemini conspicuas praeliis interesse, clandestinisque subsidiis optatos amicis praebere successus: quippe conciliare prospera, adversa infligere posse pro libitu memorabant.

Nachdem sie ihm rathschläge ertheilt, verschwinden die jungfrauen und ihr haus (aedes, conclave) vor Hothers augen. Späterhin:

at Hotherus extrema locorum devia pervagatus insuetumque mortalibus nemus emensus, ignotis forte virginibus habitatum reperit specum: easdem esse constabat, quae eum insecabili veste quondam donaverant.

Aie berathen ihn jetzt aufs neue, und heißen nymphae.

Dies scheint nicht jüngere, entstellte ansicht, daß man sich die in Oðins himmlischer gesellschaft wohnenden, durch luft und flut ziehenden schlachtjungfrauen zugleich in waldeshölen hausend dachte; also durfte sie Saxo silvestres nennen, und ihr gemach, ihre höle in den wald setzen.

Unsere ältere sprache bietet in diesem sinn noch einige ausdrücke dar, in denen ich die vorstellung weiser waldfrauen wiederfinde, nicht bloß elbischer waldgeister. sie heißen wildiu wîp und die traditiones fuldenses gedenken eines ortes ›ad domum wildero wîbo‹. Burcard von Worms nennt agrestes feminas, quas silvaticas vocant, et quando voluerint ostendunt se suis amatoribus et cum eis dicunt se oblectasse, et item quando voluerint abscondunt se et evanescunt. dies ›quando voluerint‹ mag wieder den begrif des wünschellebens ausdrücken. meister Alexander, ein dichter des 13 jahrhunderts singt: ›nû gênt si vür in über gras in wilder wîbe wæte‹. ›von einem wilden wîbe ist Wate arzet‹, hat er die heilkunst gelernt (Gudrun). ›daz wilde fröuwelin‹ den gl. mons. ist wildaz wîp lamia, und wildiu wîp ululae, d. h. leichenvögel, todansagende frauen, die noch späterhin klagefrauen, klagemütter genannt werden und der weissagenden Berhta gleichen.

In hainen, auf bäumen erschienen weißgekleidete dominae, matronae, puellae unterscheidbar von den mehr elbischen baumfrauen und dryaden, deren leben an das eines baumes gebunden ist. Die vicentinischen Deutschen verehren eine waldfrau, hauptsächlich zur zeit der zwölften: von den frauen wird für sie flachs am rocken gesponnen und zur sühne ins feuer geworfen: sie ist der Holda und Berhta vollkommen ähnlich.

Wie beim getraideernten dem Wuotan und der frau Gaue drei büschel auf dem acker stehen bleiben, so läßt man noch heute im Frankenwalde drei hände voll flachs für die holzweibel auf dem felde liegen, ein überrest älterer, höherer verehrung.

In der Wetterau zwischen Leidhecken und Dauernheim liegt der hohe berg, darauf ein stein ›der welle fra gestoil‹ (der wilden frau gestül), im gestein sind die glieder sitzender menschen abgedrückt. die wilden leute, meint das volk, hausten da, ›wei di schtan noch mell warn‹, als die steine noch weich waren; nachher wurden sie verfolgt, der mann entfloh, frau und kind blieben zu Dauernheim bis an ihren tod in gewahrsam.

Volkslieder lassen den jäger im wald ein schwarzbraunes mädchen aufjagen und anreden: ›wohin du wildes thier?‹ (wunderhorn), seiner mutter ist die braut unwillkommen, wie in der sage von den schwankindern.

Lieblicher dargestellt wird es in der spanischen romanze de la infantina (silva): ein jäger steht unter hoher eiche:

en una rama mas alta viera estar una infantina,
cabellos de su cabeza todo aquel roble cobrian:
›siete fadas me fadaron en brazos de una ama mia,
que andasse los siete años sola en esta montina‹.

Aber der ritter will erst seiner mutter rath einholen und diese versagt ihre einwilligung.

Als Wolfdieterich nachts im wald an einem feuer sitzt, naht sich die rauhe Els, das rauhe weib, und entführt den helden in ihr land, sie ist eine königin und wohnt auf hohem felsen: zuletzt legt sie im jungbrunnen badend ihr rauhes gewand ab und heißt frau Sigeminne, ›die schönste über alle lande‹.

Synonym mit wildaz wîp geben die glossen hölzmuoja (lamia und ulula), die im wald klagende, muhende; holzfrowe (lamia), holzrûna – von gleicher bedeutung, aber an jenes gothische aliorumna, angelsächsische burgrûne und die altnordische Sigrûn erinnernd.

Eine allgemeine benennung solcher wesen muß schon im hohen alterthum menni, minni gewesen sein; sie gehört zu man (homo) und zu dem altnordischen man (virgo), kommt aber nur in zusammensetzungen vor. merimanni (neutru) plural merimanniu, verdeutscht sirena oder scylla (reda umbe diu tier) meriminni.

Den dichtern des 13 jahrhunderts ist merminne gleichviel mit merwîp, merfrouwe, aber auch mit wildes wîp. ›diu wîse merminne‹. ›gottinne oder merminne, die sterben niht enmohten‹. im Wîgamûr tritt ein wildez wîp auf, das in einem holen stein des meers wohnt, und abwechselnd merwîp, merfrouwe, merminne heißt. angelsächsich merewîf (Beovulf). mittelneiderländisch maerminne.

Die wîsiu wîp der Nibelungensage werden merwîp genannt; sie weissagen und warnen, schon daß sie eigennamen führen, stellt sie den nordischen valkyrien an die seite: Hadburc und Siglint. den der dritten verschweigt das lied, von Hagne wird sie angeredet: ›aller wîseste wîp!‹.

Wittichs ahnfrau heißt ›frouwe Wâchilt‹, gleichsam Hilde der wogen, ist ein merminne und wahrsagt dem held. auch Morolt hat eine merminne zur muhme, die im berg Elsabê haust und über zwerge herrscht; ihr name kommt nicht vor, wol aber der ihres sohnes Madelgêr, und wiederum empfängt Morolt ihren weisen rath.

Die merminne in Ulrichs Lanzelet heißt wis und hat 10000 unverheiratete frauen unter sich (›dern keiniu bekande man noch mannes gezoc‹), sie hausen auf einem berg am meer, in ewig blühendem lande.

Im Apollonius erscheint eine hilfreiche merminne als königin des meers; hier lag dem dichter eine sirene, im sinn der alten, vor, allein meriminne muß in Deutschland bekannt gewesen sein, bevor man von sirenen hörte. der dän. name lautet maremind.

Die nordische sage hat uns ein ganz entsprechendes männliches wesen aufbewahrt, den schweigsamen, weissagenden marmennill (altlithauisch marmendill, marbendill), der aus dem meer gefischt wird und wieder hinein gelassen sein will. nach ihm heißt die koralle ›marmennils smîði‹, er hat sie im wasser kunstreich geschmiedet.

Späterhin wurde in Deutschland der ausdruck ›merfei‹ gebraucht, jene geliebte Staufenbergers, die er im wald angetroffen hatte, die schöne Melusine (eine vielleicht noch gallische überlieferung) sind gerade das feenhafte wesen, welches man früher merimenni nannte.

Gleich der merminne gab es aber auch eine waltminne, mit welchem ausdruck alte glossen wiederum lamia übertragen. Sigeminne, entweder die getaufte Rauchels und Wolfdieterichs geliebte, oder Hugdieterichs gemahlin, darf mit vollem recht als waltminne oder merminne betrachtet werden.

Vilkinus-Saga finde ich sækona von der frau gebraucht, die Vilkinus im walde traf und mit der er den Vadi zeugte.

Saxo grammaticus erwähnt ein tugurium silvestris immanisqm feminae.

Aus dieser zeugnisse zusammenstellung geht zur genüge hervor, daß man sich unter wildaz wîp und menni, minni ein höheres, übermenschliches wesen dachte, wie es der nordischen norn und valkyrie an die seite gesetzt werden kann. aber die namen stehn in unserer sparsamen überlieferung allzu nakt, feinere unterscheidungen müssen uns entgehn und die grenze der götter, halbgötter, elbe und riesen lauft in mehr als einer linie durcheinander. Gleich den nornen und valkyrien spinnen und weben Holda, Berhta, Freyja, die göttinnen, und wie sich später ergeben wird, auch riesinnen.

Unter den gestalten der griech. und deutschen mythologie wurden νύμφαι und idisî, μοῖραι und nornir, κῆρεν und valkyrior einander an die seite gesetzt.; es ließen sich aber auch noch einzelne namen, wie Νίκη oder Victoria einer Sigrûn oder Sigrdrîfa, Ἔρις und Ἐννώ oder Bellona einer Hildr und Gunnr vergleichen.

Eris wird (gleich der Iris) von Zeus als botin entsandt (Illias) wie Skögul oder Göndul von Oðinn; ich finde diese griechischen frauen oft im geleite einzelner götter, Illias geht die πτολίπορθος Ἐννώ mit Athene, die πότνι' Ἐννώ mit Ares die Ἔρις ἄμοτον μεμαυῖα mit Ares, dem auch Δεῖμος und Φόβος folgen.

Nah verwandt sind endlich die Chariten, und eine eigne Charis des siegs wurde angenommen. unsern waldfrauen stehen einzelne arten der nymphen noch näher, zumal die, welche Theocrit τὰς λιμνάδας νυμώας nennt, oder die ihm νύμφαι ἀκοίμητοι, δειναὶ θεαὶ ἀγροιώταις heißen.

Die anmutige sage von den schwanfrauen scheint zwar Griechen und Römern zu entgehen, während sie Deutschen mit Celten gemein ist; doch eine spur haftet in der sage von Zeus und Leda und in dem weissagenden gesang des schwans, wie auch im indischen Nalus der goldgeschmückte schwan (hansa = anser, gans) menschliche sprache anstimmt.

Die Slaven entwickeln keine vorstellung von den schicksalsgöttinnen. Der serbischen mythologie eigenthümlich ist die schöne dichtung von der vile, einem halb feenhaften, halb elbischen wesen, dessen name sogar dem der vala gleicht. an das verhältnis der valkyrie zu dem menschlichen helden erinnert die verbrüderung der vile mit Marko, so wie daß die vilen einzeln auftreten, eigennamen führen und weissagen. Anderes aber nähert sie mehr den deutschen elbinnen des folgenden capitels: sie wohnen auf bergen, lieben gesang und reigen, erheben sich in die lüfte und schießen auf menschen tödlich verwundende pfeile. ›ustrijelila ga vila‹, die vila hat ihn mit dem pfeil erschossen. ihr rufen im wald gleicht dem geräusche des hackenden spechts, die sprache benennt es ›kliktati‹.

Der vile verfällt das kind, welches die mutter mit unvorsichtiger rede (djavo je odnijo!) dem teufel übergab, wie es sonst der wolf oder bär abholt. vile te odnele! (vilae te auferant) ist ein fluch; ›kad dot'u vile k otschim‹ (quando vilae ante oculos veniunt) bezeichnet den augenblick äußerster noth und gefahr. die vila reitet einen siebenjährigen hirsch und zäumt ihn mit schlangen, wie nordische zauberinnen.

Es wird angenommen, daß jenen weisen frauen des heidenthums gleich die tugenden sich ihre günstlinge auserlesen und mit ihnen hausen und verkehren. erzürnt oder verletzt sie ein frevel, so brechen sie auf und kehren in die himmlische wohnung, aus der sie abstammen, zurück. auch hierin sind sie den schwanfrauen ähnlich, die nach langem verweilen unter den menschen plötzlich in ihre bessere heimat entfliegen.

Solche vorstellungen müssen hoch hinauf reichen und weit verbreitet sein. Hesiod ἔργα meldet, daß Αιδώς und Νέμεσις (Scham und Scheu) in weißes gewand sich hüllend (mit dem schwanhemde angethan) von den menschen hinweg zu den ewigen göttern gegangen seien. so pflegen wir noch heute zu sagen: Wahrheit und Treu sind aus dem land gezogen; ein chronist des 14 jahrhudnerts schreibt: ›tunc enim pax in exilium migravit‹.

›ja enwil mîn vrowe Ere belîben in dem rîche, sîd alsô jæmerlîche die êre tragende sint gelegen. wer solt si denne widerwegen, swenn ir geswîchet diu kraft? des het gar die meisterschaft mîn lieber vater Rüedegêr. vrowe Ere diu wirt nimmer mêr mit solchem wunsche getragen als er sie truoc bî sînen tagen‹.

Der held, dem sich frau Ehre angeschlossen hatte, verstand sich darauf ihr das gegengewicht zu halten, sie zu stützen und aufrecht zu tragen; durch seinen tod wird auch ihre kraft gebrochen: ihres bleibens ist nicht länger.

Nithart gedenkt eines weiblichen wesens Vrômuot auf eine weise, die lebendige person ausschließt, es muß dabei etwas mythisches im hinterhalte liegen. Hiltrât und andre jungfrauen mehr sollen sich zum tanze sammeln, mit ihnen soll Frômuot fahren, ›diu ist ir aller wîse‹. sie brachten ihr geleite, sie kam zur frühlingszeit ins land gezogen, aber nachher wird sie vermist, sie ist aus Österreich entronnen, wahrscheinlich weil man sie nicht in ehren gehalten hatte. der dichter schließt das lied mit dem ausruf: könnte man sie wieder gewinnen, man sollte sie auf händen tragen! wie gefeierte wesen (könige, bräute) empor gehoben und herum getragen werden; an ein solches umtragen läßt auch die stelle von Rüdiger denken.

In dem andern liede heißt es, Frômuot fahre traurig von land zu lande, fröhliche menschen aufzusuchen; wer ist nun seiner freude, seines glücks so sicher, daß er ihr boten senden dürfe? wol keiner als fürst Friderich, an dessen hof möge sie einkehren. Freude und frohsinn sind aus dem reich gewichen, frômüete, althochdeutsch frawamuati, altsächsich frômôd (Heliand) bedeuten frohsinnig, Frômuot erscheint aber auch als weiblicher eigenname, den auch Sigeminnes dienstfrau in Wolfdietrich trägt, und die personification kann ihren alten grund haben.

In einem gedicht aus dem beginn des 15 jahrhunderts sagt frau Gerechtigkeit mit ihren gefährtinnen: ›nu werde ich in ein ander lant virtriben und gar virstoßen‹, ›wir han genommen alle die flucht und werden uß dem lande virjagit‹.

Helbl. läßt Wârheit und Triuwe aus dem lande fahren, eigenthümlich ist aber was er von der Wârheit weiter erzählt, wie sie in einen pfaffen gefahren sei, sich in seine wange geschmiegt, zuletzt aber bei öfnung seines mundes ihn wieder verlassen habe werden untugenden aufgefordert in den richter zu sliefen. beide tugenden und untugenden kehren also gleich dem daemon in menschen ein und weichen wieder von ihnen. Solche vorstellungen lagen aber nah und schon ältere dichter lassen namentlich die Minne in das herz des menschen einkehren, es besetzen, z. b.: ›ach süeze Minne, füege dich in ir herze und gib ir minnen muot!‹

Nicht zu übersehen ist die naive frage der tochter an die mutter: ›nu sage mir ob diu Minne lebe und hie bî uns ûf erde sî, ald ob uns in den lüften swebe?‹ sie weiß also von höheren wesen, die sie sich in der luft hausend denkt, wie die heidnischen walküren in der luft fuhren. der mutter antwort redet von Venus: ›si vert unsihtic als ein geist, si en hât niht ruowe naht noch tac‹.

Gute frau: ›dô kam vrou Sælde und Ere, die wurden sîne geverten, die in sît dicke ernerten von aller slahte swære‹; ›im enschatte ouch niht sêre, daz vrou Sælde und vrou Ere sich sîn unterwunden, dô sin ûf der strâze vunden. vrou Sælde lôste im diu pfant, dar nâch versatzte si ze hant vrou Ere aber vürbaz‹.

Dietrich: ›des hete diu Ere zuo im fluht, durch daz er ir sô schöne pflac‹. ›daz er die Ere het ze hûs‹. ›vrô Ere kumt mit im gerant‹. ›ver Triuwe nam an sich die Scham, sam tete diu Zuht, diu Kiusche, Milte und Ere alsam, si jâhen daz ir aller vriedel wære der vürste dâ ûz Düringe lant‹; aus den vorhergehenden strophen erhellt, daß frau Treue die fünf andern frauen anführt und leitet.

Aller Freuden füeze kêren in den hellegrunt. gewunnen si der Fröiden stap. diu mac mir wol ze Froeiden hûse geschragen (variante: mich wol ze Fr. h. geladen).

Krutschina der kummer springt aus dem ofen.

Die auf händen getragene Fromuot erinnert an die levatio imperatoris et novae nuptae.

Fromutloh, cum feris ibi nutritis, also ein thiergarten.

III 13. Zusammenfassung

Es sind eine ganze Reihe von Seherinnen namentlich bekannt. Die Berichte über einige von ihnen wie z.B. Heid, Gudrun oder Aslaug sind jedoch recht sicher nur zum Teil historische Gestalten und enthalten viele Motive aus alten Mythen.

Waluburg	Germanien (in Ägypten)	ca. 150 v.Chr.
„Matronen"	Germanien	ca. 70 v.Chr.
„viele andere"	Germanien	vor 70 v.Chr.
Aurinia	Germanien	vor 0 n.Chr.
Alioruna (Halju-runnos)	Germanien	vor 30 n.Chr.
Ganna	Bracterer (Mittel-Germanien) (?)	ca. 90 n.Chr.
Veleda	Bracterer (Mittel-Germanien)	ca. 70 n.Chr.
Guiliaruna (?)	Vandalen	ca. 450 n.Chr.
Grimhild	Franken (Burgund)	ca. 450 n.Chr.
Aslaug „Kraka"	Franken (Burgund)	ca. 480 n.Chr.
Aliorunas (Halju-runnos)	Goten	vor 550 n.Chr.
Heid	Dänemark	ca. 550 n.Chr.
Gambera	Langobarden	vor 790 n.Chr.
Heidr	Norwegen	ca. 850 n.Chr.
Oddbiörg	Island	ca. 900 n.Chr.
Thorbjörg „Klein-Wala"	Grönland	ca. 950 n.Chr.
Heid	Skandinavien	vor 1000 n.Chr.

Der Name „Heid" ist recht wahrscheinlich bis 500 n.Chr. eine Bezeichnung der Sonnen-Priesterin gewesen, die in etwa dem Namen „Diar" des Tyr-Priesters entsprochen haben wird.

Die Kleidung bzw. Ausstattung der Seherinnen umfaßte bei der Ausübung ihrer Tätigkeit
     - einen mit Bronze verzierten und am Knauf mit Edelsteinen eingelegten Seherinnen-Stab,

- einen am Saum mit Edelsteinen bestickten blauen Umhang,
- Handschuhe aus Hermelinfell,
- einen aus weichem Haar gefertigten Gürtel,
- eine Felltasche am Gürtel mit ihren Talismanen,
- eine schwarze Kappe, die weißem Fell verbrämt ist,
- eine Glasperlen-Kette und
- Kalbsfell-Schuhe.

Von diesen Dingen ist der Stab mit Abstand das wichtigste Zeichen der Seherinnen. Er wurde der Seherin mit ins Grab gegeben, weshalb schon die Wikinger selber Seherinnen-Gräber eindeutig erkennen konnten.

Um Christi Geburt herum lebte zumindestens die oberste Seherin der Germanen in einem Turm – vermutlich in einem hohen Tempel. Sie sprach nur durch eine Vermittlerin aus ihrer Familie mit den Menschen.

Der häufigere Fall wird jedoch auch schon damals die umherziehende Seherin gewesen sein, wie die Seherin Waluburg im Sold der Römer in Ägypten zeigt.

Diese Seherinnen zogen, wie es scheint, vor allem im Winter umher und haben zumindestens zum Teil im Sommer in einem Dorf gewohnt. Manchmal zogen sie auch zu dritt von Dorf zu Dorf, wo sie von den Leuten zu sich eingeladen wurden.

Die Seherinnen wurden aber auch bei Hungernöten und anderen Problemen herbeigerufen, also wenn sie gerade gebraucht wurden.

Wenn ein Kind geboren worden war, sagten die Seherinnen dessen Zukunft und vor allem das Alter, das es erreichen würden und evtl. die Art seines Todes voraus. Dies wurde u.a. als das Spinnen des Schicksalsfadens umschrieben.

Die Seherinnen konnten jedoch auch aus eigener Initiative heraus tätig werden und z.B. den König vor einem nahenden Heer warnen, das sie in einer Vision gesehen hatten.

Wenn die Seherin in ein Haus eingeladen worden war, wurde sie von dem Hausherrn oder der Hausfrau empfangen und an der Hand zu dem Seherinnen-Sitz auf dem Podest, das für sie hergerichtet worden ist, geleitet. Das Podest wird „Seidr-Gestell" genannt und der Hochsitz auf ihm „Nornen-Stuhl". Auf dem Hochsitz liegt ein Kissen mit Daunenfedern.

Dann wird gemeinsam ein Festmahl eingenommen, bei dem die Seherin die gebratenen „Herzen aller Tiere" erhält. Während dieses Mahles schweigt sie die meiste Zeit. Dann schläft sie die Nacht über dort und bereitet am nächsen Morgen alles für die Wahrsagung vor.

Die eigentliche Wahrsagung beginnt damit, daß sich die Frauen im Kreis um die Seherin auf ihrem Hochsitz aufstellen und die „Anrufung der Wächter" („Vardlokkur") singen, wodurch die „Geister der Sippe", also die „Wächter" zu der Seherin kommen und es ihr ermöglichen, die verborgenen und die zukünftigen Dinge zu erkennen.

Die Seherin reist nun in das Jenseits, d.h. sie verläßt bei vollem Bewußtsein mit ihrer Seele ihren Körper und reist zu den Ahnen („Sippen-Geister", „Wächter") und zu den Göttern (Astralreise).

Entweder haben sich diese beiden Bewegungen, also das Herbeirufen der Geister und die Astralreise zu ihnen, gegenseitig ergänzt (beide gehen sozusagen den halben Weg zu ihrem Treffen) oder sie waren zwei verschiedene Möglichkeiten.

Aufgrund dieser Astralreise wurden die Seherinnen „Hel-Läuferinnen", „Nacht-Reiterinnen", „Düsternis-Reiterinnen" und „Meeres-Überquerein" genannt. Diese Methode scheint, da sie die Bezeichnungen für die Seherinnen geprägt hat, die wichtigere Methode gewesen zu sein. Möglicherweise hatten die „Sippen-Geister" und die „Wächter" auch die Aufgabe, die Seherin zu beschützen.

Diese Geister wurden auch als „Glück" bezeichnet und konnten wie in der Olafs-Saga an andere „ausgeliehen" werden (siehe „persönliches Glück" in Band 64) und konnten auch von andern wahrgenommen werden. So sieht z.B. König Frode in der Hrolf-Saga, daß das „Glück" bei der Seherin ist und weiß daher, daß sie das, was er wissen will, auch sehen wird.

Die eigentliche Traumreise, Astralreise oder Trance der Seherin beginnt mit einem tiefen Atemzug oder Gähnen – wie es auch heute noch bei einer solchen Veränderung des Bewußtseinszustandes auftritt.

Aus der Sicht der Seherin lichtet sich kurz nach diesem Übergang in das veränderte Bewußtsein ein Nebel, wodurch das „innere Sehen" allmählich klarer wird. Auch dies Phänomen kann jeder bei einer Traumreise erleben.

Etwas weniger praxisnah und mehr mythologisch ist das Überqueren des Jenseitsflusses, auch wenn dies Motiv weltweit verbreitet ist.

Rein mythologisch ist schließlich das Motiv des „Sprechens mit den Vögeln", das das Gespräch mit den Seelenvögeln der Ahnen darstellt.

Nach dem Ende ihrer Astralreise und ihres Gespräches mit den Geistern hören die Frauen mit ihrem Gesang auf und die Seherin beginnt, das, was sie wahrgenommen hat, entweder in normaler Rede oder in Versen (Achtzeilern) zu verkünden. Auch dabei sitzt sie noch auf ihrem Hochsitz.

Dabei achten die Seherinnen darauf, was sie von dem Gesehenen sagen und wie sie es sagen, wenn sie schlimme Ereignisse vorhergesehen haben. Zu einer Seherin gehören also auch Einfühlungsvermögen und Feingefühl.

Zu den konkreten vorhergesagten Dingen gehören u.a.:

- Wiederfinden von Gegenständen in ganz konkreten Situationen,
- Aufenthalt von Vermißten,
- Ende einer Hungersnot,
- Ende einer Epidemie,
- Fremdgehen eines Mannes,
- Finden eines Ehemannes,
- Eigenschaften eines ungeborenen Kindes,
- Zahl der Nachkommen,
- Auswanderung in eine konkretes Land,
- Auswanderung in noch nicht entdecktes Land im Meer und
- unbemerkt nahende Heere.

Möglicherweise war *„Dinge werden entsprechend seines Wyrd geschehen"* eine von den Seherinnen des öfteren benutzte Formel.

Das Erkennen der Zukunft mithilfe der Deutung von Omen (Vogelflug, Bewegungen von Pferden u.ä.) oder der Benutzung von Orakeln (z.B. Tafl) wurde vermutlich als weniger sicher angesehen als die Astralreise der Seherinnen. Die Deutung von Omen, Orakeln und auch von Träumen konnte von jedermann, der dazu ein Talent besaß, durchgeführt werden.

Die Seherin erhält bei ihrer Ankunft Willkommensgeschenke und nach ihrer Weissagungen den eigentlichen Lohn. Dieses Vorgehen ist von den frühesten bis zu den spätesten Berichten und von den einfachen Seherinnen bis hin zu Odins Beschwörung der Hel einheitlich.

Die Seherin wurde auch als Zauberin angesehen, d.h. es gab sowohl die Ansicht, daß die Seherin nur das bereits Festgelegte sieht, als auch die Ansicht, daß die Seherin durch ihre Verkündigung das Schicksal erst erschafft. Daher verlangten manche Menschen von der Seherin wie von einer Zauberin, daß sie nur Gutes verkündet.
Der Übergang zwischen den Seherinnen und den Zauberinnen ist besonders dann sehr fließend, wenn die Seherinnen zu dritt auftreten und sich nicht einig sind oder eine von ihnen sogar einen Fluch ausspricht. Durch diese Doppelfunktion wurden die Verkündigungen der Seherinnen auch als Zauberspruch von Zauberinnen angesehen.
Der Streit zwischen den guten und den bösen Seherinnen/Nornen findet sich schon in den späten germanischen Texten und wurde im Mittelalter zu einem weitverbreiteten Motiv – siehe die zwölf guten und die eine böse Weise in „Dornröschen".

Die Seher-Gabe scheint erblich gewesen zu sein oder nur innerhalb von Familien gelehrt worden zu sein, da 1. über *„neun Schwestern, die alle Seherinnen gewesen sind"*, berichtet wird, 2. die Fähigkeit, Dinge vorherzusehen, als *„Gabe unserer Sippe"* bezeichnet wird, und 3. es Nachfolgerinnen von Seherinnen gegeben zu haben scheint.

Dieser letzte Fall könnte jedoch auch keine Verwandtschaft, sondern eine Übertragungslinie, also ein Lehrerin-Schülerin-Verhältnis sein – wie Rapunzel in dem Turm bei der alten weisen Frau.

Recht markant ist auch die Häufigkeit der Seherfähigkeit unter den Nachkommen des Odin in der Völsungen-Sippe (Signy, Sigurd, Aslaug, Gripir u.a).

Die Sehergabe war kein Privileg der Seherinnen und Seher, sondern eine allgemeine Gabe, die bei den Seherinnen nur besonders gut ausgebildet worden ist. So sieht in der Njals-Saga eine alte Frau den Angriff auf die Halle schon eine halbes Jahr im Voraus, die Hausherrin einige Tage vorher und der Hausherr einige Stunden vorher.

In den Texten wird sowohl über junge als auch über alte Seherinnen berichtet. Man scheint also bereits in jungen Jahren zumindestens die Ausbildung zur Seherin begonnen zu haben. Doch selbst die „Ober-Seherin" Veleda wird „jung" genannt.

Die Ansicht der Römer, daß die Seherinnen der Germanen Jungfrauen seien, beruht vermutlich auf der geforderten Jungfräulichkeit der römischen Vestalinnen, da sich dies Motiv in der germanischen Überlieferung selber nirgendwo wiederfindet.

Zu der Zeit der römischen Berichte über die Germanen, also zwischen ca. 100 v.Chr. und 200 n.Chr., scheint es bei den Germanen eine Ober-Seherin gegeben zu haben, die vermutlich eigentlich die Ober-Priesterin gewesen ist. Auch von den späteren Berichten sind ganz vereinzelt Ober-Priesterinnen und Ober-Priester und somit eine Hierarchie bekannt.

Sehr wahrscheinlich hat diese Hierarchie nur solange existiert, wie die germanische Religion nicht durch das Christentum verdrängt worden war. Danach hat es dann noch längere Zeit Seherinnen gegeben, die nicht mehr als Teil einer intakten Religion, sondern auf individuelle Weise ihre Tätigkeit ausübten – bis sie schließlich gezwungen waren, ganz in den Untergrund zu gehen, weil sie als Hexen verfolgt wurden.

Der Einfluß der Seherinnen ist zu der Zeit, in der die germanische Religion noch nicht durch das Christentum aufgelöst worden war, sehr groß gewesen.

Dieser sowohl religiöse als auch politische Einfluß scheint in der Epoche vor der Völkerwanderung, die von 375 n.Chr. bis 568 n.Chr. gedauert hat, größer gewesen zu sein als danach. Möglicherweise hängt dies mit der Umstrukturierung der germanischen Religion während der Völkerwanderungszeit zusammen, während der

Odin bei den Nordgermanen Tyr als Göttervater abgelöst hat.

In der Zeit bis 375 n.Chr. wurden die Seherinnen geradezu als Göttinnen angesehen, während um 550 n.Chr. der Goten-König Filimer die gotischen Seherinnen in die Ukraine vertrieb.

Der Übergang zwischen Priesterinnen, Seherinnen, Zauberinnen, Riesinnen, Walküren, Nornen, Göttinnen und der Wiederzeugungs-Geliebten im Jenseits war ausgesprochen fließend – sie waren sozusagen Facetten der einen „Magie-Frau".

Ausdrücklich werden die Göttinnen Frigg, Saga, Gefiun, Idun, Ran und Sif als Seherinnen bezeichnet – oft jedoch nur ein einziges mal, sodaß man nicht sicher sagen kann, ob dies ein wesentliches Merkmal der Göttin oder nur eine allegemeine Eigenschaft aller Göttinnen ist. Um diese Frage zu entscheiden zu können, müßte man eine Seherin sein ...

Die starke Assoziation zwischen Magie und Sex und möglicherweise auch zwischen Seherinnen und Erotik liegt vermutlich in der Vermischung mit dem Motiv der Wiederzeugung der Toten im Jenseits mit der Jenseitsgöttin zusammen, die in früherer Zeit im Bestattungsritual durch die Freunde des Toten und eine Frau, die anschließend getötet und mitbestattet wurde, inszeniert wurde (siehe „Wiederzeugung" in Band 51).

Schließlich wird immer wieder einmal erwähnt, daß man mit den Aussagen der Seherinnen und Seher vorsichtig umgehen und sich fragen solle, wann man wirklich das Wissen um die Zukunft benötigt.

IV Zauberinnen

Eine wesentliche Aufgabe der germanischen Priesterinnen war neben der Diagnose durch ihre Sehergabe auch die Therapie mithilfe ihrer magischen Kenntnisse. Daher waren die Seherinnen sehr oft auch Zauberinnen.

Die Dinge, die sie mithilfe ihrer Magie vollbringen konnten, sind sehr vielfältig.

IV 1. Zauberinnen allgemein

An einigen Textstellen wird nur allgemein gesagt, daß eine Frau eine Zauberin gewesen ist, ohne daß Näheres über sie berichtet wird.

IV 1. a) Völsungen-Saga

Giuki jedoch hatte Grimhild die Weise geheiratet.

IV 1. b) Egil-Saga

Dies waren die Söhne der Thorona; sie lebte ganz in der Nähe des Skallagrim und war in den magischen Künsten sehr bewandert.

IV 1. c) Egil-Saga

König Erik Blutaxt gewann eine große Schlacht am Fluß Dvina in Bjarmaland, wie in dem Lied über ihn berichtet wird. Und auf dieser Fahrt nahm er Gunnhilda, die Tochter des Auzur Toti und brachte sie mit heim. Gunnhilda übertraf alle Frauen an Schönheit und war klug und in den magischen Künsten sehr bewandert.

IV 1. d)   Egil-Saga

Da sprach Egil diese Verse:

"Aus der Gefangenschaft des norwegischen Königs,
aus der Zauberkunst der Gunnhilda
habe ich mich befreit
– ich prahle nicht zu dreist mit dieser Tat –
und drei, die nur ich kenne,
des Königs Lehnsleute,
liegen tot darnieder:
ich rannte zu der hohen Halle des Hela."

IV 1. e)   Heimskringla

Dort lebte eine Frau, die Gunstein half, sich zu verbergen und es wird erzählt, daß sie mit der Zauberkunst sehr vertraut gewesen ist.

IV 1. f)   Heimskringla

Hugleik war der Name von König Alfs Sohn, der den beiden Brüdern im Königreich der Schweden auf dem Thron folgte, da die Söhne des Yngve noch Kinder waren.
König Hugleik war kein Krieger, sondern saß friedlich daheim in seinem Land. Er war reich, aber hatte dennoch den Ruf, äußerst gierig zu sein.
Er hatte an seinem Hof alle Arten von Musikanten, die Harfen, Fiedeln und Geigen spielten, und hatte Zauberer und alle Arten von Zauberinnen um sich.

IV 1. g)   Die Geschichte über Hromund Greipsson

Da sandte man nach der Schwester des Königs. Svanhvit untersuchte Hromunds Wunde und nähte seinen Bauch wieder zusammen und versuchte ihn wieder zu sich zu bringen.
Die ließ ihn zu einem Mann, der Hagal genannt wurde, bringen. Die Frau dieses Mannes war sehr geschickt und sie hießen ihn willkommen und pflegten ihn wieder

gesund. Hromund entdeckte, daß das Paar in der Magie sehr bewandert war.

Der Mann war ein Fischer und eines Tages fing er einen Hecht und als er heim gegangen war und ihn aufgeschnitten hatte, fand er Hromunds Schwert Mistelzweig in seinem Magen und gab es ihm. Hromund war glücklich und küßte den Schwertgriff und belohnte die Bauersleute reich.

Hromund hatte zuvor sein Schwert bei dem Kampf gegen einen Zauberer auf einem zugefrorenen See verloren. Der Beinahe-Tod und der Verlust des Schwertes im Wasser und die anschließende Heilung durch ein zauberkundiges Paar und das Wiederfinden des Schwertes sind offensichtlich eine Übertragung der winterlichen Jenseitsreise des Schwertgottes Tyr in den Bereich der Saga.

IV 1. h) Die Huldar-Saga

Diese Version der Saga ist um ca. 1800 n.Chr. aus älteren Quellen zusammengestellt worden. In diese Sage sind sehr viele ältere Motive aus anderen Mythen und historisch-mythologischen Berichten eingearbeitet worden.

Die Götter sind in dieser Saga zu Königen und Menschen früherer Zeiten umgedeutet worden. In dieser Saga sind die drei Göttinnen Huld, Thorgerdr Helgabrudr und Irpa zu der Seherin-Zauberin Huld und ihren beiden Töchtern geworden.

Erläuterungen finden sich im folgenden nur an den Stellen, die sich auf den Charakter der Seherinnen beziehen. Die übrigen Informationen über die germanische Religion finden sich in den Kapiteln über die jeweiligen Themen, wie z.B. den betreffenden Riesen.

In dieser Lebensgeschichte der Zauberin/Göttin Huld und ihrer beiden ebenfalls zauberkundigen Töchter Thorgerdr und Irpa werden viele verschiedene Arten der Zauberkunst beschrieben. Diese Lebensgeschichte enthält auch viele Hinweise darauf, wie die Germanen ihre Seherinnen gesehen haben. Alle diese Textstellen werden im Folgenden angeführt.

Später in diesem Kapitel über die Zauberinnen der Germanen folgen dann noch Betrachtungen über die einzelnen Arten der Zauberei.

Die detaillierte Betrachtung der beiden vollständigen Fassungen der Huldar-Saga finden sich in dem Kapitel „Huldar" in Band 28.

IV 1. i) Die ältere Version der Huldar-Saga

1. Kapitel

König Hjörvard der Wikinger war ein Urenkel von König Odin. Als seine Frau niederkam, rief er seine eigene Pflegemutter, die Völva Hleidr zu Hilfe, ein Weib aus dem Geschlechte der Äsir. Mit ihrem Beistand kam der Knabe Hildibrandr zur Welt, den sie dann mit Zustimmung seiner Eltern mit sich in ihre Höhle nimmt, um ihn dort aufzuziehen und nach erreichtem 10. Jahr diesen zurückzugeben.

Die Hebammen-Tätigkeit scheint häufig zu den Aufgaben der Priesterinnen-Seherinnen gehört zu haben.

2. Kapitel

Diese Höhle lag in einem Seitental an der Mündung des von Unholden bewohnten Thor-Tales.

3. Kapitel

Hleidr selbst aber war eine Tochter des Riesen Svadi, welchen sein Verwandter Asathorr dahin gewiesen hatte, als er wegen Totschlagssachen aus den Byrgis-Tal landesflüchtig geworden war, und der von ihm geraubten Herborg Haddings-Tochter aus Thelamork.
Ihrer zwiespältigen Abkunft wegen konnte Hleidr mit Menschen ebensogut wie mit Unholden verkehren. Von einer Tochter her hatte sie aber einen Enkel Namens Kollr, der schon 12 Jahre alt war, als Hildibrandr zur Welt kam.

4. Kapitel

Viele Jahre zuvor war es aber geschehen, daß König Odin einmal mit seinen Hof-Männern Loki und Hönir zu seiner Unterhaltung in einen Wald geritten war. Hier sah er einen goldgeschmückten Hirsch, dem er sofort auf seinem Rosse Sleipnir nachsetzte. Bald verloren ihn seine Begleiter aus den Augen.
Er aber stößt nach langer vergeblicher Verfolgung des Wildes endlich auf drei stattliche Frauen, deren vornehmste ihn nicht ohne einigen Spott bei seinem Namen begrüßt und einlädt, bei ihnen einzukehren.

Er nimmt die Einladung an, wird in ihrer Höhle trefflich bewirtet und teilt die Nacht über mit jener Frau das Lager. Merkend, dass er von ihr listig eingefangen worden sei, verlangt er am nächsten Morgen von ihr Aufklärung, welche sie auch sofort gibt.

5. Kapitel

Sie erzählt, wie König Rudent der Dicke von Risaland einmal auf der Heerfahrt nach Hulldumanmaland verschlagen wurde und dort die Königin dieses Landes, Magia, heiratete, welche dem Geschlechte Kams des Zauberkundigen entstammte.

Leider wird über diesen Magier mit dem Namen Kam nichts Näheres berichtet.

6. Kapitel

Er fuhr jedoch, obwohl sie ihn gewarnt hatte, heim und vergißt sie, während Magia eine Tochter zur Welt bringt, welche sie Huld nennt, aber sofort aussetzen läßt, den Rudent durch Zauber tötet und sich selbst zu Tode grämt.

Rachezauber aus Liebeskummer waren keineswegs selten ...

7. Kapitel

Nun aber griff Gigas, ein Bruder Rudents und der Beherrscher der Thursen-Burg, ein Riese und arger Unhold voller Zauberkunst, ein.
Er holte sich in Drachengestalt das Kind, zog es bei sich auf und lehrte es mancherlei Zauberei.
Als aber Huld 16 Jahre alt geworden war, heiratete er sie and gewann mit ihr zwei Töchter: Thorgerd und Yrpa.
Später wurde er von seinen Nachbarn erschlagen. Da diese jedoch die Rache der zauberkundigen Huld Troll-Königin fürchteten, boten sie ihr sofort einen Vergleich an und die Unterwerfung unter ihren eigenen Spruch.
Da berief Huld alle Riesen und Unholde in den Nordlanden auf 12 Monate hinaus zu einer Versammlung nach den Hallmundarheidir in Jötunheim, und an diesem Alljahres-Thing wollte sie ihren Spruch tun.
Den Odinn aber, sprach die Erzählerin, habe sie zu sich gelockt, um seiner zu genießen, wofür sie ihm aber auch die Ehre antun wolle, ihm die Fällung des

Spruches den Unholden gegenüber zu übertragen.

Zugleich empfiehlt sie ihm ihre beiden Töchter, Thorgerd und Yrpa. Dann zog sie tatsächlich mit Odinn zu der Versammlung der Unholde, er auf seinem Rosse, sie aber in dem alten Drachengewand. Dort gab Odinn seinen Schiedspruch dahin ab, dass Huld die Oberkönigin aller Unholde im Norden sein solle.

Ihr und ihm selbst zu Ehren sollte in Trölladýngja („Frauenhaus der Trolle") ein Tempel gebaut werden, dem sie mit ihren Töchtern vorzustehen habe und zu welchem eine jährliche Abgabe zu entrichten sei. Der Riese Svadi aber solle mit den übrigen bei der Tötung des Gigas Beteiligten das Syrgis-Tal verlassen. Dabei hatte es sein Bewenden.

Thorgerdr, die ältere und angesehenere der beiden Schwestern, erhielt den Beinamen Hörga-Braut oder Huldar-Troll. In alten Sagen und Büchern wird die Unholdin Huld mit ihren Töchtern vielfach als Schutzgeist ihrer Freunde erwählt.

Der Riese Svadi aber ließ sich damals auf Asathors Rat hin im Thors-Tal nieder, wie oben schon berichtet wurde.

Dem Odinn schenkte Huld damals seine zwei Raben, welche ihn seitdem begleiteten und ihm alle Neuigkeiten zutragen.

8. Kapitel

Als der Königssohn Hildibrandr bei der Hleidr 10 Jahre alt geworden war, hielt deren Vater, der Riese Svadi, ein großes Gastmahl, an dessen Schluss er jenem ein von Zwergen geschmiedetes und von Odinn mit besonderen Kräften begabtes Schwert, dem Kollr aber einen mächtigen Spieß schenkte.

Hleidr bringt nun den Hildibrand seinem Vater zurück und zieht, da ihr Vater inzwischen gestorben und sie nicht gewillt ist, länger unter den Riesen zu wohnen, in eine Waldhütte, nicht weit von König Hjörvards Behausung.

9. Kapitel

Hildibrandrs Vater war Thorvidr Jarl, der des Königs Bugmann auf dem Drachenschiff des Königs sowie sein Marschall gewesen ist und dann von ihm aber zum Gauleiter gemacht worden war und mit einer Verwandten von ihm mit dem Namen Alfhildr verheiratet worden war.

Hildibrandr wurde von seinem Vater, dem Thorvidr Jarl, dem König zur Pflege übergeben und von diesem mit seinem eigenen Sohne Haki erzogen, mit dem er auch eine Bundbrüderschaft einging.

Kollr der Starke sprach zu seiner Großmutter, daß er den Wunsch habe, auf

Abenteuer auszuziehen. Daraufhin erzählte sie ihm, daß einem Häuptling namens Alfr in den Naumu-Tal seine schöne Tochter Gjaflaug von einem Schweden Namens Vikarr, einem früheren Dienstmann des Seekönigs Schnee-Alf dem Redner, geraubt worden sei. Alfr aus Naumu-Tal habe sofort der Huld Trollfrauen ein Opfer dargebracht, damit Vikarr besiegt und seine Tochter wieder gewonnen werde und daß Huld nun ihr, der Hleidr, alles dieses im Schlafe mit dem Beifügen erzählt habe, daß Kollr dazu ausersehen sei, mit Hulds Hilfe diese Tat auszuführen.

Da schickte Hleidr den Kollr zunächst zu ihrem Bruder Skjalgr nach Thors-Tals und heißt ihn, diesem einen Ring und 100 Rosse zu überbringen, wobei sie ihm ihren Hund Skotti mitgibt.

Die Zauberin/Göttin Huld ist in der Lage, einem anderen Menschen im Schlaf zu erscheinen und ihm wichtige Dinge mitzuteilen.

10. Kapitel

Skjalgr war hocherfreut über den Ring. Er sagte über ihn, dass ihn Nimrod von vier Zwergen habe schmieden lassen, daß ihn ferner Huld Trollkönigin die Große dem Odinn geschenkt habe, als er bei ihr lag und daß ihn dann Freyja aus Ärger hierüber durch Loki habe stehlen lassen; von ihr habe ihn dann ihre Pflegeschwester Skrama, also seine Mutter, erhalten. Den Ring sollten nun mit Odins Zustimmung 100 Jahre lang Weiber aufbewahren, nach Ablauf dieser Zeit aber solle derjenige der König aller Unholde in Jötunheim werden, der ihn am Troll-Thing vorzeigen könne.

Vor 3 Tagen, fügte er hinzu, habe überdies Huld ihre Tochter Thorgerd zu ihm geschickt, um ihm unter der Bedingung volle Versöhnung anzubieten, daß er die Unholde im Myrkvidarskóge töten würde, welche sich gegen sie empört und ihr 10 Jahre lang ihren Tempelzoll nicht bezahlt hätten.

Da erboten sich alle Unholde Skjalgs, dem Koll beizustehen. Sie schlachteten die 100 Pferde und bei dem Mahl erzählt Skjalgr noch Folgendes:

Myrkvidarskoge = Düsterwald-Ort = Hügelgräber

11. Kapitel

König Dumbr, welcher die Dumbsbotnar nördlich des Dumbshaf regierte, hatte einen nichtsnutzigen Bruder Namens Greppur, den Sohn einer Unfreien.

Als dieser einen Anteil am Reich verlangte, wies Dumbr ihn ab und hieß ihn sofort das Land verlassen, nachdem er ihn mit Fahrhabe gut ausgestattet hatte.

Da sammelte Greppur allerlei Gesindel und heerte in seines Bruders Reich; später aber wandte er sich mit seinen Schiffen nach Finnmarken, wo König Frosti herrschte.

12. Kapitel

Dieser wollte Greppur aber nicht aufnehmen, da er ein Freund des Dumbr sei. Da mußte er sich südwärts fortmachen und fand da in einer Höhle zwei Troll-Frauen, Flegda und Molda mit Namen, Töchter des Riesen Ofoti im Ofotans-Fjord, welche sich hier aufhielten, um von den Finnen Zauberei zu lernen.

Mit diesen wurde er rasch vertraut, da sie ihn durch Zauberei zu sich gelockt hatten, und er erfuhr von ihnen, dass König Dumbr ihren Vater wegen seiner Übeltaten in seinem eigenen Hause verbrannt und sie aus dem Lande vertrieben hatte.

Da verbanden sie sich mit Greppur gegen den gemeinsamen Feind. Er fuhr nach Dumbs-Strand, überfiel König Dumb im Schlaf und verbrannte ihn mit all den Seinigen.

Als er sich danach aber dem Volke als dessen Nachfolger vorstellte, wurde er heftig abgewiesen und mit seinen Leuten gefangen genommen. Die letzteren wurden sofort gehängt, er selbst aber sollte zu König Frosti gebracht werden, bei welchem auch Dumbs gleichnamiger Sohn erzogen wurde.

Das Schiff, auf dem er sich befand, wurde durch Zauberei in denselben Hafen getrieben, in welchem Greppur früher gewesen war. Dort wurde er von den beiden Unholdinnen entführt, die zugleich einen Teil der Besatzung töten.

Da kam jedoch König Frosti mit zehn Schiffen. Die Unholdinnen flohen vor ihm nach Myrkvidarsköge, während er mit dem jungen Dumb nordwärts fuhr und ihn als König über die Dumbsheröd einsetzen ließ.

Die Finnen waren bei den Germanen für ihre effektive Magie bekannt.

Auch in diesem Kapitel findet sich gleich zwei Zauber, durch die jemanden zu einem anderen hin bzw. an einen bestimmten Ort gezogen wird.

13. Kapitel

Auf einem Thing, welches die beiden Könige hielten, wurden sofort alle Unholde aus dem Ófótans-Fjord und dem Reich des Königs Frosti verwiesen.

Greppur aber hatte vier Söhne, Hrungnir, Hrotti, Valbrandur und Vikarr, deren letzterer von einer Schwedin geboren worden war, die Greppur geraubt hatte.

Beim Tode seines Vaters war Vikarr 15 Jahre alt. Er trat in den Dienst von Schnee-Alf dem Alten, ließ sich aber dann, als ihm die Heerfahrt leid wurde, bei seinen

Verwandten nieder und holte sich von da aus die Gjaflaug, mit welcher er trotz ihres Widerstrebens nach drei Tagen Hochzeit zu halten beabsichtigte.

Das ganze von Hrungnir beherrschte Unholdenpack im Myrkvidarskóge war so zauberkundig, daß nur Odin und Huld ihm gewachsen waren; aber auf der letzteren Hilfe war mit Sicherheit zu rechnen. Daher sollte die Fahrt sofort angetreten werden.

Im Kampfe aber sollte Skjalgr selbst dem Hrungnir gegenübertreten, dessen Brüder Kolbjörn und Keingr dem Hrotti und dem Valbrand, Kollr aber dem Vikarr, um diesem die Gjaflaug abzugewinnen.

60 Riesen wurden mit Schild und Schwert ausgerüstet; dann begannen sie auf Schneeschuhen die Fahrt.

14. Kapitel

Während einer Nachtruhe überfiel Flegda die Schar und schlug mit einem Schwerte nach Skjalg, aber der Hund Skotti hatte gewacht und schützte ihn so kräftig, dass die Hamhleypa fliehen muss.

Da wurden sie von einer plötzlich einfallenden Finsternis umnachtet, aber der Hund führt sie auf dem richtigen Weg weiter, bis es wieder hell wurde und sie die Gegend des Myrkvidarskógs erkannten, an deren Westgrenze, den Grönuvellir, sie dann Rast hielten.

Hamhleypa = ham (Haut beim Gestaltwechsel in ein Tier) + hleypa (Rennen) = Frau, die in der Gestalt eines Tieres, in das sie sich verwandelt hat, umherzieht

15. Kapitel

In dieser Zeit hatte Flegda einen Traum, durch den sie das Bevorstehende erfuhr und darüber dem Hrungnir berichtete. Alle Unholde rüsteten sich zum Kampf und 100 Riesen zogen mit Hrungnir aus.

Das Erlangen solcher Wahrträume gehörten vermutlich zu den grundlegenderen Fähigkeiten einer Zauberin.

16. Kapitel

Auf der Ebene mit dem Namen Grün-Quelle begegneten sich beide Scharen und nach einem kurzen Wortwechsel begann der Kampf. Skjalgr tötete in diesem den

Hrungnir, Kollr den Vikar und Valbrand, und auch Hrotti fiel mit allen übrigen Unholden.

Gjaflaug sah jedoch inzwischen, wie ein großer Drache heranfliegt und zwei ihm sich entgegenstellende Geier tötet; da fand man Flegda und Molda tot.

Zugleich greifen zwei große Trollfrauen die im Haus zurückgeblieben waren, die Unholde an; von jedem ihrer Finger flog ein Pfeil, je einen Unholden tötend, und überdies spie der große Drache Gift und Feuer auf sie, so daß sie alle den Tod fanden.

Jetzt erst verschwand der Drache mit den beiden Weibern. Sie erkannten, daß dies Huld mit ihren beiden Töchtern gewesen war.

Sie fanden Gjaflaug unverletzt, die Behausung der Unholde wurde geplündert und verbrannt, und dann die Rückreise angetreten.

Hier werden verschiedene Zauber beschrieben:
- einmal der Gestaltwandel in einen Drachen,
- zweimal der Gestaltwandel in einen Geier und
- das Schießen von Pfeilen aus den Fingern.

17. Kapitel

Kurz vor dem Naumu-Tal trennte sich Skalgr von Kollr, nachdem er ihm die Hälfte der Beute überlassen und eine Reihe von Trägern mitgegeben hatte.

18. Kapitel

Kollr aber führte Gjaflaug zu ihrem Vater zurück, heiratete sie und von ihnen stammt, wie schon Thorleif der Besonnene sagte, der berühmte Erlingr Skjalgs-Sohn aus Soli und auch Hallbjörn Halb-Troll aus Raben-Nest.

Dem Skjälg wurden 300 Pferde als Geschenk geschickt und nach einer Drapa, welche der Skalde Forni auf ihn dichtete, erwarb er sich die Herrschaft über Jötunheimar und hielt mit Huld und deren Töchtern gute Freundschaft.

19. Kapitel

Als Hildibrandr 18 Jahre alt war, begab er sich mit Haki zu seinem Vater und trug ihm seinen Wunsch vor, auf Heerfahrt zu gehen. König Hjörvardr war damit einverstanden und stellte ihm dazu drei Langschiffe in Aussicht.

20. Kapitel

Zunächst kehrten die beiden Bundbrüder zu Thorvid Jarl zurück, der auch seinerseits mit ihrem Vorhaben einverstanden war, aber dem Hildibrand rät, zunächst noch die alte Hleidr zu besuchen.

Diese beschenkte ihn mit einem Zauberhemd, das sie aus der Wolle von Widdern bereitet hatte, welche im Tempel der Huld im Bjarinalandseydi-Wald geopfert worden waren und welches Huld selbst besprochen hatte.

Auch der Jarl gab seinem Sohn ein Langschiff. Da begannen die Bundbrüder ihre Heerfahrt gleich mit einem Sieg über einige Wikinger bei den Sviasker.

Die Unverletzlichkeit war bei einem derart kriegerischen Volk eine wichtige magische Qualität. Auch die Walküre Aslaug hat einst ein solches Hemd für ihren Mann Ragnar hergestellt.

21. Kapitel

Ein König hieß Vilhjalmr und regierte das große Serkland. Er saß in der Burg Karola und die Geschichtsbücher erzählen, dass er von den Göttern selbst abstammte.

Seine Königin hieß Albana und war eine Tochter des Königs Ermenrekr von Armenia.

Sie hatten einen Sohn, welcher Hergeirr, und eine Tochter, welche Herborg hieß, und der erstere hatte einen Meister Namens Arius, über dessen Abkunft die Sage später zu berichten verspricht.

Als aber Hergeirr sein 18. Jahr vollendet hatte, beraumte König Vilhjalmr ein großes Turnier an, bei welchem 12 Königssöhne, 12 Jarlssöhne und 100 angesehene Ritter einritten.

22. Kapitel

Am zweiten Tage des Festes erklärte der König, daß er das Turnier angeordnet habe, um seinem Sohn Gelegenheit zu geben, zu zeigen, was er könne. In seiner Rede sprach der König mit Mißachtung von der Möglichkeit, daß sein Sohn vielleicht die Krone abweisen könnte, um Priester im Göttertempel zu werden!

Hergeirr ritt jedoch auf dem Streitroß Ferax aus der Lombardei in die Schranken, wo die 12 Königssöhne, 12 Jarlssöhne und die 100 angesehenen Ritter turnierten und zeigte sich ebenso wie Arius allen überlegen.

23. Kapitel

Am folgenden Tag beim Festmahle wurde die Gesellschaft durch die Nachricht erschreckt, dass die Königstochter von einem reich gekleideten Weib mit hohem Wuchs entführt worden sei, wobei dieses Weib die Botschaft an Hergeirr hinterlassen habe, seine Schwester werde bei ihr bleiben, bis er komme, sie aufzusuchen. Vorher aber solle er den Hildibrand treffen, seine Kräfte mit ihm messen, und dann sich mit ihm verbinden.

Sofort gelobte Hergeirr, erst den Hildibrand und dann seine Schwester aufzusuchen. Da verlangte er dazu die nötige Ausrüstung und die Hilfe seines Freundes Arius und bittet diesen, jetzt über seine Herkunft Aufschluss zu geben, die er bisher geheim gehalten hatte. Arius sagt seine Begleitung zu und erklärt sich auch bereit, sofort über seine Herkunft Bescheid zu geben.

24. Kapitel

Arius berichtete, daß König Ermenrekr von Armenia einen unechten Sohn Namens Ulfr hatte, welcher von seinen glücklichen Heerfahrten den Beinamen Vogelscheuche erhalten hatte.

Auf der Rückkehr von einer solchen geriet er einmal in schweren Nebel, der vier volle Tage anhielt und in dem sie sich nicht zurecht finden konnten, da man damals noch keine Magnetnadel kannte. Als der Nebel sich verzog, sahen sie eine schärenreiche Küste vor sich, an welcher alle Schiffe zu Grunde gingen – bis auf das, das Ulfr selbst steuerte.

Dieses brachte er in einen guten Hafen, in dem er landete. Dort fanden sie eine große Höhle und beschlossen, in ihr zu überwintern.

Auf einer Erkundungswanderung entdeckte Ulfr einen schönen Wald in einem großen Tal, in dem sich wegen der heißen Quellen, die sich dort befanden, kein Schnee hielt. Das Land schien gut und es war viel Vieh vorhanden, sowohl Rinder als auch Schafe.

Mitten im Tal lag ein großer See und in diesem eine Insel, auf welcher sich ein großer Felsblock befand.

Da sah Ulfr ein schönes, stattliches Weib aus dem Walde heraustreten. Sie trug zwei Milchkübel und ging eilig an ihm vorbei auf den See zu, in dem ein Nachen lag.

Ulfr rief sie vergebens an. Sie stieg in den Nachen und legte die Ruder aus. Er eilte ihr nach und ergriff das Hinterteil des Nachens, um ihn ans Land zu ziehen. Sie aber stieß ab und ruderte zu der Insel.

Sobald er Grund unter sich spürte, ließ er den Nachen los und griff nach dem Weib. Die aber rang mit ihm und er brachte sie nur mit Mühe zum Fallen.

Da trat eine große und ansehnliche Frau aus dem Stein heraus und ermahnte die jüngere, vom Kampf abzulassen, da sie dem Ulfr Vogelscheuche nicht gewachsen sei. Sie solle ihn lieber freundlich begrüßen, was ja doch ihrer Neigung entspreche und ihm gastliche Aufnahme anbieten.

Darauf ließ sich diese ein und die beiden führen ihn in ihre Steinhöhle. Dort ward ihm Speise und Trank vorgesetzt und auf seine Frage nach dem Namen des Landes und seiner Bewohner wird ihm Bescheid versprochen, wenn er erst die Nacht hier verbracht haben werde.

IV 1. j) Die jüngere Version der Huldar-Saga

1. Kapitel

Dort, wo in Schweden jetzt der Lögrinn (Mälarsee) liegt, war vordem die Landschaft Lagarstöd, bis Gefjún das Land von Gylfi erhalten und daraus die Insel Seeland gebildet hatte.

In dieser Landschaft wohnte die zauberkundige Jörd mit ihren Töchtern Eik und Embla auf einem Hof, der nach ihr Jardardalr hieß. Die Dänen nannten ihn aber später Herthudal und erwiesen der Jörd göttliche Ehren.

Gyllingr, der erste Besitzer dieser Landschaft, hatte einen Sohn Namens Grani, der zu Gyllingstadir nahe bei Sigtunir wohnte. Bei ihm hielten sich die Halbriesen Rudi, Vignir und Vandlir auf, Söhne des Hrisúngr und Verwandte der Jörd.

Grani freite um die Eik und erhielt ihre Zusage; aber während der Hochzeit wurde sie von dem Riesen Hringvölnir entführt, einem nahen Verwandten des Ölvaldi, des Vaters des Riesen Tjassi, der nördlich der Elivogar wohnte.

Nun ließ Grani durch Rudi um die Embla werben, und da dieser versprach, sie gegen die Riesen zu schützen, wurde sie ihm mitgegeben. Als nun Hringvölnir im Adlergewande auch sie für seinen Verwandten Örnir rauben will, erschoß ihn Rudi mit einem zauberkräftigen Pfeil, den er von der Jörd erhalten hatte. Da heiratete Grani die Embla, mit der er den Gylfi erzeugt.

2. Kapitel

Odinn war der Sohn des Bor, der der Sohnes des Buri, dem Häuptlinges der Türken war. Er zog mit den Diar aus Asgard aus und gelangte nach Ódinsey auf Führen.

Von hier aus schickte er die Gefjún nach Schweden, welche nun von Gylfi für ihn Seeland bekam. Da Odin hörte, dass hier die kürzlich verstorbene Jörd verehrt werde, gab er sie für seine erste Frau und den Thor für ihrer beider Sohn aus und sicherte dadurch auch sich größeres Ansehen. Die Gefjón gab er seinem Sohne Skjóldr zur Frau und überließ ihnen Seeland. Er selbst aber ging zu Gylfi hinüber und erbaute sich dort das alte Sigtunir, während Njörd, der Sohn des Türkenhäuptlings Ingi, sich Nóatún und dessen Sohn Freyr sich Uppsalir baute.

Njördr hatte die Skadi zur Frau, eine Tochter des Riesen Thjassi, die sich aber aus Liebe zu den Bergen von ihm trennte. Sie heiratete Odin, mit dem sie viele Söhne gewann, deren ältester Sämingr war. Diesen wies Odin, weil er vermöge seiner Weissagungsgabe voraussah, dass er sich nach seinem Tode in Schweden nicht gegen Njördr und Freyr würde halten können, nach Norwegen hinüber, wo er sich im Drontheimischen niederließ.

3. Kapitel

Der Riese Hringvölnir hatte vor seinem Tode mit der Eik eine Tochter erzeugt, welche Huld hieß und bei dem Riesen Örnir erzogen wurde. Um sie hielt Heimir an, ein Sohn des Agnarr Vandlisson, der vorher die Hringja, Gylfi's Schwester, zur Frau gehabt hatte. Auf der Heimfahrt mit ihr wird er jedoch von dem zauberkundigen Finnenhäuptling Frosti, des Kari Fornjotsson Sohn, erschossen und Huld entführt.

Huld lernte bei Frosti mancherlei Zauberkünste. Da sie aber nicht seine Nebenweib werden wollte, entfloh sie ihm und nahm in einer Waldhöhle ihre Wohnung. Da begab es sich, dass Odin auf der Jagd von einem Hirsch nach dieser Höhle gelockt und hier wohl aufgenommen wurde. Er begrüßt die Huld sofort bei ihrem Namen, während er den seinigen verleugnete.

Nach mancherlei Gesprächen über Runen und Zauberei verbrachten sie die Nacht miteinander, am nächsten Morgen aber nannte auch sie ihn bei seinem Namen und erklärte ihm, daß sie ihn zu sich habe locken lassen, um womöglich von ihm ein Kind zu bekommen, was sich aber jetzt als unmöglich erwiesen habe.

Da verhieß ihr Odin anderweitige Nachkommen, denen Tempel geweiht und Opfer gebracht werden würden, und ihr selber bestimmt er, daß solche Ehren einem von ihr abstammenden und mit ihr gleichnamigen Weibe und dessen Kindern zuteil werden sollten.

Auf ihre Frage, welchen Mann sie nehmen solle, wies Odin sie an den, der zuerst zu ihrer Behausung kommen werde, und zog dann seines Weges.

Es kam jedoch Logi, des Finnenhäuptings Frosti Sohn, ein Halbriese wie sein ganzes Geschlecht. Den nahm Huld und gewann mit ihm eine Tochter Namens Gerdr.

Huld erlernte ihre Seherkünste von dem Sohn des Windgottes Frosti und sie steht auch in engem Zusammenhang mit Odin, dem Gott der Weissagung. Als Geliebte des

Odin ist sie auch mit Freya, Gunnlöd und Rindr identisch, was zeigt, daß sie ursprünglich die Jenseitsgöttin gewesen ist.

4. Kapitel

Als Sämingr starb, folgte auf ihn sein Sohn Godhjalti in der Herrschaft über Drontheim.

Thor hatte sich gelegentlich einer Fahrt nach Geirraudargardar mit der Riesin Gridr befreundet, die ihm Stab und Handschuhe lieh. Sie folgte ihm nach Schweden und gebahr ihm den Svadi.

Während Godhjalti Drontheim beherrschte, regierte Freyr als Nachfolger seines Vaters Njördr in Schweden. Gerdr Loga-Tochter aber war damals schon erwachsen.

In Hringatinir wohnte Hringi, ein Sohn des Grani Heimisson. Seine Frau war Hyndla, eine Tochter des Riesen Örnir, und ihre Söhne hießen Raugnir, Hloi und Heinir.

Heinir liess sich in Drontheim nieder und entführte die Gerdr Loga-Tochter, mit der er den Heidungi erzeugte.

Huld tötete Heinir durch Zauberei. Gerdr aber wollte nicht zu ihr zurück, sondern blieb bei ihrem Sohne.

Nun starben Freyr sowohl als Godhjalti. Dem ersteren folgte sein Sohn Fjölnir in der Herrschaft, dem letzteren aber sein Sohn Sverdhjalti.

Der Riese Svadi jedoch, der Thors Sohn hieß, ließ sich in Norwegen in Dofrum nieder.

Svipnir, ein Sohn des Raugnir zu Hringatunir, heiratete die Hela, eine Tochter des Finnenhäuptlings Frosti und Schwester des Logi und Snärs des Alten, welcher damals die Herrschaft über die Finnen übernommen hatte. Ihr Sohn war Hrodi, welcher bei Freyr in Upsalir erzogen und im Asenglauben unterrichtet worden war.

Nachdem er im Gebirge ein paar Riesen getötet hatte, kam er zu dem Bauern Hroinn dem Starken und übernahm dessen Tochter Ima zur Erziehung. Später verheiratete er sie mit seinem Freunde Heidungr Heinisson und ihr Sohn war der Halbriese Hroinn.

Damals ertrank Fjölnir bei Frodi. Ihm folgte ihm Svegdir als Herrscher der Schweden, denn der Königsname war damals noch unbekannt.

Sverdhjalti aber fiel auf einer Heerfahrt und ihm folgte sein Sohn Himinleygr in der Herrschaft.

Hrodi heiratete die Sylgja, eine Tochter des Guttormr, welcher den Knui tötete und in dem Grotta-Lied genannt wird. Ihre Söhne waren Hoóinn, Gnyr, Hrani und Skolpnir, welche den Riesen Klaufi erschlugen. Ihre Tochter aber war die zauberkundige Mjöll, welche den Hroin Heidungsson heiratete. Deren Tochter war hinwiederum Glöd, welche ihrer Mutter gleich und nach ihres Vaters Tod eine Weile einsam auf dessen Hof saß.

Huld ist auch eine Zauberin, die in der Lage ist, durch ihre Magie andere Menschen zu töten.

5. Kapitel

Nun geschah es, daß König Svegdir auf der Suche nach Odin in einen Stein eintrat, „wie der Skalde Thjodolfr singt", und nicht mehr zurückkam. Sein Nachfolger in Schweden war sein junger Sohn Vanlandi.

Himinleyr hatte einen Sohn Namens Haddbroddr. Himinleyrs Frau hatte bereits vier Söhne, welche Hundingr, Hemnigr, Vili und Ve hießen.

Schließlich hatte auch Snär der Alte zwei Kinder: Thori und Drifa.

Haddbroddr verirrte sich einmal auf der Jagd, kam an einen Hof, in welchen er Einlaß findet, und ward hier von einem wunderschönen Weibe begrüßt, welches ihn bewirtete und durch Gespräch und Harfenspiel trefflich unterhielt. Dies war Glöd, die Herrin des Hauses. Drei Nächte teilte er mit ihr das Lager und erzeugte mit ihr die Huld, an der sich Odins und der Stammmutter Huld Weissagung erfüllen sollte.

Glöd gibt dem Haddbroddr hierüber Bescheid und verkündet ihm zugleich seines Vaters Tod, indem sie ihn sogleich heimkehren heißt, aber ihn auch für den Fall schwer bedroht, dass er die Tochter nicht gut aufnehme, die sie ihm schicken werde, sowie sie ihr drittes Jahr erreicht habe.

Da ging Haddbroddr heim und übernahm die Regierung seines Reiches. Er heiratete und gewann mit seiner Frau einen Sohn, welcher Heimgestr Huldar-Bruder genannt wurde. Nach einigen Jahren brachte ihm ein bejahrtes Weib die dreijährige Huld als sein Kind. Da er sie aber nicht annahm, trug das Weib sie wieder fort.

Da brachte Glöd die Huld nach Finnland zu Snär dem Alten zur Erziehung. Kurz darauf erscheint sie aber dem Haddbrodd im Traum und verheißt ihm zur Vergeltung seiner Schuld eigenes Unglück und seinem Hause den Verlust seines Reiches auf volle 700 Jahre.

Nicht lange darauf stürzte er auch wirklich auf der Jagd mit seinem Pferde, trug eine Lähmung davon und starb nach kurzer Frist. Seine vier Brüder rissen das Reich an sich. Der junge Heimgestr wurde in der Landschaft, welche man später Halogaland nannte, in Sicherheit gebracht, wo er bei einem Bauern Namens Frekan aufwuchs.

Hier wiederholt sich das Thema des vorletzten Kapitels: Es wird eine weitere Huld geboren (deren Verwandtschaft zu der ersten Huld nicht ganz klar ist), die wiederum von einem Nachkommen des Windgottes Kari aufgezogen wird.

6. Kapitel

In jener Zeit begann die Einwanderung von Schweden nach Norwegen, durch welche die Uppland ihre Bevölkerung erhielten.
Über Heidmörk herrschte König Eysteinn, dessen Tochter Ashildr von dem Riesen Svadi geraubt wurde, während sie bei einem Disablot war. Sie gewann mit ihm einen Sohn, welcher Rolfr aus den Bergen hieß.
Thori aber, der Sohn des Snär dem Alten, erzeugte den Norr, Gorr und die Goi.
Seine Schwester Drifa war inzwischen im Hause ihres Vaters Snär und befreundete sich sehr mit der jungen Huld, welche ungemein zauberkundig wurde und bald als Huld seidkona, bald als Huld völva oder tröllkona bezeichnet wurde.

Huld wurde bei den Nachkommen des Windgottes Kari sehr zauberkundig und erhielt daher die Beinamen „Seidr-Frau", „Völva" und „Trollfrau".
König Eysteins Tochter Ashildr war anscheinend eine Priesterin (oder nur eine Kult-Teilnehmerin?), da sie bei einem „Disen-Opfer" war. Dies erinnert sehr an die Geschichte von Alfhild, der Tochter des Königs Alf in der Saga über Hervor und König Heidrek den Weisen, die eindeutig als Priesterin geschildert wird. (siehe in dem Abschnitt über die Priesterinnen).

7. Kapitel

Inzwischen kam König Vanlandi, begleitet von Gnapi, einem Sohn des Skolpnir und der Sylgja, einer Schwester des Vikings Mysingr, auf einer ostwärts unternommenen Heerfahrt zu einem alten Steinbewohner, der ihm zum Dank für ein Geschenk den dreifachen Rat gab, nie nach Finnland zu fahren und jedenfalls dort kein Weib zu nehmen, wenn er es aber doch tun würde, den Finnen getreulich sein Wort halten und überdies sich vor den Nachkommen Odins und der Skadi wohl hüten solle, da diese ihm und seinem Hause gefährlich seien.
Dennoch fuhr Vanlandi im nächsten Frühjahr, von Gnapi vergeblich gewarnt, nach Finnland. Von dem alten Snär gut aufgenommen, verliebt er sich in dessen Tochter Drifa und heiratet sie, reiste aber im Frühjahr ohne sie heim, mit dem Versprechen, innerhalb dreier Jahre zu ihr zurückzukehren.
Da er sich trotzdem im dritten Jahre dazu überreden ließ, nicht nach Finnland zu gehen, verließ ihn Gnapi.
Da Vanlandi erfuhr, dass der Riese Glamr, des Klaufi Bruderssohn, seinen Vater

getötet hatte, erschlug er ihn, heiratete aber dessen Tochter Birta und erzeugte mit ihr den Heidir.

Drifa dagegen suchte zunächst vergeblich den Vanlandi durch Zauber zu sich zu locken.

Über dieses Ereignis und die sich aus ihm ergebende Geschichte wird auch im Ynglingatal und in der Heimskringal berichtet (siehe weiter unten).

Derlei Liebeszauber sind aus allen Kulturen, in denen Magie benutzt wurde, gut bekannt …

8. Kapitel

Inzwischen war Heimgestr Haddbroddsson auf Heerfahrt gezogen. Er hatte dabei einen Kampf mit Stigandi, einem Sohne des Riesen Rangbeinn und einer Schwester von Audr dem Reichen. Diesen Kampf hatte er durch die Hilfe seiner in Walgestalt auftretenden Schwester Huld siegreich bestanden.

Insgesamt trieb er sich zehn Jahre sich auf Heerfahrt herum.

Als Zauberin ist Huld auch in der Lage, sich in einen Wal zu verwandeln. Dies wird auch von anderen Zauberern und Zauberinnen berichtet.

9. Kapitel

Drifa aber bewog, nachdem Vanlandi zehn Jahre fortgeblieben war, durch reiche Geschenke die Huld, ihn durch Zauber entweder zu ihr zurückzubringen oder zu töten. Da ihn seine Leute jedoch nicht ziehen ließen, trat ihn die Mahr, bis er starb, und sein Sohn Visburr folgte auf ihn als Herrscher.

Hier wird ein bekanntes Problem bei Liebeszaubern geschildert: Wenn eine Person eine andere mithilfe von Magie zu sich zieht und die andere sich jedoch standhaft weigert oder dem ein anderes großes Hindernis entgegensteht, entlädt sich die große Spannung in diesem Streit oft in einem Unglück der Person, die mit dem Zauber belegt worden ist. Im Extremfall ist dies der Tod dieser Person, was in dieser Saga als „ihn trat der Mahr" umschrieben worden ist.

10. Kapitel

Audr der Reiche in Sudrmannaland hatte einen Sohn Sölvi, welcher geboren wurde, als Visburr ein Jahr regiert hatte. Mit ihm wuchs Heidir Gnapason auf, der um ein Jahr jünger war.

Inzwischen erklärte Heimgestr seinem Pflegevater Frekan, dass er das Land verlassen wolle, um ihn keiner Gefahr Seitens seiner Oheime auszusetzen und da dieser hiervon nichts wissen wollte, drang er darauf, daß wenigstens seine Schwester Huld geholt werde.

Inzwischen hatte der Riese Svadi, bei dem der junge Heidir drei Jahre lang geblieben war, den alten Snär in Finnland besucht, sich mit der Huld befreundet, sie aber doch nicht bewegen können, ihm in seine Heimat zu folgen. Auf der Heimreise aber war er durch den Riesen Helreginn von Elivogar erschlagen worden.

Auch Frekans Boten wurden von eben diesem Riesen angefallen und nur dadurch gerettet, daß sie noch rechtzeitig die Huld um Hilfe anriefen. Obwohl Snär und zumal Drifa ihn nur ungern gehen lassen, folgt Huld ihnen doch nach dem Naumu-Tal, wo sie fortan einsam in einer Waldhütte wohnt.

Das „Einsam-wohnen" der Seherinnen ist schon von Tacitus berichtet worden, der sagt, daß die Seherinnen alleine in einem Turm lebten. Dieser Turm und evtl. auch die Waldhütte der Huld wird einer der relativ hohen Tempel der Germanen gewesen sein.

11. Kapitel

Halogi war der zauberkundigen Beherrscher von Halogaland. Er war aus dem Geschlechte des Logi Fornjot-Sohn. Halogi kam einst auf der Rückkehr von einer Heerfahrt in das Naumu-Tal und wurde von Frekan gastlich aufgenommen.

Er überwinterte bei ihm und stieß bei einer Gelegenheit auf die Wohnung der Huld, geriet mit ihr in ein Gespräch, warb um sie und heiratete sie mit Heimgests Zustimmung. Er zog mit ihr nach Halogaland zurück und gewann mit ihr eine Tochter, welche Thorgerdr genannt ward, und als ihres Vaters besonderer Liebling den Beinamen Holga-Braut erhielt.

Die Priesterinnen-Seherinnen der Germanen konnten durchaus heiraten, wie u.a. auch der Fund eines gemeinschaftlichen Grabes einer Seherin und eines Kriegers zeigen (siehe den Abschnitt „Priesterin").

12. Kapitel

Später ward ihnen noch eine Tochter geboren, die Yrpa. Heimgestr aber kam auf einer Reise, die er unternahm, um den Holgi zu besuchen, zu dem Bauern Kleggi und erzeugte mit dessen Tochter die Lofn, welche er als sein Kind anerkannte und bei Holgi erziehen ließ. Bald darauf ernannte ihn dieser als Häuptling über Naumudal.

13. Kapitel

Damals wurde sowohl im südlichen Norwegen als auch in einem großen Teil von Schweden nur wenig Land bebaut, das meiste Land war Wildwald.

Dagegen war Halogaland zumeist bewohnt, denn dort hatten sich seit geraumer Zeit 'Vestmenn' niedergelassen, von welchen in den Fjorden noch viele Nachkommen übrig waren, obwohl viele von ihnen durch Jöten und Bergriesen, welche von Finnmarken hergekommen waren, erschlagen oder vertrieben worden waren.

Später war über die Riesen im Gebirgslande ein Sterben gekommen, und in Folge dessen hatten sich die Finnen in Finnmarken ausgebreitet, während zugleich Kvänir, Gläsisvallamann und andere Halbriesen von Osten her nach Halogaland einwanderten, zu welchem Volke auch Holgi gehörte.

Auch die später Drontheim genannte Landschaft war damals gut bevölkert und zwar zumeist von Schweden, welche mit Säming gekommen waren, und deren Nachkommen.

In Kjölum und in Dofrum und ebenso in Vermaland wohnten nur einzelne Riesen, während das meiste Land mit Wald bedeckt war.

Heidmörk war von Schweden angebaut und auch einige Täler westwärts von der See, dann einzelne Teile von Vikin waren bevölkert, während im übrigen der Süden und die Mitte des Landes bewaldet war.

Sokni hieß ein Häuptling im Sokna-Tal, ein schwedischer Wikinger, der sich dort niedergelassen hatte. Der hörte von Holgi und fuhr nordwärts, um sich mit ihm zu messen.

Holgi war mit Heimgest auf einem Kriegszug unterwegs, als er dahin kam. Als er aber den Hof angreifen wollte, versagten ihm und den Seinigen die Waffen und er selbst wurde von einem Weibe gefangen genommen. Es war dies die Königin Huld, welche ihn indessen im Frieden ziehen ließ, mit dem Rat, sich in Zukunft nicht mehr mit überlegenen Gegnern auzubinden.

Solche Arten von „friedlicher Kampf-Magie" („die Waffen versagen") und auch von weniger friedlicher Kampf-Magie gehörten zu dem Grundrepertoire der Zauberinnen.

14. Kapitel

Nachdem Holgi im Herbste heimgekommen war, träumte Hundingr im folgenden Winter einmal, daß er mit seinen Brüdern fremden Heerleuten erliegen werde, falls sie deren Angriff nicht zuvorkommen würden.

Er bezog den Traum auf Holgi und Heimgest und trotz der Bedenken Hemings wurde ein Angriff auf diese beschlossen und ein Heeresaufgebot erlassen, unter dem Vorwand, daß der Zug den Orkneys gelte.

Holgi wurde indessen von Huld noch rechtzeitig genug gewarnt, um sich rüsten zu können. Als die Brüder herannahten, beginnt sofort der Kampf, in welchem Haldingi, Hrotti, Harðgripnir und Vandill der Starke auf Holgi's Seite standen. Das Eingreifen der Huld zusammen mit der jungen Thorgerdr entschied den Sieg und die angreifenden Brüder mußten schließlich fliehen.

Huld und ihre Tochter Thorgerdr beherrschten auch die damals sehr wichtige Kampf- und Kriegs-Magie, die in den Kriegen der Völker mit einem mythologisch-magischen Weltbild so gut wie immer eine wichtige Rolle gespielt hat.

15. Kapitel

Da unternahmen Holgi und Heimgestr miteinander einen Kriegszug nach Eygotaland, über welches Land damals Frodi herrschte. Der war ein Sohn des Havardr Starkhand, des Sohnes des Herleifr, des Sohnes des Fridfródi, des Sohnes des Fridleifr, des Sohnes des Skjöldr Odin-Sohn.

Zur Vergeltung suchte dieser nun Halogaland mit einem Heerzuge heim, aber wiederum warnte Huld und gab guten Rat, sodaß es gelang, rechtzeitig ein stattliches Heer zusammenzuziehen, zu welchem außer Heimgest auch Hundingr mit seinen Brüdern stieß und in welchem noch Hardverkr, Brimir und Brysingr der Starke, Skolr und Skotti, sowie die Riesen Björgulfr, Stigandi und Hardverkr genannt werden.

Da kam Frodi mit seinem Heer. Vor dem Beginn des Kampfes segnete Huld ihre Leute und es kam nun zur gewaltigsten Schlacht, die in Norwegen ‚im alten Glauben' geschlagen wurde.

Über die Leute des Holgi kam der Berserker-Gang, sodaß sie Steine schleudern, die hinterher keiner von ihnen mehr zu heben vermochte. Nach schweren beiderseitigen Verlusten mußte Frodi mit seinen Dänen fliehen. Man sieht aber noch die zahlreichen Grabhügel der Gefallenen in Halogaland und Huld verhängte über diese Landschaft, daß in ihr fortan mehr Berserker gefunden werden sollten als anderwärts, was auch eintraf.

Die Warnung vor heimlich nahenden Heeren ist ebenfalls eine wichtige Aufgabe der Seherinnen-Zauberinnen gewesen. Das „Segnen des Heeres" ist ansonsten nicht bekannt, was jedoch nicht bedeuten muß, daß es dies nicht gegeben hat – schließlich ist dies eine sehr naheliegende Anwendung der Magie.

16. Kapitel

Inzwischen war König Visburr herangewachsen, hatte eine Tochter von Audi dem Reichen geheiratet und ihr als Brautgabe drei Höfe und ein goldenes Halsband gegeben.

Er erzeugte mit ihr den Gisli und Ondurr. Dann aber verließ er sie und gewann von einer anderen Frau den Domaldi.

Die erste Frau ging mit ihren Söhnen zu ihrem Vater zurück. Ihre Brautgabe aber erhielt sie nicht heraus und wagte sie auch nicht zu fordern.

Da wandte sich Audi an die junge Völva Hleidr, welche in den schwedischen Tal-Landen wohnte und nach einigen eine Tochter des Riesen Svadi und einer Schwedin war, und sie richtet in seinem Auftrag einen Zauber gegen Domaldi an.

Inzwischen wuchsen aber Thorgerdr und Yrpa bei Holgi heran und waren sehr zauberkundig geworden und man begann, sie alle und ihren Vater anzubeten und anzurufen.

Hier findet sich ein zweiter Rache-Zauber gegen einen untreuen Mann, der seine Versprechen gegenüber seiner Frau nicht einhielt.

17. Kapitel

Eines Sommers fuhr Holgi wieder auf Heerung aus. Andererseits gehen aber auch Heidir Gnapa-Sohn und Sölvi Auda-Sohn, welche inzwischen bei Audi dem Reichen aufgewachsen waren, auf Abenteuer aus.

Heidir, welcher von seinem Vater das gute Schwert Hraugudarnaut bekommen hatte, das dieser einem Waldbewohner abgenommen hatte, wandte sich zunächst nach den Tälern, wo er viel Land urbar macht, und heiratete dann die 15-jährige Lofn, Heimgests Tochter, mit welcher er den Hildir und den Dagr erzeugte.

Sölvi dagegen zog westwärts und macht da eine Landschaft urbar, welche man nachmals Soleyjar nannte und wurde deren Häuptling.

18. Kapitel

Als nun Gisli und Öndurr einigermaßen herangewachsen waren, erklärten sie dem Audi, daß sie die Brautgabe ihrer Mutter einfordern wollten. Er aber hieß sie zuvor seine Freundin Huld herbeiholen.

Diese meint zwar zuerst, in Abwesenheit ihres Mannes dessen Reich nicht verlassen zu können, ließ sich aber schließlich doch durch die von Audi ihr gemachten Geschenke zur Reise überreden und übergab die Fürsorge für das Reich ihren Töchtern.

Als nun die beiden jungen Leute von Visbur die Brautgabe ihrer Mutter forderten und von ihm mit aller Härte abgewiesen wurden, legten sie, von Huld dazu ermächtigt, auf das Halsband den Fluch, daß es dem besten Manne aus Visburs Geschlecht den Tod bringen solle.

Ihre Mutter aber erklärte, ihn selbst durch Zauberei töten lassen zu wollen und verlangte dazu die Hilfe der Huld. Diese erwiderte, da sie früher bereits den Vanlandi durch Zauberkunst getötet habe, könne sie sich hierauf nur unter der Bedingung einlassen, dass zugleich auf das Geschlecht der Ynglingar der Fluch steten Verwandtenmordes gelegt werde.

Da die Beteiligten darin einwilligten, geht der Zauber vor sich. Weil aber Öndurr verbotwidrig dabei zugesehen hatte, erklärt Huld, dass die Brüder zur Strafe weder die Brautgabe noch einen Anteil am Reich erhalten würden.

Nun reiste sie mit ihnen zu Heidir, um ihn zu bitten, ihnen zu helfen, und dieser ließ sich, obwohl anfangs abgeneigt, durch seine Frau Lofn dazu bewegen.

Während Huld heimkehrte, überfiel er mit den Brüdern den König Visbur und verbrannte ihn in seinem Haus. Gisli und Öndurr ertranken jedoch auf der Heimreise, wonach Domaldi seines Vaters Reich übernahm.

Huld führt in diesem Kapitel einen umfassenden Rache-Fluch gegen den „besten Mann" des Täters sowie gegen seine ganze Sippe durch.

Interessanterweise war es verboten, der Huld bei ihrem Zauber zuzusehen, und der Verstoß gegen diese Verbot wurde von ihr hart bestraft. Dies erinnert an die Veleda in ihrem Turm, die nur über eine Vermittlerin mit dem Volk sprach.

19. Kapitel

Als Snär und Thorri von Visburs Tod erfuhren, beschlossen sie, für ihn Rache zu nehmen und jeder von ihnen schickte einen gedungenen Mörder aus, um den Heidir umzubringen. Dieser jedoch erwehrte sich ihrer und tötete beide.

20. Kapitel

Holgi war inzwischen von seiner Heerfahrt heimgekommen und hatte die Regierung seines Reiches wieder übernommen. In Schweden aber brach eine mehrjährige schwere Hungersnot aus, welche das Volk schließlich durch die Opferung des Königs Domaldi abzuwenden suchte, dem sein Sohn Domarr in der Herrschaft folgte.

21. Kapitel

Danach verstrichen mehrere Jahre. Vergebens hielten verschiedene Häuptlinge um Thorgerd und Yrpa an; sie wurden alle abgewiesen.

Da geschah es, dass Goi, des Thorri Tochter, aus Finnland spurlos verschwand. Ihre Brüder Norr und Gorr zogen aus, sie zu suchen.

Norr lief auf Schneeschuhen über das Gebirge, besiegte erst die Lappen und wandte sich dann gegen Drontheim.

Hundingr und seine drei Brüder setzen sich zur Wehr, fielen aber im Kampf. Ihre Söhne, welche auf der Heerfahrt waren, vermochten nicht mehr in das Land zurückzukehren. Manche wollen wissen, dass sie dem Gorr erlagen, der auf dem Seewege ausgezogen war.

Norr unterwarf sich zunächst den Drontheimsfjord; dann griff er den Sokni im Soknadal an, und tötete ihn.

Dort stieß sein Bruder Gorr zu ihm, ohne eine Spur ihrer Schwester gefunden zu haben. Bald darauf erfuhr aber Norr, dass Hrolfi von den Bergen, des Riesen Svadi Sohn in Heidmörk, sie entführt hatte.

Er zog sofort dorthin und es kam zwischen ihm und Hrolf zu einem Zweikampf, der aber unentschieden blieb. Schließlich einigen sie sich jedoch dahin, daß Hrolf die Goi behält, Norr dagegen dessen Schwester Hödd heiratet.

Dieser unterwarf sich danach das ganze Land, welches seitdem nach ihm den Namen Noregr (Norwegen) *trägt.*

22. Kapitel

Um diese Zeit hielt sich Heimgestr bei Holgi und Huld auf. Nors Umsichgreifen beunruhigte ihn, zumal Huld bei Visburs Tod beteiligt gewesen war.

Indessen redete diese ihm seine Befürchtungen aus und riet ihm vielmehr, endlich zu heiraten, da ihm eine ansehnliche Nachkommenschaft in Aussicht stehe.

Er zeigt sich Anfangs dazu nicht sehr geneigt und möchte höchstens etwa die Thorgerd heiraten. Dies erklärt Huld jedoch für untunlich und wies ihn an seine Nichte

Heidr Hundings-Tochter. Da willigte er ein und Huld selbst besorgte die Werbung. Es kam zur Hochzeit und die Eheleute gewinnen bald einen Sohn Namens Vedrhallr.

23. Kapitel

Weiterhin wird erzählt, wie Dagr Heidisson von einer Heerfahrt heimkehrend zu Sölvi nach dem Soleyjar gelangte und dort mit dessen Tochter Ögn ein Kind erzeugte, welches Snot genannt wurde. Bei seiner Abreise bittet er den Sölvi, die Ögn an keinen andern zu verheiraten, und sie selbst verspricht ihm, auf ihn warten zu wollen.

Als aber Domarr in Schweden heranwuchs, beschloß er, seinen Großvater Visbura an Heidir zu rächen und es gelang ihm auch, diesen zu töten.

Dagr fand bei seiner Heimkehr seinen Vater nicht mehr am Leben und erschlug, um ihn zu rächen, zunächst den Heidning und elf andere Dienstleute Domars. Als er dann aber von Domarr mit Übermacht überfallen wurde, rief er in der höchsten Not die Huld mit ihren beiden Töchtern an und gelobte ihnen einen Tempel zu bauen, wenn sie ihm helfen würden.

Wirklich unterstützten sie ihn durch ein Zauberwetter und ihr persönliches Eingreifen. Domarr mußte weichen, Dagr baute seinen Tempel und versöhnte sich hinterher auch mit Domarr.

Dann heiratete er die Ögn und gewann mit ihr einen Sohn Namens Sveipr. Fortan wurde er Dagr der Reiche genannt.

Snot blieb bei ihrem Großvater Sölvi zurück. Thorri aber war inzwischen in Finnland gestorben.

Huld kann durch ihre Seher-Gabe „hören", wenn jemand in Not ist und sie um Hilfe bittet, und sind sie und ihre Töchter in der Lage, die Angegriffenen schützende Unwetter zu senden und selber (magisch) zu ihnen zu eilen – möglicherweise in verwandelter Gestalt.

24. Kapitel

Damals herrschte in den Nordlanden das Brandalter. Doch zogen noch manche, zumal in Norwegen und Halogaland, vor, sich nach älterem Brauche in einen Hügel legen zu lassen.

So tat auch Holgi. Als er sich dem Tode nahe fühlte, verlangte er, in voller Bewaffnung in einem großen Hügel gesetzt zu werden, der aus abwechselnden Lagen von Erde und von Gold und Silber aufgeschüttet werden sollte. Den Leuten aber solle man sagen, dass er nach Godheim gefahren sei und dass sie ihn nach wie vor in allen ihren Angelegenheiten anrufen könnten.

Außerdem ordnete er an, dass Heimgestr, welcher nach drei Jahren sterben werde, ihm gegenüber bestattet werden sollte, da jetzt überhaupt die Zeit der Hügelbestattungen kommen werde.

Vedrhallr solle der Thorgerd und Yrpa zur Erziehung übergeben werden, da auch Huld nicht mehr lange zu genießen sein werde. Von ihm würden aber mächtige Beherrscher Halogalands abstammen, welche auch dann von Nors Nachkommen unangefochten bleiben würden, wenn seine Töchter nach Godheim fahren würden.

Die Bestattung erfolgte sofort ganz nach seiner Weisung und darum bezeichnet man das Gold als Holga-Dach oder, wie einige sagen Hogla-Dach.

Ein Tempel wurde ihm gebaut und die meisten behaupten, daß nach ihm Halogaland benannt sei, sei es nun, daß dieses Land eigentlich Holgaland, oder daß er eigentlich Halogi geheißen habe; doch meinen andere, daß es nach seinem Vorvater Logi Fornjots-Sohn benannt sei, und wieder andere machen den Halogi, der Eisa und Eimirja Sohn, zu seinem Brudersohne und lassen von ihm den König Halogi abstammen, welcher frühzeitig Halogaland beherrschte.

25. Kapitel

Nun bestellte auch Huld ihr Haus, obwohl sie noch ein längeres Leben vor sich zu haben meinte. Sie ermahnte ihre Töchter, sich seinerzeit bei ihrem Vater bestatten zu lassen, damit sie um so länger Verehrung genießen möchten. Für sich begehrte sie keinen Tempel, wohl aber stellte sie ihnen einen solchen in Aussicht und eine Zunahme ihrer Verehrung, selbst auf Kosten der ihres Vaters.

Sie wies ihre Töchter an, sich von dem Hause der Ynglingar möglichst fern zu halten, da dieses einst ihr und ihres Hauses Ansehen vernichten werde. Sie riet ihnen endlich, sich aus Schweden eines der beiden Holzbilder zu holen, welche seinerzeit mit Frey begraben und nun kürzlich wieder ausgegraben worden seien und dieses in ihren Tempel zu setzen, indem Freyr solchenfalls sie und ihren Tempel so lange schützen werde, als er sich selbst zu schützen vermöge.

Darauf verschwand Huld spurlos. Thorgerdr und Yrpa aber ergriffen die Landesherrschaft und ließen jenes Holzbild holen, wie ihnen geraten worden war.

Heimgestr blieb bei ihnen bis zu seinem Tode und ward dann Holgi gegenüber bestattet. Sein Sohn Vedrhallr aber ward bei den beiden Schwestern erzogen.

26. Kapitel

Als Vedrhallr sein zwölftes Jahr vollendet hatte, zog er westwärts auf Heerfahrt. In einem Kampf mit dem Wikinger Sotrudr, einem Neffen des Riesen Helreginn, gerät er in schwere Gefahr, wird aber nach Anrufen der Thorgerdr durch deren Hilfe errettet.

Sie aber wurde Holga-Braut genannt oder auch Hórga-Braut und ihr Tempel hieß „Steinaltar". Der Tempel der Göttin hieß deshalb „Steinaltar", weil dort die Anrufungs-Priesterin die Göttin herbeirief. Einige aber nannten sie auch Holgatröll.

Auch Hulds Tochter Thorgerdr kann ferne Hilferufe „hören" und dem Notleidenden zu Hilfe eilen.

27. Kapitel

Inzwischen wuchs Snot Dagsdottir bei ihrem Großvater Sölvi heran, bis sie 14 Jahre alt war. Da wurde sie auf dem Wege zu einem Disablot von dem Riesen Thorir aus Veima entführt.

Ihr Vater Dagr, welcher zufällig desselben Abends zu Besuch kam, verfolgte sofort ihre Spur und rief die Huld um Hilfe an, indem er ihr alles gelobte, was sie verlange, wenn sie ihm wieder zu seiner Tochter verhelfe.

Sofort sah er den Riesen und es gelang ihm, ihn zu verwunden und gefangen zu nehmen. Er bedrohte ihn mit dem Galgen, wenn er nicht verspreche, der Snot zu entsagen und den Riesen Helregin zu töten, der den Riesen Svadi erschlagen hatte. Thorir verspricht beides, und nach Anrufung der Huld wird Helreginn wirklich von ihm getötet.

Eine Tochter des Riesen Thorirs war Bergdis, die Mutter der Raumssöhne, nämlich Jötunbjörns, Finnalfs aus Alfheim und Godbrands aus Dalum.

Dagr gab die Snot dem Hildir Jarl. Deren Sohn war Godormr der Tapfere.

Dagr söhnte sich vollständig mit König Domarr aus und erzog dessen Sohn Dyggvi, der zuerst in Schweden den Königsnamen trug.

Sein Sohn Sveipr aber erzeugte den Beigadr, dessen Nachkommen mit den Kämpfern des Königs Haki stritten und dessen spätere Nachkommen, die Brüder Svipdagr, Beigaldi und Hvitserkr, zu den Kämpfern des Königs Hrolf Kraki zählten.

28. Kapitel

Es wird erzählt, dass die Huld Völva eine Tochter namens Dagbjört gehabt habe. Zu der sei einmal Godormr der Tapfere gekommen und habe mit ihr einen Sohn erzeugt, welcher Kollr der Starke hieß. Der wuchs bei der Hleidr auf, habe dann die mit ihr verwandten Riesen aufgesucht und bei ihnen mit Hilfe der Huld große Taten vollbracht und seine Braut den Unholden abgejagt. Von ihnen sollen die Rabennest-

Männer abstammen.

Hleidr Völva soll ferner auch den Häuptling Hjörvard aufgezogen haben und weiterhin auch dessen Sohn Hildibrand, welcher weit herumgekommen und mit Hilfe der Huld ein berühmter Mann geworden sei. Nach ihm trägt auch jener andere Hildibrandr seinen Namen, der Sohn von Hildir dem Alten, nach welchem die Hildingar benannt sind, des Sohnes von Halfdan dem Alten aus Hringariki, des Sohnes des Hringr, des Sohnes des Raumr Norsson.

Norr gab seinem Sohne Thrandr die Landschaft, welche seitdem Thandheimr, d. h. Drontheim genannt wird. Thrandr hinterließ aber keine Nachkommen.

Thorgerdr und Yrpa ließen sich hochbetagt im Hügel des Holgi begraben und sie wurden noch lange Zeit verehrt.

Vedrhallr aber erhielt nach ihnen einen Teil Halogalands. Sein Sohn war Havarr, der Vater von Godgestr dem Alten, des Vaters des Heimgestr, des Vaters des Königs Gudlaugr von Halogaland, welchen Jörundr hängte.

Gudlaugs Sohn war Gylaugr, welcher seinen Vater rächte, denn immer herrschte Feindschaft zwischen den Ynglingar und den Haleygir.

Gylaugs Sohn war Mundill der Alte, der Vater des Hersir, des Vaters des Brandr, des Vaters des Königas Godgestr in Halogaland, welchem das gute Pferd gehörte, welches dem König Adils den Tod brachte.

Sein Sohn war Bardr, der lange Halogaland beherrschte, der Vater des Hergils, des Vaters Havars, des Vaters Haralds, des Vaters Herlaugs, des Vaters des zweiten Herlaugs, des Vaters Grjotgards, des letzten ans diesem Hause, der Halogaland regierte. Sein Sohn war Hakon Jarl zu Hladir, welcher den Tempel des Freyr und der Thorgerd dahin verlegte, und sein Sohn war Sigurdr Hladajarl, der Vater von Hakon Jarl dem Mächtigen, welcher als der letzte die Thorgerd Holga-Braut verehrte.

Als aber Hakon tot war, verbrannte Olafr Tryggvason die Bilder Freys und der Thorgerd. Der war aber aus dem Hause der Ynglingar.

IV 1. k) Die Saga über Konig Hrolf Kraki

Auch in dieser Saga wird eine Vielfalt von Magie beschrieben, die mit einer Zauberin zusammenhängt. In diesem Fall ist es nicht die Göttin Huld, sondern die Norne Skuld, die zu einer zauberkundigen Frau umgedeutet worden ist.

Die Umdeutung von mythologischen Gestalten zu Menschen in Sagen ist sicherlich auch dadurch gefördert worden, das in den Mythen der Germanen wie allgemein in den Vorstellungen der frühen Religionen die Götter nichts von den Menschen grundsätzlich Verschiedenes gewesen sind, sondern eher so etwas wie die Ahnengeister früherer „Großer Menschen", die nun im Jenseits weilen.

Die Götter wurden erst unter dem Einfluß des Königtums und des durch dieses inspirierten Monotheismus allmählich zu „übermenschlichen Wesen" und schließlich zu „allmächtigen Wesen", die weit über den Menschen standen – so wie der König weit über einem normalen Bauern stand.

Da bei der Übertragung von Themen und Wesen aus den Mythen in die Saga viele Motive erhalten geblieben sind, ist auch die Betrachtung dieser Sagas für das Verständnis der Mythen oft recht ergiebig.

Im folgenden sind nur die Teile aus der Saga von Hrolf Kraki übersetzt worden, die sich auf die Norne Skuld beziehen, die hier zu einer Zauberin geworden ist. Die Stellen, an der etwas ausgelassen wurde, sind durch Punkte (... ... ...) gekennzeichnet.

... ...

Es wird erzählt, daß es jedoch eines Julabends, als König Helgi zu Bett gegangen war und draußen schlechtes Wetter war, an der Türe klopfte – recht leise. Er dachte bei sich, daß es nicht sehr königlich wäre, einen armen Kerl draußen stehen zu lassen, wenn er ihm doch genausogut Herberge geben könnte. Da ging er zur Türe und öffnete sie.

Der Julabend ist die längste Nacht im Jahr zur Wintersonnenwende zwischen dem 21.12. und dem 22.12. Dies war für die Germanen ein besonderer Tag, an dem sie u.a. Eide über das, was sie vollbringen wollten, ablegten. Eine schwacher Rest dieses Brauches sind die heutigen „guten Vorsätze für das neue Jahr". Die Julnacht war ein Fest der Sonne, da ab diesem Zeitpunkt die Tage wieder länger wurden.

Dieser Zeitpunkt spielt in vielen Sagas eine Rolle. An ihm erscheinen Drachen und alle Arten von Jenseitswesen: Das Tor zum Jenseits ist weit offen, weil die wiedergeborene Sonne zurückkehrt. Diese Symbolik war in Europa so stark ausgebildet, das den Christen nichts anderes übrig blieb, als auch Christi Geburtstag auf diesen Geburtstag der Sonne zu legen, um das Julfest christlich umdeuten zu können.

Der Beginn dieser Episode der Saga an dem Julabend zeigt, das nun recht sicher ein Wesen aus der „anderen Welt" kommen wird.

Da sah er diese arme elendigliche Ding, das gekommen war. Es sagte: „Du hast gut getan, König," und es kam herein.

Der König sprach: „Leg dieses Stroh und dieses Bärenfell über Dich, damit Du nicht frierst."

Es sprach: „Laß mich in Dein Bett, Herr, und laß mich bei Dir liegen. Mein Leben hängt davon ab."

Der König sprach: „Ich muß mich fast erbrechen, wenn ich Dich sehe, aber wenn es so ist, wie Du sagst, dann leg Dich hier an die Kante in Deinen Kleidern. Das wird mir nicht schaden."

Das tat sie. Der König wandte ihr seinen Rücken zu. Da schien es auf einmal hell im Haus zu werden. Nach einer Weile blickte der König einmal über seine Schulter und sah dort nun eine Frau liegen, die so schön war, daß er glaubte, noch eine solche Frau gesehen zu haben. Sie trug ein seidenes Kleid. Er drehte sich schnell voller Zuneigung zu ihr um.

Die Verwandlung der häßlichen Frau in die schönste aller Frauen ist ein beliebtes Motiv bei den Germanen gewesen.

Es wird durch die zweifache Muttergöttin im Jenseits entstanden sein, die zum einen die gefürchtete Todesgöttin und zum anderen die ersehnte Wiederzeugungs-Geliebte gewesen ist.

Durch das Motiv der Wiederzeugung, die der Wiedergeburt voranging, wurde diese Göttin auch zu der Geliebten der Toten im Jenseits.

Diese Symbolik findet sich sowohl bei den Bestattungen als auch bei den Krönungen und den Einweihungen. Man kann zumindestens vermuten, daß die Julnacht der bevorzugte Zeitpunkt für solche Rituale bei den Germanen gewesen ist.

Eine Variante dieses Themas ist das Verirren eines Helden und manchmal auch des Odin auf einer Hirschjagd im Wald, wo er dann auf eine wunderschöne zauberkundige Frau trifft, mit der er ein Kind zeugt. Die Jagd auf den Hirsch stammt aus dem Brauch des Opfers eines Herdentieres bei der Jenseitsreise; der unbekannte Wald ist eine Umdeutung des ebenso fremden Jenseits.

Die „häßliche Frau" ist in den germanischen Mythen Hel-Hyrrokkin und die Nornen; die „schöne Frau" ist Freya-Menglöd als die Jenseits-Geliebte.

Das Licht, das auf einmal das Haus erleuchtet, scheint ein magisches Licht zu sein, das von der schönen Frau ausgeht, denn später wird gesagt, das es noch nicht Morgen geworden war.

Sie sprach: „Nun möchte ich fortgehen," sagte sie, „und Du hast mich von einem fürchterlichen Fluch erlöst – denn mit einem solchen hat mich meine Stiefmutter belegt. Ich habe viele Könige in ihren Häusern besucht – Du brauchst also jetzt nicht in Scham zu versinken. Ich werde hier nicht länger bleiben."

Die „böse Stiefmutter" ist eine beliebte Variante der Unterweltsgöttin und der Unheil bestimmenden und verkündenden Nornen in den Sagas und in den Märchen.

Vermutlich hat die Frau deshalb schon viele Könige besucht, weil die Jenseitsreise das zentrale Element der Krönungen gewesen ist.

„Nein," sprach der König, „so geht das nicht. So schnell kommst Du von mir nicht fort, und wir werden uns nicht auf diese Weise trennen. Es wird eine schnelle

Hochzeit werden, fürchte ich, denn ich fühle mich sehr zu Dir hingezogen."

„Es ist an Dir, das zu entscheiden, Herr," sprach sie und so schliefen sie in dieser Nacht zusammen.

Als jedoch der Morgen kam, sprach sie diese Worte: „Du hast mit mir getan, was Du wolltest, aber wisse dies: Wir werden ein Kind haben. Tue, wie ich es Dir sage, König, und komme nächsten Winter zu dem Haus, in dem Du Dein Langboot vor dem Wetter schützt, und sieh unser Kind – oder Du wirst dafür bezahlen, daß Du nicht das tust, was ich Dir sage."

Nach diesen Worten ging sie fort.

Auch dies ist eine Standard-Szene in den Sagas, die z.B. in der Huldar-Saga gleich mehrfach vorkommt. In der Regel dauert es ein oder drei Jahre, bevor der Held oder König sein Kind annehmen soll – und dies nicht tut und daher von dem Fluch der Mutter des Kindes getroffen wird.

Diese Szene wird auf die Wiedergeburt des Sonnengottes und später des Göttervaters und schließlich des Königs oder Helden nach einer bestimmten Zeitperiode zurückgehen. Ihr Ursprung ist das Motiv des Todes des alten Sonnengott-Göttervaters am Abend bzw. im Herbst und seine Wiedergeburt als junger Sonnengott-Göttervater am Morgen bzw. im Frühjahr, das in vielfacher Weise weiterentwickelt worden ist.

Die kürzeste Zeitspanne findet sich bei Vali, dem Sohn des Odin, der bereits nach einer Nacht in der Lage war, Hödur, den Mörder seines Halbbruders Baldur, zu rächen, indem er ihn tötete. Diese Zeitspanne von einer Nacht weist deutlich auf die nächtliche Jenseitsreise der Sonne zwischen ihrem abendlichen Tod und ihrer morgendlichen Wiedergeburt hin.

Die Zeitspanne von einem Jahr bezieht sich auf den Sonnenzyklus im Verlauf eines Jahres, innerhalb dessen sie im Spätherbst „stirbt" und in der Julnacht „wiedergeboren" wird.

König Helgi war nun ein wenig glücklicher als zuvor. Die Zeit verging und er vergaß alles, was geschehen war.

Und nach drei Jahren, so wird erzählt, kamen drei Reiter zu dem Haus, in dem der König schlief. Es war Mitternacht. Sie kamen mit einem kleinen Mädchen und setzten es neben dem Haus nieder.

Die Frau, die das Kind brachte, sprach diese Worte: „Wisse, König," sagte sie, „Deine Sippe wird dafür bezahlen, daß Du nicht so gehandelt hast, wie ich es Dir gesagt habe. Aber Du wirst auch Gutes erhalten, denn Du hast mich von jenem Fluch erlöst. Und wisse dies: Dieses Mädchen wird Skuld genannt. Sie ist unsere Tochter."

Danach ritten sie davon. Sie war eine Elfen-Frau gewesen. Der König hörte nie wieder von ihr.

Skuld wuchs auf und es zeigte sich schon bald, daß sie von bösartigem Herzen war.

Vermutlich geht die Zugehörigkeit der Mutter der Skuld zu den Alben darauf zurück, das sie eine Seherin/Zauberin/Norne gewesen ist, da die entsprechenden Frauen in anderen Sagen wie z.B. der Huldar-Saga zauberkundige Seherinnen sind.

Es wird erzählt, daß König Helgi sich einst darauf vorbereitete, in die Ferne zu ziehen und seine Sorgen um die Elfenfrau und Skuld vergaß. Sein Sohn Hrolf blieb zurück. König Helgi raubte nah und fern und vollbrachte viele große Taten.

… … …

König Hrolf nahm seinen Hauptsitz in Hleidargard. Das liegt in Dänemark und ist eine große und trutzige Festung, die von solcher Pracht und solchem Glanz war, wie es noch nie jemand zuvor gesehen hatte und es gab in Hinsicht auf ihre Art und ihre Größe nichts, was mit sich mit dieser Festung messen konnte.
  Damals lebte ein mächtiger König, der Hjorvard genannt wurde. Er heiratete König Helgis Tochter Skuld, die Schwester von König Hrolf. Dies geschah mit dem Einverständnis von König Adils und Königin Yrsa und ihrem Bruder Hrolf.

Der schwedische König Adils wurde um ca. 575 n.Chr. in der Nähe von Uppsala, dem damaligen religiösen Zentrum bestattet. König Adils hatte die Sklavin Yrsa auf einem Raubzug erbeutet und sie später geheiratet. Der Dänenkönig Helgi raubte sie jedoch dem Adils und hatte mir ihr den späteren König Hrolf Kraki als Sohn.

Das die Zustimmung von Hrolfs Mutter Yrsa erwähnt wird, ist verständlich; warum jedoch auch die Zustimmung von Yrsas früherem Mann berichtet wird, ist nicht ersichtlich.

… … …

Danach verging eine lange Zeit, in der König Hrolf und seine zwölf Meisterkrieger in Frieden in Dänemark blieben. Niemand griff sie an. All seine tributpflichtigen Könige zahlten ihre Abgaben und auch sein Schwager Hjorvard.
  Da geschah es eines Tages, daß Königin Skuld mit einem tiefen Seufzer mit ihrem Mann König Hjorvard sprach und sagte: „Es scheint mir nicht rechtens zu sein, daß wir König Hrolf Tribut zahlen und von ihm unterdrückt werden. Es kann einfach nicht so weitergehen, daß Du sein Untergebener bist!"
  Hjorvard sagte: „Es wird das Beste für uns sein, es wie alle anderen zu ertragen und es so, wie es ist, ruhen zu lassen."
  „Du bist rückgratloses Rohr im Wind!" sprach sie, „all diese Schande zu ertragen, die Dir angetan wird!"
  Er sprach: „Es ist nicht möglich, mit König Hrolf zu kämpfen, da es niemand wagt, seinen Schild gegen ihn zu erheben."
  „Ihr seid so rückgratlos, ihr alle!" sprach sie, „Ihr habt kein Mark in den

Knochen! Niemand wird irgendwo hinkommen, wenn er es nicht versucht. Niemand weiß, ob König Hrolf und seine Meisterkrieger verwundet werden können oder nicht, bevor es nicht versucht wurde!"

"Aber so, wie die Dinge nun stehen," sprach sie weiter, "bezweifle ich, daß er gegen uns siegen könnte, und es scheint nicht so außer Frage zu sein, es zu versuchen und zu schauen, was geschieht – und obwohl er mit mir durch verwandtschaftliche Bande verbunden ist, werde ich ihn nicht beschützen: Und das ist der Grund, warum er immer daheim weilt, denn er hat selber den Verdacht, daß ihm der Sieg entgleiten würde. Ich werde nun einen Plan vorschlagen, wenn Du zuhörst, und werde nicht mit Listen sparen, um Erfolg zu haben."

Eine Frau als Ursache für einen Krieg ist sowohl in den indogermanischen Epen als auch in den mittelalterlichen Sagen ein sehr weit verbreitetes Thema. In vielen Fallen läßt sich noch erkennen, das diese in politischer Hinsicht „todbringende Frau" ursprünglich die in mythologischer Hinsicht „todbringende Frau" gewesen ist.

Diese politische „Femme fatale" geht über die Nornen schließlich auf die Jenseitsgöttin zurück, die durch die Toten und die Sonne, die Schamanen, die Priester und die Könige bei ihren Jenseitsreisen in der Unterwelt wiedergebiert.

Solche Umdeutung von dem, was ursprünglich auf der Reise ins Jenseits geholfen hat, zu dem, was selber den Tod verursacht, ist eine der am weitesten verbreiteten Dynamiken in der Entwicklung von Mythen.

Die älteste bekannte germanische Variante dieses Themas findet sich in der endlosen Schlacht zwischen Hedin und Högni, die durch den Raub der Hild verursacht worden ist, zu dem wiederum Freya im Auftrag des Odin angestiftet hat (siehe dazu auch „Wiederzeugung" in Band 51).

Der Streit selber hat seinen Anfang in dem Streit des Sommergottes Tyr mit dem Wintergott Loki, da beide nur dann zurück an die Macht im Diesseits kommen konnten, wenn sie zuvor ihrem Gegner die Wiedergeburtsgöttin rauben konnten und sich dann mit ihr vereinten und daraufhin von ihr wiedergeboren wurden.

Skuld war eine mächtige Zauberin, eine große Galdr-Frau, die auf ihrer Mutterseite von den Elfen abstammte – und König Hrolf und seine Meisterkrieger würden dafür bezahlen.

Die Schilderung der Königin Skuld in dieser Saga als Zauberin zeigt, das Skuld hier nicht nur ein beliebiger Frauenname ist, sondern das sie eine Weiterentwicklung aus der zauberkundigen Norne Skuld ist.

Der „Galdr" ist der Zauberspruch und der Zaubergesang. Das Wort leitet sich von germanisch „gal" für „singen, Vogelgesang" ab und findet sich z.B. auch in den Worten „Nachtigall" und „gellen". Dieses Wort stammt von dem indogermanischen

Verb „ghei" für „rufen, schreien" ab.

Skuld war folglich eine Frau, die Zauberlieder sang und dadurch magische Wirkungen hervorrufen konnte. Diese Gesänge entsprechen den Schicksalssprüchen der Nornen.

Das Singen von heiligen Texten und von Zaubersprüchen ist weltweit verbreitet und findet sich bereits in den ägyptischen Totenbüchern und im babylonischen Schöpfungsmythos „Enuma Elisch".

„Als erstes senden wir Männer zu König Hrolf und bitten ihn, daß wir die nächsten drei Jahre keinen Tribut zahlen und ihm danach alles, was wir ihm schulden, auf einmal zahlen. Ich denke, daß diese List sehr wahrscheinlich Erfolg haben wird, und wenn dies gelingt, dann werden wir einen guten Stand haben."

Die Boten liefen zwischen ihnen hin und her, so wie die Königin es ihnen befohlen hatte. König Hrolf stimmte diesem Vorschlag, die Tribut-Zahlungen wie erbeten aufzuschieben, zu.

Dann versammelte Skuld all die stärksten Männer und alle die Verstoßenen und die Übeltäter aus den benachbarten Regionen. Dieser Verrat wurde jedoch verborgen, sodaß König Hrolf ihn nicht bemerkte und auch die Meisterkrieger keinen Verdacht schöpften, da Skuld alles durch die größten Zaubersprüche und Zauberkunst verbarg. Skuld wandte ihre mächtigste Seid-Kunst an, um ihren Bruder Hrolf zu besiegen – ihre Magie war so stark, daß sie von einem zahllosen Gefolge von Elfen und Nornen und anderem bösem Abschaum begleitet wurde, gegen das menschliche Stärke hilflos war.

Hier zeigt sich, das der Verfasser dieser Saga nur noch eine sehr ungenaue Vorstellung über die Wesen und Vorgänge in der germanischen Religion hatte, da er Elfen nicht mehr als Ahnen und Nornen nicht mehr als Schicksalsgöttinnen erkennt.

Skuld hat die Tribut-Zahlungen aufgeschoben, um mit dem Geld ein Heer zu finanzieren. Sie war nicht nur eine Zauberin, sondern dachte auch sehr pagmatisch …

König Hrolf und seine Meisterkrieger haben jedoch großen Spaß und viel Freude in Hleidargard und trieben alle Arten von Kurzweil, die sie kannten, und führten diese mit Geschick und höfischer Anmut durch. Und jeder von ihnen hatte eine Begleiterin zu seinem Vergnügen.

Es wird nun berichtet, daß das Heer von Skuld und König Hjorvard, nachdem es fertig vorbereitet war, mit einer unermeßlichen Streitmacht nach Hleidargard zog und dort an Jul anlangten.

Die Julnacht ist hier wieder der Zeitpunkt, an dem sich das Tor zwischen Diesseits und Jenseits öffnet – wie schon bei der Zeugung der Skuld durch König Helgi und die

Elfenfrau. Diesmal ist es der Teil des Heeres, der in der Julnacht aus „Elfen, Nornen und anderem bösem Abschaum" bestand, der aus dem Jenseits ins Diesseits kam.

König Hrolf hatte vielfältige Vorbereitungen für das Jul-Fest getroffen und trank mit seinen Männer reichlich an diesem Abend.
Hjorvard und Skuld errichteten ihre Zelte außerhalb der Festung. Sie waren lang und groß und mit wundervollem Zierat versehen. Bei ihnen standen viele Karren voll mit Waffen und Rüstungen.
König Hrolf achtete nicht auf sie.
… … …
König Hrolf sprang von seinem Hochsitz auf, nachdem er eine Weile mit seinen Meisterkriegern getrunken hatte. Sie verließen den guten Trank und waren im Nu draußen – alle außer Bodvar Bjarki. Niemand von ihnen sah ihn und dies fanden sie seltsam und ihnen schien es am wahrscheinlichsten, daß er an einem anderen Ort war – entweder gefangen oder getötet.

Bodvar war einer der beste der zwolf Meisterkrieger des Königs Hrolf Kraki, die oft auch als Berserker geschildert werden.

In dem Augenblick, als sie hinaustraten, brach eine fürchterliche Schlacht aus.
… … …
Da wurde der Kampf so heftig, daß niemand König Hrolf und seinen Meisterkriegern widerstehen konnte. König Hrolf schlug mit seinem Schwert Skofnung zu und sie stürmten derart auf König Hjorvards Heer ein, daß die Feinde in Scharen fielen.
Dann sahen Hjorvard und seine Männer einen großen Bären vor König Hrolfs Männern, der stets am nächsten zu dem König war. Er tötete mit seinen Tatzen mehr Männer als irgendwelche fünf der Meisterkrieger des Königs. Schläge und Geschosse glitten von ihm ab. Aber er schlug vor sich sowohl die Männer als auch die Rosse aus Königs Hjorvard Heer nieder und alles, was in seinen Weg kam, zerbiß er mit seinen Zähnen, so daß in König Hjorvards Heer eine Panik ausbrach.

Dieser Bär ist der Berserker Bodvar Bjarki, dessen Name „Kampf-Heer" bedeutet und dessen Beiname „Bjarki" die Bedeutung „kleiner Bär" hat.

Hjalti blickte um sich und konnte seinen Freund Bodvar nirgends sehen und sprach zu König Hrolf: „Was kann das bedeuten, daß Bodvar sich selber schützt und nicht zu seinem König kommt – solch ein Meisterkrieger, für den wir ihn hielten, und der immer seinem Ruf gerecht geworden ist?"
König Hrolf sprach: „Er wird dort sein, wo er am meisten gebraucht wird und wird

uns helfen, wenn er es irgendwie vermag. Sieh nach Deinem eigenem Ruhm und Mut und verachte ihn nicht, denn niemand von euch ist seinesgleichen – und ich tadle euch nicht dafür, denn ihr alle seid tapfere Meisterkrieger."

Doch Hjalti stürmte davon und heim zu dem Haus des Königs und sah dort Bodvar reglos sitzen.

Hjalti sprach: „Wie lange müssen wir noch auf den berühmtesten aller Meisterkrieger warten? Dies ist eine unglaubliche Schande! Warum stellst Du Dich nicht auf Deine eigenen zwei Füße und nutzt diese starken Arme, die Du hast und die so stark wie die eines Bären sind?! Auf Bodvar Bjarki, mein Vorbild, oder muß ich das Haus und Dich in ihm verbrennen? Dies ist eine himmelschreiende Schande: ein Meisterkrieger wie Du, und der König begibt sich selber in Gefahr für uns und Du zerstörst nun Deinen großen Ruf, den du all' diese Zeit gehabt hast!"

Auch an dieser Stelle zeigt sich, das der Verfasser dieses Textes nur noch ungenaue Vorstellungen darüber hatte, was ein Berserker ist.

Er beschreibt die Verwandlung des Bodvar in einen Bären wie eine Astralreise, bei der der Körper völlig reglos wird und die Seele den Körper verläßt und an andere Orte geht – so wie dies am Anfang der Heimskringla über Odin berichtet wird. Auch das Sichtbarwerden und die Tierverwandlung wahrend einer Astralreise sind eher schwierige Fähigkeiten.

Der eigentliche Zustand eines Berserkers war jedoch keine Astralreise, sondern eine Kampfekstase, die durch das Entfachen des Kundalinifeuers im untersten Chakra hervorgerufen wird, wie vor allem die detaillierteren Beschreibungen in der Geschichte des keltischen Helden und Ekstasekriegers Cú Chulainn zeigen. In diesem Berserker-Zustand waren die Krieger „wie Bären" und die Ulfhedin „wie Wölfe", aber sie wurden nicht real zu Bären oder Wölfen – auch wenn sie sich die Felle dieser Tiere umhängten.

„Berserker" bedeutet „Bärenfell-Leute". Die Wolfskrieger wurden als „Ulfhedinn", d.h. als „Wolfhaut-Leute" bezeichnet. Die Bären-Leute sind ursprünglich nicht die Krieger, sondern die Schamanen gewesen. Ihre Jenseitsreise-Ekstase ist vermutlich in derselben Zeit zu einer Krieger-Ekstase geworden, in der Odin von einem Schamanen-Gott zu einem Krieger-Fürsten wurde.

Diese Technik der Kampfekstase findet sich vor allen bei den West-Indogermanen.

Bodvar stand mit einem Seufzer auf und sprach: „Es hat keinen Sinn, mich zu ängstigen, Hjalti, denn noch ängstige ich mich nicht, und nun bin ich bereit zu gehen. Als ich noch jung war, bin ich weder vor Eisen noch vor Feuer geflohen – Feuer habe ich selten erprobt, aber Eisen habe ich viele Male ertragen und bisher bin ich noch keinem der beiden unterlegen gewesen.

Und Du sollst die Wahrheit sagen: daß ich bis an mein Äußerstes gekämpft habe und daß König Hrolf mich immer den Besten vor seinen Männern genannt hat. Ich habe ihm viel zu vergelten, zuerst meine Frau und zwölf Lehen, die er mir gab, zusammen mit vielen wertvollen Schätzen.

Ich tötete den Berserker Agnar, der zudem kein geringer König war, und an diese Tat erinnert man sich."

Bodvar berichtete ihm die vielen großen Taten, die er vollbracht hatte, wie er der Tod vieler Männer gewesen ist, und versicherte ihm, daß er sich nicht fürchtete, in die Schlacht zu gehen, „und dennoch, ich denke, daß wir es hier mit etwas sehr viel Fremdartigerem zu tun haben, als uns jemals begegnet ist.

Aber Du bist dem König nicht so hilfreich gewesen, wie Du glaubst, als Du dies getan hast, denn ich hatte beinahe entscheiden, welche Seite siegt – aber dies mehr durch Dein Unwissen als durch Deinen Wunsch, dem König zu schaden, und keiner der anderen Meisterkrieger außer Dir hätte mich herausrufen können – jeder andere wäre getötet worden.

Nun wird kein Plan mehr Erfolg haben, und das, was geschehen wird, wird geschehen.

Wahrlich, ich sage Dir, daß die Hilfe, die ich nun dem König noch geben kann, um ein Vielfaches kleiner ist wie sie gewesen ist, bevor Du mich herausgerufen hast."

Bodvar hatte sich anscheinend für seinen „Bären-Zauber" in ein abgeschlossenes Haus zurückgezogen. Dies entspricht dem üblichen Verfahren bei einer Astralreise.

Bodvar hat offenbar seine „Bären-Magie" gegen die Jenseitswesen und die Zauberkräfte der Skuld eingesetzt.

Hjalti sprach: „Es ist sicher, daß ich mich um Dich und um König Hrolf sorge, aber es ist schwer zu wissen, was zu tun ist, wenn die Dinge sich so wie hier entwickelt haben."

Nach diesem Drängen von Hjalti erhob sich Bodvar und ging hinaus in die Schlacht. Der Bär war aus dem Heer verschwunden und die Schlacht begann sich gegen sie zu wenden.

Der Bär war nur solange da, wie Bodvar seine Magie ausübte, bzw. seinen Körper verlassen und sich in einen Bären verwandelt hatte.

Königin Skuld hatte keine ihrer Zauberkünste benutzt, solange der Bär in den Reihen des Königs Hrolf gewesen war, und saß dort in ihrem schwarzen Zelt auf ihrem Seidr-Stand.

Der „Seidr-Stand" ist das Podest, auf dem die Seherinnen und die Zauberinnen saßen bzw. standen.

Da veränderte sich die Situation so plötzlich wie die dunkle Nacht nach dem hellen Tag kommt.

Da sahen König Hrolfs Männer aus König Hjorvards Reihen einen riesigen Eber kommen. Er sah nicht kleiner als ein drei Jahre alter Stier aus und war von wolfsgrauer Farbe. Von jedem seiner Barthaare flog ein Pfeil und er durchschlug das Gefolge wie sonst nichts anderes auf der ganzen Erde und fällte sie im Dutzend.

Skuld beherrschte offenbar eine ganz ähnliche Magie wie Bodvar: Auch sie sitzt zurückgezogen in ihrem Zelt und sendet einen unbezwingbaren Eber in die Schlacht.

Vermutlich hatte sie die direkte Auseinandersetzung mit dem Bären des Bodvar gescheut, da wahrscheinlich derjenige, dessen Tier den Kampf verloren hatte, gestorben wäre – zumindestens ist dies die übliche Geschichte über solche Kämpfe bei den verschiedensten Völkern.

Bodvar Bjarki pflügte Wege in seine Feinde, hackte mit seinem Schwert, daß er mit beiden Händen ergriffen hatte, und sein einziger Gedanke war, soviel Schaden anzurichten wie irgend möglich, bevor er fiel. Da fielen sie in Scharen vor ihm, einer auf den anderen und beide seiner Arme waren bis zu den Schultern hinauf blutbespritzt und er schlug so viele, daß die Toten sich um ihn her auftürmten. Er stürmte voran, als ob er wahnsinnig wäre.

Aber wieviele Männer von Hjorvards und Skulds Heer er und Hrolfs übrige Meisterkrieger auch töteten – es ist unglaublich, aber dennoch wahr – verringerte sich nicht ihre Zahl und es war, als ob die Meisterkrieger nichts tun würden und sie konnten sich nicht erinnern, jemals etwas so Seltsames erlebt zu haben.

Bodvar sprach: „Groß ist das Heer der Skuld und ich habe den Verdacht, daß die Toten sich wieder erheben und gegen uns kämpfen und daß es nicht leicht wird, gegen Zombies zu kämpfen. Wieviele Glieder wir auch abschlagen und Schilder zerhacken und Helme und Kettenpanzer spalten und wieviele Anführer wir niederschlagen – diese Toten sind die grimmigsten im Kampf und wir haben nicht die Macht, dem standzuhalten.

Aber wo ist nun der Meisterkrieger des Königs Hrolf, der am meisten meinen Mut in Frage stellte und nicht aufhörte, mich herauszurufen, bis ich ihm antwortete? Ich sehe ihn nicht – und ich bin keiner, der die Leute tadelt."

Da sprach Hjalti: „Du hast die Wahrheit gesprochen, Du bist kein Verleumder. Hier steht der Mann, Hjalti mit Namen, und ich habe gerade einige Arbeit zur Hand. Wir sind nicht weit voneinander entfernt und ich brauche ein paar ritterliche Kerle, denn meine ganze Rüstung ist fortgeschlagen, Ziehbruder, aber ich glaube, ich übertreffe alle im Kampf – aber ich kann nicht mehr alle Schläge rächen. Aber dies ist nicht die rechte Zeit, um sich zurückzuhalten, wenn wir heute Abend in Walhalla sein sollten – und wir haben mit Sicherheit so etwas noch nie gesehen, obwohl wir genug

Warnungen hatten, was kommen würde."

Bodvar Bjarki sprach: „Höre, was ich sage: Ich habe in zwölf heftigen Schlachten gekämpft und mein Mut ist nie angezweifelt worden und ich bin auch nie einem Berserker ausgewichen. Ich habe König Hrolf gedrängt, König Adils zu besuchen und wir haben dort und wir sind dort der einen oder anderen Zauberkunst begegnet, aber das war nichts im Vergleich zu dieser Bedrängnis – und da ist etwas, was mein Herz niederdrückt und ich bin nicht mehr so begierig zu kämpfen wie vorher.

Ich bin König Hjorvard vorhin bei dem ersten Angriff begegnet und wir trafen aufeinander und keiner von uns hat dem anderen Beleidigungen zugerufen. Wir schlugen eine Weile mit Waffen aufeinander ein. Er gab mir einen Schlag, der nach Tod schmeckte, aber ich hieb ihm einen Arm und ein Bein ab und traf ihn mit einem weiteren Schlag auf seiner Schulter und schnitt durchs eine Seite und seinen Rücken, aber er tat lediglich einen Seufzer und schien ein bißchen zu schlafen, aber ich dachte, er sei tot – und es kann nicht viele wie ihn geben. Und danach kämpfte er kein bißchen schwächer als zuvor und ich konnte nicht verstehen, was ihn aufrecht hielt.

Hier haben sich viele Männer gegen uns versammelt, Edle und Gemeine, die uns von allen Seiten bedrängen, sodaß die Schilde sie kaum zurückhalten können, aber ich kann nirgends Odin entdecken. Ich habe den starken Verdacht, daß er sich hier irgendwo verbirgt – dieser dreckige, verräterische Teufel – und wenn ihn mir irgendjemand zeigen könnte, würde ich ihn wie jede andere elende, erbärmliche Maus zerquetschen. Ich hätte einen nicht allzu ehrerbietigen Spaß mit dieser üblen, giftigen Kreatur, wenn ich ihn nur zu packen bekäme – und wer hätte keinen Haß in seinem Herzen, wenn er seinen Lehnsherrn so behandelt sähe wie wir den unseren?"

Bodvar scheint zwar kein Verehrer der alten Götter zu sein, aber sie sind für ihn trotzdem eine Realität.

Es wird auch in einer anderen Stelle der Saga berichtet, das König Hrolf Kraki und seine Meisterkrieger weder auf die alten Götter noch auf den christlichen Gott, sondern vor allem auf ihre eigene Stärke vertrauten.

Das Wiedererwecken von Toten ist ein Zauber, der den Seherinnen-Zauberinnen vieler indogermanischer Völker nachgesagt wird. Er spielte besonders bei den Kelten (Kessel der Cerridwen u.a.) und bei den Griechen (Medea u.a.) eine große Rolle.

Dieser Zauber, den auffälligerweise nur Frauen beherrschten, ist eine Umdeutung der Wiedergeburt der Toten im Jenseits durch die Muttergöttin, deren Priesterinnen die Seherinnen-Zauberinnen waren, die diese Wiedererweckung der Toten beherrschten.

Hjalti sprach: „Es ist nicht leicht, Wyrd zu ändern oder sich der Natur entgegenzustellen."

Und damit endete ihr Gespräch.

Die Macht des Wyrd („Schicksal") bzw. der Wyrd („Norne") sind aus der germanischen Mythologie gut bekannt. Die „Macht der Natur" ist hingegen ein Konzept, das eher aus der klassischen, griechisch-römischen Bildung des Verfassers dieser Saga stammen wird, da sich ein solches Konzept ansonsten nicht in den Mythen und Sagas der Germanen findet.

König Hrolf verteidigte sich gut und kriegerisch und mit einem Mut, der in all den Geschichten der Menschen nicht seinesgleichen findet. Sie bedrängten ihn hart und er war von den besten Truppen der Skuld und des Hjorvard umringt. Skuld war nun in den Kampf gekommen und trieb ihr Gesindel wild dazu an, König Hrolf anzugreifen, denn sie sah, daß seine Meisterkrieger nicht bei ihm waren.

Dies bereitete Bodvar tiefen Kummer: daß er seinem Herrn nicht helfen konnte. Den anderen Meisterkriegern ging es genauso, denn sie waren genauso bereit, mit ihm zu sterben, wie sie es gewesen waren, mit ihm zu leben, als sie in der Blüte ihrer Jugend gestanden hatten.

Die Leibwache des Königs in seinem Gefolge war gefallen und niemand von ihnen stand noch und die meisten seiner Meisterkrieger waren tödlich verwundet, wie es nicht anders zu erwarten gewesen war.

... ...

Da kam solch ein Sturm von Zaubersprüchen, daß die Meisterkrieger zu fallen begannen, einer auf den anderen und König Hrolf fand sich außerhalb des Schildwalls wieder und fiel beinahe vor Erschöpfung um.

Der „Schildwall" ist eine Taktik, um den Anführer zu schützen. Dabei stehen die Krieger im Kreis um ihren König oder Fürsten und bilden mit ihren Schilden, deren Ränder sich überlappen, eine Mauer um ihn. Auf diese Weise hingen die Schilde der Wikinger auch an den Seiten ihrer Drachenschiffe und bildeten dort einen „Bordwall".

Es tut nicht not, dies weiter auszuspinnen: Dort fielen König Hrolf und seine Meisterkrieger mit großem Ruhm.

Aber welch ein Gemetzel hatten sie angerichtet! Worte können es nicht beschreiben. In der Schlacht fielen König Hrolf und seine Männer, aber nur wenige der Verräter lebten weiter mit Skuld.

Diese Saga ist letztlich eine ins Epische übertragene Verkündung des Todes eines Königs durch eine Walküre/Norne. Bei der Schilderung dieser Schlacht könnte auch der Ragnarök eine Inspirationsquelle gewesen sein – König Hrolf und seine zwölf Meisterkrieger würden dann Odin und den zwölf Asen entsprechen.

Skuld wurde in mehreren Texten nicht nur als Norne, sondern auch als Walküre angesehen. Der Unterschied zwischen beiden ist letztlich auch nicht besonders groß: Die Norne legt das Schicksal fest und verkündet es den Eltern des Neugeborenen während die Walküre das Schicksal dem Betroffenen verkündet, wenn es an der Zeit ist, und dann auch das Eintreten dieses Schicksals bewirkt.

Da nahm sie die Länder des Königs Hrolf in ihre Gewalt und herrschte über sie – auf üble Weise und nur für kurze Zeit.
Hirsch-Frodi rächte zusammen mit Thorir Hundefuß seinen Bruder Bjarki, so wie er es versprochen hatte und wie es in „Frodis Faden" berichtet wird.
Sie erhielten eine mächtige Unterstützung aus Schweden von Königin Yrsa und es wird gesagt, daß Vogg ihr Anführer war. Das gesamte Heer segelte nach Dänemark und kam unerwartet zu Königin Skuld. Sie ergriffen sie, sodaß sie keine Zaubersprüche sprechen konnte, und sie töteten all ihren Abschaum und folterten sie auf verschiedenste Weisen.

Die Umdeutung der Walküre/Norne Skuld aus der Mythologie in die böse Zauberin in der Saga erforderte auch, das an ihr Rache genommen wurde.

Die Länder kamen wieder zurück unter die Herrschaft von König Hrolfs Töchtern. Dann segelte alle wieder heim.
Für König Hrolf wurde ein Hügelgrab errichtet und sein Schwert Skofnung wurde neben ihn gelegt. Ebenso wurde für jeden seiner Meisterkrieger und seine Waffen ein Hügelgrab errichtet.
Hier endet die Saga von König Hrolf Kraki und seinen Meisterkriegern.

Seinen Beinamen „Kraki", d.h. „Krähe" hatte König Hrolf („ruhmreicher Wolf") durch den Spottvers eines kleinen Jungen erhalten, der fand, das der König wie eine Krähe aussah. Der König bedankte sich bei ihm dafür, das er ihm einen Beinamen gegeben habe, wofür der Junge wiederum versprach, den König zu rächen, falls dieser jemals getötet werden sollte. Dieser Junge hieß Voggr, d.h. „einer der in der Wiege geschaukelt wird", also „Baby" – er war der spätere Anführer der schwedischen Flotte.
Diese Rolle des Voggr erinnert sehr an die Funktion, die Odin des öfteren in den Königs-Sagas hat, und sie erinnert auch an Vali Odin-Sohn, der Baldur rächt.

IV 1. l) Gylfis Vision

In der folgenden Schilderung wird die Riesin Angrboda („Angst-Botin"), die vermutlich mit Hel identisch ist, als Zauberweib angesehen.

Da frug Gangleri: „Die Sonne fährt schnell, fast als wenn ihr bange wäre. Sie könnte ihren Gang nicht mehr beschleunigen, wenn sie für ihr Leben fürchtete."

Da antwortete Har: „Das ist nicht zu verwundern, daß sie so schnell fährt, denn ihr Verfolger ist nah, und sie kann sich nicht anders fristen, als daß sie ihre Fahrt beschleunigt."

Da frug Gangleri: „Wer ist es, der sie so in Angst setzt?"

Har antwortete: „Das sind zwei Wölfe; der eine, der sie verfolgt, heißt Sköll: sie fürchtet, daß er sie greifen möchte; der andere heißt Hati, Hrodwitnirs Sohn, der läuft vor ihr her und will den Mond packen, was auch geschehen wird."

Da frug Gangleri: „Von welcher Herkunft sind diese Wölfe?"

Har antwortete: „Ein Riesenweib wohnt östlich von Midgard in dem Wald, der Jarnwid („Eisenwald" =Unterwelt) heißt. In diesem Walde wohnen die Zauberweiber, die man Jarnwidiur („Eisenwaldfrauen" = Riesinnen) nennt.

Jenes alte Riesenweib gebiert viele Riesenkinder, alle in Wolfsgestalt und von ihr stammen die Wölfe.

Es wird gesagt, der Mächtigste dieses Geschlechts werde der werden, welcher Managarm („Mondhund") heißt. Dieser wird mit dem Fleisch aller Menschen, die da sterben, gesättigt; er verschlingt den Mond und überspritzt den Himmel und die Luft mit seinem Blut; davon verfinstert sich der Sonne Schein und die Winde brausen und sausen hin und her.

So heißt es in der Wöluspa:

Östlich sitzt die Alte im Eisengebüsch
Und füttert dort Fenrirs Geschlechts.
Von ihnen allen wird eins das schlimmste:
Des Mondes Mörder mit übermenschlicher Gestalt.
Ihn mästet das Mark gefällter Männer,
Der Seligen Saal besudelt das Blut.
Der Sonne Schein dunkelt in kommenden Sommern;
Alle Wetter wüten; wißt ihr, was das bedeutet?"

IV 2.   Der Flug der Zauberinnen

Wie bei den Priesterinnen und den Seherinnen ist auch bei den Zauberinnen die Astralreise ein wesentliches Element – letztlich sind diese drei Arten von weisen Frauen nichts grundsätzlich verschiedenes, sondern dieselbe Gruppe von Frauen in einer verschiedenen Funktion: die Priesterin vor dem Altar, die weissagende Seherin auf der Seherinnen-Empore und die helfende Zauberin.

IV 2. a)   Die Saga über Sturlaug den Mühen-Beladenen

Das Folgende ist der Bericht über einen Gandreid aus der Sicht eines „Beifahrers":

„Bist Du bereit?" frug die Königstochter Mjöll.
„Ich schon eine lange Zeit bereit," sagte Frosti.
Sie ging zu der Tür der Halle und sang einige Worte bevor sie hinausging. Danach gingen sie, aber Frosti konnte kaum mit ihr Schritt halten.
Sie sagte: „Du bist sehr langsam, mein lieber Frosti. Halte Dich an meinem Gürtel fest!"
Sie ging so schnell, daß ein heftiger Wind um ihn herumwehte.
Und nichts weiteres wird über ihre Fahrt gesagt, bis sie nach Schweden kamen.

IV 2. b)   Illugi-Saga

Bei Hild lebte eine Leibeigene, die Sunnlöd genannt wurde. Sie war sehr erfahren in der Magie und sie war die schlimmste aller Hexen. Sie hat vielen Menschen Übles gebracht.

Der Name der Leibeigenen bedeutet „Einladung der Sonne". Dieser Name klingt sehr nach einer Sonnenpriesterin. Eines der wichtigsten Rituale bei den verschiedenen indogermanischen Völkern war die morgendliche Anrufung der Sonne. Der Name „Sonnlöd" könnte sich auf dieses Ritual beziehen. Falls Sunnlöd tatsächlich eine ehemalige Priestern gewesen sein sollte, wäre es verständlich, warum sie sich so gut mit Magie auskannte.

Hild ging zu Illugi und wies ihn an, die Hacke zu holen, die Svidi in der Wetterhütte gelassen hatte. Er sagte, daß er gehen würde.

Es war schon spät am Tag, als Illugi sein Heim verließ. Er ging schnell, kam zu dem Unterstand und fand die Hacke. Es war schon Mitternacht, aber er ging trotzdem zurück, aber als sich seinem Heim näherte, sprang etwas, das ihm gefolgt war, sehr hart auf seinen Rücken und gelangte schließlich auf seine Brust. Das Wesen hatte eine Gerte in seiner Hand und benutzte sie, um gegen Illugi zu kämpfen. Es war Sunnlöd.

Die Gerte der Sunnlöd könnte eine Umdeutung des Stabes der Priesterinnen und Seherinnen sein, der später zum Hexenbesen wurde und ein Symbol für die Fähigkeit der Astralreise und somit der Verbindung zu den Göttern und den Ahnen ist.

Illugi lief von dieser verhaßten Hexe fort und fand einen großen Stein. Er schlug die Hexe damit so fest, daß ihr Rückgrat brach und sie starb.

Er hielt auf seinem Weg nicht an, bis er heimkam. Seine Mutter Hild war draußen, als er zurückkehrte. Illugi schaute finster drein.

Hild war glücklich. „Hat Dich etwas auf Deinem Weg verärgert, mein Sohn?" sagte sie, „Hast Du die Hacke gefunden, die ich Dich holen geschickt habe?"

„Ja," sagte Illugi.

Sie sagte: „Hast Du meine Magd getroffen, die ich ausgesandt habe, um Feuerholz zu holen?"

Illugi sagte: „Ich glaube kaum, daß Du Deine Magd wiedersehen wirst; sie hat mich geritten, aber ich habe sie wegen ihres Angriffs getötet und habe ihr Rückgrat mit einem Stein zerbrochen."

Ein „Hexenritt" ist eine Jenseitsreise, bei der man auf einem Stab wie auf einem Hexenbesen reitet. Dieser Vorgang wird z.B. in der Thorstein-Saga beschrieben, in der ein Geist und ein Wikinger auf zwei solchen Stäben in das Jenseits „reiten". Diese Stäbe sind die Priesterinnen-Stäbe der Seherinnen. Sie wurden später mit etwas Reisig als Hexenbesen getarnt.

Dieser „Ritt" fand ursprünglich innerlich statt („Astralreise"). Da das bei Bestattungen geopferte Herdentier oft ein Pferd gewesen ist, hat sich das Opferpferd mit dem Reitpferd zu dem Jenseitsreisepferd verbunden: Tyrs Svadilfari, Odins achtbeiniger Sleipnir, Hels dreibeiniges Pferd Helhest u.a.

Dieses „Reiten" wurde dann auf den Stab der Seherinnen übertragen, wodurch schließlich der Hexenbesen-Ritt entstand.

In einem dritten Schritt ist dieses „Reiten" dann zu einem Angriff auf die „Opfer der Hexen" umgedeutet, was eine der Wurzeln für den Nachtmahr ist, der einem Schlafenden die Brust eindrückt – „Mahr" ist eine Ableitung von „Mähre" („Pferd"). Diese Mähre ist das Pferd aus dem „Hexenritt".

IV 2. c) Gylfis Vision

Bei den Göttinnen finden sich dieselben Fähigkeiten wie bei den Zauberinnen. Da die Priesterinnen und die Zauberinnen ihre Macht aus dem Jenseits von den Ahnen und den Göttern erhalten, sind die Göttinnen letztlich die Quelle der Macht der Zauberinnen.

Die berichteten Fähigkeiten sind das Vorhersehen der Zukunft, der Flug, die Totenbeschwörung, die Schutzlieder und anderes mehr.

Die Göttin Gna, die die Dienerin-Priesterin der Frigg ist, ist auch eine Schamanin-Zauberin, wie ihre Fähigkeit, durch die Luft zu fliegen („Astralreise"), zeigt.

Da frug Gangleri: „Welches sind die Asinnen?"
Har antwortete: „... ... ... Die dreizehnte ist Gna, welche Frigg in ihren Geschäften nach allen Weltteilen schickt. Sie hat ein Pferd, das durch Luft und Flut rennt und Hofhwarfnir heißt. Einst geschah es, das sie von etlichen Wanen gesehen ward, als sie durch die Luft ritt.
Da sprach einer:

'Was fliegt da, was fährt da,
Was lenkt durch die Luft?'

Sie antwortete:

'Ich fliege nicht, ich fahre nicht,
Ich lenke durch die Luft
Auf Horhwarfnir, den Hamskerpir
Zeugte mit Gardrowa.'

Nach Gnas Namen gebraucht man den Ausdruck 'gnafa' von allem Hochfahrenden."

IV 3. Gestaltwandel: Tier

Eine weitere wichtige Fähigkeit der Zauberinnen ist der Gestaltwandel, womit in den meisten Fällen die magische Verwandlung in das eigene Krafttier gemeint ist, daß in den Sagas manchmal als eine nicht nur innerliche, sondern als eine physische Verwandlung geschildert wurde.

Die Verwandlung in einen Vogel ist ein Bild für die Astralreise. Die Verwandlung in einen Drachen ist ursprünglich ein Bild für die Verwandlung in einen Totengeist gewesen.

Die vielen verschiedenen Gestaltwandlungen werden ausführlich in Band 65 beschrieben.

IV 3. a) Egil-Saga

In der Egil-Saga wird eine lang andauernde Feindschaft zwischen Egil und Köngin Gunnhild beschrieben. In einer Szene ist Egil gefangen und versucht ein Lied zu dichten, mit dem er den König, der ihn gefangenhält, preisen will, damit dieser König dann gezwungen ist, ihn freizulassen. Dies versucht Gunnhild zu verhindern.

Egil sagte, daß er nichts erreicht hätte, „hier," sagte er, „saß eine Schwalbe am Fenster und zwitscherte die ganze Nacht, sodaß ich wegen ihr keine Ruhe finden konnte."

Daraufhin verließ Arinbjorn ihn und ging durch die Tür hinaus und hinauf zu dem Hausdach und setzte sich an das Fenster des oberen Zimmers, an dem die Schwalbe gesessen hatte. Er sagte, daß etwas in Zauberinnen-Gestalt von dem Dach fortgegangen sei. Arinbjorn saß bis zum Morgengrauen dort am Fenster.

Nachdem Arinbjorn gekommen war, dichtete Egil das Lied und lernte es so auswendig, daß er es am Morgen auswendig aufsagen konnte, als er wieder mit Arinbjorn zusammentraf.

IV 3. b) Thidrek-Saga

Hierauf sammelte sich um König Hertnit ein großes Heer. Und seine Frau Ostacia ging hinaus und rief ihre Götter an, das heißt, sie ging hin sie zu beschwören, so wie es in der Vorzeit geschah, daß zauberkundige Frauen, die wir Völven nennen, sie zu beschwören pflegten. Und so weit trieb sie es in der Zauberkunst und Beschwörung, daß sie allerlei Tiere, Löwen, Bären und große fliegende Drachen beschwor. Die zähmte sie alle, bis daß sie ihr gehorchten und sie sie gegen ihre Feinde hetzen mochte. Und es wird gesagt (...), daß ihr Heer dem bösen Feinde selber gleich war und sie selber erschien als ein fliegender Drache.

IV 3. c) Landnahme-Buch

Thorir Riesen-Jäger siedelte in Stier-Tal und wohnte am Vatns-Fluß. Sein Sohn war Steinraud der Starke, der vielen Männern half, denen Geister geschadet hatten.

Dort lebte eine Frau mit dem Namen Geirhild, die geschickt in den Zauberkünsten und eine Übeltäterin war.

Männer, die die Gabe des Hellsehens hatten, sahen, wie sich diese Steingerd ihnen heimlich nahte und sich in die Gestalt eines Rinderfelles voller Wasser verwandelte.

Steinraud war ein Grobschmied und hielt einen langen eisernen Treibstock in seiner Hand.

Über ihr Treffen wird gesungen:

*„Er, der den Hammer erklingen läßt,
läßt die Stäbe, von den Stäben die größten
stets so sehr er irgend kann,
auf dem Wasser-Fell der Geirhild ertönen.
Der lange Eisenstab verursachte
einen sehr schlimmen Schmerz
auf der Seite der Hexe von Hjalteyr;
Die Rippen der Trollfrau sind nun alle geschwollen."*

Dieses Szene und dieses Lied sind zunächst einmal etwas seltsam.

Sowohl Steinraud als auch Geirhild kennen sich praktisch mit Magie aus.

Ein Rinderfell wurde vor allem bei Bestattungen benutzt, um dem Toten die Zeugungskraft des Stiers für seine Wiederzeugung im Jenseits zu übertragen. Im Jenseits verwandelte sich die Göttin dann in eine Kuh, damit sie und der Tote zusammenpaßten. Das wassergefüllte Fell, in das sich die Zauberin verwandelt, könnte daher aus dieser Symbolik stammen.

Wenn dies zutreffen sollte, wäre der Eisenstab des Schmiedes sicherlich eine Anspielung auf den Penis des Toten, der die „Jenseitsfrau", d.h die Göttin als die Wiederzeugungs-Geliebte des Toten „schlägt".

Es bliebe allerdings unklar, warum das Fell wassergefüllt ist.

Anscheinend wird in diesen Versen ein Streit zwischen den beiden mit der Symbolik der Wiederzeugung, die ja mit der Priesterschaft und der Zauberkunst eng asoziiert wurde, beschrieben.

IV 3. d)   Gesta danorum

Inzwischen kam eine gewisse alte Frau, die in der Zauberkunst erfahren war und die mehr in ihre Künste vertraute als daß sie die Strenge des Königs fürchtete, und stachelte die Begierde ihres Sohnes nach dem Schatz an. Sie versicherte ihm Straflosigkeit, da der König fast schon an dem Tor des Todes stand, sein Leib schwach und die Überreste seines altersschwachen Geistes kraftlos waren.

Er stellte dem Rat seiner Mutter die Größe der Gefahr gegenüber, aber sie gebot ihm, Hoffnung zu fassen und erklärte, daß entweder eine Seekuh ein Kalb haben sollte oder daß die Rache des Königs durch irgendeine andere Fügung vereitelt werden solle. Durch diese Rede vertrieb sie die Ängste ihres Sohnes und ließ ihn ihr gehorsam sein.

Als die Tat getan war, wurde Frode, von dem Angriff getroffen, von der größten Hitze und Wut erfüllt und ließ das Haus der alten Frau niederreißen und sandte Männer aus, um sie gefangen zu nehmen und sie mit ihren Kindern herbeizubringen.

Dies hatte die Frau vorhergesehen und täuschte ihre Feinde mit einer List, indem sie von der Gestalt einer Frau zu der einer Stute wechselte.

Als Frode herbeikam, nahm sie die Gestalt einer Seekuh an, die an der Küste umherzurobben und zu grasen schien. Und sie ließ ihre Söhne wie Kälber von geringerer Größe aussehen. Dieses Omen erstaunte den König und er befahl, daß sie umringt und von ihrem Rückweg ins Wasser abgeschnitten würden. Dann verließ er den Karren, den er wegen der Schwäche seines alten Körpers benutzte und setzte sich verwundert auf den Erdboden.

Aber die Mutter, die die Gestalt des größeren Tieres angenommen hatte, griff den König mit ausgestreckten Hauern an und durchstach eine seiner Seiten. Diese Wunde tötet ihn und sein Ende war einer Majestät wie der seinen unwürdig.

Seine Krieger, die nach Rache für seinen Tod dürsteten, warfen ihre Speere und durchstachen die Ungeheuer. Als sie getötet worden waren, sahen sie, daß es Leichen von menschlichen Wesen mit den Köpfen von wilden Tieren waren: ein Umstand, der die List mehr als alles andere offenbarte.

König Frode ist sehr wahrscheinlich eine Übertragung des Gottes Freyr, des Bruders der Freya, in den Bereich der Sage, was einen Zusammenhang zwischen der Mythe, die dieser Freyr-Mythe zugrundeliegt, und dessen Schwester Freya recht wahrscheinlich macht.

In der Sage über König Frode finden sich auch viele andere Elemente, die Umdeutungen von Mythen sind wie z.B. die Fahrt (Jenseitsreise) zu einem Schatz auf einer Insel (Jenseits), der von einem Drachen bewacht wird.

Das Lebensende des Frode nahte, als eine alte Frau, die Hel selber sein wird, nach einem der Schätze des Königs Frode trachtet: seinem Ring, der ein Jenseitsreisesymbol ist. Dieser Ring könnte auch der Halsreif Brisingamen der Freya sein – und die alte Frau der Hel-Aspekt der Freya.

Loki verwandelt sich in der Riesenbaumeister-Mythe anscheinend in Freya selber, als er in Stuten-Gestalt den Hengst des Riesen fortlockte und nach der Vereinigung mit ihm Odins Roß Sleipnir gebar.

Entsprechend wird die Seekuh-Gestalt der alten Frau auch der Robben-Gestalt des Heimdall und des Loki bei deren Kampf um Freyas Brisingamen auf der Insel entsprechen.

Freya hatte somit bei der Wiederzeugung in der „Land-Unterwelt" die Gestalt einer Stute und auf der „Insel-Unterwelt" die Gestalt einer Robbe oder einer Seekuh.

IV 3. e) Die Saga über Bosi und Herraud

König Harek kam mit seinem Schiff und zwölf Männern und verursachte große Schäden.

Smidur wandte sich gegen ihn und schlug ihn mit dem kurzen, scharfen Schwert, das die alte Frau Busla ihm gegeben hatte, denn Harek konnte mit nichts außer mit einem Schwert, daß eine Hexe verzaubert hatte, verwundet werden. Der Schlag traf ihn im Gesicht über den Zähnen und schlug sie alle heraus. Sein Gaumen war gebrochen und beide Lippen zerschnitten und Blut lief aus seinem Mund.

Aber dieser Schlag machte ihn so wütend, daß er zu einem fliegenden Drache wurde und Gift über das Schiff verspritze und viele Männer tötete. Er stürzte sich hinab und verschlang Smidur.

Da sahen sie den Vogel über das Land herbeifliegen, der Skergripr genannt wurde. Er hatte einen so großen Kopf und sah so schrecklich aus, daß er wie der Teufel aussah, und er griff den Drachen an und es kam zu einer fürchterlichen Schlacht.

Und dieser Kampf endete damit, daß beide niederstürzten – Skergripr fiel hinab in das Meer und der Drache auf Siggeirs Schiff.

Herraud war schon dort und schwang die Keule mit beiden Händen. Er schlug nach Siggeir und der Hieb traf ihn auf seinem Ohr, sodaß sein ganzer Schädel zerbarst und er über Bord stürzte und nie wieder heraufkam.

Da kam König Harek hinzu und verwandelte sich in einen Keiler. Er faßte Herraud mit seinen Zähnen und riß seine Brünne herunter, stieß seine Zähne in seine Brust und riß beide Brustwarzen von seinen Knochen. Herraud hieb auf die Schnauze des Keilers und schlug sie unterhalb der Augen ab. Da war Herraud so erschöpft, daß er auf seinen Rücken stürzte und der Keiler auf ihm herumtrampelte, da er unfähig war, ihn zu beißen, da ihm seine Schnauze abgeschlagen worden war.

Da kam ein großer gefräßiger Hund auf das Schiff. Er riß ein Loch in den Lendenbereich des Keilers, zerrte seine Eingeweide heraus und sprang über Bord. Da nahm Harek wieder seine menschliche Gestalt an und sprang ihm hinterher und beide sanken auf den Grund und keine von ihnen kam wieder empor.

Die Leute glaubten, daß dies die Zauberin Busla gewesen sein müsse, da sie danach nie wieder gesehen wurde.

IV 4. Gestaltwandel: die häßliche Frau und die schöne Frau

Der zweite wichtige Gestaltwandel ist der Übergang zwischen der Jenseitsgöttin als die gefürchtete Totenreich-Herrin Hel und der Jenseitsgöttin als der ersehnten Wiederzeugungs-Geliebten Freya. Aus diesen zwei Seiten der Jenseitsgöttin wurde in den Sagas oft das Motiv der Königstochter, die durch einen Fluch in eine häßliche Trollfrau verwandelt worden ist.

Dieses Motiv wurde bereits in der „Saga über König Hrolf Kraki und seine Recken" geschildert.

IV 4. a) Illugi-Saga

Einst lebte ein König mit dem Namen Ali, der über Alfheim herrschte. Er hatte eine Königin mit dem Namen Alfrun. Sie hatten eine Tochter, die Signy genannt wurde und die geschickt in allen Dingen war.

Sobald Signy alt genug war, wurde sie mit einem König mit dem Namen Eirek vermählt. Er fiel auf einem Raubzug in den Westen.

Sie hatten eine Tochter mit dem Namen Hild und sie war die allerschönste Maid. Da zog Signy zu ihrem Vater und blieb bei ihm.

Die Königin wurde alt und starb und der König war voller Kummer darüber. Signy blieb in ihrem Frauenhaus und ihr taten ihr Vater und ihre Mutter sehr leid.

Dann heiratete der König eine Frau mit dem Namen Grimhild. Sie war von schönem Äußerem, aber insgeheim war sie die größte Zauberin. Der König liebte sie sehr.

Sie hatte ihre eigenen Töchter, die alle ihrer Mutter glichen und die größten Zauberinnen waren.

In dem Königreich gingen bei der Ankunft der Grimhild viele Gerüchte um und als eines Nachts ein Mann verschwand, glaubten alle, daß Grimhild dafür verantwortlich sei.

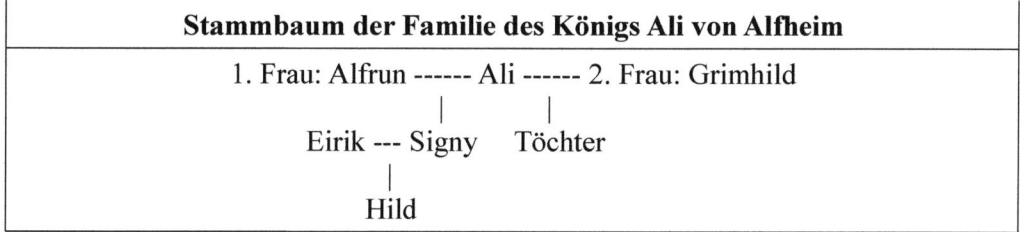

Der König begann alt zu werden und schlug der Königin vor, sich einen Nebenmann zu suchen, wenn sie dies wünschte.

Sie beschloß jedoch, den König zu vergiften und selber zu herrschen solange sie noch jung war. Sie gab ihm Gift zu trinken – das war sein Tod. Sie bestattete ihn in einem Hügelgrab.

Grimhild handelte nun so voller Bosheit, daß es in dem Königreich schon bald keine Menschen und keine Schätze mehr gab.

Danach beschloß Grimhild dorthin zu gehen, wo Signy mit ihrer Tochter saß. Und als sie dorthin gelangt war, sprach sie zu ihr solcherart: „Du, Signy," sprach sie, „hast lange genug in Glück dagesessen, und nun werde ich Dir dies alles nehmen und ich bestimme Dir, daß Du schon bald in die Verbannung gehen und die schlimmste Hexe werden sollst! Du sollst Grid genannt werden. Deine Tochter soll mit Dir gehen und alle Männer, die sie sehen, sollen in Liebe zu ihr entbrennen. Du sollst sie alle in ihrem Bett ermorden. Die sieben Schwestern sollen jede Nacht mit Dir kämpfen. Sie werden Dich auseinanderreißen und Dich zerhacken und Dich verstümmeln, aber Du sollst alt werden, bevor Du stirbst, und Du sollst alt werden, bevor Du von diesem Zauberbann befreit wirst, sofern Du keinen Mann findest, der sich nicht vor Deinem fürchterlichen Messer fürchtet, wenn du es erhebst – und diejenigen, die fliehen, wenn Du diese fürchterliche Klinge zeigst, dürfen nicht am Leben bleiben."

Signy konnte vor lauter Kummer und Weinen nicht sprechen.

Da sprach Hild: „Ich hoffe, Grimhild, daß ich mich vor Deinen Verwünschungen verbergen kann und daß andere Dich und Deine Untaten ertragen müssen – aber andere, die in der Halle des Königs sind!

Sklaven sollen dort ein Feuer zwischen Deinen Füßen entfachen! Dieses Feuer soll sowohl am Tag als auch in der Nacht brennen und Du sollst an der einen Seite brennen und an der anderen Seite frieren und das Feuer wird Dir niemals Ruhe geben!

Und wenn wir beide entkommen, dann wirst Du sterben und in das Feuer stürzen!"

Dann sprach wieder Grimhild: „Sehr närrisch ist Deine Rede und ich hoffe, daß keiner von beiden daran gebunden ist!"

Dann gingen Mutter und Tochter fort, um in dieser Höhle zu leben. Ich bin diese Signy und das hier ist meine Tochter Hild und ich gebe sie Dir nun zur Frau, denn Du hast mich von dem Zauberbann befreit."

IV 4. b)   Die Saga über Grim Struppig-Wange

Auch in dieser Saga findet sich die Verwandlung von der häßlichen zur schönen Frau.

Am nächsten Tag war das Wetter gut. Sie gingen an Land und sahen, daß ein großer Furchenwal an Land geschwemmt worden war. Sie gingen dorthin und begannen, den Wal in Stücke zu schneiden.

Nach einer Weile sah Grim zwei Männer kommen. Sie kamen sehr schnell näher. Grim grüßte sie und frug nach ihren Namen. Der Anführer sagte, er sei Hreidar der Schnelle, und frug, warum Grim versuche, sich mit Hreidars Besitz davon zu machen. Grim sagte, daß er den Wal zuerst gefunden habe.

„Weißt Du nicht," sagte Hreidar, „daß mir alles gehört, was auch immer hier angeschwemmt wird?"

„Davon weiß ich nichts," sagte Grim, „mag das sein, wie es will – wir nehmen auf jeden Fall die Hälfte."

„Ich glaube nicht." sagte Hreidar: „Ihr habt zwei Möglichkeiten: Laßt den Wal liegen oder wir werden kämpfen."

„Das werden wir lieber tun," sagte Grim, „als den Wal zu verlieren."

So kam es dann und sie kämpften und es war ein sehr harter Streit. Hreidar und seine Männer teilten heftige Schläge aus und sie waren auch geschickt mit ihren Waffen, sodaß es nicht lange dauerte, bis beide Männer des Grim tot niederfielen.

Dann begann ein mächtiger Kampf, aber am Ende fielen Hreidar und seine Männer. Grim stürzte ebenfalls wegen seiner Wunden und vor Erschöpfung nieder. So lag er dort am Strand und erwartete auch für sich selber nichts anderes als den Tod.

Aber er hatte noch nicht lange dort gelegen, als er eine Frau kommen sah – falls man sie eine Frau nennen kann. Das Mädchen konnte gemessen an ihrer Größe nicht älter als sieben Jahre sein, aber sie war so dick, daß Grim bezweifelte, daß er sie mit seinen Armen hätte umfassen können. Sie hatte ein langes Gesicht, ein hartes Gesicht, eine krumme Nase, hochgezogenen Schultern, ein schwarzes Gesicht und ein Schwabbel-Kinn, ein schmutziges Gesicht und sie war kahl auf dem vorderen Teil ihres Kopfes. Sowohl ihre Haare als auch ihr Fell waren schwarz. Sie trug einen verschrumpelten ledernen Kittel. Er reichte kaum bis zu ihrem Hintern herab.

„Die kann man wohl kaum küssen," dachte er, da ein dicker Popel bis vor ihr Kinn herabhing.

Sie ging dorthin, wo Grim lag und sprach: „Der Fürst von Halogaland ist in einem schlechten Zustand, außer wenn Du, Grim, von mir gerettet werden willst?"

Grim antwortete: „Ich bin mir nicht sicher darüber, weil Du derart häßlich bist. Was ist denn eigentlich Dein Name?"

Sie sagte: „Ich werde Geirrid Gandvik-Bed genannt. Du solltest wissen, daß ich hier in der Bucht etwas zu sagen habe. Also entschließe Dich jetzt für das eine oder das andere!"

Der Beiname „Gandvik-Bed" bedeutet „Zauberbucht-Bett". Geirrid hat eine gewisse Macht in der Bucht, in der der Wal gestrandet war, wie sie selber sagt. Ein „Gandr" ist ein rituelles Lied oder ein Zaubergesang. Geirrids Macht schient somit auf ihrer Kenntnis von magischen Liedern zu beruhen, d.h. sie ist eine Zauberin oder Priesterin. Die Bucht ist somit der Ort, an dem sie ihre Lieder singt. Die Bezeichnung dieser „Zauberbucht" als das „Bett" der Geirrid zeigt zwar, daß sie auch an diesem Ort schläft, aber die Wahl des Wortes „Bett" statt z.B. „Heim" läßt vermuten, daß es auch noch einen sexuellen Hintergrund für den Beinamen der Geirrid geben könnte.

Diese „Gandvik" genannte Bucht ist das Weiße Meer zwischen Finnland und Rußland. In den Sagas erscheuint es häufig als der Ort, an den die früheren Jenseitsvorstellungen übertragen worden sind – daher ist Gandvik auch der Ort, an dem die Jenseitsriesin, also ursprünglich Hel wohnt.

Grim antwortete: „Es gibt einen alten Spruch: 'Jeder ist gierig nach Leben.' Ich will von Dir gerettet werden."

Sie steckte ihn sich unter ihren Kittel und lief mit ihm wie mit einem Baby – so schnell, daß sich ihr Kittel vom Wind aufblähte. Sie hielt nicht an bis sie zu einer hohen Klippe kam und als sie Grim niedersetzte, schien sie ihm genauso häßlich wie zuvor zu sein.

„Nun bist Du hier," sagte sie, „und ich will, daß Du mich dafür belohnst, daß ich Dich gerettet habe und Dich von der Küste fortgebracht habe – deshalb küsse mich jetzt."

„Nein, das geht überhaupt nicht," sagte Grim, „Du siehst für mich so fürchterlich aus."

„Dann kann ich Dir nicht helfen," sagte Geirrid, „in diesem Fall bist Du so gut wie tot."

„Nun, dann muß ich es wohl einfach tun," sagte Grim, „obwohl ich es lieber sein lassen würde."

So ging er zu ihr und küßte sie. Es schien nicht so schlimm zu sein, sie zu berühren wie sie anzusehen.

Dann wurde es Abend. Geirrid bereitete ein Bett und frug Grim, ob er alleine oder bei ihr liegen wolle. Grim sagte, daß er es vorziehen würde, alleine zu liegen.

Sie sagte, daß sie dann keine Zeit mehr damit verschwenden werde, ihn zu heilen. Grim sah ein, daß ihm das nicht viel helfen würde, und sagte, daß er in diesem Fall lieber bei ihr liegen würde – wenn das nun einmal seine Wahlmöglichkeiten seien. Und das tat er dann auch.

Zunächst verband sie alle seine Wunden und er spürte dabei weder Schmerzen noch Brennen. Er war erstaunt, wie zarte Finger sie hatte und wie sanft sie war – und das mit so häßlichen Händen, wie sie hatte, die eher wie Geierkrallen als wie menschliche Hände aussahen.

In dem Augenblick, als sie im Bett lagen, schlief Grim auch schon ein.

Als er jedoch erwachte, sah er eine schöne Frau neben sich im Bett liegen – er konnte sich nicht erinnern, jemals irgendeine Frau gesehen zu haben, die so schön war. Er war überrascht, wie sehr sie seiner Verlobten Lopthoena glich. Auf dem Fußboden sah er am Bettende die scheußliche leere Troll-Hülse, die Geirrid Gandvik-Bett getragen hatte. Nun war nicht mehr viel Kraft in ihr übrig. Er stand rasch auf und zog die Hülse zum Feuer und verbrannte sie zu Asche.

Mit „Troll-Hülse" ist eine „Hülle" gemeint, die Lopthoena die Gestalt der Riesin gegeben hatte.

Dann ging er hinüber zum Bett und tröpfelte Wasser auf die Frau bis sie wieder zu sich kam und sagte: „Nun geht es uns beiden gut. Erst habe ich Dein Leben gerettet und nun hast mich von dem hier errettet."
„Wie bist Du hierher gelangt? Und was das betrifft: Wie bist Du zu so etwas geworden?" sagte Grim.
Sie antwortete: „Nicht lange nachdem Du meinen Vater im Oslofjord verlassen hattest, kam meine Stiefmutter Griemhild zu mir und sagte: „Nun werde ich es Dir heimzahlen, Lopthoena, denn Du hast nicht als Zurückweisung und Sturheit für mich gehabt seit ich in dieses Land gekommen bin.
Dieses sage ich hiermit unverbrüchlich: Mögest Du Dich in die häßlichste Troll-Frau verwandeln und nach Norden nach Gandvik verschwinden und dort in einer Nebenhöhle gleich nebenan zu meinem Bruder Hrimnir wohnen und mögt ihr beide lange und hart miteinander streiten und möge der von euch, der am wenigsten seinen Geist aufrechthalten kann, es am schlechtesten haben.
Und Du wirst von allen verabscheut werden, von Trollen genauso wie von Menschen. Und außerdem," sagte sie, „wirst Du für den Rest deines Lebens in dieser Mühsal bleiben und sie niemals verlassen können außer wenn ein Menschen-Mann einwilligt, diese drei Dinge zu tun, wenn Du ihn danach fragst – und ich weiß, daß es niemand gibt, der das tun wird: Dies ist das erste – daß er Dich sein Leben retten läßt. Dies ist das zweite – daß er Dich küßt. Und dies ist das dritte – daß er in demselben Bett wie Du schläft ... mit Dir, die schlimmer als jede andere aussehen wird!"
„Nun," sprach Lopthoena, „hast Du all das für mich getan, was Du getan hast. Und alles, was ich nun möchte, ist, daß Du mich heim zu meinem Vater im Süden nimmst und dort mit mir auf dem Hochzeitsfest trinkst, so wie es beabsichtigt gewesen ist."

Die Verwandlung der häßlichen Frau in eine schöne Frau ist ein weit verbreitetes Thema in Mythen, Liedern und Sagen. Dieses Motiv beruht letztlich darauf, daß die Jenseitsgöttin zwei Seiten hat: die ersehnte schöne Geliebte bei der Wiederzeugung und die gefürchtete häßliche Herrscherin der Unterwelt.

IV 4. c) Wolfdietrich-Lied

Die Riesin in diesem Lied trägt einen christlichen Namen: „Else" ist die Kurzform von „Elisabeth". Die über sie berichteten Dinge stammen jedoch noch aus den Mythen der Germanen.

Sie blieben in dem Tale / bis sie befiel die Nacht.
Da begann Wolfdietrich: / „Ihr habt genug gewacht,
Ihr Herren legt euch schlafen; / ich will der Schildwacht pflegen."
„Behüte Gott," sprach Hache, / dieser wunderkühne Degen.

Da sprach Herzog Berchtung: / „Lieber Herre mein,
Warum willst Du uns dienen, / sind wir nicht alle Dein?
Ich mit meinen Söhnen, / ich wache was ich kann:
Ihr sollt euch schlafen legen, / ihr seid ein müder Mann."

Antwort gab Wolfdietrich, / ein kühner Degen hehr:
„Ich fürchte nun, ich diene / euer keinem nimmermehr.
Laßt mich euch heute dienen, / das ist der Wille mein.
Wollte Gott vom Himmel, / es sollte nur länger sein!"

Da sprach Herzog Berchtung: / „Ein rau Weib stellt euch nach:
Wie wollt ihr euch bewahren / vor ihr bis an den Tag?
Sie ist euch nachgegangen / bis in das dritte Jahr:
Sie hätt euch gern zum Manne, / das sag ich euch fürwahr."

Das Adjektiv „rau" bedeutet hier „grob, wild, gefährlich".

Da gab Wolfdietrich Antwort: / „Wie kann ich mich da wahren?
Lieber komm es in der Jugend, / was mir Leids soll widerfahren,
Als daß es mir gespart sei / ins Alter hinein.
Ich muß viel Drangsal leiden, / es mag nicht anders sein."

Da legten sie sich schlafen / die elf getreuen Mann;
Zu wachen Herzog Berchtung / bis Mitternacht begann.
Da wollte nicht mehr schlafen / Wolfdietrich, daß Ruh
Sein treuer Meister fände / gegen den Morgen zu.

Da nun entschlief der Meister, / da kam dem Feuer nah
Das raue Weib gegangen, / und sah den Fürsten da.
Sie ging auf allen Vieren, / nicht anders denn ein Bär.
Er sprach: „Bist Du geheuer? / Welcher Teufel trug Dich her?"

Da sprach die raue Else: / „Geheuer bin ich gar.
Nun minne mich, Wolfdietrich, / Du wirst der Sorgen bar.
Ich gebe Dir ein Königreich, / dazu ein weites Land,
Daß es für eigen diene, / Herr, deiner fürstlichen Hand."

Diese Szene findet sich in vielen Sagen, Märchen und alten Sagen. Eine heute noch bekannte Version davon ist das Lied „King Henry", das durch die Folkgruppe „Steeleye Span" bekannt geworden ist.

Die Riesin ist die Wiederzeugungs-Geliebte im Hügelgrab, die zu der gefürchteten Göttin/Riesin Hel („Höhle" = Grabkammer im Hügelgrab) geworden ist. An die Stelle der Wiedergeburt, die auf die Wiederzeugung folgt, ist das Erhalten eines Schatzes getreten – sicherlich eine Assoziation zu den Schätzen in den Hügelgräbern.

„So ist mir nicht zu Sinne," / sprach Wolfdieterich,
„Daß ich Dich Teufel minne, / das glaube sicherlich.
Du sollst zur Hölle fahren, / da bist Du doch zu Haus.
Mich müht ohne Maßen / Dein ungefüger Saus."

Die Hölle ist die Hel: das Jenseits; die rauhe Else ist ebenfalls die Hel: die Göttin im Jenseits.

Vor Zorn nahm sie Zauber / und warf ihn auf den Mann,
Davon sich Wolfdietrich / nicht wohl mehr sein besann.
Wie bald sie ihm sein gutes Schwert, / dazu sein Fohlen nahm:
Bevor er kam zu Sinne / war es hinweg in dem Tann.

„Sich seiner selber nicht mehr besinnen" bedeutet „ohnmächtig sein". Die Ohnmacht ist hier eine Umdeutung des Todes und der Jenseitsreise.

Als er nun kam zu Sinne, / da griff er nach dem Schwert,
Sich und die Seinen hätt er / den Zauber abgewehrt:
Als er das Schwert nicht wieder fand, / da ging der kühne Mann
Und suchte nach dem Fohlen: / Da war das auch mit hindann.

Das Zauber-Schwertes des Wolfdietrich könnte eine Erinnerung an das Schwert des ehemaligen Sonnengott-Göttervaters Tyr sein, der an jedem Abend bzw. in jedem Herbst in das Jenseits reiste.

Wolfdieterich gedachte: / „Was soll ich hier bestehn?
Und erwachen die getreuen / Elf in meinem Lehn,
So will sein Schwert mir Herbrand / für das meine geben:
Er meint ich wär ein Zager; / in Schanden muß ich leben."

Da ging nach dem Weibe / Wolfdietrich in den Tann.
Da war gemacht mit Zauber / ein Weg, auf den er kam.
Er lief des Nachts zwölf Meilen, / der kühne Weigand,
bis er die raue Else / unter einem Brunnen fand.

Der 12 Meilen lange Zauberweg ist der Weg zur Hel.

„Willst Du mich noch nicht minnen, / Wolfdieterich?"
„Du Teufelin, Du üble, / wie wollt ich minnen Dich?
Nun gib mir balde wieder / mein Schwert und mein Fohlen,
Das Du mir böslich / heute Nacht hast gestohlen."

Sie sprach: „Nun leg Dich schlafen, / Du bist ein müder Mann,
Und laß mich Dir scheiteln / Deine Locken wonnesam."
„Schlaf bei Dir der Teufel!", / sprach der kühne Degen.
„Wie sollt ich Gemaches / bei Dir rauem Weibe pflegen?"

Vor Zorn nahm sie Zauber / und warf ihn auf den Mann,
Es behing ihm an dem Herzen; / Schlaf fiel ihn an,
Daß er niedersinken / mußt auf den grünen Plan.
Da verschnitt sie die Nägel / dem tugendreichen Mann.

Die Riesin kann Männer in Ohnmacht fallen lassen, was eine Verharmlosung des Tötens durch Hel sein wird, in das man die Reise zu ihr umgedeutet hatte.

Sie nahm ihm von der Schläfe / der Locken zwo hindann,
Zu einem Thoren machte sie / den tugendreichen Mann,
Daß er im Wald besinnungslos / umlief ein halbes Jahr:
Von der Erde nahm er Speise, / das sag ich euch fürwahr.

*Da erwachte Herzog Berchtung, / der treue Mann, zuhand.
Er erschrak vor Leide, / als er den Herrn nicht fand.
„O weh, mein Herr Wolfdietrich, / wohin bist Du gekommen!
Die raue Else, fürcht ich, / hat Dich uns benommen."*

*Da sprach sein Sohn Hache: / „Lieber Vater mein,
Nun rate was das Beste / Deinen Söhnen möge sein,
Da sich unser keiner / selber raten kann."
„So will ich euch raten," / so sprach der greise Mann,*

*„Wir müssen uns behelfen / wie uns zwingt die Not
Bis wir hören, ob am Leben / unser Herr ist oder tot.
Wohl auf denn, meine Söhne, / nun greift das Unrecht an,
Und tretet bei den Griechen / in der beiden Könige Bann.*

*Schwört ihnen Eide – / hier hebt sich Herzeleid.
Wie ihr die Eide haltet, / geb ich euch Bescheid:
Wenn ihr euern Herren / seht mit Augen an,
Wollt ihr der Eide ledig sein," / so sprach der kühne Mann.*

*Da nahm Stab und Tasche / Berchtung der kühne Degen.
Er sprach zu seinen Söhnen: / „Gott mög euer pflegen."
Mit Klagen und mit Weinen / er von den Kindern schied
Und suchte seinen Herren, / wie ihm seine Treue riet.*

*Da taten die Jungen / des Alten Gebot:
Sie kehrten aus dem Walde, / sie zwang dazu die Not,
Und ritten zu den Königen / und nahmen Dienste an;
Sie tatens doch nicht gerne, / diese Helden lobesam.*

*Da wollte Herzog Berchtung / von des Meeres Flut
Bis zur alten Troje / mit traurigem Mut,
Wo er die raue Else / vor einem Münster fand.
Da grüßte sie ihn tugendlich, / die wilde Frau, zuhand.*

*Da sprach Herzog Berchtung: / „Liebe Fraue mein,
Ich bät euch so gerne, / möcht es euer Wille sein,
Daß ihr den Herrn mir zeiget, / den ihr mir habt genommen.
Ach meines lieben Herren! / Wohin ist er gekommen!"*

Da sprach die raue Else: / „Ich hab ihn nicht gesehn:
Wie dürft ihr mich des zeihen! / Euch mag wohl Leid geschehn."
„Ach," sprach er, „liebe Fraue, / ich weiß doch, im Wald,
Ihr seid ihm nachgegangen: / Darin verlor ich ihn bald.

Nun ists um meine Freude / erst völliglich getan:
Ach meines lieben Herren!" / so sprach der kühne Mann.
„Lieber Gott vom Himmel, / wie soll mir nun geschehn,
Und soll ich meinen Herren / nicht mehr lebendig ersehn!"

Da wallte Herzog Berchtung / durch all die Heidenschaft
Mit traurigem Mute / (Leibs hatt er wohl die Kraft)
Über Berg und über Tal: / Als er den Herrn nicht fand,
Vor Leid wär schier verdorben / dieser kühne Weigand.

Traurig schifft' er wieder / über die wilde See,
Da fand er seine Söhne / im Hof der Könige gehn.
Er wurde schön empfangen; / viel Leid war ihm geschehn.
Sie sprachen: „Habt ihr nirgend / Wolfdieterichen gesehn?"

„Nein," sprach der Alte, / „ich sorge, er ist tot:
Das Herz in meinem Leibe / leidet Angst und Not."
„Ach großer Gott im Himmel, / wie soll uns dann geschehn!
Sollen wir unsern Herren / denn nimmer wieder sehn?"

Die beiden Kön'ge kamen / daher mit falschem Mut,
Der eine hieß Boge, / der andre Wachsmuth.
Sie grüßten Meister Berchtung, / da sie ihn sahen stehn:
„Nun saget, lieber Meister, / was ist mit euerm Herrn geschehn?"

Antwort gab mit Züchten / der altgreise Mann:
„Des bin ich so unwissend / wie nimmer bisheran.
Ich habe meinen Herren / so wunderlich verloren,
Nun mög es Gott erbarmen, / daß ich je ward geboren."

Da sprach König Boge: / „Du sollst Dich sein begeben:
Willst Du unser beider / mit solcher Treue pflegen,
Wie Du Wolfdietrich / hast bisher getan,
Das Land und die Burgen / mach ich Dir untertan."

„Ich muss mich sein begeben, / denn ich weiß nicht wo er ist;
Wenn ich jedoch den Fürsten / irgend zu finden wüßt,
Ich striche tausend Meilen / wohl nach dem Herren mein:
Den befahl mir euer Vater / noch vor dem Ende sein.

Jedoch will ich euch schwören," / sprach da Berchtung,
„Dass ich euch treulich diene / mit meinen Söhnen jung;
Um Recht oder Unrecht / kümmern wir uns nicht,
Es sei denn, daß noch lebe / unser Herr Wolfdieterich.

Kommt er noch zu Lande, / lieben Herren mein,
Wir wollen ohne Schande / der Eide ledig sein."
„Wollt ihr nicht anders dingen, / so heißen wir euch fahn."
Sie hießen Ketten bringen / und schlossen sie daran.

Um die Treue, die sie hatten / zu Wolfdieterich,
Wurden sie gefangen, / die Helden tugendlich.
Man schlug je zwei zusammen / an Blöcken ungeschlacht,
Daß sie Schildwacht halten mußten / auf der Mauer Tag und Nacht.

Derweil lief Wolfdieterich / wohl ein halbes Jahr
Wild umher im Walde, / das sag ich euch fürwahr,
Bis Gott seinen Ungewinn / nicht länger wollt ertragen:
Da sandt er einen Engel / der Frauen, will ich euch sagen.

Zu der Frauen sprach der Engel: / „Was hast Du getan?
Daß Du willst verderben / einen so getreuen Mann.
Das widertu geschwinde, / Du ungeschlachtes Weib,
Oder in dreien Tagen / nimmt Dir der Donner den Leib."

Interessanterweise droht hier der Engel des christlichen Gott Vater der Riesin Else mit dem Donner, d.h. mit dem Donnergott, der in den germanischen Mythen die Riesinnen erschlägt.

Als des Engels Stimme / die raue Els vernahm,
Daß sie vom Himmel käme, / da hob sie sich hindann
Wieder nach dem Walde, / und suchte den jungen Mann.
Da fand sie Wolfdietrich / noch laufen in dem Tann

*Gleich einem wilden Tiere. / Sie kam zu ihm heran
Und nahm hinweg den Zauber / von dem jungen Mann.
Da bekam er seine Sinne / wieder von dem Weib;
Doch war er noch verwildert / und schwarz an seinem Leib.*

*„Willst Du mich nun minnen?" / sprach die Frau zuhand.
Antwort gab Wolfdietrich, / der Held von Griechenland:
„Hättet ihr die Taufe," / sprach der kühne Degen,
„So wollt ich mit euch wagen / beides, Leib und auch Leben."*

*„Ich gewann gar wohl die Taufe, / edles Fürstenkind,
Wenn mir Deine Sinne / nicht sonst entgegen sind.
Du findest an mir Freude, / die Dir wohl behagt,
Wurde gleich die Schönheit / meinem rauen Leib versagt.*

*Von einer Stiefmutter / ich so verzaubert bin,
Das wisset, kühner Degen, / bis einst seinen Sinn
Auf mich kehrt der Beste, / der auf der Welt mag leben:
Der seid ihr, lieber Herre, / wollt ihr die Huld mir geben."*

    Die böse Stiefmutter ist das Bild, in das sich Hel in einigen Sagen und vor allem in den Märchen verwandelt hat.
    Die böse Stiefmutter ist die gefürchtete Hel und die Königstochter wie z.B. Schneewittchen ist die Wiederzeugungs-Geliebte – Schneewittchen lebt sogar noch bei den Zwergen, d.h. bei den Totengeistern im Jenseits.

*„Mir stünden meine Sinne," / sprach der kühne Mann,
„Wohl auf andre Dinge: / Die Getreun in meinem Bann,
Die hab ich in dem Walde / so wunderlich verloren,
Ich kann sie nie verschmerzen," / sprach der Degen hochgeboren.*

*Sie sind zu Deinen Brüdern, / denen haben sie geschworn
Und wurden da gefangen: / Den beiden schuf es Zorn,
Daß sie aus dem Herzen / Dich ließen nimmermehr.
Die vermessnen Helden / liegen da gefangen schwer."*

*Er sprach: „Edle Königin, / nun saget mir fürwahr,
Und wehrt mir euch zu minnen / nicht euer raues Haar?"
Sie sprach: „Darüber sollt ihr / ohne Sorgen sein.
Ich weiß es wohl zu fügen, / ergebt ihr sonst euch darein."*

Da führte sie in einen Kiel / den kühnen Degen gut,
Da fuhren sie mit Freuden / über des Meeres Flut
Hin zu der alten Troje: / Da hatte sie ein Land.
Sie sprach: „Willst Du getreu sein, / so dient es gern Deiner Hand."

    Kiel = Schiff

Sie führt' ihn hin im Lande, / den Fürsten ausersehn,
Wo sie einen Jungbrunnen / vor dem Berge wußte stehn.
Der war warm zur Hälfte, / zur Hälfte war er kalt.
Da sprang sie in den Brunnen / und befahl sich Gottes Gewalt.

Da wurde sie verwandelt: / Einst raue Els genannt,
Nun hieß sie Siegeminne, / die Schönste ob allem Land.
Drinnen in dem Brunnen / ließ sie die raue Haut.
Nie eines Menschen Auge / hatt ein schöner Weib erschaut.

Am Leibe wohl geschaffen / war sie überall,
Gedreht wie eine Kerze / die Hüfte hin zu Tal.
Ihre lichten Wänglein / waren rosenklar;
Von Seiden trug sie Kleider, / das sag ich euch fürwahr.

Auch diese Verwandlung ist aus alten Liedern bekanntes Motiv: Hel als gefürchtete Göttin des Totenreiches wird wieder zur ersehnten Wiederzeugungs-Geliebten. Ursprünglich sind beide dieselbe Gestalt gewesen.

„Willst Du mich nun minnen?", / fragte sie zuhand.
Antwort gab Wolfdieterich, / der Held von Griechenland:
„Ihr seid so schön geworden / und so minniglich:
Euer Leib ist gar verwandelt, / der erst einem Teufel glich."

„Darum sollst Du mich minnen, / Du tugendreicher Mann."
Antwort gab Wolfdieterich, / der Degen lobesam:
„Wenn ich nun selber wäre / wie vor einem Jahr,
So wollt ich gern euch minnen, / das sag ich euch fürwahr."

Da sprach Frau Siegeminne: / „Willst Du sein wie Du gewesen,
So spring in den Brunnen, / alsbald wirst Du genesen.
So schön wirst Du wieder / wie ein Kind von sieben Jahr,
Und auch dazu gar minniglich, / das sag ich Dir fürwahr."

Da sprang in den Brunnen / der tugendreiche Mann.
Zu einem Bette führte / sie den Verjüngten dann.
Da legt' er sich schlafen, / der getreue Wolfdietrich,
Zu seiner schönen Frauen; / sie waren beide minniglich.

Der Jungbrunnen ist aus den Motiven der Wiedergeburt, dem Brunnen als dem Eingang zum Jenseits und evtl. auch aus dem Wiedergeburts-Trank („Göttermet") entstanden.

IV 4. d) Völsungensaga

Diese Episode ist bereits bei den Seherinnen angeführt und besprochen worden:

Nach einiger Zeit, als Signy in ihrem Frauenhaus saß, geschah es, daß eine zauberkundige Frau zu ihr kam, die über die Maßen geschickt war und Signy sprach solcherart mit ihr: „Ich hätte gerne," sprach sie, „daß wir unser Aussehen miteinander tauschen."

Sie sprach: „Es soll sein, wie Du willst."

Und so bewirkte sie mit ihren Künsten, daß sie ihr Aussehen tauschten. Nun saß die Zauber-Frau nach ihrem Ratschluß an Signys Platz und ging in der Nacht mit dem König zu Bett und er weiß nicht darüber, daß er eine andere Frau neben sich hat.

Die Geschichte erzählt jedoch über Signy, daß sie zu dem Erdhaus ihres Bruders ging und ihn bat, ihm Unterkunft für die Nacht zu gewähren, „denn ich habe mich in den Wäldern verirrt und weiß nicht mehr, wo ich bin."

So sagte er ihr, daß sie bleiben könne und daß er einer einsamen Frau die Herberge nicht verweigern werde, da er glaubte, daß sie seine Güte nicht mit Gerede über ihn lohnen werde. So trat sie in das Haus und saß zum Essen nieder und seine Blicke ruhten oft auf ihr und sie schien ihm eine schöne und edle Frau zu sein. Als sie jedoch gesättigt waren, sagte er zu ihr, daß er wünschte, daß sie für die Nacht nur ein gemeinsames Lager hätten. Sie wehrte dies in keiner Weise ab und so lag sie für drei Nächte mit ihm im Bett.

Danach kehrte sie nach Hause zurück und fand die Zauber-Frau und bat sie, ihr Aussehen wieder zu tauschen und so tat sie.

Diese Geschichte erinnert u.a. an Njörd und seine Schwester, die zusammen die beiden Kinder Freyr und Freya haben – bei den Wanen war die Geschwisterehe erlaubt.

Da zu der Jenseitsreise (bei Männern) die Wiederzeugung mit der Jenseitsgöttin und (bei Männern und Frauen) die anschließende Wiedergeburt durch sie gehörte, wird die Vereinigung von Sigmund und Signy in ihrem Erdhaus „unter der Erde" diese Wiederzeugung in der Unterwelt sein.

IV 4. e) Hrolf Kraki und seine Recken

In den Sagas findet sich auch schon die „klassische" böse Stiefmutter aus den späteren Märchen, die eine böse Zauberin ist und die „schöne junge Frau" verflucht. In der folgenden Szene hat ein König eine derart verfluchte Frau dadurch erlöst, daß er sie neben sich im Bett hat schlafen lassen – der Ursprung dieses Motivs in den Wiederzeugungs-Vorstellungen ist offenkundig.

Auch diese Geschichte ist bereits in einem früheren Kapitel angeführt und besprochen worden.

Es wird erzählt, daß es jedoch eines Julabends, als König Helgi zu Bett gegangen war und draußen schlechtes Wetter war, an der Türe klopfte – recht leise. Er dachte bei sich, daß es nicht sehr königlich wäre, einen armen Kerl draußen stehen zu lassen, wenn er ihm doch genausogut Herberge geben könnte. Da ging er zur Türe und öffnete sie.

Da sah er dieses arme elendigliche Ding, das gekommen war. Es sagte: „Du hast gut getan, König," und es kam herein.

Der König sprach: „Leg dieses Stroh und dieses Bärenfell über Dich, damit Du nicht frierst."

Es sprach: „Laß mich in Dein Bett, Herr, und laß mich bei Dir liegen. Mein Leben hängt davon ab."

Der König sprach: „Ich muß mich fast erbrechen, wenn ich Dich sehe, aber wenn es so ist, wie Du sagst, dann leg Dich hier an die Kante in Deinen Kleidern. Das wird mir nicht schaden."

Das tat sie. Der König wandte ihr seinen Rücken zu. Da schien es auf einmal hell im Haus zu werden. Nach einer Weile blickte der König einmal über seine Schulter und sah dort nun eine Frau liegen, die so schön war, daß er glaubte, noch eine solche Frau gesehen zu haben. Sie trug ein seidenes Kleid. Er drehte sich schnell voller Zuneigung zu ihr um.

Sie sprach: „Nun möchte ich fortgehen," sagte sie, „und Du hast mich von einem fürchterlichen Fluch erlöst – denn mit einem solchen hat mich meine Stiefmutter belegt. Ich habe viele Könige in ihren Häusern besucht – Du brauchst also jetzt nicht in Scham zu versinken. Ich werde hier nicht länger bleiben."

„Nein," sprach der König, „so geht das nicht. So schnell kommst Du von mir nicht fort, und wir werden uns nicht auf diese Weise trennen. Es wird eine schnelle Hochzeit werden, fürchte ich, denn ich fühle mich sehr zu Dir hingezogen."

„Es ist an Dir, das zu entscheiden, Herr," sprach sie und so schliefen sie in dieser Nacht zusammen.

Als jedoch der Morgen kam, sprach sie diese Worte: „Du hast mit mir getan, was Du wolltest, aber wisse dies: Wir werden ein Kind haben. Tue, wie ich es Dir sage, König, und komme nächsten Winter zu dem Haus, in dem Du Dein Langboot vor dem Wetter schützt, und sieh unser Kind – oder Du wirst dafür bezahlen, daß Du nicht das tust, was ich Dir sage."

Nach diesen Worten ging sie fort.

IV 5. Zaubertränke und Zauberspeisen

Zaubertränke gehören zu den bekanntesten Motiven im Zusammenhang mit Zauberinnen. Der Ursprung dieses Motivs wird vermutlich das Brauen und das Darreichen des rituellen Mets gewesen sein.
Siehe dazu auch den Band 70.

IV 5. a) Völsungen-Saga

Und Grimhild wird ihm Met vermischt mit schädlichen Dingen geben, was uns alle in einen großen Kampf stürzen wird.
… … …

Grimhild sah, wie sehr Sigurd Brynhild von Herzen liebte und wie oft er von ihr sprach und sie begann darüber nachzudenken, wie es wäre, wenn er bleiben würde und die Tochter des Königs Giuki heiraten würde, denn sie sah, daß niemand auch nur annähernd so stattlich wie er sein konnte oder soviel Treue und Glück in sich tragen konnte und daß er größere Schätze besaß als die Menschen von irgendeinem anderen berichten konnten. Und der König verhielt sich zu ihm wie zu einem seiner Söhne und seine Söhne selber achteten ihn mehr als sich selber.

Eines Nachts, als sie zusammen tranken, erhob sich die Königin und ging vor Sigurd und sprach: „Dein Verweilen bei uns bringt uns große Freude und alle guten Dinge geben wir Dir, wenn Du es wünschst. Wahrlich: Nimm dies Horn und trinke!"

Da ergriff er es und trank und dabei sprach sie: „Dein Vater soll König Giuki sein und ich Deine Mutter und Gunnar und Högni Deine Brüder und all dies soll von jedem mit Eiden geschworen werden und dann wird sicherlich Deinesgleichen nicht auf Erden noch einmal gefunden werden."

Sigurd nahm ihre Rede gut auf, denn mit dem Trinken dieses Trunkes verließ ihn jede Erinnerung an Brynhild. So blieb er weiterhin bei ihnen.

IV 5. b) Das andere Gudrun-Lied

Die zauberkundige Grimhild hat noch einen zweiten Trank gebraut:

Gudrun:
„Grimhild brachte den Becher mir dar,
Den kalten, herben, daß ich Harms vergäße;
Hinein war gemischt die magische Kraft der Jörd,
Eiskalte See und Schweine-Blut.

In das Horn hatten sie alle Arten von Runen
Geritzt und gerötet; ich erriet sie nicht.
Einen Heide-Fisch aus der Haddinge Land,
Ungeschnittne Ähre und Eingeweide von Tieren.

Im Gebrauten beisammen war Bosheit viel,
Blüten von Bäumen und geröstete Eicheln,
Tau des Herdes und geweihte Eingeweide,
Schweinsleber, die den Schmerz betäubt."

Da vergaß ich, als sie mir den Trank reichten,
dort in meiner Halle, den Mord an meinem Gatten.

Ein Teil der Zaubertankzutaten aus diesem Rezept läßt sich aus den germanischen Mythen heraus erklären:

1. *„Schweinsleber", „Schweineblut"*
Zunächst einmal scheint es das Opfer eines Schweines gegeben zu haben, das normalerweise bei Bestattungen stattfand. Auch in Walhalla essen die toten Krieger das Fleisch des Ebers Sährimnir, der nach jeder Schlachtung neu entsteht, was eine Umdeutung der Wiedergeburtssymbolik ist.

2. *„Tiereingeweide", „geweihte Eingeweide"*
Tiereingeweide wurden zu Orakelzwecken benutzt. Diese Eingeweide können durchaus von den geopferten Schweinen gestammt haben.
Diese Zaubertrank-Zutat stammt wie die vorige auch aus dem Kult der Germanen.

3. *„ungeschnittene Ähren", „geröstete Eicheln", „Blüten von Bäumen"*
Die „ungeschnittenen Ähren" klingen nach einem Erntezauber, bei dem die Ähren des Getreides nicht verletzt, sondern nur ausgerupft werden durften.
Die „gerösteten Eicheln" könnten ein Nahrungsmittel sein – aus ihnen wurde Brei, Kuchen und Eichelkaffee hergestellt.
Die „Blüten von Bäumen" klingen nach einer symbolischen Zutat. Sind die Blüten

bei den Germanen möglicherweise wie bei anderen Völkern auch als die wiedergeborenen Seelen am Weltenbaum aufgefaßt worden?

4. *„Heide-Fisch aus dem Land der Haddinge"*

Ein „Heide-Fisch" ist eine Schlange. Die Hadding waren wie die Nibelungen ein mythisches Volk, das auf die Toten im Jenseits zurückgeht – die Toten sind die „langhaarigen Nifelheim-Leute" („Haddinge" = Langhaarige; „Nibelungen" = „Nebel-Leute"; „Nifelheim" = Nebelheim = Unterwelt).

Der „Heide-Fisch aus dem Land der Haddinge" ist somit ein Totengeist in der Gestalt einer Schlange oder eines Drachen, der in einem Hügelgrab wohnt.

Der Trank ist also mit dem Jenseits assoziiert worden.

5. *„Tau des Herdes = Asche"*

Der „Tau des Herdes" ist die Asche. Dieser Rückstand eines Brandes könnte sich auf das Bestattungsfeuer beziehen, aber auch allgemein als Symbol des Todes („totes und zerstörtes Holz") aufgefaßt worden sein.

Die Schlange bzw. der Drache und die Asche gehören vermutlich zum Jenseits.

6. *„eiskalte See"*

Vermutlich ist hier nicht das „eiskalt", sondern das Wasser des Meeres das Wesentliche – vielleicht war die Kraft des Meeres ein Bestandteil des Zaubertrankes. Auch eine Assoziation zu der Wasserunterweltsgöttin Ran ist denkbar.

7. *„magische Kraft der Jörd"*

Zu der Kraft des Meeres kommt nun noch die Kraft der Erdgöttin bzw. der Erde hinzu. Es wäre auch Assoziation zu der Hügelgrab-Jenseitsgöttin Hel denkbar.

8. *„herb und kalt"*

Das Herbe in diesem Trank könnte von den gerösteten Eicheln stammen und das Kalte von dem Meerwasser – aber diese Geschmacks-Beschreibung könnte auch einfach von Bier inspiriert worden sein.

9. *„in das Trinkhorn geritzte und mit Blut gerötete Runen"*

Die Runen werden die Zauberkraft, die sich aus den Zutaten des Trankes ergab, verstärkt haben.

10. *„den Schmerz betäubende Zutaten", „Vergessen", „Bosheit in den Zutaten"*

Die Wirkung des Zaubertrankes wird hier recht genau als Schmerz-Betäubungsmittel angegeben, wobei das „Vergessen" zeigt, daß es sich hier eher um eine Art magisches Psychopharmaka handelt.

11. Die „Bosheit", die in den Zutaten liegt, ist vermutlich eine spätere Umdeutung der magischen Kraft in dem Zaubertrank.

Die vielen Bezüge zum Kult zeigen, daß die Zauberinnen ursprünglich Priesterinnen gewesen sind.

Es ist auffällig, daß drei dieser Zutaten auch in bei der Beschreibung der Geburt des Heimdall im „Hyndla-Lied" auftreten:

Eine wurde geboren / in vergangenen Tagen,
Einer von dem Stamm der Götter, / – Groß war seine Macht! –
Neun Riesinnen / am Rand der Erde
Gebaren den Mann, / der so Waffen-mächtig war.

Dort gebar ihn Gjalp, / dort gebar ihn Greip,
Eistla gebar ihn, / und Eyrgjafa,
Ulfrun gebar ihn, / und Angeyja,
Imth und Atla, / und Jarnsaxa.

Stark wurde er / durch die Stärke der Jörd,
durch die eiskalte See / und durch das Blut der Schweine.

Einer wurde dort geboren, / der Beste von allen,
Und stark wurde er / durch die Stärke der Jörd;
Der Stolzeste wird er genannt, / dieser Verwandte der Menschen,
von allen Herrschern / in der ganzen Welt.

Heimdall ist eine Weiterentwicklung des ehemaligen Sonnengott-Göttervaters Tyr. Er wird am Morgen aus der Erde oder aus dem Meer wiedergeboren und ihm wurden anscheinend Schweine geopfert – vermutlich Eber.

Die neuen Riesinnen sind die Jenseitsgöttin – die „9" war bei den Germanen auch ein Adjektiv mit der Bedeutung „zum Jenseits gehörend".

Es läßt sich deutlich erkennen, daß der Vergessenstrank eine starke Wurzel in den alten Sonnenaufgangs-Ritualen gehabt hat, die sich auf Tyr (Heimdall) bezogen haben. Tyr ist auch der Schwertgott („*Waffen-mächtig*") und der Göttervater und der Königsgott („*der stolzeste aller Herrscher*") gewesen.

Die Herkunft der Zaubertrank-Zutaten läßt sich nun zumindestens teilweise rekonstruieren:

Die „eiskalte See" und die „magische Kraft der Jörd" beziehen sich auf die neuen Mütter des Tyr-Heimdall, also auf die am Morgen wiedergeborene Sonne.

Die Schweinsleber und das Schweineblut stammen aus dem Opferritual, das wahrscheinlich auch für den Sonnengott-Göttervater Tyr (später Heimdall) durchgeführt worden ist.

Die „geweihten Eingeweide" stammen sehr wahrscheinlich aus den Eingeweide-Orakeln, die mit den Opferungen der Tiere in Zusammenhang gestanden haben.

Der „Heide-Fisch der Haddinge", also der Totengeist in der Gestalt einer Schlange oder eines Drachen, könnte ebenfalls Tyr-Heimdall sein.

Die „Asche" ist evtl. der Überrest eines Bestattungsfeuers.

Die „ungeschnittenen Ähren" könnten aus einem Korn-Ritual stammen, bei dem auch das Korn im Winter in die Unterwelt gereist ist – was durch die von Loki abgeschnittenen goldenen Haare des Göttin Sif symbolisiert wird.

Dieser Vergessens-Trank stammt somit mit recht großer Wahrscheinlichkeit aus dem Sonnenaufgangs-Ritual des Tyr-Heimdall sowie aus den Bestattungsbräuchen.

Es gibt somit den begründeten Anfangsverdacht, daß das Vergessen in etwa der „Bewußtlosigkeit" der Toten und evtl. auch der Schlafenden entspricht.

IV 5. c)   Gesta danorum

Roller wurde von seinem Vater ausgesandt um nachzusehen, was derweil zu Hause geschehen war.

Als er Rauch aus der Hütte seiner Mutter aufsteigen sah und vorsichtig mit einem Auge durch eine Ritze hineinblickte, sah er seine Mutter etwas Gekochtes in einem übel aussehen Topf rühren. Er sah außerdem drei Schlangen, die von oben an einer dünnen Schnur herabhingen und aus deren Mäulern in Tropfen Speichel in das Mahl hinabtropfte.

Nun waren zwei von ihnen von dunkler Färbung, während die dritte weißliche Schuppen hatte und etwas höher als die beiden hing. Diese letzte war an ihrem Schwanz festgebunden worden, während die beiden anderen mit einer Schnur um ihren Bauch gebunden worden waren.

Roller fand, daß das Ganze nach Magie aussah, aber schwieg über das, was er gesehen hatte, damit er nicht seine Mutter der Magie beschuldigte – denn er wußte auch nicht, ob die Schlangen in der Natur harmlos waren oder wieviel Stärke für das Mahl gebraut wurde.

Dann kamen Ragnar und Erik herbei und traten, als sie Rauch aus der Hütte aufsteigen sahen, ein und setzten sich zum Mahl. Als sie am Tisch saßen und Krakas Sohn und Stiefsohn mit dem Essen beginnen wollten, setzte sie ihnen eine kleine Schüssel mit einer fleckigen Masse vor, die zum Teil dunkel, aber mit gelben Flecken war, während ein anderer Teil weißlich war: der Inhalt des Topfes hatte entsprechend der Färbung der Schlangen eine verschiedene Färbung angenommen.

Und nachdem jeder von ihnen ein kleines Stückchen gegessen hatte, drehte Erik, der das Mahl nicht nach seiner Farbe, sondern nach seiner innerlich stärkenden Wirkung beurteilte, die Schüssel schnell herum und schob dadurch den Teil zu sich, der zwar schwarz war, aber aus den stärkeren Säften bestand, und setzte dadurch den den weißlichen Teil, der zuvor vor ihm selber gestanden hatte, zu Roller und aß daraufhin selber mehr von seinem Mahl. Um zu vermeiden, daß es so aussah, als ob der Tausch Absicht gewesen sei, sagte er: „So wird der Bug zum Heck, wenn die See heftig wogt." Der Mann hatte nicht wenig Schlauheit, in dieser Weise die Vorgänge mit einem Schiffes zu benutzten, um seine geschickte Tat zu verbergen.

Da erlangte Erik, der nun durch sein glückliches Mahl erfrischt worden war, durch dessen innere Wirkung den höchsten Grad an menschlicher Weisheit, denn die Macht des Mahles ließ in ihm die ganze fülle des Wissens in einem unglaublichen Ausmaß entstehen, sodaß er sogar die Fähigkeit erlangte, die Rufe der wilden Tiere und des Viehs zu verstehen, da er nun nicht nur in allen Angelegenheiten der Menschen gut bewandert war, sondern auch die genauen Gefühle der Tiere verstehen konnte, die sie durch die Töne ausdrückten. Er war nun auch mit einer Beredsamkeit begabt, die so höflich und anmutig war, daß er alles, was auch immer er sagen wollte, mit einem Fluß von geistreichen Sprichworten versehen konnte.

Doch als Kraka herbeikam und sah, daß die Schüssel herumgedreht worden war und daß Erik den stärkeren Teil des Mahles gegessen hatte, klagte sie darüber, daß das Glück, daß sie für ihren Sohn gebraut hatte, nun zu ihrem Stiefsohn gelangt war. Da begann sie zu seufzen und bedrängte Erik, daß er niemals aufhören solle, seinem Bruder zu helfen, da seine Mutter ihm solch ein kostbares und seltenes Glück gegeben hatte – denn durch das Verspeisen eines einzigen schmackhaften Mahles hatte er die höchste Weisheit und Beredsamkeit erlangt und dazu noch eine große Aussicht auf Erfolg im Kampf.

Sie fügte noch hinzu, daß Roller fast genausoguten Rat geben konnte und daß er nicht vollkommen den Leckerbissen verpaßt hatte, der für ihn bestimmt gewesen sei. Sie sagte ihm ebenfalls, daß er im Falle einer großen und heftigen Not schnell Hilfe erlangen könne, indem er ihren Namen rief. Sie erklärte ihm, daß sie zum Teil in ihre inneren göttlichen Eigenschaften vertraute und daß sie, daß sie mit den Göttern Umgang pflegte, sie eine angeborene und himmlische Macht in sich trug.

Erik sagte, daß er natürlich dahingezogen werden würde, seinem Bruder beizustehen, und daß der Vogel schändlich sei, der sein eigenes Nest beschmutze.

Doch Kraka war mehr wegen ihrer eigenen Unvorsichtigkeit besorgt als von dem Unglück ihres Sohnes belastet, denn in den alten Zeiten war es für einen Handwerker eine bittere Scham, in seinem eigenen Bereich überlistet zu werden.

Aus dem keltischen „Buch des Taliesin" ist eine sehr ähnliche Geschichte bekannt.

IV 6.   Die Zaubermühle

Die Zaubermühle ist ein Motiv, das in der germanischen Überlieferung nur ein einziges mal vorkommt. Da diese Mühle sehr stark der Zaubermühle „Sampo" aus dem finnischen Kalevala-Epos gleicht, werden beide denselben finnischen, aber evtl. auch germanischen Ursprung haben.

IV 6. a)   Skaldskaparmal

Die beiden Riesinnen Fenja und Menja sind Frigg, die in Fensalir wohnt, und Freya-Menglöd, die den Halsreif Brisingamen trägt.
Sie werden nicht explizit als Zauberinnen bezeichnet, aber die Mühle, mit der sie mahlen, sowie die Wirkung dieser Mühle sind schon „fortgeschrittene Zauberei" – eben das Werk zweier Göttinnen.
Man kann zumindestens vermuten, daß es tatsächlich Zauberlieder gegeben hat, die beim Mahlen mit dem Mühlstein in der Mahlschale gesungen worden sind: Der Mahlrhythmus und ein ständig wiederholtes Zauberlied wären dann wie ein indisches Mantra in Kombination mit einem einfachen Trancetanz – eine mit Sicherheit effektive Kombination.
Diese Mühle wird ausführlich in dem Kapitel „Mühle" in Band 67 besprochen.

Skiöld hieß ein Sohn Odins, von dem die Skiöldungen abstammen. Er hatte Sitz und Herrschaft in den Landen, die nun Dänemark heißen; aber damals hießen sie Gotland.
Skiöld hatte einen Sohn Fridleif genannt, der nach ihm die Lande beherrschte.
Fridleifs Sohn hieß Frodi, der nach seinem Vater das Königtum überkam. Das war in der Zeit, da Kaiser Augustus in der ganzen Welt Frieden stiftete und Christus geboren ward, und weil Frodi der mächtigste aller Könige in den Nordlanden war, ward ihm dieser Friede in der dänischen Zunge beigelegt und die Nordmänner nannten ihn Frodis Frieden. Niemand schädigte da den anderen, wenn er auch seines Vaters oder Bruders Mörder getroffen hätte, los oder gebunden. Da war auch kein Dieb oder Räuber, sodaß ein Goldring lange Zeit unberührt auf der Jalangersheide lag.
König Frodi sandte Boten nach Swithiod zu dem König, der Fiölnir hieß, und ließ da zwei Mägde kaufen, die Fenja und Menja hießen und sehr groß und stark waren.
In dieser Zeit gab es in Dänemark zwei so große Mühlsteine, das niemand stark genug war, sie umzudrehen. Diese Mühlsteine hatten die Eigenschaft, daß sie mahlten, was der Müller wollte. Die Mühle hieß Grotti, der Mann aber, der dem Konig

Frodi die Mühle gab, wurde Hengikiopt genannt.

König Frodi ließ die Mägde in die Mühle fuhren und gebot ihnen, ihm Gold, Frieden und Frodis Glück zu mahlen. Er gestattete ihnen nicht langer Ruhe, als der Kuckuck schwieg oder ein Lied gesungen werden mochte.

Da sollen sie das Lied gesungen haben, das Grottenlied heißt, und ehe sie von dem Gesange ließen, mahlten sie dem König ein Heer, sodaß in der Nacht ein Seekönig kam, Mysing genannt, welcher den Frodi tötete und große Beute machte. Damit war Frodis Friede zu Ende.

Mysing nahm die Mühle mit sich und so auch Fenja und Menja, und befahl ihnen, Salz zu mahlen. Und um Mitternacht fragten sie Mysing, ob er Salz genug habe? Und er gebot ihnen fortzumahlen. Sie mahlten noch eine kurze Frist, da sank das Schiff unter. Im Meer aber entstand nun ein Schlund, da wo die See durch das Mühlsteinloch fällt. Auch ist seitdem die See gesalzen.

IV 7. Heilerin

Die Zauberinnen waren auch Heilerinnen, auch wenn sie nur selten als solche in Erscheinung traten – oder in dieser Funktion „Zauberin" genannt wurden.

IV 7. a) Skaldskaparmal

Da fuhr Thor heim gen Thrudwang, und der Schleifstein stak in seinem Haupt. Da kam die Wala hinzu, die Groa hieß, die Frau Oerwandils des Kühnen sang ihre Zauberlieder über Thor bis der Schleifstein los ward.

Als Thor dies merkte und Hoffnung schöpfte, von dem Schleifstein erledigt zu werden, wollte er der Groa die Heilung lohnen und sie froh machen. Da sagte er ihr, daß er von Norden her über die Eliwagar gewatet sei und im Korb auf seinem Rücken den Oerwandil aus Jötunheim getragen habe. Und zum Wahrzeichen gab er an, daß ihm eine Zehe aus dem Korb vorgestanden und erfroren sei: die habe Thor abgebrochen, hinauf an den Himmel geworfen und den Stern daraus gemacht, der Oerwandils Zehe heißt. Noch sagte Thor, es werde nicht lange mehr anstehen bis Oerwandil heimkomme.

Darüber wurde Groa so erfreut, daß sie ihrer Zauberlieder vergaß, und so wurde der Schleifstein nicht loser und steckt noch in Thors Haupt. Darum ist es auch eines jeden Pflicht, solche Steine wegzuwerfen, denn damit rührt sich der Stein in Thors Haupt.

IV 7. b) Haustlöng

Dieselbe Mythe findet sich auch in dem Lied Haustlöng:

Der harte Splitter des Wetzsteines
des Besuchers der Frauen
von Vingnirs Leuten zischte zu dem Sohn der Erde
und in seinen Gehirn-Grat,

sodaß der Stahl-Reibstein
noch immer im Schädel
des Jungen des Odin steckt
und dort befleckt mit dem Blut des Eindridi herausragt,

bis die Ale-Gefiun damit begann,
den roten Maulhelden, der der Feind des Rostes ist,
durch Zauberlieder von den sich neigenden Hängen
der Wunden zwischen den Haaren des Gottes zu entfernen.

Ich sehe diese Taten deutlich auf Geitirs Gesicht.
Ich habe die sich bewegende Klippe der Grenze,
die mit Schrecken geschmückt ist,
von Thorleif erhalten.

Ein „*Splitter des Wetzsteines*", den Hrungnir als Waffe verwendete, flog Thor in den Kopf und blieb dort stecken.

„*Vingnir*" bedeutet „Schwingender, Penis" und ist ein Riesen-Name. „*Vingnirs Leute*" sind daher die Riesen. Der „*Besucher der Riesen*" ist Hrungnir.

Der „*Sohn der Erde*" ist Thor, da seine Mutter die Erdgöttin Jörd ist.

Thors „*Gehirn-Grat*" ist sein Schädel. Mit dem hier als „Grat" übersetzten germanischen Wort sind solche Dinge wie ein Bergrücken, ein Firstbalken und andere „obenliegenden Teile eines Ganzen" gemeint.

Der „*Stahl-Reibstein*" ist der Wetzstein.

„*Odins Junge*" ist Thor.

„*Eindridi*" bedeutet wörtlich „Alleine-Reiter" und ist ein Beiname des Thor.

Die „*Ale-Gefiun*", also die „Met-Göttin" ist die Seherin Groa, die offenbar auch für den Met zuständig war. Sie wurde anscheinend als mit den Nornen und mit Idun identisch angesehen – vielleicht waren die Seherinnen auch Priesterinnen dieser Göttinnen.

Der „*rote Maulheld, der der Feind des Rostes ist*", ist der Wetzstein. Er ist rot vom Blut des Thor und evtl. auch vom Rost, den er dem Eisen abgeschliffen hat. Vielleicht ist der Begriff „*Maulheld*" hier zugleich eine Assoziation zu den Riesen und eine Anspielung auf die „Gefräßigkeit" des Wetzsteines (seine „Gier" auf Rost"), worin er den Riesen glich, die auch „Jötun", d.h. „Gefräßige" genannt wurden.

Die „*sich neigenden Hänge*" sind der Schädel des Thor.

„*Geitir*" bedeutet „Ziegenbock (Geiß)" und ist ein Männername. Warum der Schild hier als „Geitirs Gesicht" bezeichnet wird, ist unklar. Da die Ziegenböcke in der Edda vor allem mit Thor assoziiert gewesen sind, könnte ein Zusammenhang mit dem Donnergott bestehen. Falls diese Vermutung zutrifft, müßte es eine Übertragung von dem Göttervater zu dem Donnergott gegeben haben, da der Schild ein Symbol der Sonne, also ein „Sonnengesicht" und nicht ein Symbol des Thor gewesen ist. Solche Übertragungen finden sich bei den Indogermanen sehr oft – der Sonnengott-Göttervater hat u.a. auf diese Weise seine Blitze erhalten.

Kenning-freie Übersetzung der Strophen: „*Ein harter Splitter des Wetzsteines des*

Hrungnir flog zu Thor und blieb in seinem Schädel stecken und ragte dort blutverschmiert heraus, bis die Seherin Groa damit begann, den Splitter durch Zauberlieder aus dem Schädel des Thor zu entfernen. Ich sehe diese Taten deutlich auf dem mit Bildern geschmückten Schild, den ich von Thorleif erhalten habe."

IV 8.   Fisch-Zauber

Einen sehr speziellen und bei Hungersnöten äußerst hilfreichen Zauber kannte Thurid Fjord-Füllerin. Sie beherrschte sozusagen den praktischen Teil der Magie, der zu der Vorhersage des Endes der Hungersnot in Grönland durch die Seherin Thorbjörg Klein-Wala gehört, über die in der Saga über Erik den Roten berichtet wird.

IV 8. a)   Landnahme-Buch

Thurid Fjord-Füllerin und ihr Sohn Stab-Stein zogen von Halogaland nach Island und nahmen in der Feuerholz-Bucht Land in Besitz und errichteten ihr Haus bei Wasser-Landzunge.

Sie wurde 'Fjord-Füllerin' genannt, weil es ihr in Halogaland durch ihren Seidr gelungen war, alle Fjorde mit Fischen zu füllen.

IV 9.   Totenbeschwörung

Die Totenbeschwörung (siehe „Utiseta" in Band 50) war ein wichtiger Aspekt der Tätigkeit der Priesterinnen und Zauberinnen und insbesondere der Seherinnen, da man von den so herbeigerufenen Ahnen Rat und Hilfe erlangen konnte.

IV 9. a)   Die Beschwörung der Groa

In diesem Lied wird eine verstorbene Zauberin (die Erd- und Jenseitsgöttin Groa) von ihrem Sohn Svipdag (der junge Sonnengott-Göttervater Tyr) beschworen, damit sie ihm Rat und magische Hilfe für seine Reise gibt.

Die ausführliche Betrachtung dieses Liedes findet sich in dem Kapitel „Groa" in Band 28.

„Wache, Groa, erwache, gutes Weib,
Ich wecke Dich am Totentor.
Gedenkt Dir des nicht? Zu Deinem Grab
Hast Du den Sohn beschieden."

„Was bekümmert nun mein einziges Kind?
Welch Unheil ängstet Dich,
Daß Du die Mutter anrufst, die in der Erde ruht,
Menschliche Wohnungen längst verließ?"

Die Jenseitsgöttin Groa, die jeden Morgen bzw. jedes Frühjahr die Sonne wiedergebiert, befindet sich im Grab, d.h. in der Unterwelt – aus der Szene im Götterreich ist hier eine Szene im Menschenreich geworden.

„Zu üblem Spiel beschiedst Du mich, Arge,
Die mein Vater umfing –
Ludst mich an den Ort, den kein Lebender kennt,
um eine Frau hier zu finden!"

Die Wiederzeugung der Sonne in der Unterwelt mit der Jenseitsgöttin ist hier zu einer Suche des Jünglings nach seiner Braut in der Unterwelt geworden – auf die ihn seine Mutter ausgesandt hat.

*"Lang ist die Wanderung, die Wege sind lang,
Lang ist der Menschen Verlangen.
Wenn es sich fügt, daß sich erfüllt Dein Wunsch,
So lacht Dir günstiges Glück."*

*"Heb ein Lied an, das heilsam ist,
Kräftige, Mutter, Dein Kind.
Unterwegs fürcht ich den Untergang,
Allzujung eracht ich mich."*

*"So heb ich zuerst an ein heilkräftig Lied,
Das Rinda sang der Ran:
Hinter die Schultern wirf was Du beschwerlich wähnst,
Dir selbst vertraue selber.*

*Zum andern sing ich Dir, da Du irren sollst
Auf weiten Wegen wonnelos:
Der Urd Riegel sollen Dich allseits wahren,
Wo Du Schändliches siehst.*

„Urds Riegel" ist offensichtlich eine Art von magischem Schutzkreis.

*Zum dritten sing ich dies: Wenn wo verderblich
Flutende Flüsse brausen,
Der Reißende, Rauschende rinne dem Abgrund zu,
Vor Dir Versand er und schwinde.*

Diesen Zauber kannte auch Moses, als er das Rote Meer durchquert hat.

*Dies sing ich zum vierten: So Feinde Dir dräuend
Am Galgenweg begegnen,
Ihnen mangle der Mut, die Macht sei bei Dir
Bis sie zum Frieden sich fügen.*

Die Segensformel „Möge die Macht mit Dir sein!" ist ja auch heute noch gut bekannt und allgemein geläufig …

Dies sing ich zum fünften: So Fesseln sich Dir
Um die Gelenke legen,
Lösende Glut gießt Dir mein Lied um die Glieder,
Der Haft springt von der Hand,
Von den Füßen die Fessel.

Dieser Zauber ist auch aus Odins Runenliedern und aus den Merseburger Zaubersprüchen bekannt – er war in der damaligen kriegerischen Zeit auch ausgesprochen nützlich.

Dies sing ich zum sechsten: Stürmt die See
Wilder als Menschen wissen,
Sturm und Flut faß in den Schlauch,
Daß sie frohe Fahrt gewähren.

Auch dazu gibt es ein entsprechendes Runenlied.

Dies sing ich zum siebenten: Wenn Dich schaurig umweht
Der Frost auf Felsenhöhen,
Kein Glied verletze Dir der grimme Hauch,
Noch soll er die Sehnen Dir straff ziehn.

Dies sing ich zum achten: Überfällt Dich
Die Nacht auf nebligem Wege,
Nichts desto minder mag Dir nicht schaden
Ein getauftes totes Weib.

Zum neunten sing ich Dir: Wird Dir Not mit dem Joten,
Dem schwertgeschmückten, zu reden,
Wortes und Witzes sei im bewußten Herzen
Fülle Dir und Überfluß.

Der Mit einem Schwert bewaffnete Riese („Jote") ist der ehemalige Sonnengott-Göttervater Tyr in der Unterwelt, der von Thor getötet wird. Er hat sich nach seiner Absetzung um 500 n.Chr. durch Thor und Odin zu dem Urbild des Feindes entwickelt, von dem alles Übel ausgeht.

Fahre getrost der Gefahr entgegen,
Dich mag kein Hindernis hemmen.
Ich stand auf dem Stein an der Schwelle des Grabs
Und ließ mein Lied Dir erklingen.

Nimm mit Dir, Sohn, der Mutter Worte
Und behalte sie im Herzen:
Heils genug hast Du immer
Dieweil mein Wort Dir gedenkt."

IV 9. b) Gesta danorum

Zunächst ist Njörd der Aspekt des Sonnengott-Göttervaters, der sich im Jenseits mit der Muttergöttin vereinte, um dann am Morgen bzw. Frühling wiedergeboren zu werden.

Dann wurde aus der Muttergöttin die Riesin Skadi und aus ihrer Vereinigung mit Njörd eine unglückliche Ehe.

Schlieslich wurde dieses Thema auch in die Heldensage übertragen, wie es der Mönch Saxo grammaticus in seiner Gesta danorum („Geschichte der Dänen") über Hadingus, einen der ersten dänischen Könige, berichtet.

Man kann in der Geschichte ein wenig des Urteil des christlichen Mönches über diese heidnische „Liebesgeschichte" heraushören …

Dieses Mannes Wesen war so kräftig und gedieh so gut, daß er bereits in seiner frühen Jugend die Reife der Mannheit erlangte. Er gab das Streben nach Vergnügungen auf und widmete sich beständig in kriegerischen Übungen; er war sich bewußt, daß er der Sohn eines kämpfenden Vaters war und dazu bestimmt war, seine ganze Lebensspanne mit kriegerischen Taten zu verbringen.

Hardgrep, die Tochter des Wagnhofde, versuchte seine Entschlossenheit mit den Verlockungen der Liebe aufzuweichen und beteuerte voller Inbrunst, daß er ihr die ersten Verpflichtungen des Ehebettes im Ehestand schulde, da sie ihm in seiner Kindheit die eifrigste und sorgsamste Pflege hatte angedeihen lassen und ihm seine erste Rassel geschenkt hatte.

Sie begnügte sich auch nicht damit, ihn mit einfachen Worten zu ermahnen, sondern begann folgendermaßen mit einem Fluß von Liedern:

„Warum vergeudest Du Dein Leben so mit Umherwandern?
Warum läßt Du Deine Jahre unverheiratet verstreichen?

Warum folgst Du den Waffen, nach Kehlen dürstend?
Laß meine Schönheit Deine Schwüre anlocken!
Wenn Du Dich von der Kampfeswut hinreißen läßt,
wirst Du der Liebe nur wenig geneigt sein –
Du schätzt Kriege mehr als das Bett,
Du erfrischst nicht Deine Seele mit solchen Reizen.
Deine Kampfentschlossenheit findet keine Entspannung;
Liebeleien sind Dir fern und Du nährst die Gewalttaten.
Deine Hand ist nicht frei von Lästerungen,
wenn Du die Rituale der Liebe verabscheust.
Laß diese haßerfüllte Starrheit vergehen
laß die liebende Wärme an Dich heran,
und schwöre mir den Eid der Liebe,
mir, die ich Dir die ersten Milchbrüste
Deiner Kindheit gegeben habe
und Dir geholfen habe: Ich spielte die Rolle einer Mutter,
so wie Du es brauchtest."

Das zunächst recht kuriose Motiv, das die Riesin, die die Amme des Hadding gewesen ist, nun zu seiner Geliebten werden will, erklärt sich aus daraus, das die Riesin, d.h. eigentlich die Jenseitsgöttin, aufgrund der Symbolik der Wiederzeugung und der Wiedergeburt sowohl die Geliebte als auch die Mutter der Toten war. Als Wesen des Jenseits war die Göttin zudem eine Riesin.

Zudem ist König Hadding eine der vielen Saga-Varianten des ehemaligen Sonnengott-Göttervaters Tyr. Diese merkwürdige Szene geht somit auf das bis 500 n.Chr. zentrale Thema der morgendlichen Wiedergeburt der Sonne (Tyr) durch die Erd- und Jenseitsgöttin zurück.

Als er antwortete, daß die Größe ihres Leibes nicht für die Umarmungen eines Sterblichen geeignet sei, da alle ihre Glieder zweifellos entsprechend ihrer Abstammung von den Riesen geformt seien, sprach sie:

„Laß Dich nicht von dem unerwünschten Anblick meiner Größe beeindrucken!
Denn mein Leib ist manchmal dünner, manchmal üppiger,
mal magerer, mal fülliger;
und ich verändere und forme nach meinem Belieben
den Zustand meines Körpers,
der einmal zusammengeschrumpft
und ein anderes mal ausgedehnt ist:
Einmal reicht meine Größe bis zum Himmel

und ein anderes mal schrumpfe ich auf menschliche Größe
in einer mehr zusammengezogenen Gestalt."

 Als er noch immer zögerte und ihre Worte nicht so recht glauben konnte, fügte sie folgendes Lied hinzu:

„Jüngling, fürchte nicht die Vereinigung in meinem Bett,
Ich kann meinen Leib in zweifacher Weise wandeln,
und ich habe über meine Glieder eine doppelte Gewalt.
Denn ich kann nacheinander verschiedene Gestalten annehmen
und mich entsprechend meinem süßen Willen verändern:
Einmal ist mein Nacken sternenhoch
und ein anderes mal hinauf zu dem Donnerer;
nun fällt sie und sinkt herab zu menschlicher Größe
und nähert sich wieder der Erde mit ihrem Kopf,
der zuvor dem Himmel nahe gewesen ist.
So kann ich leicht meinen Körper in verschiedene Gestalten formen
und werde dann auf verschiedene Weisen gesehen;
denn einmal zieht schrumpfende Steifheit meinen Leib zusammen
und ein anderes mal entfaltet sich mein riesiger Körper
bis er die Wolken berührt.
Einmal bin ich kurz und gerade
und ein anderes mal bin gestreckt mit geradem Knie;
und ich habe mich nacheinander wie Wachs
in die verschiedensten Gestalten verwandelt.
Der, der Proteus kennt, sollte sich nicht über mich wundern.
Meine Gestalt bleibt nie dieselbe,
und mein Wesen ist zweifach:
manchmal zieht sie ihre ausgedehnten Glieder zusammen
und ein anderes mal streckt sie ihre zusammengezogenen Glieder aus;
einmal entfaltet sie ihre Glieder
und ein andres mal rollt sie sie wieder eng zusammen.
Ich schieße meine beieinandergehaltenen Glieder hinaus
wie jetzt, während sich sie jetzt,
wo sie gestreckt sind, zusammenziehen.
Ich teile mein Erscheinen zwischen zwei Formen
und nehme zwei Gestalten an
mit der größeren von ihnen unterwerfe ich die Feinde,
während ich mit der kleineren nach der Umarmung der Männer suche."

Durch solche Ausführungen erlangte sie schließlich die Umarmungen des Hadding und ihre Liebe für den Jüngling brannte so heiß, daß sie, als sie sah, daß er sich danach sehnte, sein eigenes Land wiederzusehen, nicht zögerte, sich als Mann zu verkleiden und es als eine Freunde empfand, seine Entbehrungen und Gefahren mit ihm zu teilen.

Während sie auf der Reise waren, die sie unternommen hatten, geschah es, daß sie zusammen mit Hadding für eine Übernachtung in einem Haus waren, in dem der verstorbene Hausherr mit traurigen Ritualen vor seiner Bestattung begleitet wurde.

Da verlangte es sie danach, mit einem magischen Hilfsmittel die Absichten des Himmels zu erkunden. Sie ritzte eine schreckliche Zaubersprüche in ein Stück Holz und ließ es Hadding unter die Zunge des toten Mannes legen – so zwang sie ihn, mit der Stimme, die ihm auf diese Weise verliehen worden war, die folgenden schrecklichen Worte zu sprechen:

*„Verderben soll die,
die mich von denen dort unten
wieder heraufgezerrt hat,
sie soll dafür bestraft werden,
daß sie einen Geist
aus den Qualen heraufgerufen hat!"*

Wahrend Totenbeschwörungen bei den Germanen die übliche Methode war, um zu an Rat und Hilfe zu gelangen, waren solche Beschwörungen bei den Christen gar nicht gerne gesehen. Dies lag vor allem daran, das aus christlicher Sicht Gott Vater und nicht der eigene leibliche, verstorbene Vater die einzige Autorität im Jenseits ist.

Als Kompromiß, der den Ahnenkult beseitigen sollte, wurden die Bitten an die Heiligen eingeführt, also der Kontakt zu den Verstorbenen, die sich vollkommen dem christlichen Weg hingegeben hatten. Die alte Methode der Totenbeschwörungen, bei der die Toten tatsächlich immerhin so deutlich erschienen, das die Lebenden sie sehen und mit ihnen sprechen konnten („utiseta"), ließ sich jedoch nicht ganz ausmerzen. In der Kombination mit dem Christentum entstanden aus dieser Methode die Heiligen-Erscheinungen, die von der Kirche z.T. mißtrauisch betrachtet und abgelehnt, z.T. aber auch als echt anerkannt wurden.

*„Der, der mich gerufen hat,
mich, der ich leblos und tot bin,
der mich aus dem Ort dort unten
heraus in die Luft hier oben geholt hat,
soll die ganze Buße zahlen:
mit seinem eigenen Tod*

*in den schrecklichen Schatten
unter dem fürchterlichen Styx!"*

Der Styx ist der Jenseitsfluß bei den Griechen. Er hieß bei den Germanen Gjallar oder Wimur. Jenseits von ihm lag das Reich der Hel. Aus dieser Riesin wurde durch die christliche Umdeutung „des Teufels Großmutter".

*„Siehe, gegen meinen Willen und meine Absicht
muß ich einige bittere Botschaften verkünden:
Wenn ihr von diesem Haus fortgeht
werdet ihr auf einen schmalen Waldweg gelangen
und werdet dort das Opfer der Dämonen rings um euch werden.
Dann wird die, die mich Toten aus der Leere zurückgeholt hat
und mir noch einmal den Anblick dieses Lichtes gegeben hat,
die durch ihre Zaubersprüche auf seltsame Weise
diesen Geist heraufbefohlen hat,
ihre rasch beschlossene Tat bitter beklagen!"*

Es lag nahe, die aus christlicher Sicht notwendige Strafe der Tat entsprechen zu lassen: ein Totenbeschwörer wurde durch Dämonen aus dem Jenseits getötet.

In ähnlicher Weise wurde wenig später auch die heidnische Feuerprobe, durch die ein Gottesurteil erwirkt wurde, zum Verbrennen der Hexen benutzt. Bei der vor allem bei den Kelten üblichen Feuerprobe legten die beiden Personen, die einen Streit hatten, jeder eine Hand ins Feuer – die Hand des Unschuldigen bzw. dessen, der im Recht war, wurde von den Göttern vor Verletzungen bewahrt. Die Vorstellung eines solchen Gottesurteiles wurde von der Inquisition dann dazu benutzt, um diejenigen zu bestrafen, die nicht an den richtigen Gott glaubten.

*„Verderben soll die,
die mich von denen dort unten
wieder heraufgezerrt hat,
sie soll dafür bestraft werden,
daß sie einen Geist
aus den Qualen heraufgerufen hat!"*

Diese Formel ist der eigentlicher Fluch des Totengeistes. Sie wird in den folgenden Zeilen noch weiter ausgemalt.

*„Denn wenn die schwarze Pest des Sturmes
die Ungeheuer erzeugt hat,*

die innersten Eingeweide mit festem Entschluß
herausgerissen hat,
und wenn ihre Hand die Lebenden
mit grausamen Nägeln fortgezerrt hat
und Glied für Glied fortgerissen hat
und die Leiber zerstückelt hat,
dann, Hadding, wird Dein Leben weiterbestehen
und die niederen Reiche
werden Deine Seele nicht holen kommen
und auch Dein Geist
wird nicht trostlos zu den Wassern des Styx wandern;
aber die Frau, die den armseligen Geist
herbeibefohlen hat,
wird durch ihre eigene Schuld vernichtet,
wird unseren Staub sühnen,
wird selber Staub werden!"

In dieser Schilderung wird schon deutlich, aus welchen Wurzeln heraus der „Malleus maleficarum" („Hexenhammer"), der das Strafbuch der Inquisition gewesen darstellte, entstanden ist.

„Verderben soll die,
die mich von denen dort unten
wieder heraufgezerrt hat:
Sie soll dafür bestraft werden,
daß sie einen Geist
aus den Qualen heraufgerufen hat!"

Als sie in dem vorherbestimmten Wald unter einem Schutz aus Zweigen, den sie errichtet hatten, übernachteten, sahen sie eine übermenschlich große Hand über das Innere der Behausung tasten. Entsetzt über dieses Geschehen, bat Hadding um die Hilfe seiner Amme.
Da streckte Hardgrep ihre Glieder aus und schwoll zu gewaltiger Größe an, ergriff schnell die Hand und hielt sie ihrem Ziehsohn hin, damit er sie abschlug. Aber das, was aus den lauten Wunden floß, die er schlug, war nicht so sehr Blut, sondern eine eklige Substanz.
Aber sie zahle die Strafe für diese Tat und wurde von ihren Verwandten, die von ihrer Art waren, in Stücke gerissen – und ihre körperliche Verfassung oder ihre Größe halfen ihr nicht gegen die Angriffe der Krallen ihrer Feinde.
Hadding, der solchermaßen seiner Amme beraubt worden war, traf einen Mann mit

Namen Lysir, der in einem feierlichen Schwur sein Verbündeter wurde – durch das Betreiben eines Mannes von hohem Alter, der nur ein Auge hatte und der Erbarmen mit der Einsamkeit des Hadding hatte.

Der alte, einäugige Mann ist Odin.

IV 9. c) Hervor-Saga

Die Totenbeschwörung, die in dieser Saga geschildert wird, ist eher formlos und konzentriert sich ganz auf den starken Willen der Tochter Hervor, die als Mann verkleidet zu einer Wikinger-Anführerin geworden ist und schließlich von ihrem toten Vater, dem König Angantyr, dessen magisches Schwert Tyrfing erhalten will.

Dieses Schwert mit dem Namen „Tyr-Finger", das in einem Hügelgrab von den beiden Zwergen Dwalin und Dulin geschmiedet worden ist, ist ursprünglich das Schwert des Göttervaters Tyr gewesen. Dwalin und Dulin sind die beiden Pferde-Söhne (Alcis) des ehemaligen Göttervaters Tyr im Jenseits (siehe „Dwalin" in Band 32).

Hervor ist eine Königstochter, die sich als Mann verkleidet hat und sich „Hervard" nannte. Ursprünglich ist einmal die Jenseitsgöttin gewesen, aber sie ist schon sehr stark umgedeutet worden (siehe „Heidrek" in Band 39).

Dann machte Hervor sich bereit, alleine davonzuziehen in der Kleidung und mit den Waffen eines Mannes. Sie kam an einen Ort, an dem einige Wikinger waren und segelte eine zeitlang mit ihnen. Sie nannte sich selber während dieser Zeit „Hervard".

Einige Zeit später starb der Kapitän und dieser „Hervard" übernahm das Kommando der Mannschaft. Als sie zu der Insel Samsey kamen, befahl „Hervard" ihnen anzulegen, damit „er" auf die Insel gehen konnte, in deren Hügelgräbern sicherlich große Schätze liegen würden.

Aber alle Männer der Mannschaft waren dagegen und sagten, daß dort in der Nacht üble Wesen umgingen und daß es dort am Tage schon schlimmer sei als an den meisten anderen Orten in der Nacht. Aber schließlich ließen sie den Anker hinab und „Hervard" stieg in das Beiboot und ruderte zur Küste. „Er" landete in Munway gerade als die Sonne unterging. Und „er" traf dort einen Mann, der seine Schafe hütete.

*Die junge Frau
traf bei Sonnenuntergang
in der Bucht von Munway
einen Hirten.*

  *Er sprach:
„Wer unter allen Menschen
ist hier zu dieser Insel gekommen?
Eile schnell heim
zu Deinem Haus!"*

  *Sie sprach:
„Heim zu meinem Haus
eile ich nicht,
denn ich kenne niemanden
von dem Inselvolk;
deshalb sage mir schnell
bevor Du gehst:
Wo kann ich
Hjorvards Tal finden?"*

  *Er sprach:
„Frage mich nicht nach diesem,
Du scheinst nicht weise zu sein,
Prinz der Piraten,
Deine Suche ist schrecklich:
laß uns so schnell fliehen
wie uns unsere Füße tragen!
Das hier draußen ist zu viel
für Menschen!"*

  *Sie sprach:
„Hier ist eine wertvolle Halskette
als Bezahlung für ein Gespräch;
Ich bezweifle, daß Du
dem Wikinger-Anführer ausweichen wirst."*

Er sprach:
„Niemand kann mir
solch wertvolle Edelsteine,
solch wertvolle Schätze geben,
daß ich nicht meinen Weg gehen werde."

Sie sprach:
„Laß uns nicht so schnell in Furcht geraten
durch das bißchen Zischen und Knistern,
selbst dann nicht, wenn die ganze Insel
in Feuer auflodert;
laß uns nicht
so schnell
vor gefallenen Helden Angst haben;
komm, laß uns sprechen."

Er sprach:
„Töricht würde mir
jemand erscheinen,
der von hier aus alleine weitergeht
bei Nacht;
Flammen schlagen empor,
die Hügelgräber stehen offen,
Felder brennen und Sümpfe –
laß uns schneller fortgehen."

Mit schnellen Schritten
eilte der Hirte zum Haus davon,
floh nun weit fort
vor den Worten dieses Mädchens,
aber Hervors Herz
hart-geformt in ihrer Brust
schwoll nun vor Kühnheit,
angesichts dieser Dinge.

Und so lief er davon zu seinem Dorf und sie trennten sich dort.

Daraufhin sah sie, wo die Grabfeuer auf der Insel brannten, und sie ging dort hinauf und fürchtete sich nicht, obwohl all die Hügelgräber auf ihrem Weg lagen und die Toten vor ihnen im Freien standen. Sie watete durch die Flammen als ob sie Nebel wären bis sie zu den Hügelgräber der Berserker kam.

Hervors Vater Angantyr und ihr Großvater Arngrim waren Anführer von Berserkern und selber Berserker gewesen.

Die Flammen auf den von Geistern bewohnten Hügelgräbern sind wie die Waberlohe von den Bestattungsfeuern inspiriert worden.

Dort rief sie:
„Erwache, Angantyr!
Hervor weckt Dich,
die einzige Tochter
von Dir und Svafa;
reiche mir aus Deinem Grab
diese beste Klinge,
die Zwerge erschaffen haben
für König Sigrlami.

Hervard, Hjorvard,
Hrani, Angantyr,
ihr, die ihr unter Waldwurzeln liegt,
ich wecke euch alle,
mit Schild, mit Brünne,
mit leuchtendem Helm und Harnisch,
einer guten, scharfen Glefe
und einem rotgoldenen Speer.

Eine Glefe ist ein langer Stab, an dem sich vorne ein langes Messer befindet. Die Glefe ist eine einfache Form der Hellebarde, sozusagen ein „Messerspieß".

Eyfura ist die Mutter von Hervors Vater Angantyr. „Eyfuras Junge" ist daher Angantyr.

Nun zu euch,
ihr Söhne des Arngrim:
Gemeine Menschen,
ihr sollt den Moder vermehren,
wenn Eyfuras Junge
heute Nacht nicht einmal
zu mir sprechen will
in der Bucht von Munway.

Hervard, Hjorvard,
Hrani, Angantyr,
ihr sollt an euren Rippen aufgehängt sein,
ihr sollt verrotten
tief in einem Ameisenhügel,
wenn ihr mir nicht
Dvalins Schwert gebt!
Es gehört sich nicht,
daß tote Männer
eine gute Waffe halten!"

   Da sprach Angantyr:
"Hervor, Tochter,
was treibt Dich an, mich zu rufen?
Randvoll mit Qual-Runen
steht Dir Leiden bevor.
Du bist nicht mehr bei Sinnen,
verrückt bist Du geworden,
den Verstand hast Du verloren:
tote Männer aufzuwecken!

Nicht hat ein Vater
mein Grab gegraben;
nicht haben meine Eltern
mich bestattet,
auch nicht andere Verwandte;
sie hatten Tyrfing,
die beiden, die lebten,
obwohl es am am Ende
nur einen Besitzer gab."

   Sie sprach:
"Es ist eine Lüge was Du sagst -
möge der Gott Dich
gesund in Deinem Hügelgrab erhalten,
wenn Du es wirklich nicht
dort drinnen hast;
Du bist zögerlich
Dein Erbe zu teilen
mit Deinem einzigen Kind."

Da öffnete sich das Hügelgrab und es war, als ob der gesamte Hügel Feuer und Flamme wäre.
Und Angantyr sprach:

„Das Tor zur Hel steht weit aufgesperrt
und die Gräber öffnen sich,
alles ist Feuer
auf der Höhe der Insel;
es ist schrecklich hier draußen
ringsum anzusehen;
gehe fort, Mädchen,
wenn Du kannst, zu Deinen Schiffen."

Sie antwortete:
„Du kannst heute Nacht
keine großen Feuer anzünden
und auch keine Flammen flackern lassen,
die mich erschrecken könnten;
Das Gemüt Deiner Tochter
zittert nicht
auch wenn ich dort in der Tür
tote Männer sehe."

Da sprach Angantyr:
„Ich sage zu Dir, Hervor,
– hör mir nun zu –,
weise Tochter,
was sein wird:
Dieses Schwert Tyrfing
– versuch' es zu glauben –
wird später, Mädchen,
alle Deine Nachkommen zerstören.

*Einen Jungen wirst Du gebären,
dem später das Schwert Tyrfing
gehören wird
und der in seine eigene Stärke vertrauen wird;
die Leute werden den Jungen
Heidrek nennen,
er wird zu dem Größten werden
unter dem Himmelszelt."*

Heidrek, dessen Name „Lichtkönig" bedeutet, ist der ehemalige Sonnengott-Göttervater Tyr. Seine Mutter Hervor ist daher die Jenseitsgöttin. Das Verhältnis zwischen Hervor und Heidrek entspricht dem zwischen Svipdag und Groa.

*Sie rief aus:
„Ich belege diese toten Krieger hier
mit diesem Fluch:
Daß ihr für ewig
hier in euren Särgen liegen sollt,
untot mit den Toten
in dem feuchten Moder;
gib mir, Angantyr,
aus Deinem Hügelgrab
– es hat keinen Sinn, es zu verbergen
der Zwerge Werkstück."*

*Er sprach:
„Ich sage, Mädchen,
Du bist nicht wie andere Menschen:
Hier zwischen Hügelgräbern zu reden
in der Nacht
mit ziseliertem Speer
und gotischem Stahl,
mit Helm und in Harnisch
an der Tür zu meiner Halle."*

Da sprach Hervor:
„Ich dachte, daß ich ein Mensch sei
als ich zuhause bei den Lebenden war,
bevor ich hier herab kam
in die Halle von euch toten Männern;
also gib mir aus Deinem Hügelgrab das heraus,
was Rüstungen haßt:
das Verderben der Schilde,
Hjalmars Unglück."

Da sprach Angantyr:
„Hjalmars Unglück
liegt unter meinen Schultern;
die Klinge ist rings umhüllt
von Flammen;
ein einziges Mädchen
da oben auf der Erde, glaube ich,
würde es wagen
diese Glefe in die Hand zu nehmen."

Hervor sprach:
„Ich würde sie in meine Hand nehmen
und mich um sie kümmern,
die schneidenscharfe Klinge,
wenn ich sie nur haben könnte;
ich fürchte mich nicht
vor brennendem Feuer
– die Flammen, die ich hier sehe
werden bald verlöscht sein."

Da sprach Angantyr:
„Du bist töricht, Hervor,
aber voller Wagemut,
in das Feuer zu stürmen
mit offenen Augen;
ich denke, ich gebe Dir lieber,
junges Mädchen,
den Spalter aus meiner Grabkammer,
den ich Dir nicht verweigern kann."

Hervor sprach:
"Du hast gut gehandelt,
Krieger-Sippenverwandter,
als Du mir aus Deinem Grab
das Schwert gabst;
Ich hätte lieber dieses Schwert,
königlicher Herr,
als ganz Norwegen
unter meiner Herrschaft."

Angantyr sprach:
"Verruchte Frau,
was weißt denn Du?
Es gibt jetzt keinen Grund für Freude
oder glückliche Worte;
diese Klinge Tyrfing
– und das glaube mir jetzt besser –
wird, Mädchen,
alle Deine Nachkommen vernichten."

Sie sagt:
"Ich gehe jetzt
zu meinen Meeres-Rössern;
Die Königstochter
ist nun vergnügt genug;
was kümmern mich
die Vettern von Edlen,
und wie später meine Söhne
mit dieser Sache zurechtkommen?"

Er spricht:
"Du sollst besitzen
und Dich lang daran erfreuen,
aber im Verborgenen bewahren,
was Hjalmar tötete;
ritze Dich nicht an den Schneiden
– an beiden ist Gift –
eines Mannes Schicksal,
schrecklicher als die Pest.

*Leb wohl, Tochter,
freiwillig hätte ich Dir
die Leben von zwölf Männern geliehen,
– kannst Du es mir glauben? –
Stärke und Standfestigkeit,
all die stämmige Kraft,
die Arngrims Jungen
hinterließen, als sie starben."*

*Sie sprach:
„Ruht nun, ihr alle,
– ich will jetzt gehen –
rüstige Männer in euren Hügelgräbern;
einen Moment lang habe ich fast geglaubt,
daß ich zwischen den Welten
gestanden habe,
als rings um mich
Feuer brannten."*

Dann ging sie zu den Schiffen. Aber als es hell wurde, sah sie, daß die Schiffe fort waren. Die Wikinger hatten sich vor den Donnern und dem Feuer auf der Insel gefürchtet.

IV 10. Tote wiederbeleben

Die Kunst, Tote wieder ins Leben zurückzuholen, ist vermutlich eine Umdeutung der Vorstellungen über die Wiederzeugung und der auf diese folgende Wiedergeburt.

IV 10. a) Skaldskaparmal

Die Königstochter Hilde ist ursprünglich Freya gewesen und der endlose Kampf auf einer Insel, der vor allem ein Streit um Hilde-Freya ist, ist einst der endlose Streit zwischen Tyr („Hedin") und Loki („Högni") gewesen, durch den die Jahreszeiten entstehen.

Das Wiederbeleben der Toten durch Hilde-Freya ist ursprünglich die Wiedergeburt durch diese Göttin im Jenseits gewesen. Der Wunsch, nach dem Tod durch den Gegner im Jenseits durch Freya wiedergeboren zu werden und dann Rache nehmen zu können, ist das eigentliche Motiv des Tyr und des Loki für ihr Verlangen nach Freya.

Ein König, Högni genannt, hatte eine Tochter mit Namen Hilde. Diese machte ein König namens Hedin, Hiarrandis Sohn, zur Kriegsgefangenen, während König Högni zur Königsversammlung geritten war.

Als er nun hörte, daß in seinem Reich geheert worden war und seine Tochter fortgeführt sei, ritt er mit seinem Gefolge, Hedin aufzusuchen, und hörte, daß er nordwärts längs der Küste gesegelt sei. Als er aber nach Norwegen kam, vernahm er, Hedin habe sich westlich gewendet. Da segelte ihm Högni nach bis zu den Orkneys, und als er nach Hamey kam, lag Hedin mit seinem Heer davor.

Da ging Hilde, ihren Vater aufzusuchen, und bot ihm in Hedins Namen ein Halsband zum Vergleich; wenn er aber das nicht wolle, so sei Hedin zur Schlacht bereit und Högni hätte von ihm keine Schonung zu hoffen.

Högni antwortete seiner Tochter hart, und als sie Hedin traf, sagte sie ihm, daß Högni keinen Vergleich wolle, und bat ihn, sich zum Streit zu rüsten. Und so taten sie beide, gingen auf das Eiland und ordneten ihr Heer.

Da rief Hedin seinen Schwager Högni an und bot ihm Vergleich und viel Gold zur Buße.

Högni antwortete: „Zu spät bietest Du mir das, wenn Du Dich vergleichen willst, denn nun habe ich mein Schwert Dainsleif gezogen, das von den Zwergen geschmiedet ist und eines Mannes Tod werden muß, so oft es entblößt wird, und dessen Hieb immer trifft und Wunden schlägt, die niemals heilen."

Da sprach Hedin: „Du rühmst Dich des Schwertes, aber noch nicht des Sieges. Ich nenne jedes Schwert gut, das seinem Herrn getreu ist."

Da begannen sie die Schlacht, die Hiadningawig (Kampf der Hedninge) genannt wird, und stritten den ganzen Tag und am Abend fuhren die Könige wieder zu den Schiffen.

In der Nacht aber ging Hilde zum Walplatz und weckte durch Zauberkunst die Toten alle, und den anderen Tag gingen die Könige zum Schlachtfelde und kämpften, und so auch alle, die tags zuvor gefallen waren.

Also währte der Streit fort einen Tag nach dem anderen, und alle, die da fielen, und alle Schwerter, die auf dem Walplatz lagen, und alle Schilde wurden zu Steinen.

Aber sobald es tagte, standen alle Toten wieder auf und kämpften und alle Waffen wurden wieder brauchbar.

Und in den Liedern heißt es, die Hiadninge würden so fortfahren bis zur Götterdämmerung.

IV 10. b) Ragnarsdrapa

Die älteste bekannte Fassung dieser Mythe stammt aus dem um ungefähr 850 n.Chr. von Bragi dem Alten verfaßten Loblied auf Fürst Ragnar und den mit Bilder geschmückten Schild, den er dem Skalden Bragi geschenkt hat.

Und die Wunsch-Ran
der viel zu trockenen Adern,
beabsichtigte, den Bogen-Sturm
ihres Vaters zu verursachen.

„*Trockene Adern*" sind Adern, aus denen das Blut ausgelaufen ist, d.h. die Adern eines Toten. Die Riesin „*Ran*" ist die Göttin der Meeres-Unterwelt. Mit ihr ist hier allgemein eine Göttin, Riesin oder wichtige Frau gemeint. Eine „*Wunsch-Frau*", die zu Leichen gehört, wird eine Walküre sein.

Ein „*Bogen-Sturm*" ist ein „*Pfeil-Hagel*", d.h. eine Schlacht.

Da keine Väter der Walküren bekannt sind, muß „Walküre" hier eine Umschreibung für eine andere „Frau in Walküren-Funktion" sein. In der Saga von Hedin und Högni ist dies die Göttin Freya, die von Odin gezwungen eine endlose Schlacht zwischen den beiden Königen verursachte. In dieser Saga wird Freya als die Frau des Odin aufgefaßt.

Der Vater der Freya ist Njörd. Da eine Schlacht des Njörd nicht bekannt ist, muß die Kenning wohl anders gegliedert und gelesen werden: Der „*Sturm von Freyas Vater*" ist ein Sturm auf dem Meer, da Njörd der Gott des Meeres ist. Der „*Bogen-Sturm von*

Freyas Vater" könnte somit eine Schlacht sein, die entweder auf dem Meer oder auf einer Insel stattfindet. Der Saga zufolge kämpfen Hedin und Högni aufgrund des Zaubers, den Freya auf sie gelegt hatte, zusammen mit ihren großen Heeren 143 Jahre lang auf der Insel Hoy, bis sie von König Olaf erlöst wurden.

Da trug die Ring-schüttelnde Sif,
die Frau voller Bösem,
den Halsreif der Kriegs-Verheißung
zu den Kriegern der Rösser des guten Windes.

„Sif" ist hier eine Heiti für „Frau". Aufgrund des Zusammenhanges muß die „*Ring-schüttelnde Frau*" Freya sein. Warum sie „*Ringe schüttelt*", bleibt zunächst unklar.

Freya besitzt offenbar einen „*Halsreif*" („Torque", „Draupnir"), der Kriege verursacht, weshalb Freya in dieser Funktion hier „*böse*" genannt wird. Dieser Halsreif könnte Brisingamen sein – zumal zu Beginn der Saga beschrieben wird, wie Freya diese Halskette von vier Zwergen erhielt, wie Loki sie für Odin stahl und wie Odin der Freya ihre Kette Bringamen nur unter der Bedingung zurückgab, daß sie eine endlose Schlacht verursachen würde – eben die zwischen den Blutsbrüdern Hedin und Högni.

Man kann vermuten, daß auch das „*Schütteln der Ringe*" durch Freya kein gutes Zeichen ist. Vielleicht ist der Ring (Draupnir, Torque) als Symbol der bestandenen rituellen Jenseitsreise in dieser Saga bereits zu einem Symbol des nahenden Todes in der Hand einer Walküre geworden – ein Anblick des Schreckens für die Krieger auf dem Schlachtfeld.

Die Ringe und der Halsreif und somit auch Freyas Kette Brisingamen („strahlende Kette") könnten letztlich alle der Halsreif sein, der bei den westlichsten Indogermanen, also bei den Germanen, den Kelten und ansatzweise auch bei den Römern das Einweihungssymbol der Priester-Schamanen, Fürsten und Krieger gewesen ist. Aus ihm wurde dann in einer ersten Umdeutung ein Todessymbol und in einer zweiten Umwandlung ein Kriegs-Omen oder ein Kriegs-Verursacher.

Freya könnte das Urbild der Walküren gewesen sein: Freya ist eine Totengöttin und die Walküren die Todesverkünder; Freya besitzt ein Falkenhemd und die Walküren ein Schwanenhemd, was beides Symbole für die Verwandlung der Toten in Seelenvögel ist; und schließlich sind sowohl Freya als auch die Walküren die „Geliebten" der Toten (Zwerge = Totengeister) im Jenseits. Dieses letzte Motiv ist schon in der frühen Jungsteinzeit entstanden und ergänzte als „Wiederzeugung" zusammen mit dem „Wiederstillen" in den Mythen sehr vieler Völker die „Wiedergeburt" der Toten durch die Muttergöttin im Jenseits.

Die „*Rösser des guten Windes*" sind die Schiffe des Högni, auf denen er mit seinen Wikingern Hedin verfolgte.

*Die blutrünstige Wunden-Thrudr
bot dem Herrscher
die Halskette nicht um des Friedens willen an –
dieser Frauen-Halschmuck ist eine tödliche Waffe.*

„*Thrudr*" ist die Tochter des Thor und der Sif. Auch sie ist hier eine Heiti für „Göttin, Riesin, wichtige Frau". Eine „*Wunden-Frau*" ist eine Walküre bzw. in dieser Saga die Göttin Freya.

In dieser Strophe wird noch einmal deutlich, daß Freyas Halskette oder Halsreif Brisingamen auch als Kriegs-Verursacher aufgefaßt wurde.

*Sie schien stets den Kampf zu verhindern,
obwohl sie die Krieger
antrieb, den Todes-Pfad zu gehen
hin zu der grausigen Schwester des rasenden Wolfes.*

In dieser Strophe werden Freyas Aspekte der Liebesgöttin und der Kriegsgöttin einander auf unschmeichelhafte Weise gegenübergestellt.

Diesen im Wesen aller Jenseitsgöttinnen enthaltenen Gegensatz hielt das Bild der Göttin auf Dauer nicht aus und spaltete sich deshalb in die schöne Freya und die gefürchtete Hel auf. Diese Entwicklung findet sich auch in den Mythen von vielen andern Völkern wie z.B. in Griechenland bei Aphrodite und Hekate, in Indien bei Lakshmi und Kali oder in Ägypten bei Hathor und Sachmet.

Der „*Todes-Pfad*" ist der Weg über die Gjallar-Brücke zur Hel.

Der „*rasende Wolf*" ist der Fenris-Wolf. Seine „*grausige Schwester*" ist die Riesin Hel.

*Der Fürst des Volkes, der Landes-Gott,
ließ den Wolf-beglückenden Kampf niemals enden
noch das Gemetzel auf dem Sand versiegen –
tödlicher Haß stieg in Högni auf, …*

Der „*Fürst des Volkes*", der auch „*Gott des Landes*" genannt wird (was seine Verantwortung für das Gedeihen des Landes zeigt), ist Högni.

*… als die ernsten Herren des Schwertklanges
mit harten Waffen nach Hedin suchten
statt die Halsringe
der Hildr zu erhalten.*

Die *„ernsten Herren des Schwertklanges"* sind Högni und seine Krieger.

„Hild" ist eine Kurzform für die Göttin Huldar – dies ist wieder eine Heiti für „Göttin, Riesin, Frau", die sich wieder auf Freya bezieht. *„Die Halsringe der Hild"* sind das Brisingamen der Freya. Högni will nicht die Halsring-Todesomen der Freya erhalten, sondern stattdessen Hedin töten.

Und diese schreckliche Zauberin,
diese Riesin der Brünnen des Odin,
verdarb die Früchte des Sieges
und ergriff die Herrschaft auf der Insel.

In dieser Strophe erscheint Freya ganz in ihrem furchterregenden Hel-Aspekt.

Eine *„Riesin der Brünne (Brustpanzer)"* ist eine beliebte Kenning für „Axt". Eine *„Axt des Odin"* ist normalerweise ein Krieger, aber hier wird wohl Freya gemeint sein, die der Saga zufolge wie die Walküren im Auftrag des Odin diese Schlacht in Gang setzte.

Freya *„verdarb die Früchte des Sieges"*, weil alle gefallenen Krieger der beiden Heere wieder erneut zum Leben erwachten und die Schlacht daher ewig dauerte.

Die *„Brünnen"* (Brustpanzer) sind die Krieger des Hedin und des Högni.

Die *„Herrschaft (der Freya) auf der Insel"* ist eine hier eine Kenning für den endlosen Kampf.

Das ganze Kriegs-Heer des Königs
wurde hinter ihren festen Türen des Herjan
von Wut ergriffen und eilte schnell
von Reifnirs See-Roß-Flotte fort.

Der *„König"* ist Högni, der Hedin verfolgt.

Eine *„Tür"* ist ein Schild, da man sich hinter beidem schützt. Herjan ist der Vater des Högni.

„Reifnir" ist ein Seekönig. Ein *„See-Roß"* ist ein Schiff. Die Kenning *„Reifnirs See-Roß-Flotte"* ist eine dreifache Definition des „Roßes" als eines „Fahrzeuges" im Wasser (Reifnir, See, Flotte)a – nicht die kreativste aller von Bragi benutzen Kenningar ...

Auf dem schönen Schild des Svölnir
kann man den Angriff sehen;
Ragnar gab mir den Mond des Fahrzeugs des Rär,
auf das viele Geschichten gezeichnet sind.

„*Svölnir*" („Kühler") ist der Schild, der auf dem Wagen der Sonne vor der Sonnengöttin Sol steht, damit diese mit ihrem Feuer nicht die Erde verbrennt. Dieser Schild geht auf die ältere Vorstellung der Sonne als dem Schild eines Sonnengottes zurück, wie sie sich z.B. auf den Goldhörnern von Gallehus und auf den frühen Runensteinen findet. Schon in den frühgermanischen Steinritzungen in Skandinavien ist dieser Sonnenschild dargestellt worden. Die Germanen scheinen sich zu der Zeit von Bragi dem Alten noch an die Sonnenschild-Symbolik erinnert zu haben.

Da *„Rär"* ein Seekönig (König einer Insel) ist, ist sein *„Fahrzeug"* ein Schiff. Das *„Mond-Schiff"* ist wie in der End-Strophe des Völsungen-Teiles der Ragnarsdrapa wieder der Schild.

Vielleicht ist diese Nebeneinanderstellung von Sonne und Mond kein Zufall, sondern von Bragi so beabsichtigt gewesen. Auf dem Goldhorn von Gallehus steht neben dem Krieger mit dem Sonnen-Schild noch ein zweiter Krieger, der möglicherweise einen Mond-Schild hält. Der „Sonnen-Krieger" auf der linken Seite, der vermutlich der Sonnengott-Göttervater Tyr ist, trägt eine Sonne auf seinem Herzchakra und auf seinen Genitalien. Der „Mond-Krieger" auf der rechten Seite, der vermutlich der Mondgott Mani ist, trägt an denselben Stellen einen Kreis ohne Strahlen, der den Mond darstellt.

Die Deutung des rechten Mannes ist jedoch nicht ganz sicher, denn aufgrund des Schwertes ist auch die Deutung beider Gestalten als des Schwertgott-Göttervaters Tyr möglich – links als strahlender Gott im Diesseits (Tagessonne) und rechts als dunkler Gott im Jenseits (Nachtsonne).

Sonne und Mond

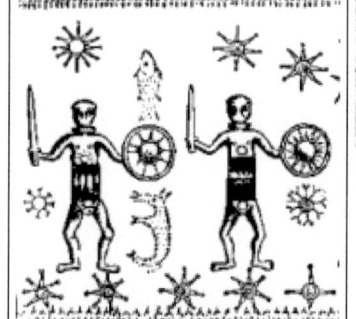

Sonnenkrieger und Mondkrieger Goldhorn von Gallehus

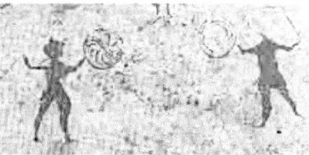

zwei Krieger mit Schild und Speer Runenstein von Martebo

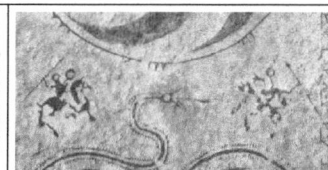

zwei Reiter mit Schild und Speer Runenstein von Martebo

Die Kenning-freie Übersetzung dieser Strophen in einen Prosa-Text lautet wie folgt:
"Freya wollte eine Schlacht unter den beiden Königen und ihren Wikingern verursachen. Sie trieb alle Krieger von ihnen unbemerkt in Kampf und Tod. Högni ließ den Kampf niemals enden. Freya erweckte die Krieger auf der Insel immer wieder zu neuem Leben, sodaß es keinen Sieg gab. Dies wird auf dem Schild dargestellt."

IV 11. Wetterzauber

Die Wetterzauber waren insbesondere in der Seefahrt von großer Bedeutung, da ein günstiger Wind die Grundlage des Segeln war und ein heftiger Sturm den Tod bedeuten konnte.

IV 11. a) Die Saga über Viglund den Blonden

Diese Saga ist nicht mehr ganz in dem ursprünglichen sachlichen Stil der Germanen geschrieben, sondern hat schon deutliche Anklänge an den blumigeren Stil des christlichen Mittelalters und erinnert dadurch an den Stil des Mönches Saxo des Schriftkundigen, der die „Gesta danorum" verfaßt hat.

Eine Frau mit dem Namen Kiolvor lebte in Hraunskard, eine große Zauber-Frau von übler Gesinnung und von allem Leuten verhaßt. Zwischen ihr und Thorbiorg von Foss war eine große Freundschaft.

Daher verhandelten Mutter und Söhne, also Thorbiörg und Einar und Jokul, mit Kiolver und gaben ihr hundert Silbermünzen, damit sie diese Brüder, also Viglund und Trusty, mit den Mitteln, die ihr passend erschienen, beseitigen würde.

Denn in Herzen dieser drei Menschen schlug die allergrößte Eifersucht und sie hörten immer wieder über die wahre Liebe zwischen Viglund und Ketilrid und neideten ihnen die Freude aneinander, wie sich später noch deutlich zeigen wird.

Doch die beiden liebten sich heißer und heißer mit heimlicher Liebe und Verlangen in ihren Brüsten seit der Zeit, in der sie zusammen aufgewachsen waren, sodaß die Wurzeln der Liebe und das Anschwellen des Verlangens niemals aus ihren Herzen gerissen wurde – so wie es das Wesen der Liebe ist, daß das Feuer der Sehnsucht und die Flamme des Verlangens um so heißer brennt und die Herzen umso enger zusammenbindet, je mehr die Leute dem im Weg stehen und je größere Hindernisse die Sippe und die Verwandten zwischen die beiden legen, zwischen denen diese süße Liebe und diese Sehnsucht lebt.

So geschah es auch mit diesen beiden, mit Viglund und Ketilrid, denn an all den Tagen, an denen die beiden lebten, liebten die beiden sich so heiß, daß keiner von den beiden seit der Zeit, als sie sich das erste mal erblickt hatten, von dem anderen fortschauen mochte, wenn sie so handeln könnten, wie das Verlangen in ihren Herzen wollte.

Nun lebte dort damals ein Mann mit dem Namen Bjorn, ein Bauer Thorgrimms des Stolzen, er wurde Wogen-Biorn genannt, der er war ein solcher Seehund, daß er kein

Wetter unpassend fand, um in See zu stechen und er sagte stets, daß er sich keine Launen der Wogen zu kümmern brauche.

Er war mit Thorgrim hinausgegangen um nach seiner Arbeit zu schauen – vor der Landzunge ließ sich gut fischen.

Er ruderte nie mit mehr als zwei Männern hinaus, obwohl er ein kräftiges Zehn-Ruder-Boot – aber in diesem Herbst lagen seine beiden Gefährten durch Kiolvors Zauberei krank darnieder und alle anderen Männern waren mit dem Heu beschäftigt.

Daher bat Biorn, als er zum Fischen hinausfahren wollte, Viglund und Trusty an dem Tag mit ihm zu kommen. Das taten sie auch, denn das Wetter war schön und sie waren alle gute Freunde.

Aber Kiolvor wußte all dies und ging zu ihrem Zauberhaus hinauf und wedelte mit ihrem Schleier zu dem Ostviertel hinüber und davon braute sich schon bald ein Unwetter zusammen.

Als sie hinaus zu den Fischgründen gekommen waren, waren reichlich Fische unter ihnen – doch da sahen sie Wolkenfetzen von Osten und Nordosten heraufziehen.

Da sprach Viglund: „Mir scheint, daß es gut wäre, wenn wir zusehen, daß wir an Land kommen, denn mir gefällt der Anblick dieses Wetters überhaupt nicht."

Da sprach Biorn: „Nein, laßt uns warten, bis wir das Schiff vollgeladen haben."

„Du bist der Meister," sprach Viglund.

Da bedeckten die Wolkenfetzen bald den ganzen Himmel und brachten Wind und Frost mit sich und solch eine üble See, daß die Wasser nirgends mehr ruhig waren, sondern über alle wie Salzkörner umherflogen.

Und nun sagte auch Biorn, daß sie sich auf den Weg zurück zum Land machen sollten.

„Früher wäre besser gewesen," sagte Viglund, „aber ich will nun nichts weiter darüber sagen."

Da ruderten Biorn und Trusty, aber sie kamen nicht voran, sondern trieben nach Südwesten ins Meer hinaus und das Boot, in dem sie saßen, begann sich mit Wasser zu füllen.

Da sagte Viglund dem Biorn, daß er Wasser schöpfen solle, und dem Trusty, daß er steuern solle, und ruderte selber so mächtig, daß sie in Daymealness an Land kamen.

Dort wohnte Thorkel Fellmütze, der mit Bardi dem Schneeberg-Asen zurückgekehrt war, und der jetzt sehr alt war.

Als nun Ketilred berichtet wurde, daß sie auf das Meer hinausgetrieben worden und tot waren, fiel sie in Ohnmacht, aber als sie wieder zu sich kam, sang sie diese Verse, während sie auf das Meer hinausblickte:

*„Nie mehr werden nun meine Augen
das Meer ohne Gruß sehen,
da mein Gesprächs-Vertrauter
unter die See-Gestade hinabsank.
Ich hasse die Schwärze der Meeresflut,
und die verschlingenden Wogen:
tief sind die Schmerzen des Leides,
die in der Meereswogen Last geboren wurden."*

Last der Meereswogen = Schiff, Boot

Thorkel jedoch gab den Brüdern ein herzlichen Willkommen und am nächsten Tag gingen sie heim – und süß und voller Freude war das Zusammentreffen von Viglund und Ketilred.

IV 11. b)   Fridthjof der Kühne

Wie bei den Seehunden, Robben, Seekühen usw. ist es auch von den Walen überliefert worden, daß sich Zauberinnen oft in diese Wassertiere verwandelt haben – insbesondere dann, wenn sie Seeleuten schaden wollten. Manchmal ritten diese Zauberinnen auch auf den Walen – was jedoch eine spätere Umdeutung der Wal-Verwandlung sein wird.

Um das Verständnis der Wal-Szenen zu erleichtern, die einen Teil eines Sturmzaubers bilden, sind im Folgenden die nicht übersetzten Teile der Saga kurz zusammengefaßt worden.

Der Anfang dieser Saga ist, daß König Bele über die Gegend von Sogn herrschte. Er hatte drei Kinder: einen Sohn, der Helge hieß, einen zweiten mit dem Namen Halfdan und eine Tochter, die Ingeborg genannt wurde, eine schöne junge Frau mit großer Weisheit und die erste der Kinder des Königs.

An der Küste, die im Westen an den Fjord grenzte, war ein großer umhegter Bereich, der Baldurs-Hag genannt wurde. Innerhalb der Umzäunung lag ein Friedens-Platz und ein großer Tempel, der von einer hohen Palisade umgeben war.

Dort waren viele Götter, doch keiner war so beliebt wie Baldur. Und den Heiden waren dieser Ort so heilig, daß darin keine Verletzung geschehen durfte – weder an einem Tier noch an einem Menschen. Und dort durften Männern und Frauen auch nicht miteinander verkehren.

Der Ort, an dem der König wohnte, hieß Schweinestrand („Systrand"), aber auf der anderen Seite des Fjordes war ein umhegter Bereich, der Vorder-Landzunge („Framness") hieß.

Als nächstes wird in der Saga über die folgenden Ereignisse berichtet:
In Framness lebte Thorstein, dessen Sohn Fridthjof hieß. Fridthjof war der stärkste aller Männer. Thorstein besaß ein Schiff mit dem Namen „Ellide" („das Alte").
Ingeborg und Fridthjof wurden von dem Bauern Hilding aufgezogen und waren daher Ziehgeschwister. Fridthjof hatte noch zwei Ziehbrüder mit den Namen Bjorn und Asmund.
König Bele und Thorstein starben kurz nacheinander und für beide wurde je ein Hügelgrab auf beiden Seiten des Fjordes errichtet. Fridthjof erbte das Schiff Elliade und den wertvollen Goldring seines Vaters.
Fridthjof und Ingeborg liebten sich, aber die beiden Bele-Söhne, Helge und Halfdan, waren eifersüchtig auf den Reichtum und den guten Ruf des Fridthjof. Fridthjof bat die beiden Brüder um die Hand der Ingeborg, aber diese wiesen ihn ab – angeblich weil er im Rang unter ihnen stand. Darauf sagte Fridthjof, daß er ihnen niemals helfen werde.
König Hring verlangte von den Bele-Söhnen, daß sie sich ihm unterwarfen. Daraufhin suchten sie Hilfe bei Fridthjof und seinem Ziehbruder Bjorn, aber wurden von diesen abgewiesen. Da brachten die Bele-Söhne ihre Schwester Ingeborg in Balders-Hag zusammen mit acht jungen Frauen in Sicherheit. Daraufhin fuhr Fridthjof hinüber und vereint sich dort trotz des Tempel-Verbotes mit Ingebjörg. Beide schwörten sich die Treue und Fridthjof gab ihr seinen Ring.
König Hring bot den Bele-Söhnen Helgi und Halfdan Frieden an, wenn sie ihm ein Drittel ihres Landes und Besitzes und dazu Ingeborg zur Frau gaben, worin sie einwilligten, da Hring das größere Heer hatte.
Helgi und Halfdan verlangten von Fridthjof für den Bruch der Tempel-Gebote, daß er die seit dem Tod des Bele ausstehenden Tirbutzahlungen von den Orkney-Inseln eintreibt. Dem stimmte er zu, nachdem die Bele-Söhne geschworen hatten, daß sie während seiner Abwesenheit sein Eigentum nicht antasten würden.

Da bereitete Fridthjof sich auf die Reise vor und wählte seine Männer nach ihrem Mut und ihren Fähigkeiten aus. Die Mannschaft bestand aus achtzehn Männern.
Fridthjofs Männer frugen ihn, ob er nicht vor seinem Aufbruch zu Helgi gehen und mit ihm Frieden schließen und Baldur darum bitten wolle, daß er seinen Zorn von ihm nehme.
Fridthjof sagte: „Ich habe einen feierlichen Eid geschworen, daß ich König Helge niemals um Frieden bitten werde."
Da ging er an Bord der Ellide und segelte aus dem Sogne-Fjord hinaus.
Als jedoch Fridthjof von seiner Heimat fortgefahren war, sprach König Halfdan zu

seinem Bruder die folgenden Worte: „Unsere Herrschaft wäre besser und größer, wenn Fridthjof für seine Untaten bezahlen müßte. Laß uns seinen Hof verbrennen und ihm und seinen Männern einen solchen Sturm senden, daß sie verderben."

Helge sagte, daß sie dies tun würden.

Da verbrannten sie die das ganze Gehöft auf Framness und raubten alles, was sie dort fanden.

Dann ließen sie zwei Zauberinnen, Heid und Hamglom, herbeirufen und gaben ihnen Lohn dafür, daß sie über Fridthjof und seine Männer einen so gewaltigen Sturm herbeiriefen, daß er sie alle vernichten würde.

Die Priesterinnen, Seherinnen und Zauberinnen heißen so auffällig oft „Heid", daß dieser Namen, der „Licht" bedeutet, einst eine Bezeichnung für die Priesterinnen allgemein oder die des ehemaligen Sonnengott-Göttervaters Tyr gewesen sein könnte.

Der Name „Hamglom", den die zweite Zauberin trägt, bedeutet vermutlich „Gestalt-Lärm", womit evtl. die Verwandlung in eine laute („glaumr") Tier („ham") gemeint sein könnte – ein Raubtier?

Da sangen die Zauberinnen ihre Zauberlieder und stiegen auf das Magie-Gerüst mit Zauberei und Anrufungen hinauf.

Als Fridthjof und seine Männer jedoch aus dem Sogn-Fjord hinausgefahren waren, brach über sie ein heftiger Sturm und ein großes Gewitter über sie herein und die See wogte gewaltig. Das Schiff fuhr schnell voran, denn es glitt schnell über das Wasser und hatte eine vorzügliche Form, um das Meer zu durchpflügen.

Da sang Fridthjof:

*„Mein geteertes See-Roß
ließ ich zu aus dem Sogn-Fjord hinausfahren,
während die Mädchen in der Mitte
von Baldurs-Hag Met tranken.
Der Sturm schwillt nun an:
Lebt wohl, unsere Bräute,
die ihr uns lieben wolltet,
obwohl Ellide mit Männern gefüllt sein wollte."*

Bjorn sagte: „Es wäre gut, wenn Du etwas anders als die jungen Frauen von Balders-Hag finden würdest, über das Du singen könntest."

Fridthjof gab zur Antwort: „Mir werden meine Lieder darüber aber nicht so schnell ausgehen."

Dann wurden sie nordwärts zu den Meerengen bei den Inseln, die Solund genannt werden, getrieben. Dort erreichte der Sturm seine größte Heftigkeit.

Da sang Fridthjof:

„Hoch wölbt sich die See empor,
die Wogen und die Wolken vereinen sich,
alte Zaubersprüche sind die Ursache –
sie rufen die Brecher herbei;
Ich will nicht im Sturm
mit Ägir streiten.
Mögen die eisbedeckten
Solund-Inseln uns schützen!"

Da wandten sie sich zu den Inseln, die Solund genannt werden und wollten dort vor Anker gehen – da verebbte der Sturm plötzlich.

Da nahmen sie einen neuen Kurs auf und wandten ihren Bug von der Insel fort, weil sie eine gute Aussicht für ihre Fahrt hatten und sie hatten auch eine zeitlang einen guten Wind. Doch schon bald frischte der Wind zu heftigen Böen auf.

Da sang Fridthjof:

„In früheren Tagen,
in Framness,
da ruderte ich,
um meine Ingeborg zu treffen.
Nun segle ich
in dem eisigen Sturm
und lasse das Wogen-Roß
rasch dahingleiten."

Nachdem sie vor dem Wind weit in das Meer hinausgeeilt waren, kam ein heftiger Wind, der die Wasser wieder heftig aufzuwühlen begann und der von einem solch heftigen Schneesturm begleitet war, daß der Bug nicht vom Heck aus gesehen werden konnte und daß die See ständig über die Bordwand hereinbrach, sodaß sie die ganze Zeit Wasser hinausschöpfen mußten.

Da sagte Fridthof:

*„Die Wogen sind dem Blick verborgen,
denn das Wetter ist von Zauberinnen gemacht.
Wir Helden-Gefährten
sind weit ins Meer hinausgekommen.
Hier stehen wir nun –
die Solund-Insel sind verschwunden –
achtzehn Mann schöpfen Wasser
und Ellide trägt uns noch immer."*

Björn sagte: „Vielfältig ist das Schicksal dessen, der weit fährt."
„Das ist gewiß so," sprach Fridthjof und sang:

*„Es ist Helge,
der die Reif-mähnigen Wogen anschwellen läßt.
Dies hier ist nicht wie das Küssen
der schönen Braut in Baldurs-Hag.
Ingeborg liebt mich –
und nicht den König.
Ich kenne kein größeres Glück
als ihr ihre Wünsche zu erfüllen."*

Bjorn sagte: „Vielleicht sucht sie nach etwas Höherem für Dich als Deine jetzige Position – und das ist nicht unangenehm zu wissen."

Das „Höhere" ist vermutlich der höhere Rang, den Fridthof brauchte, um Ingeborg heiraten zu können.

Fridthof sagte: „Nun ist es an der Zeit, gute Freunde zu prüfen, auch wenn es in Baldurs-Hag angenehmer ist."
Sie schlugen sich gut, denn dort waren tapfere Männer versammelt und das Schiff war das beste, das es jemals in den Nordlanden gegeben hat.
Fridthof sang diese Strophe:

*„Die Wogen sind dem Blick verborgen,
denn wir sind in das West-Meer gelangt.
Die See scheint mir
wie Glut zu glühen.
Wie Hügelgräber wölben sich
die Schwanenfeder-Wogen empor.
Auf den emporsteigenen Hängen
reist Ellide empor."*

Die weißen „Schwanenfedern" oben auf den Wogen sind die Gischt.

Sie fuhren wieder in hohem Seegang, sodaß sie wieder Wasser schöpfen mußten. Fridthof sagte:

„Viel muß nun mir zum Wohl getrunken werden
von den Lippen der schönen Maid im Osten,
wo die Laken zum Bleichen ausliegen,
wenn es mich unter die Schwanenfeder-Wogen
sinken lassen soll."

Born sagte: „Glaubst Du, daß die jungen Frauen von Sogn viele Tränen um Dich weinen werden, wenn du tot bist?"
Fridthof gab zur Antwort: „Das denke ich ganz gewiß."
Da schlug ein hoher Brecher über den Bug des Schiffes, sodaß ein großer Schwall von Wasser hereinströmte. Da wurden sie dadurch gerettet, daß das Schiff so gut und die Mannschaft so tapfer war.
Da sang Bjorn eine Strophe:

„Es scheint mir, daß es nicht eine Witwe ist,
die zu Deinem Wohle trinkt,
und auch nicht, daß die schöne Ring-Trägerin
Dich bittet, zu ihr zu kommen.
Salzig sind unsere Augen,
naß vom Meerwasser.
Unsere starken Arme werden müde,
und unsere Augenlider schwer."

Das Bitten der Ingeborg, daß Fridthof zu ihr kommt, könnte sich auf den Witwen-Trunk beziehen. Das würde dann bedeuten, daß man beim Trinken des Erinnerungs-Trankes („Minne-Trank") die Ahnen, der man gedachte, gebeten hat, aus dem Jenseits zu kommen und bei dem Bittenden zu sein.
Diese Deutung ist zwar denkbar, aber sie steht doch auf recht unsicheren Füßen.

Asmund antwortete: „Es würde nicht schaden, wenn auch Du Deine Arme ein bißchen benutzten würdest, denn Du hattest auch mit uns kein Mitleid, als wir unsre Augen gerieben haben, als Du so früh aufstandest, um nach Baldurs-Hag zu fahren."
Fridthjof sagte: „Warum dichtest Du nicht eine Strophe, Asmund?"
„Das soll man nicht über mich erzählen," sagte Asmund, aber er sang trotzdem diese Strophe:

*„Fest war das Seil rund um den Mast,
als die See über die Bordwand hereinbrach:
Ich alleine mußte gegen acht Mann
innen an der Bordwand arbeiten.
Es ist besser zu den Frauenhäusern
der jungen Frauen zu fahren,
als inmitten der brüllenden Wogen
Wasser aus Ellide zu schöpfen."*

Firdthof sagte lachend: „Du sprichst von Deiner Hilfe nicht mit geringeren Worten als Du es verdienst, aber trotzdem hast Du jetzt etwas von dem Leibeigenen-Blut in Dir gezeigt, als Du bereit warst, der Tafel-Diener zu sein."

Diese Antwort ist vermutlich ein Scherz, der das Ausschöpfen des Wasser aus dem Drachenschiff mit dem Einschenken von Met an der Tafel vergleicht.

Der Sturm nahm noch immer an Stärke zu, sodaß die Wogen, die sich rings um das Schiff auftürmten, den Männern eher wie hohe Gipfel und Berge und weniger wie Wellen zu sein schienen.
Da sagte Fridthjof:

*„Auf Kissen-gedeckten Sitzen ruhte ich
in Baldurs-Hag
und sang die Lieder, die ich kenne,
für die schöne Tochter des Königs.
Nun scheine ich
zu Rans Bett zu gehen
und ein anderer
zu meiner Ingeborg."*

„Zu Rans Bett gehen" bedeutet, von der Meeresgöttin Ran in die Tiefe hinabgezoen zu werden, d.h. zu ertrinken.

Bjorn sprach: „Große Furcht liegt nun vor uns, Ziehbruder, und Deine Worte künden von Angst – und das steht einem solch kühnen Kerl wie Dir übel an!"
Fridthof sagte: „Ich habe keine Angst oder Furcht, auch wenn ich Liedchen über unere Vergnügungsfahrt mache. Aber es könnte sein, daß solche Liedchen von andeen öfter gesungen werden, als es sein müßte, denn die meisten Menschen in unserer Lage würden glauben, daß sie dem Tod näher sind als dem Leben. Aber ich werde Dir dennoch mit einer Strophe antworten:

„Das habe ich für mich zu sagen:
Mit den acht jungen Frauen
der Ingeborg habe ich, nicht Du,
erfolgreich verhandelt.
In Baldurs-Hag legten wir
glänzende Ringe zusammen;
Nicht fern war da
der Wächter von Halfdans Land."

Der „Wächter von Halfdans Land" ist Baldur, der in dem Tempel des Halfdan Bele-Sohn verehrt worden ist. Fridthjof und Ingeborg haben also mit dem Segen des Balur geheiratet.

Bjorn sprach: *„Mit den Dingen, die bereits getan wurden, Ziehbruder, müssen wir zufrieden sein."*
Nun brach die See so heftig über das Schiff herein, daß die Bug-Bordwand und beide Schotten brachen und vier Mann über Bord gingen und verloren waren.
Da sang Fridthof:

„Beide Schotten wurden
von den großen Meereswogen gebrochen;
vier Jünglinge versanken
in der tiefen See."

Fridthof sagte: *„Es scheint mir nun unausweichlich, daß einige unserer Männer nun zur Ran gehen, aber ich finde, daß wir nicht wie arme Kerle aussehen sollen, wenn wir zu ihr kommen, sondern wie Männer, und deshalb scheint es mir gut zu sein, wenn jeder von etwas Gold bei sich hat."*
Da zerschnitt er den Ring, Ingeborgs Geschenk, und verteilte die Stücke unter seinen Männern und sang diese Strophe:

„Bevor wir vor Ägir fallen,
soll mein Ring zerschlagen werden,
der dem reichen Vater des Halfdan gehörte.
Rot ist er:
Gold soll auf den Gästen glänzen,
falls wir Gastfreundschaft brauchen:
Das geziemt sich
für Männer des Kampfes
in der Mitte der Halle der Ran."

Da sagte Bjorn: „Wir können nicht mit Gewißheit sagen, daß wir dort angekommen werden, auch wenn es jetzt danach aussieht."

In diesem Augenblick bemerkten Fridthjof und seine Männer, als das Schiff sehr schnell über die Wogen dahinglitt und vor ihnen eine ihnen völlig unbekannte See lag, daß es auf allen Seiten her so dunkel zu werden begann, daß niemand mehr von der Mitte des Schiffes aus den Bug oder das Heck sehen konnte. Diese Dunkelheit wurde von hoher Gischt, von Sturm, Frost, Schnee und beißender Kälte begleitet.

Da kletterte Fridthjof auf den Mast und als er wieder herabkam, sagte er zu seinen Gefährten: „Ich habe einen seltsamen Anblick gesehen: Ein großer Wal schwamm im Kreis um unser Schiff und ich habe keine Zweifel, daß wir in die Nähe von Land gekommen sind und daß uns dieser Wal davon abhalten will, es zu erreichen.

König Helge, glaube ich, ist uns nicht wohlgesonnen und hat uns alles andere als einen freundlichen Boten gesandt. Ich habe auf dem Rücken des Wales zwei Frauen gesehen, die, wie mir scheint, diesen schrecklichen Sturm durch ihre Magie und durch Zauberei von der übelsten Sorte herbeigerufen haben.

Laßt uns nun erproben, ob unser Glück oder ihre Zauberkunst mächtiger ist. Steuert nun so gerade wie möglich und ich werde versuche, diese Ungeheuer mit Speeren zu treffen.

Da sang er diese Strophe:

*„Zwei Zauberinnen
sehe ich auf den Wogen.
Helge hat sie
hierher gesandt.
Ihre Rücken soll Ellide
in zwei Teile schneiden,
ehe sie ihre Reise
vollendet hat!"*

Es wird gesagt, daß das Schiff Ellide durch einen Zauber die Macht erhalten hatte, die menschliche Sprache zu verstehen.

Da sagte Bjorn: „Nun kann jedermann die Haltung der beiden Brüder uns gegenüber sehen."

Die „beiden Brüder" sind Helge und Halfdan, die die beiden Zauberinnen beauftragt haben, das Schiff des Fridthjof durch einen Sturm zu versenken.

Da übernahm Bjorn das Kommando über das Schiff, aber Fridthjof nahm eine Gabelstange, rannte zum Bug und sang diese Strophe:

„Heil, Ellide!
Spring über die Wogen!
Brich den Zauberinnen
die Zähne und die Brauen!
Die Wangen und die Kiefer
dieser verfluchten Frauen!
Einen oder beide Füße
dieser schrecklichen Zauberinnen!"

Dann warf er den Dreizack auf eine der Gestaltwandlerinnen und der Bug der Ellide zerschlug den Rücken der anderen und beider Rücken ward zerbrochen. Der Wal jedoch tauchte hinab und schwamm davon und sie sahen ihn nie wieder.

Da beruhigte sich das Wetter, aber das Schiff war voller Wasser und Fridthjof rief seinen Männer zu, daß sie das Schiff leerschöpfen sollten.

Bjorn sagte, daß dies keine Sinn mehr habe.

Darauf antwortete Fridthof: „Paß auf, Ziehbruder, daß Dich nicht die Verzweiflung überkommt! Es ist der Brauch tapferer Männer gewesen, solange wie möglich nach Rettung zu streben – egal, wie das Ergebnis aussehen mag."

Fridthjof sang diese Strophe:

„Meine mutigen Männer!
Ihr braucht den Tod nicht zu fürchten!
Jubelt vor Freude,
meine Lehnsleute!
Denn dies wissen meine Träume
ganz gewiß:
daß ich meine Ingeborg
wiedersehen werde!"

Nachdem sie das Schiff leergeschöpft hatten und nah am Land waren, bliest ihnen noch immer ein regnerischer Wind entgegen.

Da nahm Fridthjof zwei Ruder, setzte sich an den vordersten Teil des Bugs und ruderte mit aller Kraft.

Da klärte das Wetter auf und sie sahen, daß sie durch die Meerenge von Effia gefahren waren und gingen dort an Land. Die Mannschaft war sehr erschöpft, aber Frifthof war so kräftig, daß er acht seiner Männer durch das Wasser an Land trug; Bjorn zwei und Asmund einen.

Dann sang Fridthjof:

*„Hinauf auf die Heide
trug ich selber
meine mutigen Männer,
die vom tobenden Sturm Erschöpften.
Nun habe ich das Segel
auf den Sand geholt –
Mit der Macht des Meeres
ist es nicht leicht zu streiten."*

Fridthof erhält die Tributzahlungen, die er einholen sollte und kehrt dann zurück. Dort verprügelt er König Helge und verbrennt den Baldur-Tempel. Helge konnte Fridthjof jedoch nicht verfolgen, weil dieser Helges Schiff beschädigt hatte.

Fridthjof ging auf Wikinger-Raubfahrt und Helge und Halfdan erbauten den Baldur-Tempel neu.

Schließlich geht Fridthjof unerkannt an den Hof von König Hring und Ingeborg. Dort wird er Hrings Jarl und erbt schließlich nach König Hrings Willen sein Land und auch seine Frau Ingeborg.

Halfdan greift Fridthjof mit seinem Heer an, aber verliert und unterwirft sich dann Fridthof.

IV 12.   Kampfmagie

Bei einem so kriegerisch lebenden Volk wie den Wikingern liegt es nahe, die Magie auch auf den Kampf anzuwenden. Dieser Art der Magie liegt die Assoziation der Kampfmagie mit den Walküren zugrunde.

IV 12. a)   Die Geschichte über Hromund Greipsson

In dieser Geschichte erscheint eine Walküre, die zugleich die Geliebte des Helden ist und ihn durch ihre Magie beschützt. Der Übergang von der Walküre zur Zauberin war recht fließend.
In der ersten Szene, in der die Walküre Kara auftritt, kämpfen zwei Haddinger-Könige zusammen mit Helgi gegen König Olaf.
Kara kommt hinzu und hilft den Haddingern und Helgi.
Hromund gehört zu Olafs Männern. Seine Walküren-Helferin ist Svanvit.

Sie zogen in die Schlacht und kämpften tapfer und alle Männer in dem Heer der Haddinger, die sich ihnen entgegenstellten, fielen in großen Haufen nieder.
Da kam eine Hexe in der Gestalt eines Schwanes über sie. Sie sang und formte solch machtvolle Zauber, daß keiner von Olafs Männern noch darauf achtete, sich selber zu verteidigen. Dann flog sie zu den Söhnen der Greip und sang laut. Ihr Name war Kara.

… … …

Zu diesem Zeitpunkt griff Hromund in die Schlacht ein. Helgi der Kühne erblickte ihn und rief: „Da kommt der Mann, der meinen Bruder Hröngvith erschlug. Achtet auf das Schwert, daß er in dem Hügelgrab erbeutete." Und er fuhr an Hromund gewandt fort: „Du hast Dich ferngehalten, als ich Deine Brüder erschlug."
„Du brauchst nicht meinen Mut anzuzweifeln, Helgi," erwiderte Hromund, „denn einer von uns beiden muß jetzt fallen."
Helgi sprach: „Mistelzweig ist eine so schwere Waffe, daß Du sie nicht schwingen kannst. Ich werde Dir eine andere leihen, mit der Du zurechtkommen kannst."
„Du brauchst mich nicht aus der Verzagtheit Deines Herzens heraus verspotten," rief Hromund, „Erinnere Dich an den Schlag, den ich Hröngvith gab, als ich seinen Schädel zu Staub zermalmte!"
Helgi sprach: „Du hast das Strumpfband eines Mädchens um Deine Hand gewun-

den, Hromund. Leg den Schild, den Du trägst, zur Seite. Es ist unmöglich, Dich zu verwunden, solange Du diesen magischen Schutz trägst: Ich bin mir sicher, daß Du von dem Schutz durch dieses Mädchen abhängig bist!"

Dieses „Mädchen" ist Helgis Walküren-Freundin Svanhvit.

Hromund konnte diese beißenden Worte nicht ertragen und warf seinen Schild und seinen Schutz fort.
Helgi der Kühne war immer siegreich gewesen und er hatte seine Siege durch Magie erlangt. Der Name seiner Geliebten war Kara – sie war bei ihm in der Gestalt eines Schwanes. Helgi schwang sein Schwert so hoch über sich, daß er die Beine seiner Schwanenfrau abschlug. Er rammte sein Schwert bis zum Griff in den Boden und sprach: „Mein Glück ist geflohen: Es war schlimm, daß ich Dich nicht getroffen habe."
Hromund entgegnete: „Du hattest großes Unglück, Helgi, daß Du der Mörder Deiner eigenen Geliebten geworden bist und nun kein Glück mehr haben wirst."
Kara stürzte tot herab. Und mit dem Hieb, den Helgi gegen Hromund geführt hatte und durch den das Schwert bis zu dem Griff in der Erde versunken war, hatte er Hromunds Bauch aufgeschlitzt. Helgi aber stürzte durch die Wucht seines eigenen Streiches vorwärts nieder. Hromund zögerte nicht und schlug Helgi mit Mistelzweig auf den Kopf, spaltete seinen Helm und seinen Schädel und brach dabei einen Splitter aus der Klinge von Mistelzweig. Dann nähte er seinen eigenen Bauch zusammen und kämpfte weiter und die Männer sanken in Haufen vor ihm nieder.

IV 13. Unverwundbarkeit

Die Unverwundbarkeit ist sozusagen ein magischer Schild, der gegen alle Waffen wirkt. Siehe dazu auch „Unverwundbarkeit" in Band 64.

IV 13. a) Huldar-Saga

Zunächst kehrten die beiden Bundbrüder zu Thorvid Jarl zurück, der auch seinerseits mit ihrem Vorhaben einverstanden war, aber dem Hildibrand rät, zunächst noch die alte Hleidr zu besuchen.

Diese beschenkte ihn mit einem Zauberhemd, das sie aus der Wolle von Widdern bereitet hatte, welche im Tempel der Huld im Bjarinalandseydi-Wald geopfert worden waren und welches Huld selbst besprochen hatte.

IV 13. b) Die Saga über Ragnar Lodenhose

Und als seine Schiffe und seine Truppen, die ihn begleiten sollten, bereit waren, und als so schien, daß gutes Wetter kommen würde, sagte Ragnar, daß er zu seinen Schiffen gehen würde. Und als er bereit war, begleitete Randalin ihn zu den Schiffen. aber bevor sie sich trennten, sagte sie, daß sie ihn für das Kleid belohnen wolle, daß er ihr gegeben habe.

Er frug, welche Art von Belohnung das wäre.

Sie sprach eine Strophe:

„Ich habe für Dich
ein Hemd ohne Nähte genäht;
mit gesundem Herzen habe ich es
aus grauem Woll-Haar gewebt;
Wunden werden nicht bluten,
Klingen werden nicht beißen
durch dieses unbesiegbare Hemd,
das die Götter gesegnet haben."

Er sagte, daß er es annehmen würde.

IV 14. Waffen stumpf machen

Dies ist eine spezielle Form der Kampfmagie, die dem eigenen Schutz dient. Durch diesen Zauber wird der Betreffende nicht wie Sigurd unverletzbar, sondern die Waffen des Gegners stumpf.

Während die Unverletzbarkeit gegen alle Feinde wirksam ist, richtet sich das magische Abstumpfen der Waffen in der Regel gegen einen speziellen Gegner und wird daher vor allem in Zweikämpfen benutzt.

IV 14. a) Cormac-Saga

In dieser Saga, in der es vor allem um die schwierige Beziehung zwischen dem cholerischen Cormac und Steingerd geht, wird über zwei zauberkundige Frauen berichtet.

Einst lebte dort eine Frau mit Namen Thorveig, die eine Weisheits-Frau war.
... ...

Cormac sagte (zu Thorveig): *„Das ist nicht Deine Entscheidung, Du hinterhältige alte Hexe!"*
... ...

Da ging Thorveig die Seherin zu Zweikampf-Bersi und erzählte ihm ihre Sorgen. Sie sagte, daß Cormac ihr verboten habe, in Midford zu bleiben. Da kaufte Bersi für sie Land im Westen des Fjordes, wo sie danach lange Zeit lebte.
... ...

Da wandten sie sich zu der Heimstatt von Thorveig der Seherin und sahen, daß Bersi in ihrem Boot davongefahren war.
Sie hatte zu Bersi gesagt: „Ich möchte, daß Du ein kleines Geschenk von mir annimmst und daß es Dir etwas Glück bringen möge."
Dies Geschenk war ein Schild, der mit Eisen umrandet war. Sie sagte, daß sie glaube, daß Bersi wohl kaum verletzt werden können, wenn er ihn trage, um sich damit zu schützen, „aber es ist nur ein kleines Geschenk verglichen mit dieser Heimstatt, die Du mir gegeben hast."
... ...

Einst lebte eine Frau, die Thordis genannt wurde – ein zänkisches Weib war das –

in Späkonufell („Berg der Seherin-Frau") in Skagastrand. Sie kam, da sie Cormacs Vorhaben vorhersehen konnte, an genau diesem Tag nach Muli und redete über sein Vorhaben und sprach: „Gebt ihm nur nicht jene falsche Frau. Sie ist eine Närrin und paßt nicht zu einem hübschen Mann. Wehe der Mutter, dessen Junge solch ein Schicksal ereilt!"

„Fort mit Dir, Du garstige Hexe!" schrie Thord, „Sie werden schon sehen," sagte er, „daß Helga eine gute Frau werden wird!"

Aber Cormac antwortete: „Vielleicht wurde es gesagt, weil es die Wahrheit ist: Ich werde nie mehr an sie denken."

„Wehe uns," sagte Thorgils, „daß er den Worten dieser bösen Frau zuhört und dieses Angebot ablehnt!"

... ...

In Späkonufell lebte Thordis die Seherin, von der wir schon zuvor erzählt haben, mit ihrem Mann Thorolf. Sie waren beide auf dem Thing und viele Männer glaubten, daß die Unterstützung durch sie ein großer Vorteil sei.

Daher suchte Thorvard sie auf und bat sie um Hilfe gegen Cormac und gab ihr Geld dafür. Da bereitete sie ihn für den Holmgang vor, so wie sie es durch ihre Zauberkünste vermochte.

Diese Vorbereitung auf einen Zweikampf wird vor allem die Unverwundbarkeit des Thorvard beinhaltet haben.

Da erzählte Cormac seiner Mutter, was anstand, und sie frug ihn, ob er glaube, daß dabei etwas Gutes herauskomme.

„Warum nicht?" sprach er.

„Das wird nicht für Dich reichen," sagte Dalla, „Thorvard wäre niemals mutig genug, ohne die Hilfe von Magie zu kämpfen. Ich fände es weise, wenn Du Thordis die Seherin aufsuchen würdest, den in dieser Sache wird es Hinterhältigkeiten geben."

„Das ist wenig nach meinem Geschmack," sagte er, aber ging dennoch zu Thordis und bat sie um Hilfe.

„Du bist zu spät gekommen," sagte sie, „denn ihn wird nun keine Waffe beißen. Aber dennoch möchte ich Dich nicht zurückweisen. Bleibe heute Nacht hier und suche nach Deinem guten Glück. Zumindestens kann ich es so einrichten, daß Dich Eisen genausowenig beißt wie ihn."

So blieb Cormac über Nacht dort. Er erwachte davon, daß jemand rings um das Laken unter seinem Kopf herumtastete.

„Wer ist da?" frug er, aber wer es auch immer gewesen sein mochte, schlüpfte durch die Haustür hinaus und Cormac ihm hinter.

Da sah er, daß es Thordis gewesen war und daß sie zu dem Ort ging, an dem der Kampf stattfinden sollte, und daß sie eine Gans unter ihrem Arm trug.
Er frug sie, was dies alles bedeute.
Sie setzte die Gans nieder und sprach: „Warum kannst Du nicht einfach schweigen?!"
Da legte er sich wieder hin, aber hielt sich wach, denn er wollte wissen, was sie tat. Dreimal kam sie und jedesmal versuchte er herauszufinden, was sie wollte.
Beim dritten Mal hatte sie, gerade als er herauskam, zwei Gänse getötet und hatte das Blut in eine Schale rinnen lassen und hatte gerade die dritte Gans ergriffen, um sie zu töten.
„Was soll das alles, Zieh-Mutter?" sagte er.

„Ziehmutter" ist eine ehrerbietige Anrede gegenüber einer hochstehende Frau, insbesondere gegenüber einer älteren, zauberkundigen Frau.

„Es ist wirklich wahr, Cormac, daß man Dir nur schwer helfen kann," sagte sie, „Ich war gerade dabei, den Zauberbann zu brechen, den Thorveig auf Dich und Steingerd gelegt hat. Ihr hättet einander lieben und glücklich sein können, wenn ich die dritte Gans hätte töten können, ohne daß es jemand gesehen hätte."
„Ich glaube nicht an solche Dinge," rief er und dichtete dieses Lied darüber:

„Ich gab ihr eine Münze am Kieselstrand,
damit die Künste meines Feindes nicht gedeihen;
Zweimal hat sie das Messer genommen
und zweimal hat sie das Opfer geopfert.
Aber das Blut ist das Blut einer Gans –
wem nützt es, wenn zwei geschlachtet werden?
Opfere niemals Gänse für einen Skalden,
der für den Ruhm des Odin singt!"

Da gingen sie zu dem Holmgang, aber Thorvald gab der Seherin einen noch größeren Lohn und bot ihr das Opfer von Gänsen an.

Es hat hier geradezu den Anschein, als ob die Seherin-Zauberin dem helfen würde, der ihr am meisten zahlt …

Cormac sprach:

„Traue niemals der Geliebten eines anderen Mannes!
Denn ich weiß, daß diese Frau,

die das Feuer des Feldes des Seekönigs trägt,
von den bösen Geistern beim Fest geritten worden ist.
Die Hexe mit ihren heiseren Schreien
arbeitet für meinen Feind, wenn wir zum Holmgang gehen;
und wenn Tod das Ende des Kampfes ist,
dann ist das gewiß ihre Schuld!"

Das „Feld des Seekönigs" ist das Meer; das „Feuer des Meeres" ist das Gold (Gleichnis zur untergehenden Sonne) – es sind die goldenen Armreifen der Steingerd gemeint.

„Gut," sagte sie, „ich kann dafür sorgen, daß Dich niemand erkennt."

Diese Stelle ist nicht ganz klar. Droht sie Cormac oder bietet sie ihm an, unerkannt zu entkommen? Beides ist nicht sehr wahrscheinlich ...

Da begann Cormac sie zu beschimpfen und sagte, daß sie nichts als üble Dinge tue, und wollte sie aus der Tür hinauszerren, um ihr im Sonnenschein in die Augen zu sehen.
Sein Bruder Thorgils hielt ihn davon ab.
„Was hättest Du denn davon?" sagte er.
Nun sagte Steingerd, daß sie den Kampf sehen wolle, und so ging sie dort hin.
Als Cormac sie sah, dichtete er dieses Lied.

„Ich bin zu dem Feld des Kampfes gezogen,
O Schöne, die das Kopftuch trägt!
Schon zweimal habe ich wegen Dir gekämpft;
Was hält mich noch immer von Deiner Gunst fern?
Diese beiden Male habe ich Dir Ruhm gebracht,
O Göttin des Meeres! Und sicherlich
bin ich meiner anmutigen Entzückenden,
meiner Geliebten weit lieber als ihr Ehemann!"

Da begannen sie. Cormacs Schwert biß überhaupt nicht und eine lange Zeit schlugen sie aufeinander ein, aber keines der beiden Schwerter biß. Schließlich hieb Cormac mit solcher Wucht gegen die Seite des Thorvard, daß mehrere Rippen nachgaben und brachen. Er konnte nicht mehr kämpfen, woraufhin sie sich trennten.
Thorvard war schon bald davon geheilt und als er sich wieder stark genug fühlte, ritt er nach Mel und forderte Cormac zum Holmgang heraus.
„Es dauert lange, bis Du genug davon hast," sagte Cormac, „aber ich sage nicht

nein."

So gingen sie zu dem Zweikampf und Thordis traf Thorvard wie zuvor, aber Cormac bat sie nicht um Hilfe. Sie stumpfte Cormacs Schwert sodaß es nicht biß, aber er schlug mit solcher Wucht gegen Thorvards Schulter, daß sein Schlüsselbein brach und er seine Hand nicht mehr gebrauchen konnte. Da er so verletzt war, konnte er nicht mehr kämpfen und mußte einen weiteren Ring als Lösegeld zahlen.

Dann griff Thorolf von Späkonufell Cormac an und schlug nach ihm.

Er wehrte den Schlag jedoch ab und sang:

„Der Röter des Schildes ist schwächlich-wütend,
er schlug mit seinem rostigen alten Schwert nach mir,
obwohl ich ein Skalde und dem Odin geweiht bin!
Geh, Schnaubender, Du Elendester aller Menschen!
Dein Schwerthieb ist so furchtsam wie Du selber,
Du dummer Erwecker des Kampfes!
Welche Gefahr droht mir von Deinem Wagnis,
Du winziger Knecht der Zauber-Frau?"

Dann tötete er einen Stier so wie es Brauch und Sitte (nach einem Zweikampf-Sieg) war und sprach: „Wir können eure Überheblichkeit und die Zauberkunst der Thordis nicht leiden!"

Und er dichtete dieses Lied:

„Die Hexe in der Woge des Opfers
hat die Flamme des Schildes verdorben,
damit sein Biß auf seinem Rücken nicht tödlich ist,
bei dem Treffen der Waffen.
Mein Schwert war von Beginn nicht mehr scharf,
als ich den Helmträger im Kampf aufsuchte,
aber der Köter hat genug zum Heulen bekommen,
durch meinen Schlag, der ihn an mich erinnern wird!"

Die „Woge des Opfers" ist das Blut; die „Hexe des Blutes" ist die Opferpriesterin.
Die „Flamme des Schildes" ist das Schwert (Flamme = Klinge).
Ein „Treffen der Waffen" ist ein Kampf.
Ein „Helmträger" ist ein Krieger.

Danach kehrten beide Gruppen heim und keine von beiden war besonders erfreut über diese Vorgänge.

IV 15. Flüche

Flüche sind die bekannteste Form des Schadenszaubers.

IV 15. a) Völsungen-Saga

Die Völsungen-Saga enthält den Schicksals-Spruch bzw. Fluch einer Norne, der zugleich auch der Beginn der Nibelungen-Saga ist.

„*Nun gab es da,*" *sprach Regin,* „*einen Zwerg mit Namen Andvari, der stets in dem Wasserfall lebte, den man Andvari-Fälle nennt. Er hatte die Gestalt eines Hechtes angenommen und beschaffte sich selber Nahrung, denn in dem Wasserfall lebten viele Fische. Und mein Bruder Otter ging stets zu diesen Wasserfällen und brachte Fische an Land und legte sie einen neben den anderen ans Ufer.*

Eines Tages kamen Odin, Loki und Hönir an den Andvari-Fällen vorüber, als Otter gerade einen Lachs gefangen hatte und ihn in aller Ruhe am Ufer verspeiste. Da nahm Loki einen Stein und warf mit ihn auf Otter und tötete ihn damit. Die Götter waren zufrieden mit ihrer Beute und häuteten den Otter. Am Abend kamen sie zu Hreidmars Haus und zeigten ihm ihre Beute. Da ergriffen sie die Götter und verlangten von ihnen als Wergeld, daß sie den Otterbalg mit rotem Gold füllten und ihn dann ganz mit Gold bedeckten.

Da sandten die Götter den Loki aus, Gold für sie zu sammeln. Da kam er zu der Göttin Ran und erhielt ihr Netz und ging zu den Andvari-Fällen, hielt das Netz vor den Hecht und und der Hecht schwamm in das Netz und wurde darin gefangen.

Da sprach Loki:

'*Welcher Fisch unter all den Fischen*
schwimmt mit Kraft in den Fluten,
aber hat nicht den Verstand, wachsam zu sein?
Deinen Kopf mußt Du freikaufen,
sonst findest Du Dich bei Hel wieder
und ich werde die Flamme für das bleiche Wasser sein!'

Andvari antwortete:

*'Die Menschen nennen mich Andvari,
nennen meinen Vater Oinn,
über viele Wasserfälle bin ich gezogen;
denn eine übelwollende Norne
hat mir dieses Leben bestimmt:
für immer feuchte Wege zu wandern.'*

Nachdem er dem Loki das Gold gegeben hatte, hatte er nur einen Ring zurückbehalten, aber auch den nahm Loki von ihm. Da schwamm der Zwerg in eine Höhle in den Felsen und schrie, daß der Goldring und, ja, das ganze Gold das Verhängnis eines jeden Mannes sein solle, der es ab dieser Zeit besitzen werde."

Vermutlich ist der Wasserfall die Wasserunterwelt, da die Bezeichnung „Zwerg" wörtlich „Totengeist" bedeutet. Die Norne wäre dann diejenige, die einen ehemaligen Menschen in den Zwerg Andvari verwandelt hat, d.h. die dem betreffenden Menschen den Tod gebracht hat, sodas er zu einem Zwerg in einer Höhle in einem Wasserfall wurde.

Das Festlegen des Schicksals und insbesondere des Todeszeitpunktes ist in dieser Szene dieselbe wie auch sonst bei den Nornen. Dieser Schicksalsspruch der Nornen wird an dieser Stelle lediglich aus der Sicht eines bereits gestorbenen Menschen, d.h. eines Zwerges beschrieben und nicht wie sonst aus der Sicht eines lebenden Menschen.

Andvaris Ring ist mit Odins Draupnir identisch – beide sind ein Symbol für die Reise ins Jenseits.

Ein Streit im Zusammenhang mit Odin und Loki sowie eine Norne, die jemanden als Zwerg in die Wasserunterwelt verbannt, bei dem auch noch der magische Jenseitsreise-Ring beteiligt ist, hat seinen Ursprung mit recht großer Wahrscheinlichkeit in dem Streit zwischen Tyr, der hier als Andvari erscheint, und Loki, in dem sie sich abwechselnd töteten, wodurch die Jahreszeiten entstanden. Das Verbannen eines der beiden in die Unterwelt durch eine Norne wird recht sicher die Umdeutung der abwechselnden Wiedergeburt der beiden Götter durch Freya sein.

IV 15. b)   Saga über Sturlaug den Mühen-Beladenen

Ein „Bann" ist eigentlich eine „Verbannung, Ausstoßung, Vogelfrei-Erklärung". Dieser Begriff wird jedoch des öfteren im Zusammenhang mit der Zauberei benutzt und bedeutet dort recht ungenau „Zauberspruch-Wirkung, Beeinflussung, Verfluchung, Beeinflussung, Hypnose".

Dies war der ganze Rat der Vefreya, denn Mjoll war so zauberkundig, daß sie Sturlaug und Vefreya mit einem magischen Bann belegt hätte, wenn sie dies im Voraus gewußt hätte.

IV 15. c)   Hrolf Kraki und seine Berserker

Königin Hvit schlug ihn nun mit einen Wolfsfell-Handschuh und sagte, daß er nun zu einem schrecklichen und furchtbaren Höhlenbären werden solle, „und Du wirst Dich von nichts anderem als von Deines Vaters Vieh ernähren! Du wirst sie in unfaßbaren Mengen töten und Du wirst niemals mehr diesen Bann loswerden!"

IV 15. d)   Saga über Bosi und Herraud

Der folgende Fluch ähnelt von seinem Stil her sehr der Sturm-Beschwörung des keltischen Barden-Druiden Talisien.

Da solche kultischen oder halb-kultischen Texte in der Regel eine große Beständigkeit haben, könnte es sein, daß dies ein Hinweis darauf ist, daß der „Fluch der Busla" und auch der ihm recht ähnliche „Fluch des Skirnir" auf die religiösen Texte zurückgehen, die in der Zeit vor der Trennung der West-Indogermanen in Kelten, Römer und Germanen, also um ca. 2000 v.Chr. üblich gewesen sind.

Diese Vermutung wird dadurch bestätigt, daß sich die „epische Breite" und die allmähliche Steigerung dieses Fluches auch in keltischen, hethitischen, indischen und anderen frühen indogermanischen Überlieferungen findet.

Die Hauptfiguren in dieser Saga sind die beiden unzertrennlichen Freunde Herraud, Sohn des Königs Hring, und Bosi, Sohn des Jarl Thvara.

Dort lebte auch eine alte Frau mit dem Namen Busla. Sie war eine Nebenfrau des Jarl Thvara gewesen und hatte seine Söhne aufgezogen. Sie kannte viel Magie.

... ...

Der König war so wütend, daß niemand ihn zum Reden bewegen konnten, und befahl, Herraud wieder in den Kerker gebracht und beide am Morgen getötet werden sollten, denn der König werde seine Meinung nicht ändern. Die meisten Leute fanden, daß die Lage hoffnungslos sei.

An diesem Abend sprach Busla mit Thvara und frug, ob er nicht beabsichtige, ein Lösegeld für seinen Sohn anzubieten, doch er antwortete, daß er nicht vorhabe, sein

Geld fortzuwerfen, und daß er wüßte, daß er nicht das Leben eines Mannes kaufen könne, dem zu sterben bestimmt sei.

Er frug, wo ihre Magie geblieben sei und ob sie nicht Bosi helfen wolle.

Sie sagte, daß es ihr nicht weniger übel ergehe als ihm.

An diesem Abend ging Busla in das Zimmer, in dem König Hring schlief und sprach die Verse, die seither 'Buslas Fluch' genannt werden. Es ist seitdem weit bekannt geworden und enthält viele üble Worte, die christliche Männer nicht in den Mund zu nehmen brauchen.

Dies ist, wie es beginnt:

„Hier liegt König Hring,
der Herrscher der Gauten,
der aller-stureste
aller Menschen:
Deinen Sohn willst Du
selber töten.
so Unerhörtes
wird weit bekannt werden.

Höre Buslas Fluch!
Bald wird er gesungen sein,
sodaß er überall in der Welt
vernommen werden wird,
niemandem nützlich,
der ihn vernimmt,
doch übel für den,
dem ich ihn heute spreche!

Dämonen werden umherziehen,
Gewaltiges wird kommen,
Klippen werden bersten,
die Welt wird wanken,
das Wetter wird toben –
wenn Du, König Hring,
nicht dem Herraud Frieden bringst
und dem Bosi
Sicherheit!

*Böses wünsche ich Dir
in Deine Brust,
an Deinen Herzen sollen
giftige Nattern nagen,
Deine Ohren
sollen nie mehr hören,
Deine Augen
werden sich nach innen wenden,
wenn Du, König Hring,
nicht dem Herraud Frieden bringst
und dem Bosi
Sicherheit!*

*Wenn Du segelst,
soll das Tauwerk reißen,
von den Rudern
sollen Splitter brechen,
mit zerfetztem Tuch
sollen die Segel flattern,
in Streifen zerrissen
sollen die Segel sein,
wenn Du, König Hring,
nicht dem Herraud Frieden bringst
und dem Bosi
Versöhnung bietest!*

*Wenn Du reitest,
sollen sich das Zaumzeug verknoten,
hinke Dein Pferd,
stolpere Dein Roß,
auf allen Straßen
und allen Wegen
sollen Du und alle Deine Begleiter
in der Trolle Hände fallen,
wenn Du, König Hring,
nicht dem Herraud Frieden bringst
und dem Bosi
Sicherheit!*

*Mögest Du ruhen
auf brennendem Stroh!
Mögest Du sitzen auf Deinen Hochsitz
wie auf einer Meereswoge!
Doch Du weißt
das Schlimmste noch nicht:
Wenn Du das Männer-Spiel
mit einer Maid spielen willst,
wirst Du niemals zum Ziel gelangen!
Willst Du noch mehr?"*

Der König antwortete: „Schweig, Frau, und sieh zu, daß Du fortkommst, sonst werde ich Dich für Deine Flüche foltern lassen!"

„Da wir uns nun getroffen haben," sprach Bulsa, „werden wir uns auch nicht wieder trennen, bevor ich habe, was ich will."

Der König wollte sich erheben, doch er war fest an das Bett gebannt und seine Diener wachten nicht auf.

Da fuhr Busla mit dem zweiten Drittel dieses Fluches fort, doch ich werde ihn hier nicht niederschreiben, da er niemandem Gutes bringt, der ihn wiederholt – und wenn er nicht niedergeschrieben wird, ist es unwahrscheinlich, daß er wiederholt wird.

Doch dies ist der Anfang davon:

*„Trolle und Elfen
und Zauber-Nornen
sollen Deine Hallen verbrennen!
Hrimthursen sollen Dich vernichten!
Pferde sollen auf Dir trampeln!
Stroh soll Dich stechen!
Stürme sollen Dich schütteln!
Weh Dir,
wenn Du nicht meinen Willen tust!"*

Als ihr Fluch vorüber war, sprach der König zu ihr: „Bevor Du mich noch länger verfluchst, will ich dem Herraud das Leben geben und Bosi soll außer Landes gehen, aber er wird getötet werden, wenn ich ihn jemals wieder in meine Hände bekomme!"

„Dann muß ich wohl noch einen Besseren singen," antwortete Busla.

Da begann sie mit den Versen, die „Syrpas Verse" genannt werden, die die allerstärkste Magie sind und die man nicht nach Sonnenuntergang singen darf.

„Syrpa" bedeutet „Sau". Da dieses Tier der Freya zugeordnet ist und sie den

Beinamen „Syr" („Sau") trug, wird dies ein der Freya zugeschriebener Zauberspruch sein, der möglicherweise seine Ursprünge in ihren Kultgesängen hat.

Da die Nacht mit dem Jenseits assoziiert wurde, scheinen sich diese Verse auf das Jenseits zu beziehen.

Ein Zauberlied, das sich auf Freya und auf die Nacht bzw. das Jenseits bezieht, könnte im Extremfall eine Verhinderung der Wiedergeburt im Jenseits als Drohung enthalten.

Die Rätselform der drei zitierten Strophen, die nach einem rituellen Text klingen, spricht für ein hohes Alter dieses Fluches.

So lautet dieser Fluch gegen Ende:

„Sechs Männer kamen hierher,
Sage mir ihre Namen.
Ich werde sie Dir alle
unverhüllt zeigen,
wenn Du dieses Rätsel nicht so löst,
daß es mit richtig erscheint.

Sonst werden Dich Hunde
in der Hel zerreißen
und Deine Seele
wird im Abgrund versinken!

Löse dieses Rätsel,
so daß die Antwort richtig ist,
oder das Schlimmste von dem,
daß ich gerufen habe,
wird geschehen,
wenn Du mir nicht meinen Willen tust!"

Die erste dieser drei letzten Strophen von „Syrpas Versen" klingt ganz so, als ob es vorher sechs Strophen gegeben hätte, die jeweils einen dieser „schrecklichen Männer" beschrieben haben. Dies könnten Jenseits-Riesen oder andere Aspekte der Unterwelt sein. Vermutlich wird es auch noch einleitende Verse gegeben haben, die das Thema ankündigen, den Verfluchten zur Aufmerksamkeit auffordern, ihn bedrohen u.ä.

Am Ende des Manuskript folgen sechs Runenzeichen: Raidho, Ansuz, Thurisaz, Fehu, Algiz, Uruz. Dies könnten die „sechs Männer" in dem Rätsel am Schluß sein.

Raidho = Ritt, Fahrt, Reise

Ansuz = Ase = Odin oder Tyr
Thurisaz = Thurse (Tyr) und Dorn = Schwert (Tyrs Schwert) = Tyr
Fehu = Vieh, Besitz
Algiz = Elch
Uruz = Wasser, Stier

Wenn man diese sechs Runen kombiniert, kommt man auf die Jenseitsreise (Raidho) des Tyr (Ansuz, Thurisaz) zusammen mit seinen beiden Alcis-Söhnen (Algiz), bei der sich Tyr in einen Stier (Fehu, Uruz) verwandelt.
Ob diese Deutung so zutrifft, ist allerdings unsicher, da die Runen allgemein viele Elemente aus den Tyr-Mythen enthalten.

Als Busla ihren Fluch beendet hatte, hatte der König keine Zweifel daran, wie er ihr auf ihr Verlangen antworten sollte.
„Was ist nun Dein Wille?" frug der König.
„Sende die beiden Söhne," sagte die alte Frau, „auf eine gefährliche Fahrt, wohin auch immer, und gib ihnen ihre Verantwortung für sich selber."
Der König befahl ihr, nun fortzugehen, aber das tat sie nicht, bevor der König nicht einen Eid geschworen hatte, daß er das halten würde, was er ihr versprochen hatte – und dann würden ihm Buslas Flüche keinen Schaden tun.
Dann ging die alte Frau fort.

IV 15. e) Die Saga über Grettir den Starken

Der folgende Auszug aus der Grettir-Saga ist der detaillierteste Bericht über eine Zauberin und ihre Magie, ihr Vorgehen dabei und die Folgen dieser Tat, die es in der germanischen Überlieferung gibt. Das wesentlichste Elemente dieser Magie ist der Fluch, den eine Zauberin ausspricht.

Thorbjörn Angelhaken hatte eine Ziehmutter mit dem Namen Thurid. Sie war sehr alt und von wenig Nutzen für die Menschen, aber sie war sehr geschickt in der Zauberei und Magie gewesen, als sie noch jung und die Menschen Heiden gewesen waren. Nun schien sie das alles verloren zu haben.
Doch obwohl das Land nun christlich war, waren noch viele Funken des Heidentums übriggeblieben. Es war durch das Gesetz des Landes nicht verboten, privat heidnische Ritualen durchzuführen; nur diejenigen, die dies öffentlich taten, wurden mit der kleineren Verbannung belegt.
Nun erging es vielen so wie man sagt: Die Hand neigt zu der gewohnten Tätigkeit –

und das, was wir in der Jugend erlernt haben, ist uns immer das Vertrauteste.

Daher wandte sich Thorbjörn Angelhaken, dessen Pläne alle vereitelt worden waren, dorthin um Hilfe, wo die meisten Leute sie am wenigsten gesucht hätten – und zwar bei seiner Ziehmutter und frug sie, was sie für ihn tun könnte.

Sie antwortete: „Nun scheint es mit, daß es so gekommen ist, wie man sagt: Viele gehen in den Ziegenstall, um Wolle zu holen. Ich würde nichts weniger tun, als mich den anderen Männern des Landes überlegen fühlen – wäre ich nicht wie ein Nichts, wenn man es erproben würde? Ich sehe nicht, daß es mir übler ergeht wie Dir, obwohl ich mich kaum von meinem Bett erheben kann. Wenn Du meinen Rat haben willst, dann mußt Du in allen Dingen tun, was ich will."

Er stimmte zu und sagte, daß ihr Rat schon seit langen stets gut für ihn gewesen sei.

Der 'Doppelmonat' des Sommer nahte sich nun.

Eines schönen Tages sagte die alte Frau zu Angelhaken: „Das Wetter ist nun windstill und sonnig. Ich will, daß Du nach Drangey gehst und einen Streit mit Grettir beginnst. Ich werde mit Dir gehen und schauen, auf welche Art er antwortet. Ich werde wissen, wie es mit ihnen steht, wenn ich sehe, wie sie sich verhalten – und dann werde ich solche Worte gegen sie sprechen, wie es mir beliebt."

Fischerhaken sagte: „Laß uns nicht nach Drangey gehen. Mir geht es stets schlechter, wenn ich von dort fortgehe als wenn ich dort hingehe."

Die Frau sagte: „Ich werde Dir nicht helfen, wenn Du nicht tust, was ich Dir sage."

„Das sei fern von mir, meine Ziehmutter. Ich habe gesagt, daß ich ein drittes mal dorthingehen werde und daß dann dabei etwas für uns herausspringen wird."

„Du kannst es wagen," sagte sie, „es wird für Dich viel Arbeit geben, bevor Grettir in die Erde gelegt wird. Dein Los wird oft ungewiß sein und es wird hart für Dich werden, bevor es zu Ende ist. Doch es ist Dir bestimmt, daß Du irgendwie aus der Sache wieder herauskommen wirst."

Da ließ Thorbjörn Angelhaken ein Zehnruderer-Boot bemannen und ging mit elf Mann an Bord. Die Frau war bei ihnen und sie ruderten hinaus nach Drangey.

Als die Brüder sie kommen sahen, gingen sie nach vorne zur Leiter und begannen aufs neue über ihren Fall zu sprechen.

Der verbannte Grettir und sein Bruder lebten zusammen mit einem Sklaven auf einer steilen Insel, auf die man nur mithilfe einer Leiter hniaufgelangen kann.

Thorbjörn sagte, daß er noch einmal gekommen sei, um ihre Antwort zu hören – ob Grettir den Ort verlassen werde. Er sagte, daß er die Zerstörung seines Eigentums und Grettirs Aufenthalt dort nicht weiter übel nehmen werde, wenn sie sich in Frieden trennen würden.

Grettir sagte, daß er nicht vorhabe, zu irgendeiner Übereinkunft wegen seines

Fortgehens zu kommen, „ich habe Dir oft gesagt," sagte er, „daß es keinen Sinn hat, mit mir darüber zu reden. Tue, was Dir gefällt – ich habe vor, hier zu bleiben und zu schauen, was geschieht."

Thorbjörn sah, daß dieses Ergebnis auch dieses mal nicht erreicht werden würde und sprach: „Ich habe genau gewußt, mit welchen Hel-Männern ich hier zu tun habe. Es ist sehr wahrscheinlich, daß etliche Tage vergehen werden, bevor ich hierhin zurückkehre."

„Es würde mich nicht schmerzen, wenn Du garnicht mehr wiederkommen würdest," sagte Grettir.

Die Frau lag in den Tüchern am Heck und war mit Kleidern bedeckt. Sie begann sich nun zu regen und sagte: „Dies sind tapfere und glücklose Männer. Zwischen euch ist ein großer Unterschied: Ihr bietet ihnen Gutes an und sie lehnen alles ab. Es gibt nur wenige noch sicherere Anzeichen für Böses als nicht zu wissen, wie man Gutes annehmen soll. Nun sage ich Dir dies, Grettir: Du sollst Deine Gesundheit verlieren und Dein gutes Geschick und Dein Glück, allen Schutz und allen Rat – umso mehr je länger Du lebst! Ich wünsche Dir, daß Deine Tage in Zukunft weniger glücklich sind als in der Vergangenheit!"

Es ist beachtenswert, daß die Zauberin Thurid zuerst einmal Grettir und seinen Bruder persönlich sehen und prüfen will, bevor sie beschließt, sie zu verfluchen.

Als Grettir dies hörte, machte er eine heftige Bewegung und sagte: „Welcher Feind ist dort in dem Schiff bei ihnen?"

Illugi sprach: „Ich glaube, das muß die alte Frau sein, Thorbjörns Ziehmutter."

„Verfluchte Hexe!" sagte er, „Ich hätte mir nichts Schlimmeres ausdenken können! Nichts, was jemals gesagt worden ist, erschrickt mich mehr als ihre Worte, denn ich weiß, daß mich irgendein Übel durch sie und ihre Worte überkommen wird. Sie soll etwas haben, was sie an ihren Besuch hier erinnert!"

Da nahm er einen riesigen Stein und warf ihn in das Boot. Er fiel in den Kleiderhaufen. Thorbjörn hatte nicht gedacht, daß irgendein Mann so weit werfen könnte. Ein lauter Schrei war zu hören, denn der Stein hatte ihren Oberschenkel getroffen und ihn zerbrochen.

Illugi sprach: „Ich wünschte, Du hättest das nicht getan."

„Tadle mich nicht dafür!" sprach Grettir, „Ich fürchte eher, daß das noch zu wenig gewesen ist! Eine alte Frau wäre kein zu großer Preis für uns beide."

„Wie soll sie für uns beide zahlen? Das wäre eine kleine Summe für uns beide."

Thorbjörn kehrte heim. Es gab keine Grüße, als er fortging.

Er sprach zu der alten Frau und sagte: „Es ist gekommen, wie ich es erwartet habe. Die Reise zu der Insel hat Dir wenig Nutzen gebracht. Du bist für den Rest Deines Lebens verletzt worden und wir haben nicht mehr Ehre als zuvor. Wir müssen eine

Verletzung nach der anderen unvergolten ertragen."

Sie antwortete: „Das ist der Anfang ihrer Vernichtung. Ich sage, daß es mit ihnen von dieser Zeit an abwärts gehen wird. Mir ist es gleich, ob ich lebe oder nicht, wenn ich keine Rache für die Verletzung bekomme, die ich von ihnen erhalten habe."

Das Prinzip der Erhaltung der Ehre und das damit eng verknüpfte Prinzip der Rache galt auch für Frauen.

„Du scheinst guter Dinge zu sein, Ziehmutter," sagte er.

Sie kamen daheim an. Die Frau lag für fast einen Monat im Bett, bevor ihr Bein geheilt war und sie wieder gehen konnte. Die Männer lachten über die Fahrt des Thorbjörn und der alten Frau. Sie hatten wenig Glück mit den Treffen mit Grettir: zuerst bei dem Friedensschluß auf dem Thing, dann als Häring getötet worden war, und dann beim dritten mal, als der Oberschenkel der Frau gebrochen wurde – während nichts Gutes für sie herausgekommen war. Thorbjörn Angelhaken litt sehr unter ihrem Gerede.

Der Herbst ging vorüber und es waren nur noch drei Wochen bis zum Winter. Die alte Frau bat, zu der Meeresküste gebracht zu werden. Thorbjörn frug sie, was sie tun wolle.

„Nur eine Kleinigkeit," sagte sie, „aber vielleicht ein Zeichen für größere Dinge, die noch kommen werden."

Da wurde es so getan, wie sie es befohlen hatte, und als sie hinab zum Strand kam, humpelte sie am Meer entlang als ob sie zu einem entwurzelten Baum geführt werden würde, der so groß war, daß ihn ein Mann gerade noch auf seiner Schulter tragen konnte.

Die Zauberin Thurid ist offenbar auch eine gute Seherin, die erkennen kann, wann und wo sie das finden kann, was sie braucht.

Sie blickte auf den Baum und befahl ihnen, ihn vor ihren Augen umzuwenden und auf einer Seite sah er aus, als ob er versengt und gescheuert worden wäre.

Da ließ sie dort, wo er gescheuert worden war, ein kleine freie Fläche schneiden. Da nahm sie ihr Messer und schnitt Runen in die Wurzel und färbte sie mit ihrem Blut rot und sang viele mächtige Zauber-Worte über ihnen. Dann ging sie rückwärts und gegen den Sonnenlauf um den Baum herum und belegte ihn mit vielen starken Zaubersprüchen.

Das Gehen mit dem Sonnenlauf ist ein Ausdruck des Einklanges mit der Welt und somit des Gedeihens, während das Gehen gegen den Sonnenlauf ein Ausdruck des Widerspruches zur Welt und somit der Zerstörung ist. Diese naheliegende Symbolik findet sich bei sehr vielen Völkern.

Dasselbe gilt für das Vorwärts- und das Rückwärtsgehen.

Danach ließ sie den Baum in das Meer hinausstoßen und sprach über ihn, daß er nach Drangey treiben solle und daß Grettir von ihm Schaden erleiden solle.
Dann kehrte sie nach Vidvik zurück.
Thorbjörn sagte, daß er nicht wüßte, wozu das führen solle.
Die Frau sagte, daß er es eines Tages besser verstehen werde.
Der Wind stand zu dem Fjord hin, aber der Baumstamm der Frau trieb gegen den Wind und keineswegs langsamer, als man hätte erwarten sollen.

Es ist zumindestens denkbar, daß die „vielen mächtigen Zauberworte" der Thurid auch eine Anrufung des Ägir oder der Ran enthalten haben könnten, in der Thurid sie gebeten hat, den Baumstamm zu Grettirs Insel zu bringen.

Grettir saß mit seinen Begleitern auf Drangey sehr behaglich, wie bereits erzählt worden ist.
An dem Tag nach dem, an dem die alte Frau ihre Zaubersprüche über dem Baum gesprochen hatte, gingen sie von dem Hügel hinab, um nach Feuerholz zu suchen. Als sie an die Westseite der Insel kamen, fanden sie einen großen Baumstamm, der dort angeschwemmt worden war.
„Das ist ein guter Stamm für Brennholz," rief Illugi aus, „laß ihn uns heimtragen."
Grettir trat mit seinem Fuß gegen ihn und sprach: „Ein übler Baum, der mit üblen Absichten gesandt worden ist. Wir müssen anderes Feuerholz suchen."
Er stieß ihn zurück ins Meer und ermahnte Illugi, daß er darauf achte, ihn nicht heimzutragen, da er zu ihrer Vernichtung gesandt worden war.

Auch Grettir war zumindestens ein wenig ein Zauberer, da er die Magie an dem Baumstamm wahrnehmen konnte – aber vielleicht hatte er auch einfach die Runen entdeckt.

Offenbar war es für die Wirkung der Magie notwendig, daß Grettir „den Köder schluckte", d.h. daß der Baumstamm zu ihm oder zu seinem Wohnort kam, d.h. daß er sich in irgendeiner Weise mit ihm verband.

Sie kehrten heim und sagten nichts über den Baumstamm zu dem Sklaven.
Am nächsten Tag fanden sie den Baumstamm aufs neue und näher bei der Leiter als am Tag zuvor. Grettir stieß ihn wieder ins Meer und sagte, daß er ihn niemals heimtragen würde.
Die Nacht ging vorüber und es kam schlechtes Wetter mit Regen, sodaß sie nicht hinausgingen und Glaum sandten, um Feuerholz zu sammeln. Er knurrte viel vor sich

hin und sagte, daß es grausam sei, ihn sich in jedem Wetter zu Tode plagen zu lassen. Er stieg die Leiter hinab und fand dort den Baumstamm der Frau. Er fand, daß er großes Glück gehabt habe, schleppte ihn heim zu der Hütte und ließ ihn dort mit großem Lärm fallen, den Grettir hörte.

„Glaum hat etwas gefunden. Ich muß hinausgehen und schauen, was es ist," sagte er und ging hinaus und nahm seine Holzaxt mit sich.

„Möge Dein Holzhacken nun nicht schlechter sein als mein Heimschleppen des Holzes!" sagte Glaum.

Grettir war wütend über den Knecht. Er nahm seine Axt mit beiden Händen und bemerkte nicht, welcher Baumstamm das war. Als die Axt den Baumstamm berührte, knickte die Klinge zur Seite, glitt von dem Baumstamm ab und in Grettirs rechtes Bein. Sie drang oberhalb seines rechten Knies ein und verletzte den Knochen und machte ein üble Wunde.

Grettir wandte sich zu dem Baumstamm und sprach: „Der, der mir Böses wollte, hat Erfolg gehabt. Dies ist genau der Baumstamm, den ich zweimal zurück ins Meer gestoßen habe. Zwei Unglücke hast Du uns nun gebracht, Glaum: Zuerst hast Du unser Feuer ausgehen lassen und nun hast Du uns diesen Unglücksbaum gebracht. Ein dritter Fehler wird der Tod von Dir und von uns allen sein."

Da verband Illugi die Wunde. Sie blutete nun wenig. Grettir schlief gut in der Nacht und drei Tage vergingen, ohne daß die Wunde ihn plagte. Als sie den Verband öffneten, war das Fleisch zusammengewachsen und die Wunde war fast verheilt.

Illugi sprach: „Ich glaube nicht, daß Du lange unter dieser Wunde leiden wirst."

„Das wäre gut," sprach Grettir, „es ist auf seltsame Weise zustande gekommen, egal wie es endet – aber mein Geist sagt mir, daß es nicht so gut werden wird."

Eines Abends gingen sie alle zu Bett und um Mitternacht herum begann sich Grettir auf seinem Lager umherzuwälzen.

Illugi frug ihn, warum er so ruhelos sei.

Grettir sagte, daß ihn sein Bein schmerze und daß er glaube, daß sich sein Aussehen verändert haben müsse. Sie holten ein Licht, banden die Wunde auf und sahen, daß sie angeschwollen und blauschwarz wie Kohlen war. Sie hatte sich wieder geöffnet und sah schlimmer aus als am Anfang. Er hatte danach große Schmerzen und konnte nicht still liegen und es kam kein Schlaf über seine Augen.

Grettir sagte: „Wir müssen vorsichtig sein. Diese Krankheit, die ich da habe, kommt nicht von ungefähr – da ist Zauberei am Werk. Die alte Frau wollte mich für den Stein, den ich auf sie geworfen habe, strafen."

Es ist beachtenswert, daß die Zauberin Thurid Grettir an genauderselben Stelle eine Wunde zufügt, an der auch sie von ihm verwundet worden ist: am Oberschenkel.

Diese Art der Wunde ist geradezu eine „Unterschrift" der Thurid, die Grettir nicht mißverstehen konnte.

Illugi sagte: „Ich habe Dir gesagt, daß nicht Gutes von dieser alten Frau kommen wird."

„Am Ende wird es alles auf dasselbe hinauslaufen," sagte Grettir und sprach diese Verse:

*„Oft haben Männer mein Leben bedroht
und ich habe gewußt, wie ich es gegen Feinde verteidigen muß;
doch nun ist es eine Frau, die meinen Tod will.
Wahrlich, die Zaubersprüche der Üblen sind mächtig."*

„Nun müssen wir auf der Hut sein, denn Thorbjön Angelhaken wird es nicht dabei belassen. Du, Glaum, mußt in Zukunft jeden Tag die Leiter bewachen und sie am Abend heraufziehen. Tu dies verläßlich, denn vieles hängt davon ab! Wenn Du das nicht getreu durchführst, wir Dein Tod nicht lange auf sich warten lassen!"

Glaum versprach, sorgfältig darauf zu achten.

Das Wetter wurde nun sehr heftig. Ein Nordostwind kam und es wurde sehr kalt. Jeden Abend frug Grettir, ob die Leiter heraufgezogen worden sei.

„Erwarten wir nun Männer?" frug Glaum, „Ist es irgendeinem Menschen so wichtig, Dir Dein Leben zu nehmen, daß er dafür sein eigenes zu verlieren bereit ist? Dieses Wetter ist noch viel schlimmer als nur für Schiffe unmöglich. Deine kriegerische Haltung muß Dich ganz verlassen haben, wenn Du glaubst, daß Dich alle nur töten wollen!"

„Deine Haltung ist stets schlechter als die von uns beiden," sagte Grettir, „egal, was geschieht. Doch nun mußt Du Dich um die Leiter kümmern, wie unwillig Du dazu auch sein magst."

Sie schickten ihn zu seinem großen Ärger jeden Morgen hinaus.

Der Schmerz der Wunde nahm zu und das ganze Bein war geschwollen und der Oberschenkel begann sowohl oberhalb als auch unterhalb der Wunde zu eitern, was sich immer mehr ausbreitete, sodaß Grettir glaubte, daß er sterben müsse. Illugi saß Tag und Nacht bei ihm und achtete auf nichts anderes. Dies war nun die zweite Woche seiner Krankheit.

Thorbjörn Angelhaken war zu der Zeit daheim in Vidvik und sehr mißmutig darüber, daß er Grettir nicht hatte überwinden können. Als ungefähr eine Woche vergangen war seitdem Thurid den Baumstamm verzaubert hatte, kam sie zu Thorbjörn und frug ihn, ob er nicht Grettir besuchen wolle. Er sagte, daß es nichts gäbe, wozu er mehr entschlossen sei.

„Aber willst Du ihn auch treffen, Ziehmutter?" frug er.

„Ich habe nicht die Absicht, ihn zu treffen," sagte sie, „ich habe ihm meine Grüße gesandt, die er jetzt, glaube ich, erhalten haben wird. Aber Dir rate ich, sofort aufzubrechen und ihn schnell aufzusuchen, da Du ihn sonst nicht überwältigen

wirst."

„Er antwortete: „Ich habe so viele unrühmliche Fahrten dorthin gemacht, daß ich nicht nochmal dorthin fahren werde. Das Wetter ist Grund genug dafür – die Fahrt wäre einfach unmöglich, wie dringend sie auch immer wäre."

„Dir ist wirklich nicht zu helfen, wenn Du diese Listen nicht durchschaust. Nun werde ich Dir raten: Geh zuerst und hole Männer zusammen; reite dann zu Deinem Schwager Halldor in Hof und hol Dir Hilfe von ihm. Ist es für Dich denn eine zu fernliegende Vorstellung, daß ich etwas mit dem Sturm, der jetzt bläst, zu tun haben könnte?"

Die Zauberin Thurid hat offensichtlich eine gute Ausbildung genossen, da sie auch in der Lage ist, eine tagelangen Sturm herbeizurufen.

Es schien Thorbjörn, daß die Frau weiter sehen konnte, als er gedacht hatte. Daher rief er aus dem Land ringsum Männer zusammen. Er erhielt schon bald die Antwort, daß niemand von denen, die ihren Anteil aufgegeben hatten, etwas für ihn tun wollte. Sie sagten, daß sowohl die Insel als auch Grettir Thorbjörns Angelegenheit wären. Zungen-Stein sandte ihm zwei Männer und sein Bruder Hjalti drei, Eirik aus Guddal sandte ihm einen. Er selber hatte sechs Männer. Diese Zwölf ritten von Vidvik nach Hof, wo Halldor sie zu bleiben einlud und nach den Neuigkeiten frug.

Thorbjörn berichtete ihm alles ausführlich. Halldor frug, wer dies alles getan habe. Er sagte, daß seine Ziehmutter ihn zu all dem angetrieben habe.

„Das wird zu nichts Gutem führen. Sie ist eine Zauberin und Zauberei ist nun verboten."

„Ich kann nicht auf alles Rücksicht nehmen," sagte Thorbjörn, „ich bin dazu entschlossen, daß es nun auf irgendeine Weise ein Ende finden soll. Aber wie soll ich es anstellen, daß ich auf die Insel komme?"

„Mir scheint, daß Du Dich auf etwas verläßt, aber ich weiß nicht, ob das etwas Gutes ist. Wenn Du irgendetwas erreichen willst, dann geh zu meinem Freund Björn in Hagenens in Fljot. Er hat ein gutes Schiff, bitte ihn, es Dir zu leihen, dann wirst Du in der Lage sein, nach Drangey zu segeln. Ich glaube, wenn Du Grettir gesund und munter vorfindest, wird Deine Fahrt umsonst sein. Eine Sache merke Dir: Töte ihn nicht in offenem Kampf, denn es gibt genügend Männer, die ihn rächen werden. Töte Illugi nicht, wenn Du es irgendwie vermeiden kannst. Ich fürchte, meine Ratschläge sind nicht besonders christlich."

Halldor gab ihm sechs Männer, einer von ihnen war Kar, ein anderer Thorleif, ein dritter Brand. Die Namen der anderen sind nicht überliefert worden.

Diese achtzehn Männer gingen nach Fljot und erreichten schließlich Haganes und überbrachten Halldors Botschaft an Björn. Er sagte, daß er es Halldor zuliebe tun müsse, daß er aber nicht dem Thorbjörn verpflichtet sei.

Er sagte, daß das eine wahnsinnige Fahrt sei und versuchte sie davon abzuhalten. Sie antworteten ihm, daß sie nicht mehr umkehren könnten, und gingen hinab zum Meer und wasserten das Schiff, das fahrtbereit mit allem Gerät im Bootshaus stand. Dann machten sie sich zum Segeln bereit. Alle, die am Strand standen, dachten, daß es unmöglich sei, das Meer zu überqueren. Sie hißten das Segel und schon bald war das Boot weit draußen im Fjord unterwegs. Als sie hinaus auf das offene Meer kamen, beruhigte sich das Wetter und war nicht mehr ganz so stürmisch. Am Abend als es dunkel wurde, erreichten sie Drangey.

Thurid konnte offensichtlich nicht nur einen Sturm herbeibeschwören, sondern auch noch gleichzeitig ihren Ziehsohn Thorbjörn unter eine Schutz vor diesem Sturm stellen bzw. einen „differenzierenden Sturm" herbeirufen.

Es ist schon erzählt worden, daß Grettir so krank geworden war, daß er nicht mehr auf seinen Füßen stehen konnte, daß Illugi bei ihm saß und Glaum Wache hielt. Er redete noch immer dagegen an und sagte, daß sie fürchteten, daß ihr Leben aus ihnen herausfallen würde, aber daß es dafür keinerlei Anlaß gäbe. Er ging hinaus, aber sehr unwillig. Als er zu der Leiter kam, sagte er zu sich selber, daß es keinen Grund gäbe, sie hochzuziehen.

Es fragt sich, ob dieses Verhalten des Knechtes Glaum auch noch durch den Zauber der Thurid bewirkt worden ist – das wäre dann eine wirklich sehr niveauvolle Magie.

Er fühlte sich sehr müde und schlief den ganzen Tag und erwachte nicht, bis Thorbjörn die Insel erreichte. Da sah dieser, daß die Leiter nicht hinaufgezogen worden war.
Thorbjörn sprach: „Die Lage hat sich verändert und ist nicht mehr dieselbe wie zuvor. Es gehen keine Männer dort oben mehr umher und die Leiter ist an ihrem Platz. Es könnte sein, daß aus unserer Reise mehr wird als wonach es am Anfang ausgesehen hat. Laßt uns nun zu der Hütte gehen und laßt uns unseren Mut nicht schwinden. Wenn es ihnen gut geht, ist es gewiß, daß jeder von uns sein Bestes geben muß."
Sie stiegen die Leiter hinauf, blickten sich um und sahen nah bei dem Aufstieg einen Mann liegen und schnarchen. Thorbjörn erkannte Glaum, ging zu dem Lump und sagte ihm, er solle aufwachen, schlug ihn mit dem Griff seines Schwertes gegen sein Ohr und sagte: „Wahrlich, derjenige, dessen Leben Dir anvertraut ist, ist in einer üblen Lage!"
Glaum blickte auf uns sprach: „Es ist alles wie üblich. Glaubt ihr, meine Freiheit ist so viel wert, wenn ich hier im Kalten liege?"
Angelhaken sagte: „Hast Du Deinen Verstand verloren? Siehst Du nicht, daß Deine Feinde hier sind und sie euch jetzt alle töten werden?"

Glaum sagte nichts, aber als er die Männer erkannte, schrie er so laut er konnte.

„Tu jetzt eines von diesen beiden Dingen," sagte Angelhaken, „schweige augenblicklich und sage mir alles über euren Haushalt oder stirb!"

Glaum war so still als ob er unter Wasser getaucht worden wäre.

Thorbjörn sagte: „Sind die Brüder in der Hütte? Warum sind sie nicht hier draußen?"

„Daß würde ihnen nicht so leicht fallen," sagte Glaum, „Denn Grettir ist krank und dem Tod nahe und Illugi sitzt bei ihm."

Thorbjörn frug, wie sein Zustand sei und was geschehen sei. Da berichtete ihm Galum alles über Grettirs Wunde.

Angelhaken lachte und sagte: „Es ist wahr, wie das alte Sprichwort sagt 'Alte Freunde sind das letzte, was fortbricht.' und auch 'Es ist übel, einen Sklaven zum Freund zu haben.' – so einen wie Dich, Glaum! Du hast schändlich Deinen Herrn verraten, auch wenn in ihm nicht viel Gutes ist!"

Da schmähten die anderen ihn für seine Untreue und schlugen ihn fast reglos und ließen ihn dann liegen. Dann gingen sie zu der Hütte und schlugen heftig an die Tür.

Illugi sagte: „Graubauch schlägt an die Tür, Bruder."

„Er schlägt ziemlich laut," sagte Grettir, „sehr rücksichtslos."

Dann brach die Tür in Stücke. Illugi sprang zu seinen Waffen und verteidigte die Tür, sodaß sie nicht hereinkommen konnten. Sie griffen ihn lange an, aber sie konnten nur mit ihren Speerspitzen hereingelangen, die Illugi allesamt von ihren Schäften abhieb.

Als sie sahen, daß sie so nichts erreichten, stiegen sie auf das Dach und begannen es einzuschlagen. Da stand Grettir auf, nahm einen Speer und stieß ihn zwischen die Dachbalken. Er traf Kar, Halldors Mann von Hof und drang ganz durch ihn hindurch. Angelhaken sagte ihnen, daß sie vorsichtig zu Werke gehen und auf sich selber aufpassen sollten, „wir werden sie nur überwältigen," sagte er, „wenn wir vorsichtig vorgehen."

Da legten sie das Ende eines der Dachbalken frei und schlugen auf ihn ein bis er zerbrach. Grettir konnte nicht aus seinem Knieen aufstehen, aber er ergriff sein Schwert Karsnaut in dem Augenblick, als sie alle durch das Dach hereinsprangen.

Da begann ein gewaltiger Kampf. Grettir schlug mit seinem Schwert nach Vikar, einen Mann des Hjalti Thord-Sohn, und traf seine linke Schulter, als er von dem Dach aus hereinsprang. Das Schwert hieb durch seine Schulter und unter seinem rechten Arm wieder hinaus und schlug ihn in zwei Teile. Sein Leib fiel in zwei Teile und stürzte auf Grettir und hinderte ihn daran, sein Schwert so schnell wieder frei zu bekommen, wie er es gewollt hatte, sodaß es Thorbjörn Angelhaken gelang, ihn ernsthaft zwischen seinen Schultern zu verletzen.

Grettir sprach: „Nackt ist der Rücken dessen, der keinen Bruder hat."

Illugi hielt seinen Schild vor Grettir und verteidigte ihn so heftig, daß alle Männer seine Stärke lobten.

Grettir sagte zu Angelhaken: „Wer hat euch den Weg zu der Insel gezeigt?"

„Christus hat uns den Weg gezeigt," sagte er.

„Ich glaube," sagte Grettir, „daß es die boshafte alte Frau gewesen, Deine Ziehmutter, die Dir den Weg gezeigt hat – auf ihre Ratschläge hast Du vertraut!"

„Das ist nun für Dich völlig egal," sagte Angelhaken, „wem ich vertraut habe."

Dann griffen sie wieder an. Illugi verteidigte sich und Grettir tapfer, aber Grettir konnte nicht mehr kämpfen, zum Teil wegen seiner Wunden und zum Teil wegen seiner Krankheit. Angelhaken befahl, Illugi mit ihren Schilden niederzudrücken und sagte, daß er niemals einem wie ihm unter den älteren Männern begegnet sei.

Das taten sie und umringten ihn mit einer Mauer von Rüstung, gegen die er sich nicht wehren konnte. Sie nahmen ihn gefangen und bewachten ihn. Er hatte die meisten von denen, die ihn angegriffen hatten, verwundet und drei von ihnen getötet.

Sie gingen zu Grettir, der vornüber auf sein Gesicht gefallen war. Er leistete keinerlei Widerstand, denn er war bereits an seiner Beinwunde gestorben. Sein Oberschenkel war bis zu seinem Schritt hinauf abgestorben. Sie hatten ihm noch viele andere Wunden geschlagen, aber es floß wenig oder kein Blut.

Als sie sich sicher waren, daß er ganz tot war, ergriff Angelhaken Grttirs Schwert, aber seine Finger waren so fest um den Griff geschlossen, daß er sie nicht lösen konnte. Viele versuchten es, nacheinander acht von ihnen, aber sie alle scheiterten.

Angelhaken sprach: Warum sollten wir einen Wald-Mann schonen? Legt seine Hand auf diesen Balken."

Ein Wald-Mann ist ein von der Thing-Versammlung verbannter Mann, der vogelfrei war und in der Wildnis, d.h. im Wald von der Jagd leben mußte.

Die taten sie und er hieb die Hand am Handgelenk ab. Da streckten sich die Finger und lösten sich von dem Griff. Angelhaken nahm sein Schwert in beide Hände und hieb auf Grettirs Kopf. Sein Schlag war so heftig, daß das Schwert dem nicht standhielt und ein Stück aus der Schneide herausbrach.

Als sie ihn frugen, warum er ein gutes Schwert verderbe, antwortete er: „Dann wird es umso leichter zu erkennen sei, falls das jemals die Frage sein sollte."

Sie sagte, daß das unnötig sei, da er schon vorher ein toter Mann gewesen sei.

„Ich werde noch mehr tun," sagte er und schlug zwei- oder dreimal auf Grettirs Nacken bevor er sein Kopf abgetrennt hatte.

Dann sagte er: „Nun bin ich mir sicher, daß Grettir tot ist. Einen großen Krieger haben wir auf die Erde gelegt. Wir werden den Kopf mit uns nehmen, denn ich will mir nicht das Geld entgehen lassen, daß auf seinen Kopf ausgesetzt worden ist. Niemand soll daran zweifeln können, daß ich Grettir getötet habe."

Sie sagten, daß er tun solle, wie es ihm gefiel, aber sie waren angeekelt und fanden dieses Verhalten abscheulich.

Dann sprach Angelhaken zu Illugi: „Es ist eine Schande, daß ein so kühner Mann wie Du eine solche Torheit begangen hat, sein Los mit diesem Verbannten zu verbinden und ihm auf seinen üblen Pfaden zu folgen und schließlich ohne Wergeld zu sterben."

Illugi antwortete: „Wenn das All-Thing im nächsten Sommer vorüber ist, wirst Du sehen, wer verbannt worden ist. Weder Du noch die Ziehmutter werden über diesen Fall urteilen, denn es waren Deine Zaubersprüche und Deine Magie, die Grettir getötet haben, auch wenn ihr eiserne Waffen gegen ihn erhoben habt, als er bereits am Totentor stand. Viele üble Taten vollbrachtet ihr zusätzlich zu eurer Zauberei!"

Angelhaken sagte: „Du spricht kühn, aber so wird es nicht kommen. Ich werde zeigen, daß ich Dich schätze, indem ich Dein Leben schone, wenn Du schwörst, daß Du an niemandem, der bei diesen Ereignissen hier dabei war, Rache nehmen wirst."

„Das hätte ich vielleicht in Betracht gezogen," sagte er, „wenn sich Grettir hätte verteidigen können oder wenn Du ihn in einem ehrenhaften Kampf getötet hättest. Aber nun brauchst Du nicht zu hoffen, daß ich mein Leben rette, in dem ich genauso ein Feigling werde wie Du. Ich sage Dir jetzt, daß, wenn ich weiterhin leben sollte, für Dich niemand eine solche Last werden wird wie ich. Es wird lange dauern, bevor ich vergesse, wie Du mit Grettir umgegangen bist – viel eher werde ich den Tod wählen."

Da beriet sich Thorbjörn mit seinen Gefährten, ob sie Illugi zu leben erlauben sollten. Sie sagten, daß er ihr Vorgehen selber entscheiden solle, da er der Anführer dieser Fahrt sei. Angelhaken sagte, daß er keinen Mann haben wolle, der seinen Kopf bedrohe, wenn er nicht Frieden schwören würden.

Als Illugi hörte, daß sie ihn töten wollten, lachte er und sagte: „Nun habt ihr das beschlossen, was meinem Herzen am nächsten ist."

Als der Tag anbrach, führten sie ihn zu der Ostseite der Insel und töteten ihn dort. Alle priesen seinen Mut und sagten, daß es zu seiner Lebenszeit keinen anderen Mann wie ihn gegeben habe.

Sie bestatteten die beiden Brüder auf der Insel, aber nahmen Grettirs Kopf und alle Waffen und Kleider, die noch einen Wert hatten, mit ihnen. Thorbjörn nahm jedoch Grettirs gutes Schwert für sich und schloß es von der Beute, die verteilt werden sollte, aus.

Sie nahmen Glaum, der noch immer jammerte und Widerstand leistete, mit sich.

Das Wetter hatte sich während der Nacht beruhigt und am Morgen ruderten sie zum Festland. Angelhaken segelte zu dem günstigsten Platz und sandte das Schiff weiter zu Björn.

Als sie in die Nähe von Osland kamen, wurde Glaum so aufsässig, daß sie sich weigerten, ihn noch weiter mitzunehmen, und ihn dort, wo sie gerade waren, töteten, während er weiterschrie, bis er getötet worden war.

Angelhaken ging heim nach Vidvik und fand, daß seine Fahrt ein Erfolg gewesen sei. Sie legten Grettirs Kopf in Salz und legte ihn den Winter über in ein Vorhaus, das in Vidvik nun 'Grettir-Lager' genannt wurde.

Angelhaken wurde für diese Angelegenheit viel geschmäht, als bekannt wurde, daß er Grettir durch Magie überwältigt hatte.

Er blieb bis nach Jul ruhig daheim. Dann ging er zu Thorir in Gard und erzählte ihm von den Tötungen und fügte hinzu, daß er ein Recht auf das Geld habe, daß auf Grettirs Kopf ausgesetzt worden sei.

Thorir sagte, daß er nicht bestreiten würde, daß er Grettirs Urteil vollstreckt habe, „und ich habe oft Unrecht von ihm erlitten, aber ich habe nicht gewollt, daß sein Leben von einem Übeltäter, wie Du einer geworden bist, genommen wird. Ich werde Dir das Geld nicht zahlen, denn Du scheinst mir einer zu sein, der wegen Magie und Zauberei zum Tode verurteilt werden wird."

Angelhaken sagte: „Ich finde, daß es sehr viel mehr Habsucht und Gemeinheit auf Deiner Seite sind als Bedenken wegen der Art, auf die ich Grettir getötet habe!"

Thorir sagte, daß es einen einfachen Weg gäbe, diese Angelegenheit zwischen ihnen zu klären; sie brächten nur auf das All-Thing zu warten und anzunehmen, was der Gesetzes-Mann entschied.

Dann trennten sie sich und es war nichts als Abneigung zwischen Thorir und Thorbjörn.

Die Verwandten von Grettir und Illugi waren sehr unzufrieden, als sie von diesen Tötungen hörten, und sie sahen diese Angelegenheit so, daß sie der Meinung waren, daß Angelhaken eine schändliche Tat getan hatte, als er einen Mann tötete, der bereits am Totentor stand, und daß er sich dazu noch der Zauberei schuldig gemacht hätte. Sie suchten den Rat der weisesten Männer und alle sprachen übel über Angelhakens Tat.

Er selber ritt nach Mittelfjord, als es noch vier Wochen bis bis zum Sommer war. Als seine Fahrt bekannt wurde, versammelte Asdis Männer um sich und es kamen viele ihrer Freunde: ihre beiden Schwäger Gamli und Glum mit ihren Söhnen, Skeggi, den man Kurzhand nannte, und Uspak, über den schon berichtet wurde. Asdis war so gut mit vielen befreundet, daß die ganzen Mittelfjord-Leute ihr zu Hilfe kamen, ja selbst die, die zuvor Grettirs Feinde gewesen waren; der erste Mann dort war Thorod Mord-Stumpf und der größte Teil der Widderfjord-Leute.

Da kam Angelhaken mit zwanzig Mann nach Biarg und hatte Grettirs Kopf bei sich, aber es waren noch nicht alle gekommen, die Asdis zu helfen versprochen hatten. Daher gingen Angelhaken und seine Leute mit dem Kopf in die Halle und setzten ihn auf dem Fußboden nieder. Die Hausherrin war dort in der Halle und viele Männer mit ihr.

Die Hausherrin Asdis ist Grettirs Mutter.

Es wurden von keiner Seite Grüße ausgesprochen, aber Angelhaken sang diese Verse:

„Einen gierigen Kopf bringe ich mit
von den Stränden des Meeres;
Nun mögen die Nadel-Halterinnen
den Ausgestoßenen, der schlafend daliegt, beweinen;
Gold-Trägerin, richte Deine Augen nach unten
und sieh auf den Fußboden,
wo der Friedens-zerstörende Kopf liegt,
den es ohne die Hilfe des Salzes schon nicht mehr geben würde!"

Nadel-Halterin = (stickende) Frau
Gold-Trägerin = (geschmückte) Frau

Die Hausfrau saß schweigend, während er diese Verse sang, aber danach sang sie selber:

„O Du gemeiner Schuft:
So wie Schafe auf das Eis fliehen, wenn sie Wölfe sehen,
so wärst Du in den Wogen ertrunken,
Du wärst in Schande und Furcht gestorben,
wenn Du den Stahl-Gott heil auf der Insel gefunden hättest,
Nun liegt schwere Schande – Sieh sie Dir an! –
auf den Nord-Landen
und ich verberge nicht meine Abscheu vor Dir!"

Stahl-Gott = (bewaffneter) Mann

Da sagten viele, daß an Angelhakens Tat nichts Gutes sei; auch nicht daran, daß er solches Leid in die Mitte der tapferen Asdis und ihrer ebensotapferen Söhne gebracht habe.
Uspak war draußen und sprach mit den Männern des Angelhaken, die nicht mit hineingegangen waren, über die Tötungen. Alle Männer priesen Illugis Verteidigung und sie erzählten, wie fest Grettir sein Kurzschwert gehalten hatte, nachdem er schon tot war, was allen Männern ein Wunder zu sein schien.
Inmitten dieser Ereignisse sahen sie viele Männer von Westen her herbeireiten – von dort kamen viele Freunde der Hausfrau zusammen mit Gamli und Skeggi westlich von Meals.
Angelhaken hatte beabsichtigt, allen Besitz des Illugi für sich zu beanspruchen, da

sie ihn hingerichtet hatten, aber als diese Schar herbeikam, sah Angelhaken, daß er dies jetzt nicht erreichen konnte. Gamli und Usapk waren die Kampf-begierigsten und wollten Angelhaken angreifen, aber die, die die weisesten von ihnen waren, baten sie, auf die Worte ihres Verwandten Thorwald und auf die der anderen Anführer zu hören. Sie sagten, daß Angelhakens Fall umso schlechter dastehen würde, je mehr weise Männer über ihn entscheiden würden.

In diesem Waffenstillstand ritt Angelhaken fort und nahm Grettirs Kopf mit sich, denn er beabsichtige, ihn zum All-Thing mitzunehmen.

So ritt er heim und fand, daß die Dinge schwierig genug aussahen, denn fast alle Anführer des Landes waren mit Grettir oder mit Illugi verwandt oder mit ihnen oder ihren Verwandten durch Heirat verbunden. Außerdem hatte Skeggi Kurzhand die Tochter des Thorod Kampf-Stumpf zur Frau genommen, wodurch in dieser Angelegenheit auch Thorod zu Grettirs Sippe hinzukam.

Schließlich ritten die Männer zum All-Thing und Angelhaken hatte weniger Unterstüzer als er erwartet hatte, denn über seinen Fall wurde weit und breit übel gesprochen.

Da frug Halldor, ob sie Grettirs Kopf mit zu dem All-Thing nehmen würden.

Angelhaken antwortete, daß sie ihn mitnehmen würden.

„Das ist ein schlechter Rat," sagte Halldor, „denn Du wirst schon genug Feinde haben, auch ohne daß Du die Erinnerungen der Männer wachrufst und ihre Trauer weckst."

Da waren sie schon ein gutes Stück ihren Weg voran gekommen und hatten gerade vor, nach Süden hin über den 'Sand' zu reiten. Da nahm Angelhaken den Kopf und begrub ihn in einem Sandhügel, der von da an Grettir-Hügel genannt wurde.

Das All-Thing war gedrängt voll und Angelhaken trug seinen Fall vor und pries seine Taten gar sehr – daß er den größten Verbannten des Landes getötet hatte – und er verlangte das Geld, das auf Grettirs Kopf ausgesetzt worden war, für sich.

Doch Thorir gab ihm dieselbe Antwort wie zuvor.

Dann wurde der Gesetzes-Mann um ein Urteil gebeten und er sagte, daß er gerne hören würde, ob es irgendwelche Anschuldigungen gäbe, durch die Angelhaken seinen Anspruch auf das Blutgeld verlieren würde – sonst müßte Angelhaken alles erhalten, was auf Grettirs Kopf ausgesetzt worden war.

Da rief Thorvald Asgeir-Sohn Skeggi Kurzhand hervor, damit er seinen Fall vortrage, und dieser klagte Thorbjörn Angelhaken der Magie und der Zauberei an, mit deren Hilfe er Grettir den Tod gebracht habe, und er klagte ihn weiterhin an, weil er seine Waffen gegen einen halbtoten Mann erhoben habe – und dafür forderte er als Bestrafung die Verbannung.

Nun begannen sich viele Männer auf die eine oder andere Seite zu stellen, aber nur wenige unterstützten Thorbjörn; und die Sache entwickelte sich anderes, als er es sich vorgestellt hatte, denn Thorvald und Isleif, sein Schwiegersohn, fanden, daß es eine Tat sei, die den Tod verdiene, wenn jemand einem anderen durch üble Magie den Tod bringe.

Durch die Entscheidung der weisen Männer war das Ende dieses Falles, daß Thorbjörn in diesem Sommer fortsegeln sollte und niemals nach Island zurückkehren solle – so wie dies auch bei dem Urteil über die Blut-Taten des Grettir und des Illugi das Urteil gewesen war.

Dann wurde es weiterhin zu einem Gesetz gemacht, daß alle, die die alten Künste benutzten, zu Ausgestoßenen werden sollten.

Als Angelhaken erkannte, was sein Los sein würde, sah er zu, daß er von dem Thing fortkam, denn es hätte gut geschehen können, daß Grettirs Sippe ihn verfolgen würde, denn Stein der Gesetzes-Mann wollte nicht, daß für diese Tat ein Wergeld gezahlt werden konnte.

Für keinen der Männer von Thorbjörns Gemeinschaft, die in Drangey gefallen waren, wurde ein Wergeld gezahlt, denn sie wurden dem Töten des Illugi gleichgesetzt – ihre Verwandten waren damit jedoch sehr unzufrieden.

Dann ritten die Männer von dem Thing heim und alle Bluts-Anklagen der Männer gegen Grettir waren beendet.

Merkwürdigerweise wird in dieser Saga nichts darüber berichtet, was aus der Zauberin Thurid geworden ist oder ob auch sie verurteilt wurde.

IV 16. Herbeiholen / Mord

Ein spezielles Motiv ist die Herbeiholung einer Person durch eine Zauberin, die eine Variante der weitverbreiteten Liebeszauber ist.

IV 16. a) Heimskringla

Vanlande, Swedges Sohn, folgte auf seinen Vater und herrschte über den Uppsala-Bereich. Er war ein großer Krieger und zog in den verschiedensten Ländern weit umher.

Einst nahm er in Finnland bei Snä dem Alten Winterquartier und erhielt dessen Tochter Driva zur Frau. Im Frühjahr ließ er Drifa jedoch zurück und obwohl er versprach, innerhalb von drei Jahren zurückzukehren, kam er nicht in zehn Jahren zurück.

Da sandte Driva der Zauberin Huld eine Botschaft und sandte ihren Sohn Visbur den sie von Vanlande empfangen hatte, nach Schweden. Driva belohnte die Zauber-Frau Huld dafür, daß sie entweder Vanland nach Finnland holen oder ihn töten sollte.

Als diese Zauberei vonstatten ging, war Vanlande in Uppsala und es überkam ihn ein großes Verlangen, nach Finnland zu gehen, doch seine Freunde und Ratgeber rieten ihm davon ab und sagten, daß sich in seinem Bedürfnis, nach Finnland zu gehen, nur die Zauberkunst der Finnen offenbare.

Da wurde er sehr müde und legte sich zum Schlafen nieder, aber nachdem er ein wenig geschlafen hatte, schrie er auf und sagte, daß die Mara auf ihm herumtrampeln würde. Seine Männer eilten zu ihm, um ihm zu helfen, aber wenn sie seinen Kopf hielten, trampelte sie auf seinen Beinen, und wenn sie seine Beine hielten, drückte sie auf seinen Kopf – und das war sein Tod.

Die Schweden nahmen seinen Leib und verbrannten ihn an einem Fluß, der Skytaa genannt wurde, und errichteten dort einen stehenden Stein über ihm.

So sang Thjodolf:

*Und Vanlande wurde in seiner Todesstunde
von der Macht der Tochter der Grimhild,
von dieser Zauber-Frau zu dem Ort gezerrt,
an dem die Männer Odin von Angesicht zu Angesicht begegnen.
Den zu Tode getrampelten Leib
trug sein treues Gefolge zum Ufer der Skytaa
und verbrannten ihn dort mit schweren Herzen,
den guten Anführer, der von Zauberkünsten getötet worden war.*

Die „Mara" ist eine Mähre, d.h. eine Stute, womit hier die Jenseitsgöttin gemeint ist, die bei der Wiederzeugung mit dem Toten, der dabei zu einem Hengst wurde, die Gestalt einer Stute annahm.

IV 17. jemanden „reiten"

Das „Reiten einer Person" ist ein Schadenszauber. Das „Reiten" bezieht sich normalerweise auf die Astralreise, bei der der Stab, der ursprünglich diese Fähigkeit symbolisiert hat, zu einem „Flug-Gerät" („Hexenbesen") geworden ist. Das „Reiten" scheint in diesem magischen Fachbegriff soviel wie „magischer Angriff" zu bedeuten.

Dieser Zauber ist mit dem „Mara-Zauber" in dem vorigen Kapitel weitestgehend identisch. Dort wird lediglich nicht ausdrücklich gesagt, daß sich die Göttin-Zauberin Huldar in eine Stute verwandelt hat und innerlich zu Vanlande gereist ist, um ihn zu Tode zu trampeln.

IV 17. a)   Die Saga über die Siedler von Eyre

An einem Tag zu Beginn jenes Winters, in dem Snorri das erste Mal in dem Haus Heilighügel wohnte, geschah es, daß Gunnlaug Thorbiornson zusammen mit Odd Katlason nach Mewlithe fuhr.

Gunnlaug und Geirrid sprachen lange zusammen an diesem Tag und als der Abend schon weit vorangeschritten war, sagte Geirrid zu Gunnlaug: „Ich hätte es lieber, wenn Du nicht an diesem Abend heimgehst, denn es werden viele Zauber-Reiter unterwegs sein und oft verbergen sich die Üblen in einer schönen Haut – und wenn ich Dich so anschaue, dann scheint mir, daß nicht allzuviel Glück mit Dir ist."

Gunnlaug antwortete: „Es wird wohl keine Gefahr für mich bestehen," sagte er, „da wir zu zweit sind."

Sie sagte: „Odds Hilfe wird kein Vorteil für Dich sein und ich fürchte, daß Du für Deinen Eigensinn bezahlen wirst."

Danach gingen sie hinaus, Gunnlaug und Odd, und liefen, bis sie nach Holt kamen. Katla war bereits in ihrem Bett. Sie bat Odd, Gunnlaug zu bitten, da zu bleiben.

Er sagte, daß er ihn schon gebeten hatte," aber er will noch heim."

„Dann laß ihn ziehen, so wie er sich sein Schicksal formen will," sagte sie.

Gunnlaug kam an dem Abend nicht heim und die Leute sprachen darüber, daß sie ihn suchen sollten, aber sie hatten mit ihrer Suche keinen Erfolg.

Aber in der Nacht, als Thorbiorn hinausblickte, fand er seinen Sohn Gunnlaug vor der Tür – dort lag er völlig bewußtlos.

Da wurde er hineingebracht und es wurden ihm seine Kleider ausgezogen – er war ganz schwarz und blau rings um die Schultern und sein Fleisch hatte sich von seinen Knochen gelöst.

Er lag den ganzen Winter über krank von seinen Verletzungen darnieder und es gab ein großes Gerede über diese Krankheit, die ihn befallen hatte.

Odd Katlason erzählte überall herum, daß Geirrid ihn geritten haben mußte, denn er sagte, daß sie sich an dem Abend mit sehr unfreundlichen Worten verabschiedet hätten. Und die meisten Männer glaubten, daß es genau so geschehen sei.

Dies geschah kurz vor den Versammlungs-Tagen. Daher ritt Thorbiorn nach Mewlithe und beschuldigte Geirrid in dieses Sache, daß sie eine Nachtreiterin sei und Gunnlaugs Wunden verursacht habe.

Der Fall kam auf das Thorsness-Thing und Snorri der Priester führte den Fall für seinen Schwager Thorbiorn; Arnkell der Priester verteidigte in dem Fall seine Schwester Geirrid; und eine Gemeinschaft von zwölf Richter sollte das Urteil in dieser Sache fällen. Aber keiner der beiden, Snorri oder Arnkel, wurde wegen ihrer Verwandtschaft mit der Angeklagten und dem Kläger als Zeugen-tauglich erachtet.

Da berief man den Helgi, den Priester von Tempelgarth, der der Vater des Biorn war, der wiederum der Vater des Gest war, der der Vater des Shald-Ref war, um das Urteil der zwölf Männer zu verkünden.

Arnkel der Priester ging in den Versammlungs-Kreis und legte einen Eid auf den Tempel-Ring ab, daß Geirrid nicht die Verletzungen des Gunnlag verursacht hatte; Thorarin und mit ihm weitere zehn Männer legten einen Eid ab, und dann verkündete Helgi das Urteil über Geirrid. Und die Klage des Thorbiorn und des Snorri hatte keinen Erfolg, was ihnen zur Schande gereichte.

… … …

Nun sandte Geirrid, die Hausherrin in Mewlithe, eine Nachricht nach Lairstead, daß sie wußte, daß Odd Katla-Sohn Aud die Hand abgeschlagen hatte. Sie sagte, daß Aud sein Wort gegeben hatte, daß es so geschehen sei, und daß Odd vor seinen Freunden damit angegeben hatte.

Als jedoch Arnkel und Thorarin dies hörten, ritten von sie von ihrem Heim nach Mewlithe, insgesamt zwölf Männer, und kamen am Ende der Nacht dort an und ritten am Morgen hinaus nach Holt, von wo aus ihr Kommen gesehen wurde.

Zu der Zeit war in Holt kein einziger Mann außer Odd daheim. Katla saß auf der Empore und spann Garn. Sie gebot Odd, sich neben sie zu setzen, „und bleib so nah bei mir wie Du kannst." Sie befahl ihren Frauen, in ihren Sitzen zu bleiben, „und seid still," sagte sie, „nur ich werde mit ihnen sprechen."

Als Arnkel und seine Leute ankamen, traten sie ein und als sie zu der Kammer kamen, grüßte Katla Arnkel und frug ihn nach Neuigkeiten.

Arnkel sagte, daß er nichts zu sagen habe und frug, wo Odd sei.

Katla sagte, daß er nach Süden nach Breitbucht gegangen sei, „und er würde es sicher nicht verpassen wollen, Dich zu treffen, wenn er zuhause wäre, denn wir vertrauen auf seine Mannhaftigkeit."

„Das mag zwar so sein," sagte Arnkel, „aber wir werden jetzt das Haus durchsuchen!"

„*Tut, wie ihr wollt,*" *sagte Katla und gebot ihrer Küchen-Maid, ihnen ein Licht voranzutragen und die Fleischkammer aufzuriegeln, „die die einzige verschlossene Tür in dem Haus ist.*"

Da sahen sie, daß Katla von ihrem Rocken Wolle spann. Sie durchsuchten das ganze Haus und fanden Odd nirgendwo. Danach gingen sie wieder fort.

Als sie jedoch bis auf ein kleines Stückchen vor das Tor gekommen waren, blieb Arnkel stehen und sprach: „Ob Katla vielleicht eine Haube über unsere Köpfe gestülpt hat und ob ihr Sohn Odd vielleicht dort gewesen ist, wo wir nur einen Spinnrocken gesehen haben?"

„*Es ist nicht unwahrscheinlich, daß sie das getan hat,*" *sagte Thorarin, „also laßt uns zurückgehen.*"

Und das taten sie.

Als es von Holt aus zu sehen war, daß sie umkehrten, sagte Katla zu ihren Frauen: „Bleibt auf euren Plätzen sitzen; ich gehe mit Odd in den Vorraum."

Dann ging sie durch die Hallentür in den Vorraum und begann gegenüber der Außentür ihren Sohn Odd zu kämmen und ihm die Haare zu schneiden.

Dann kamen Arnkell und seine Leute zur Türe herein und sahen, wo Katla war und daß sie mit einem ihrer Ziegenböcke spielte, seinen Kopf und seinen Bart streichelte und sein Fell kämmte.

Arnkel und seine Männer gingen zu dem Herd und sahen Odd nirgendwo. Katlas Spindel lag auf der Bank. Da glaubten sie, daß Odd dort nirgendwo gewesen sein könne.

Da gingen sie hinaus und fort. Als sie jedoch an den Ort kamen, an dem sie schon zuvor wieder umgekehrt waren, sprach Arnkel: „Fragt ihr euch nicht auch, ob Odd in der Gestalt des Ziegenbocks dort gewesen ist?"

„*Ich weiß nicht,*" *sagte Thorkel, „aber wenn wird nun zurückkehren, werden wir uns Katla vornehmen.*"

„*Wir werden es noch einmal versuchen,*" *sagte Arnkel, „und sehen, was geschieht.*"

Mit diesen Worten kehrten sie wieder zurück.

Aber als ihre Rückkehr zu sehen war, gebot Katla Odd, mit ihr zu kommen, und als sie hinausgekommen waren, ging sie zu dem Aschenhaufen und befahl Odd, sich darunter zu legen, „und bleib dort, was immer auch geschehen mag."

Als nun Arnkel und die anderen zu dem Haus kamen, rannten sie hinein und weiter in die Kammer, in der Katla saß und spann. Sie grüßte sie und sagte, daß ihre Besuche schnell und häufig geworden seien.

Arnkel sagte, daß dies so sei. Dann nahmen seine Begleiter den Spinnrocken und schlugen ihn entzwei.

Da sagte Katla: „Ihr werdet diesen Abend daheim nicht sagen müssen, daß ihr nichts erreicht habt, da ihr nun meinen Spinnrocken niedergekämpft habt."

Da gingen Arnkel und seine Leute und suchten Odd drinnen und draußen und sahen nichts sich Bewegendes außen außer einem Hausschwein, das Katla gehörte und unter dem Aschenhaufen lag.

Danach gingen sie fort.

Doch als sie den halben Weg nach Mewlithe zurückgelegt hatten, kamen Geirrids Knechte, um sie zu treffen, und sie frug sie, wie es ihnen ergangen war.

Thorarin berichtete ihr alles.

Sie sagte, daß sie nicht auf die richtige Weise nach Odd gesucht hätten, „und nun will ich, daß ihr noch einmal zurückkehrt und ich werde mit euch kommen – denn es wird nichts bringen, nur mit Blättern als Segeln zu fahren, wenn es um Katla geht."

„mit Blättern als Segeln fahren" = nicht mit voller Stärke vorgehen

Mit diesen Worten kehrten sie wieder um.

Geirrid trug einen blauen Mantel und als sie ihr Kommen von Holt aus sahen, sagten sie Katla, daß nun vierzehn Leute näherkamen und einer von ihnen in gefärbter Kleidung.

Da sprach Katla: „Kommt da etwa Geirrid, diese Trollfrau hierher? Die wird keinerlei Glanz in die Sache bringen."

Da stand sie von ihrer Empore auf und nahm den Sitz unter sich fort und dort war eine Klappe, denn die Empore war innen hohl. Dorthinein ließ sie Odd kriechen und legte alles wieder an seinen Platz wie zuvor, aber sie sagte dazu, daß sie sich dabei etwas ungeschickt fühle.

Doch als die Leute wieder in die Kammer kamen, gab es keinerlei Grüße zwischen ihnen. Geirrid warf ihren Umhang ab und ging zu Katla und nahm eine Seehundfell-Tasche, die sie bei sich hatte, und stülpte sie über Katlas Kopf, wo sie ihre Begleiter festbanden.

Dann befahl Geirrid ihnen, die Empore aufzubrechen, wo sie Odd fanden und ihn dann fesselten.

Und danach wurden die beiden zum Buland-Kopf gebracht.

Kopf = Berggipfel

Dort wurde Odd erhängt und als er am Galgen zappelte, sagte Arnkel: „Übel ist Dein Los, das Dir Deine Mutter bereitet hat – Du hast wirklich eine üble Mutter gehabt!"

Katla sagte: „Es mag wahr sein, daß er keine gute Mutter gehabt hat, aber das üble Schicksal, daß er durch mich erlangt hat, hat er nicht durch meinen Willen bekommen. Aber es ist mein Wille, daß ihr ein übles Geschick durch mich erhalten sollt, und ich hoffe mit ganzer Kraft, daß ihr das erhalten sollt. Und es soll euch nicht verborgen bleiben, daß ich Gunnlaug Thorbiornson den Schaden gesandt habe, durch den dies alles entstanden ist!

Aber Du, Arnkel," sagte sie, „sollst kein Unglück von Deiner Mutter erleiden, da Du keine lebende Mutter mehr hast; aber ich will, daß mein Fluch dadurch wahr wird, daß Du durch Dein Vater ein Geschick erfahren wirst, daß so übel ist wie das, das Odd durch mich erlangt hat! Denn Du kannst weit mehr verlieren als er – und ich hoffe, daß man, bevor dies alles vorbei ist, sagen wird, daß Du einen üblen Vater gehabt hast!"

Danach steinigten sie sie mit Steinen dort unter dem Kopf.

IV 18. Sex mit Zauberinnen

Odin warnt vor dem Sex mit Zauberinnen – möglicherweise wurde der Sex mit Zauberinnen sehr eng mit dem Wiederzeugungs-Sex bei der Bestattung assoziiert (siehe „Wiederzeugung" in Band 51), wodurch eine sekundäre Assoziation zwischen den Zauberinnen, dem Sex und dem Tod entstanden ist.

Diese Kombination findet sich auch im Nid-Zauber (siehe „Nid" in Band 64).

IV 18. a) Loddfafnir-Lied

Das rat ich, Loddfafnir, vernimm die Lehre,
Wohl Dir, wenn Du sie merkst.
In der Zauberfrau Schoß schlaf Du nicht,
So daß ihre Glieder Dich gürten.

Sie betört Dich so, Du entsinnst Dich nicht mehr
Des Gerichts und der Rede der Fürsten,
Gedenkst nicht des Mahls noch männlicher Freuden,
Sorgenvoll suchst Du Dein Lager.

IV 19. Magie und Sex

Sex wurde auch generell mit Magie assoziiert – insbesondere die Homosexualität wurde mit Zauberinnen verbunden.

IV 19. a) Runenstein von Saleby

Auf diesem Stein wird den möglichen Denkmal-Schändern mit der Vergewaltigung durch einen Mann gedroht:

*Möge der ein Reti werden
und eine geile Frau,
der den Stein zerbricht!*

Der „Reti" ist bei der Vergewaltigung durch einen Mann in der Position einer „Frau", die überdies noch ständig Sex will, d.h., der Denkmal-Schänder soll selber ständig mit aller seiner Energie nach diesem herabwürdigenden Sex suchen – der zudem, da er zwischen zwei Männern geschieht, Anal-Sex ist. Diese Drohung ist schon ziemlich drastisch ...
Der Ursprung des Wortes „Reti" ist leider sehr unklar. Möglicherweise gibt es einen Zusammen mit dem Verb „reita" für „reizen, aufhetzen".
Das hier mit „geil" übersetzte altnordische Adjektiv „erg" bedeutet „lüstern, unzüchtig, schamlos, hinterhältig, gemein, böse, arg, unmännlich, weibisch, unmännlich". Das gleichbedeutende ältere urnordische Adjektiv lautete „argia", das seinerseits auf das germanische Adjektiv „argi(n)" für „schlecht, unzüchtig" zurückgeht. Die indogermanische Wurzel dieses Wortes ist das Adjektiv „er(e)g, or(e)g", das „feige" oder etwas ähnlich abfälliges bedeutet hat. Dies Adjektiv ist eine Ableitung von dem indogermanischen Verb „er" für „sich bewegen, erregen, wachsen".
Der Ursprung des deutschen Adjektivs „arg" ist somit das Bild des erigierten Penis. Diese „Geilheit" wurde bereits bei den Indogermanen zu einer schlechten Eigenschaft, die auch mit Feigheit assoziiert wurde. Da es ansonsten kaum Hinweise auf eine Ablehnung der Sexualität gegeben hat, könnte diese negative Assoziation entweder mit einer übermäßigen Unbeherrschtheit in Bezug auf die Sexualität oder mit der Homosexualität zusammenhängen.
Spätesten im Altnordischen ist die Assoziation von „arg" mit Homosexualität eindeutig. Zwar wurden beide Partner als schlecht angesehen, aber die Rolle des „weiblichen" Partners war doch die eindeutig erniedrigendere.

Der „ergi" und der „arge Mann" wurde mit der Magie assoziiert – insbesondere mit Zauberinnen. Es fragt sich, ob hier einfach zwei negative Bilder (die Frauenrolle in der Homosexualität und die Zauberin) vermischt worden sind, oder ob es einen ursprünglichen Zusammenhang zwischen der Homosexualität, dem Anal-Sex und der Magie sowie der Zauberin gegeben hat.

Die gemeinsame Wurzel dieser Themen könnte die Wiederzeugung in Tiergestalt sein, von der sich auch der Nid-Zauber, d.h. der Todesfluch ableitet.

Ähnliche Verfluchungen wie auf dem Runenstein von Saleby gab es recht viele. Siehe dazu auch „Nid" in Band 64.

IV 19. b)   Lokasenna

Loki zu Odin:
„Du schlichest, sagt man, in Samsö umher
Von Haus zu Haus als Wala.
Als vermummter Zauberer betrogst Du das Menschenvolk:
Das dünkt mich eines Argen Art."

IV 19. c)   Das erste Lied über Helgi Hundingstöter

In diesem Lied bedenken sich Sinfiötli und sein Gegner gegenseitig mit erlesenen Gemeinheiten, die vor allem Anspielungen auf Homosexualität sind.

Sinfiötli:
„Du warst ein Zauberweib auf Warinsey,
Eine falsche Frau! Du logst immerdar.
Keinen von all den in Eisen gehüllten Männer,
sagtest Du, wolltest Du haben außer Sinfiötli.

Du warst eine Walküre, eine abscheuliche Hexe,
übel und gemein, in Allvaters Halle.
Die Krieger mußten kämpfen,
Hinterhältiges Weib, wegen Dir.

Neun Wölfe hatten wir auf Nesisaga
gezeugt: Ich war ihr Vater."

Warinsey = Jenseitsinsel?
in Eisen gehüllte Männer = Krieger mit Rüstung
... außer Sinfiötli = will Sex mit Sinfiötli
Allvater = Odin; Walküre in Odins Halle = Freya
Krieger mußten kämpfen = Anspielung auf den ewigen Kampf zwischen Hedin und Högni (Tyr und Loki), den Freya im Auftrag von Odin verursacht hat (was eine Umdeutung der Wiederzeugungs-Mythe durch Freya in einen Streit um eine Frau ist – siehe „Wiederzeugung" in Band 51)
Nesisaga = Jenseitsinsel?

IV 19. d)   Völsungen-Saga

In dieser Saga findet sich dieselbe Szene wie die eben geschilderte Szene in dem ersten Helgi-Lied:

Sinfiötli antwortete:
„Trübe scheint nun Eure Erinnerung an die Zeit geworden zu sein, als Ihr ein Zauber-Weib in Varinsey gewesen seid und gerne einen Mann gehabt hättet und mich von allen in der Welt für diesen Dienst auserkoren habt. Und wie Ihr danach eine Walküre in Asgard gewesen seid und es fast dazu gekommen wäre, daß wegen Euch alle Männer gekämpft hätten. Und neun Welpen habe ich mit Eurem Körper in Lowness gezeugt und ich war der Vater von ihnen allen."

Diese Stelle ist erstaunlich, denn eigentlich ist es unmöglich, daß Granmar nacheinander ein Zauberweib, eine Wölfin und eine Walküre in Asgard gewesen ist. Es muß sich hier folglich um dieselben Beleidigungen mit mythologischem Hintergrund handeln, die Sinfiötli und Gudmund auch im ersten Lied von Helgi Hundingstöter einander zum Besten geben.

Hier findet sich eine Umschreibung der beiden ersten Zeilen der nur halb erhaltenen Strophe über die neun Wolfs-Welpen: Sinfiötli behauptet, der Wolf gewesen zu sein, der mit Gudmund, der die Gestalt einer Wölfin hatte, neun Welpen gezeugt hat. Einen anderen als Frau zu bezeichnen, die man selber schwängert, war eine der gröbsten Beleidigungen, die es gab.

„Lowness" bedeutet vermutlich „flache Landzunge".

IV 20. Zusammenfassung

Zauberinnen werden entweder als Zauberin, als zauberkundig, als in der Zauberei bewandert, als Seidr-Frau, Völva, Trollfrau, Troll-Königin oder einfach als weise bezeichnet.

In der Regel sind sie Menschen, aber sie werden auch als Nachkommen der Asen oder der Riesen beschrieben. In diesem Fall sind sie Übertragungen von Göttinnen in den Bereich der Saga.

Die Zauberinnen lernen ihre Kunst von ihrer Mutter, von den als besonders zauberkundig angesehenen Finnen oder von den Göttern, von denen sie abstammen oder bei denen sie aufgezogen werden. Letzteres kommt nur bei Zauberinnen vor, die selber von den Göttern abstammen. So wie die Sehergabe durch die Eltern ausgebildet wird und magische Fähigkeiten in der Familie weitergegeben werden, sind auch Zauberinnen vermutlich meistens die Töchter von Zauberinnen, auch wenn dies nur wenige Male explizit gesagt wird.

Aus diesen „Zauberin-Sippen" und ihren „Magie-Übertragungslinien" ergibt sich, daß Zauberinnen geheiratet haben und Kinder hatten, was sowohl durch die überlieferten Texte als auch durch die archäologischen Funde (gemeinsames Grab von Krieger und Priesterin/Seherin/Zauberin) bestätigt wird. Es gab also kein Zölibat wie z.B. bei den römischen Vestalinnen – zumindestens nicht in der Zeit der eigenen schriftlichen Überlieferung der Germanen.

Es wird mehrfach gesagt, daß Zauberinnen in Höhlen oder im Wald gelebt haben, was dem „einsam-Wohnen" mancher Priesterinnen-Seherinnen (Veleda in ihrem Turm) entspricht. Der weitaus häufigere Fall ist jedoch, daß die Zauberin eine ganz normale Bäuerin, Königin o.ä. ist und lediglich im „Zweitberuf" auch eine Zauberin ist.

Die Zauberinnen benutzen wie die Seherinnen das „Magie-Gestell", auf dem sie bei ihrer Magie sitzen.

Die wichtigste Fähigkeit der Priesterinnen, Seherinnen und auch der Zauberinnen ist die Astralreise, da durch sie der Kontakt zu den Ahnen und Göttern hergestellt wird. In dieser Hinsicht stehen die „weisen Frauen" der Germanen noch ganz in der schamanischen Tradition. Diese als Flug erlebte Astralreise wird als Verwandlung in einen Vogel oder einen Flugdrachen sowie als Reiten auf einem Stab („gandreid") oder als extrem schnelle Wanderung, bei der der „Fahrtwind" um die Wandernden pfeift, dargestellt. Das Symbol für diese Fähigkeit ist wie bei der Priesterin und der Seherin vor allem der (Zauber-)Stab.

Das Urbild dieser „fliegenden Zauberinnen" ist die Göttin Gna, die die Dienerin/ Priesterin der Göttin Frigg ist.

Mit der Astralreise ist eng die Verwandlung in eine andere Gestalt verbunden, die ursprünglich ein inneres Erlebnis gewesen sein wird, aber in den Sagas manchmal zu einer körperlichen Verwandlung geworden ist. Die in den Sagas vorkommenden Zauberin-Gestalten sind: Vogel, Geier, Flugdrache, Stute, Rinderfell, Seekuh und Wal. Bei diesen Tieren handelt es sich ausschließlich um Symbole der Seele (Vogel, Drache) und um die Gestalt der Jenseitsgöttin in den Jenseitsvorstellungen (Wiederzeugung: weiblichen Land- oder Wasser-Herdentier). Diese Tierverwandlungen gehen offenbar nicht auf die Erkenntnis des eigenen Krafttieres, sondern auf die Vorstellungen über die Jenseitsreise zurück und sind somit ein Aspekt der Astralreise.

Eine wichtige Fähigkeit der Zauberinnen ist das Beschwören der Toten, da sie von den Ahnen Rat und Hilfe erhielten. Das tatsächliche Wiederbeleben der Toten findet sich nur im Zusammenhang mit Sagas der über Hedin und Högni oder über König Hrolf Kraki, die auf den Tod und Wiedergeburt in dem endlosen Kampf-Zyklus des Tyr und des Loki zurückgehen.

Ihr Wissen um das Verborgene, das Zukünftige und das Ferne erklangen die Zauberinnen u.a. durch Träume, in denen sie diese Dinge sehen. Das Erlangen dieses Vorherwissen ist jedoch nicht auf den Traumzustand beschränkt, da auch die Seherinnen diese Art von Wissen auch im Wachzustand im Ritual erlangen können. Dies wird dadurch bestätigt, daß die Zauberinnen die Hilferufe von Menschen in der Ferne, die sich an sie wenden, hören können – wobei diese Fähigkeit allerdings nur von Zauberinnen berichtet wird, die in die Saga übertragene Göttinnen sind. Allerdings ist dies eine Fähigkeit, die aus anderen Kulturen gut bekannt ist und die es daher auch bei den germanischen Zauberinnen gegeben haben wird.

Das Gegenstück zu der Wahrnehmungsfähigkeit im Traum ist die Handlungsfähigkeit im Traum, d.h. das Erscheinen der Zauberin in den Träumen eines anderen Menschen, wodurch die Zauberin dem betreffenden Menschen etwas mitteilt.

Wie die Priesterinnen findet sich auch bei den Zauberinnen die Heilung. Als eher unspektakuläre Zauberei erscheint sie in den Sagas nur recht selten, aber im Alltag werden Heilungen sicherlich eine bedeutende Rolle gespielt haben.

Die Zauberinnen konnten Dinge herbeirufen: Fische in den Fjord, Männer zu ihren Frauen (Liebeszauber) und vermutlich auch noch andere Dinge.

Ein wichtiger Aspekt der Tätigkeit der Zauberinnen war der Wetterzauber, der sich vor allem auf das Lenken des Windes bezog – sowohl das Herbeirufen eines vernichtenden Sturmes und sein anschließendes Besänftigen als auch das Herbeirufen von gutem Fahrtwind. Letzteres wird vor allem von Riesinnen berichtet (siehe „Wind-Zauber" in Band 68), was vermuten läßt, daß das Rufen von günstigem

Fahrtwind vor allem ein Gebet an eine Göttin/Riesin gewesen sein wird.

Die mächtigste Waffe der Zauberinnen scheint der Fluch gewesen zu sein, der manchmal nur ein kurzer Ausspruch war, aber in anderen Fällen lange traditionelle Texte umfaßte. Diese langen Texte finden sich insbesondere bei „Droh-Flüchen", also bei Flüchen, die erst dann aktiv werden, wenn der mit ihm Bedrohte sich weigert, dem Willen der Drohenden zu gehorchen – man könnte sie „Erpressungs-Flüche" nennen. Auch der Schicksalsspruch der Nornen wurde als Fluch angesehen, wenn er Leid verkündete. Auch hier wird wie bei den Aussagen der Seherinnen nicht genau zwischen Vorhersehen und Bewirken unterschieden.

Sie konnten durch ihre Flüche, ihre Rituale und durch die Benutzung von Runen sogar Menschen töten. Eine spezielle Form dieses Tötens scheint das „jemanden reiten" gewesen zu sein, das dem Namen zufolge ein magischer Angriff gewesen zu sein scheint, bei dem die Zauberin ihr Opfer nur mit ihrem Astralkörper („Ritt") aufsucht und dessen Schultern angreift. Bei diesem Angriff hat die Zauberin anscheinend die Gestalt einer Stute („Mara") angenommen. Dieser Zauber ist eng mit dem „Nid" genannten Todesfluch verwandt, in dem ein Pferdeschädel verwendet wird (siehe Band 64).

Die Zauberinnen besaßen auch die Möglichkeit, einen Fluch wieder aufzulösen.

Neben Flüchen, Ritualen und Runen benutzten die Zauberinnen auch Zaubertränke und Zauberspeisen, die auf den Ritualmet zurückgehen werden. Die nur ein einziges mal erwähnte Zaubermühle ist vermutlich ein Import aus der finnischen Mythologie.

Die Zauberinnen wurden auch um Hilfe im Kampf gebeten bzw. boten die Hilfe ihren Männern an. Diese Form der Magie umfaßte das „Versagen der Waffen der Feinde", das „Stumpf-Machen" der Waffen eines Zweikampf-Gegners, das Herstellen und Schenken eines Unverwundbarkeits-Hemdes, das Lenken des Kampf-Glückes („Walküre") sowie weitere nicht genauer beschriebene Unterstützungen im Kampf. Das gelegentliche persönliche Eingreifen von Göttinnen in den Kampf ist vermutlich eine Ausweitung der Vorstellungen über die Walküren.

Ein häufiges Motiv ist der Fluch, mit dem eine schöne Frau durch eine böse Zauberin in eine häßliche Frau verwandelt wird. Die böse Zauberin und die häßliche Frau gehen auf die Jenseitsgöttin als die gefürchtete Totenreich-Herrin Hel zurück, während die schöne Frau aus der Jenseitsgöttin als der ersehnte Wiederzeugungs-Geliebte entstanden ist. Beide Frauen sind letztlich dieselbe und die Verwandlung spiegelt die zwiespältigen Gefühle gegenüber der Jenseitsgöttin wider, die man sowohl fürchtete, weil sie als Norne den Tod brachte, und deren Hilfe man ersehnte, weil sie die Wiedergeburt ermöglichte.

Daher gibt es neben der „normalen Zauberin" in den eher historischen Sagas auch das Motiv der „bösen Zauberin" (Hel, Norne, Riesin, Angrboda) in den eher mythologischen Sagas. Diese „böse Zauberin" verwandelt einige Male die schöne Frau in eine häßliche Frau. Diese „böse Zauberin" ist bereits bei den Germanen wie in den späteren Märchen manchmal die Stiefmutter der schönen Frau.

Möglicherweise gehört auch die Odins Warnung vor Sex mit Zauberinnen zu diesem Thema – dies Motiv könnte auf der Assoziation der Zauberinnen mit der Wiederzeugung beruhen, die zumindestens um 922 n.Chr. bei den Wikingern z.T. als Ritual bei den Bestattungen durchgeführt worden ist.

Es scheint manchmal verboten gewesen zu sein, einer Zauberin beim Zaubern zuzusehen. Dies kann jedoch den Berichten zufolge keine allgemeine Regel gewesen sein, auch wenn es der Verborgenheit der Veleda entspricht, die nur über eine Vermittlerin mit den Menschen sprach.

Verantwortungsvolle Zauberinnen prüften den Charakter ihres potentiellen Opfers selber, bevor sie sie es verfluchten.

V Hexen

Der Unterschied zwischen einer Zauberin und einer Hexe liegt vor allem darin begründet, ob der, der sie benennt, ein Christ ist oder nicht – und darin, ob er auf der Seite der Zauberin steht oder nicht ...

V 1. Hexen in den germanischen Texten

V 1. a) Ragnarsdrapa

In der bereits besprochenen Ragnarsdrapa des Skalden Bragi des Alten wird bereits um 850 n.Chr. die Göttin Freya als eine böse Zauberin dargestellt.

Und die Wunsch-Ran
der viel zu trockenen Adern,
beabsichtigte, den Bogen-Sturm
ihres Vaters zu verursachen.
Da trug die Ring-schüttelnde Sif,
die Frau voller Bösem,
den Halsreif der Kriegs-Verheißung
zu den Kriegern der Rösser des guten Windes.

„Trockene Adern" = blutleere Adern, d.h. die Adern eines Toten; „Ran" = Göttin der Meeres-Unterwelt = Frau; „Wunsch-Frau", die zu Leichen gehört = Walküre
„Bogen-Sturm" = „Pfeil-Hagel" = Schlacht
„Walküre" = hier Freya
„Sif" = „Frau"; „Ring-schüttelnde Frau" = Freya
„Rösser des guten Windes" = Schiffe (des Högni)

Die blutrünstige Wunden-Thrudr
bot dem Herrscher
die Halskette nicht um des Friedens willen an –
dieser Frauen-Halschmuck ist eine tödliche Waffe.
Sie schien stets den Kampf zu verhindern,
obwohl sie die Krieger
antrieb, den Todes-Pfad zu gehen
hin zu der grausigen Schwester des rasenden Wolfes.

„*Thrudr*" = Tochter des Thor und der Sif = Göttin, Frau; „*Wunden-Frau*" = Walküre = Freya
„*Todes-Pfad*" = Weg über die Gjallar-Brücke zur Hel
„*rasender Wolf*" = Fenrir; dessen „*grausige Schwester*" = Hel

Der Fürst des Volkes, der Landes-Gott,
ließ den Wolf-beglückenden Kampf niemals enden
noch das Gemetzel auf dem Sand versiegen –
tödlicher Haß stieg in Högni auf,
als die ernsten Herren des Schwertklanges
mit harten Waffen nach Hedin suchten
statt die Halsringe
der Hildr zu erhalten.

„*Fürst des Volkes*" / „*Gott des Landes*" = Högni
„*ernste Herren des Schwertklanges*" = Högni und seine Krieger.
„*Hild*" = Huldar = Freya; „*Halsringe der Hild*" = Brisingamen der Freya

Und diese schreckliche Zauberin,
diese Riesin der Brünnen des Odin,
verdarb die Früchte des Sieges
und ergriff die Herrschaft auf der Insel.

„*Riesin der Brünne* (Brustpanzer)" = Axt; „*Axt des Odin*" = normalerweise ein Krieger, hier jedoch Freya
Freya „*verdarb die Früchte des Sieges*", weil alle gefallenen Krieger der beiden Heere wieder erneut zum Leben erwachten und die Schlacht daher ewig dauerte.
„*Brünnen*" = Krieger des Hedin und des Högni
„*Herrschaft* (der Freya) *auf der Insel*" = endloser Kampf.

V 1. b)   Das Lied über Helgi Hiörward-Sohn

Da sprach Hrimgerd, Hatis Tochter:
„*Wie heißen die Helden in Hatafjord?*
Mit Schilden sind gezeltet euere Schiffe.
Frevel gebahrt ihr, scheint wenig zu fürchten.
Nennet mir des Königs Namen!"

Atli:
*"Helgi heißt er; doch hoffe nimmer
Den Fürsten zu gefährden.
Eisenburgen bergen die Flotte:
Hexen haben uns nichts an."*

Hrimgerd ist eine Riesin, die hier vermutlich als Jenseitsgöttin aufgefaßt wird.

V 1. c) Havamal

*Das rat ich zum vierten,
wenn eine ruchlose Hexe
an Deinem Wege wohnt:
gehen ist besser,
als Gast zu sein,
mag auch nahn die Nacht.*

*Augen voll Umsicht
brauchen Erdensöhne
bei feindlichem Gefecht:
schlimme Weiber
sitzen an Wege oft,
dämpfen Schlachtmut und Schwert.*

V 1. d) Die Saga über Yngvar den Weit-Fahrenden

In der folgenden Szene mischen sich vermutlich gleich drei Themen: 1. die zu weiblichen Dämonen umgedeutete und vervielfältigte Göttin, die ursprünglich im Jenseits die Wiederzeugungs-Geliebte der Toten gewesen ist, 2. die Zauberinnen und 3. die christliche Ablehnung der Sexualität. Aus dieser Mischung entstand das Motiv der bösen und zugleich schönen und verführerischen Hexe.

*Dann sahen sie eine große Schar von Frauen, die schöne Musik zu spielen begannen und zu den Zelten kamen. Yngvar jedoch befahl ihnen, diese Frauen wie die schlimmste Sorte von Giftschlangen zu meiden.
Als jedoch der Abend vorangeschritten war und sich das Heer zu Bett zu gehen*

bereitete, kamen die Frauen in die Zelte zu ihnen und die Frau mit dem höchsten Rang wählte Yngvars Lager aus und stieg zu ihm ins Bett. Da wurde er wütend und nahm sein Messer und stach sie in ihre Scham. Und als seine Männer dies sahen, stießen sie die schamlosen Frauen fort, obwohl es einige unter den Männern gab, die sich nicht gegen ihre Magie und ihre teuflischen Zauberlieder wehren konnten und ihr Lager mit ihnen teilten.

... ...

Am Morgen waren achtzehn Männer tot ... ...

V 1. e) Heimskringla

Früh im Frühjahr (998 n.Chr.) zog König Olaf nach Osten nach Konungahella zu dem Treffen mit Königin Sigrid und als sie sich trafen, wurde die Angelegenheit besprochen, über die sie sich bereits im vergangenen Winter ausgetauscht hatten – und das war ihre Hochzeit. Und diese Angelegenheit schien schon so gut wie abgeschlossen zu sein.

Als Olaf jedoch darauf beharrte, daß Sigrid sich taufen ließ, antwortete sie solcherart:

„Ich werde nicht von dem Glauben weichen, den ich bisher gehabt habe und auch meine Vorväter vor mir; und ich meinerseits werde keine Einwände dagegen erheben, daß auch Ihr an den Gott glaubt, der Euch am meisten zusagt."

König Olaf geriet in Wut und antwortete aufgebracht:

„Warum sollte ich mich darum scheren, Euch zu haben, eine alte, verwelkte Frau und eine Heiden-Mähre?"

Mit diese Worten schlug er sie mit seinen Handschuhen, die er in seinen Händen hielt, ins Gesicht, erhob sich und ging fort.

Sigrid sprach:

„Dies könnte eines Tages Dein Tod sein."

Der König fuhr nach Viken, die Königin nach Svithjod.

Der Ausdruck „Heiden-Mähre", also „Stute der Heiden" bezieht sich wahrscheinlich auf die Vorstellung, daß die Toten bei der Wiederzeugung die Gestalt eines Hengstes und die Jenseitsgöttin die Gestalt einer Stute annahmen.

V 1. f)   Runenstein von Vetteland

Die Schutzformel auf diesem um ca. 350 n.Chr. errichteten Runenstein enthält den Begriff „Troll-Frau", der seiner Charakterisierung und seiner Verwendung nach ein Vorläufer der „Hexe" gewesen ist.
Eine „Flegda" ist eine Trollfrau.

Eine betrügerische Flegda soll der werden,
der (diesen) *Stein für meinen Sohn* (zerstört).
Ich habe (diese) *Runen geschrieben.*

V 1. g)   Heimskringla

Manchmal ist die Herkunft der „Hexe" aus den germanischen Priesterinnen noch sehr offensichtlich:

Dann kamen sie zu einem anderen Bauernhof, an dem die Hausherrin am Tor stand und ihnen sagte, daß sie nicht hereinkommen könnten, da sie gerade ein Alfen-Opfer durchführten.
Sigvat sang darüber solcherart:

„Mein lieber Junge, tritt nicht ein!"
so sprach die alte Frau zu mir,
„denn wir alle hier sind Heiden,
und ich fürchte Odins Zorn."
Die häßliche Hexe trieb mich fort
wie einen verängstigten Wolf von seiner Beute,
als sie mir sagte, daß dort drinnen,
dem garstigen Odin ein Opfer dargebracht wurde."

V 1. h)   Heimskringla

Im folgenden ist die „Hexe" eine Priesterin-Zauberin, die ein Utiseta, also eine Totenbeschwörung ausübt (siehe „Utiseta" in Band 50).

Die Leute erzählen, daß Gunnhild, die mit König Hakons Ziehbruder Simon verheiratet war, eine Hexe dafür geholt hatte, damit diese die ganze Nacht über draußen saß und den Sieg für Hakon herbeirief und daß sie danach von ihr die Antwort erhielten, daß sie nachts gegen König Inge kämpfen sollten, aber niemals am Tag, und daß dann die Ergebnisse günstig sein würden.

Diese Hexe, so sagen die Leute, wurde Thordis Skeggia genannt – aber wieviel Wahrheit in diesem Bericht liegt, kann ich nicht sagen.

V 1. i) Forad in der germanischen Überlieferung

„Forad" ist eine generelle Bezeichnung für „Hexe, Zauberin, Menschenfresserin". Dieses Wort ist vermutlich eine Bildung zu der Präposition „for" für „vor, davor, vorgesetzt, übergeordnet".

Die wahrscheinlichste ursprüngliche Bedeutung von „Forad" wird daher „Anführerin, Königin, Höchste" sein, womit sowohl eine Oberpriesterin als auch die höchste Göttin gemeint sein könnte.

V 1. j) Odins Runenlied

In Odins Lied zu der Rune Algiz („Elch") erscheint das Wort „hagazussa", das wörtlich „Hag-Geist" („Garten-Elfe") bedeutet, aber oft mit „Zaunreiterin" übersetzt wird. Aus dieser Bezeichnung ist dann später durch Verkürzung das Wort „Hexe" entstanden.

Ein zehntes kann ich, wenn Hagazussas
Durch die Lüfte lenken,
So wirk ich so, daß sie wirre zerstäuben
Und als Gespenster schwinden.

V 1. k) Harbard-Lied

„Nachtreiterinnen" sind zunächst einmal Astralreisende, da die „Nacht" hier ein Bild für das Jenseits ist.

Das sexuelle Motiv in den folgenden Strophe stammt vermutlich aus den Wiederzeugungs-Vorstellungen.

Harbard (Odin):
„Allerlei Liebeskünste übt ich bei den Nachtreiterinnen,
Die ich mit List ihren Männern entlockte.
Ein harter Riese, halt ich, ist Hlebard gewesen:
Er gab mir seine Wunschelrüte, damit raubt ich ihm den Witz."

V 1. l) Harbard-Lied

Die „Riesin-Bräute", also die Riesinnen" in der folgenden Strophe sind ein recht unspezifisches Gemisch aus Jenseitsgöttin, Tochter des Tyr, Zauberin, Hexe, Hel u.ä. weiblichen Gestalten aus der Mythologie.

Thor:
„Ich war im Osten, überwand der Riesen
Böswillige Bräute, da sie zum Berge gingen.
Übermächtig würden die Riesen, wenn sie alle lebten,
Mit den Menschen wär es in Mitgard aus.
Was tatest Du derweil, Harbard?"

V 1. m) Harbard-Lied

„Berserkerbräute" ist eine eher seltene Bezeichnung für „Hexe".

Thor:
„Berserkerbräute bändigt ich auf Hlesey:
Das Ärgste hatten sie getrieben, betrogen alles Volk."

Harbard (Odin):
„Unrühmlich tatest Du, Thor, daß Du Weiber tötetest."

Thor:
„*Wölfinnen waren es, Weiber kaum.*
Sie zerschellten mein Schiff, das ich auf Pfähle gestellt,
Trotzten mir mit Eisenkeulen und vertrieben Thialfi."

V 1. n) Wegtam

Die von Odin beschworene und am Ende als „Hexe" bezeichnete Seherin Wala ist vermutlich Hel selber.

Wala :
„*Du bist nicht Wegtam, wie erst ich wähnte,*
Odin bist Du, der Allerschaffer."

Odin :
„*Du bist keine Wala, kein wissendes Weib,*
Vielmehr bist Du dreier Thursen Mutter."

Die drei Thursen (Riesen) sind evtl. Loki, Hel und Jörmungandr. Falls dies zutrifft, wäre die Wala hier der Riesin Angrboda gleichgesetzt worden, die sehr wahrscheinlich Hel entspricht.

V 1. o) Eyrbyggja-Saga

„*Spät am Abend sagte Geirrid zu Gunnlaug: 'Ich will nicht, daß Du heute Nacht noch heimgehst, denn es ist eine Nacht, in der viele Meer-Leute unterwegs sind und viele Hexen haben ein schönes Gesicht – und Du scheinst mir im Augenblick nicht wie ein Glück-gesegneter Mann auszusehen.*"

„Meerleute" („*mar-lidendr*") sind entweder Zauberer und Zauberinnen, die über das Meer schweben können, oder die zauberkundigen Toten in der Wasserunterwelt.

V 1. p) Heimskringla

Visbur folgte auf seinen Vater Vanlande. Er heiratete die Tochter Aude des Reichen und gab ihr als Mitgift drei große Bauernhöfe und einen Goldreif. Sie hatten zwei Söhne, Gisle und Ond. Visbur verließ sie jedoch und nahm sich eine andere Frau, woraufhin sie mit ihren beiden Söhnen heim zu ihrem Vater ging.

Visbur hatte einen Sohn, der Domald genannt wurde und seine Stiefmutter benutzte Zauberei, um ihm Unglück zu bringen.

Als der eine von Visburs Söhnen zwölf und der andere dreizehn Jahre alt geworden waren, gingen sie zu dem Ort, an dem ihr Vater wohnte und verlangten die Mitgift ihrer Mutter, aber er händigte sie ihnen nicht aus.

Da sagten sie, daß der Goldreif der Tod des besten Mannes seiner Sippe werden solle, und kehrten heim.

Dann begannen sie mit den Zaubergesängen und der Magie und versuchten, ihren Vater zu vernichten.

Die Zauberin Huld sagte, daß sie es durch Magie erreichen könne, daß es in der Sippe der Ynglinge niemals an einem Mörder an einem eigenen Verwandten fehlen werde – und sie stimmten zu, daß dies so sein solle.

Danach versammelten sie Männer und kamen unerwartet zu Visbur und verbrannten ihn in seinem eigenen Haus.

V 1. q) With Färstice

„*With Färstice*" sind die Anfangsworte eines angelsächsischen Zauberspruches gegen einen plötzlichen Stich, also gegen einen „Hexenschuß".

Gegen einen plötzlichen Stich: Fieberkraut und die rote Nessel, die bei Häusern wächst, und Wegerich – in Butter kochen.

„*Laut waren sie – oh, laut!, als sie über den Hügel ritten;*
einsgerichtet waren sie, als sie über das Land ritten!
Schütze Dich jetzt: dieses Übel könnte sonst bleiben.
Hinaus, kleiner Speer!, wenn Du hier drinnen sein solltest.

*Ich stand hinter einem Lindenholz-Schild, hinter einem leichten Schild,
als diese mächtigen Frauen ihre Heere aufstellten
und schreiend ihre Speere warfen.
Einer anderen von ihnen werde ich
den fliegenden Speer zurücksenden!
Hinaus, kleiner Speer!, wenn Du hier drinnen sein solltest.*

*Da saß ein Schmied und schmiedete ein kleines Messer,
eiserne Waffen, überaus wundervoll.
Hinaus, kleiner Speer!, wenn Du hier drinnen sein solltest.*

*Da saßen sechs Schmiede, fertigten tödliche Speere.
Hinaus, kleiner Speer! Nicht hinein, kleiner Speer!*

*Wenn Du hier drinnen bist, kleines Eisenstück,
wenn Du in das Fleisch oder in das Blut geschleudert worden bist,
wenn Du das Werk einer Hexe sein solltest: dann sollst Du schmelzen!*

*Wenn Du in die Haut oder in den Leib geschleudert worden bist,
Wenn Du in den Knochen oder in das Blut geschleudert worden bist,
Wenn Du in ein Glieder geschossen worden bist:
Niemals wird Dein Leben Schaden nehmen!*

*Wenn ihn böse Geister oder Elfen geschleudert haben,
oder wenn ihn eine Hexe geschossen hat: Ich helfe Dir jetzt.*

*Dies ist ein Heilmittel gegen den Schuß von bösen Geistern,
Dies ist ein Heilmittel gegen den Schuß eines Elfen,
Dies ist ein Heilmittel gegen den Schuß einer Hexe:
Ich werde Dir helfen.
Speer, fliege in den Berggipfel!!!*

Du bist gesund. Gott möge Dir helfen."

Dann nehme das Messer und tauche es in die Flüssigkeit

„Fieberkraut" kann mehrere Pflanzen sein: Fieberkraut oder auch Haariger Odermennig, Bertramwurz, Persische Insektenblume, Rote Wucherblume, Zierkamillie, Falsche Kamille, Römische Kamille und Mutterkraut.

„Rote Nessel" kann mehrere Pflanzen sein: Rote Taubnessel oder auch Schmalblättriger Hohlzahn, Ackerhohlzahn, Breitblättriger Hohlzahn und Ackertaubnessel (unwahrscheinlich).
Statt des Wegerichs könnte auch der Breitwegerich gemeint sein.

Leider wird nicht gesagt, was mit dem Messer getan wird, nachdem es in die Butter getaucht worden ist, in der Fieberkraut, Rote Nessel und Wegerich gekocht worden ist.

Die leicht variierten Wiederholungen sind ein typisches Merkmal der germanischen Zaubersprüche im klassischen „Galdr-Stil".
Man kann von diesem Zauberspruch einiges über Affirmation lernen: Er ist bildhaft, lyrisch, präzise, konzentriert, benennt die Krankheit und spielt sie nicht herab, schließt alle Ursachen und Möglichkeiten mit ein, nimmt Bezug zum Körper, versichert den Kranken der Hilfe des Heilers, der Heiler spricht teilweise zu dem Kranken und teilweise anstelle des Kranken, der Zauberspruch beinhaltet eine Handlung und ein Hilfsmittel (Messer) und eine Arznei (Butter-Absud), er wird wiederholt, er steigert sich und nimmt Bezug auf Gott.
Was will man mehr?

V 1. r) Heimskringla

In dem folgenden Text ist die „Hexe" eigentlich keine Zauberin, sondern eine „Giftmischerin" – aus der „Hexe" war mittlerweile ganz allgemein eine „böse Frau" geworden.

Zwei Jahre später starb starb Halfdan der Schwarze plötzlich auf einem Fest in Throndheim und die allgemeine Meinung war, daß Gunhild eine Hexe dafür bezahlt hatte, ihm einen Todestrank zu geben.

V 1. s) Heimskringla

Da die Hexen Zauberinnen und als solche durchaus in der Lage waren, andere Menschen mithilfe ihrer Magie zu töten, dachte man bei seltsamen Todesfällen natürlich sofort an die Magie dieser Zauberinnen, wodurch sie im Laufe der Zeit immer mehr gefürchtet und von „weisen Frauen" zu „bösen Frauen" wurden.

In der Skjoldunga-Saga gibt es eine lange Beschreibung dieser Schlacht und auch über Hrolf Kraki Ankunft bei Adils und sein „Gold-Säen" auf dem Fyris-Feld.

König Adils war ein großer Liebhaber von guten Pferden und hatte die besten Rosse jener Zeit. Eines dieser Rosse war Slongve und ein anderes Rabe.

Dieses Roß hatte er nach dem Tod von Ole von diesem genommen und von ihm ein weiteres Pferd gezüchtet, das wiederum Rabe genannt wurde und das der König als Geschenk zu König Godgest von Halogaland sandte. Als Godgest dieses Pferd bestieg, war er nicht in der Lage, es zu bändigen, und fiel herab und wurde dabei getötet. Dieser Vorfall ereignete sich in Omd in Halogaland.

König Adils war einst bei einen Disen-Opfer und als er um die Disen-Halle herumritt, stolperte sein Roß Rabe und fiel und der König wurde mit seinen Kopf vorwärts auf einen Stein geschleudert, wodurch der Schädel zerbrach und sein Gehirn herausquoll. Adils starb in Uppsala und wurde dort in einem Hügelgrab bestattet.

Die Schweden nannten ihn einen großen König.

Thjodolfr spricht so von ihm:

„Hexen-Geister, habe ich die Leute sagen hören,
haben Adils Leben fortgenommen.
Der Sohn der Könige von Freyrs großer Sippe,
der Erste in der Schlacht, im Kampf, in der Jagd,
fiel von seinem Roß – sein klumpiges Hirn
lag vermischt mit dem Schlamm auf der Ebene von Uppsala.
Solch ein Tod hat Oles tödlichen Feind
– weil Wyrd es so wollte – niedergestreckt.

Slongve = (Beine-)Werfer = Schneller
Rabe = Rappe
Wyrd = Schicksal

V 1. t) Heimskringla

König Olaf taufte alle Menschen an dem Fjord und segelte dann südwärts an dem Land entlang und auf dieser Fahrt geschahen viele verschiedene Dinge, über die in den Geschichten und Sagas berichtet wird – vor allem, wie Hexen und böse Geister seine Männer und manchmal sogar ihn selber folterten.

V 1. u) Lied über Helgi Hjorvard-Sohn

Zauberinnen, Trollfrauen u.ä. wurden mit der Zeit zu einem einzigen unscharfen Motiv mit der Bedeutung „böse, zauberkundige Frau" vermischt.

Atli heiß ich, übel werde für Dich sein,
Trollfrauen sind mir verhaßt.
Am feuchten Steven stets hab ich gestanden
Und Nacht-Reiterinnen gemordet.

V 1. v) Thor-Lied

In diesem alten Lied wird Thor der *„Zerstörer der Nacht-fahrenden Frauen"* genannt. Diese „Nacht-fahrenden Frauen" („*konur kveld-runnar*") müßten ganz wörtlich mit „Nacht-Läuferin-Frauen" übersetzt werden. Dieses „Laufen" entspricht dem „Reiten" in „Nacht-Reiterin".

Aus dieser technischen Umschreibung einer Zauberin mithilfe der Astralreise („Lauf", „Ritt") ist in diesem Lied bereits eine Bezeichnung für „böse, zauberkundige Frau" geworden, die auch für die Riesinnen verwendet werden kann.

V 1. w) Zaunreiterinnen

Auch im Mittelhochdeutschen findet sich der Begriff *„Nachtfahrerin"* („*naht-fara*"), der etwas ungenauer auch als *„Nachtfrau"* („*naht-frouwa*") erscheint, als Bezeichnung für eine Hexe.

V 1. x) Heimskringla

Vemund Volubrjot war der Anführer ihrer Truppe.

Der Beiname dieses Krieger bedeutet „Wala-Brecher" im Sinne von „Zauberin-Zerstörer", wobei es die Assoziation zu Vemunds Umschreibung als „Spalter des Schädels der Hexe" gegeben haben könnte. Vemund hat anscheinend einst mit seinem Schwert eine Zauberin getötet.

V 1. y) Heimskringla

Die Zauberfrau in den folgenden Zeilen ist Hel persönlich.

Während sie in Solund vor Anker lagen, hatte Gyrd, ein Mann an Bord des Königs-Schiffes, einen Traum.

Er träumte, daß er auf dem Königs-Schiff stand und eine große Zauber-Frau mit einer Mistgabel in der einen Hand und einem Kübel in der anderen auf der Insel stehen sah.

Er träumte auch, daß er über die ganze Flotte hinweg blickte und das ein Vogel am Heck eines jeden Schiffes saß und daß all diese Vögel Raben oder Adler waren.

Und die Zauber-Frau sang dieses Lied:

„Vom Osten hole ich den König,
nach Westen bringe ich den König,
Viele edle Knochen werden dort liegen ...
Raben über Giukis Schiff –
Die Beute zu beäugen, paßt ihnen gut!
Auf dem Bugbalken reise ich mit ihnen!
Auf dem Bugbalken reise ich mit ihnen!"

V 1. z) Heimskringla

In dem folgenden Text wird ein Visions-Traum berichtet, in eine Hexe auf einem Wolf erscheint, die offensichtlich die Wolfsreiterin Hel selber ist. Die Assoziation zwischen Hel und Hexe ist zu der Zeit des Überganges zwischen germanischer Religion und Christentum sehr ausgeprägt gewesen.

Und vor dem Heer der Männer dieses Landes ritt eine große Zauberfrau auf einem Wolf und der Wolf hatte die Leiche eines Mannes in seinem Maul und Blut tropfte von seinen Kiefern und nachdem er einen Leib gefressen hatte, warf sie den nächsten in sein Maul und so einen nach dem anderen und er verschlang sie alle.

Und sie sang dies:

„Skades Adler-Augen
erblicken des Königs Unglück:
Obwohl glänzende Schilde
das grüne Feld bedecken,
erblickt sie des Königs Unglück.
Um das Schicksal dieses großen Königs zu verkünden,
werfe ich das Fleisch blutender Männer
in das haarige Maul und in den hungrigen Schlund!
In das haarige Maul und in den hungrigen Schlund!"

V 1. aa)   Heimskringla

In der Heimskringla wir der Wolf dreimal als „*Roß des Zauberweibes*" umschrieben. Dieses Zauberweib ist offensichtlich Hel, die auf ihrem Bruder Fenrir reitet.

V 1. ab)   Heimskringla

Im Laufe der Zeit verbanden sich alle Aspekte der „gefürchteten Frauen" wie Priesterinnen, Seherinnen, Zauberinnen, Riesinnen, Trollfrauen, Jenseitsgöttinnen (Hel, Freya u.a), Menschenfresserinnen usw. zu dem Motiv der bösen, riesigen, häßlichen, zauberkundigen, menschenfressenden und einfältig-dummen Hexe.

Das Motiv der Menschenfresserin ist möglicherweise durch die Vermischung der beiden Motive des Menschenopfers und des Verspeisens der rituellen Opfer entstanden. Es ist jedoch auch denkbar, daß dabei Reste des alten indogermanischen Kannibalismus mitgewirkt haben (siehe „Kannibalismus" in Band 55).

Am folgenden Tag kamen sie gegen Nacht zu einer Hütte für Reisende, entzündeten ein Feuer und bereiteten sich etwas Nahrung. Arnliot befahl ihnen nichts von ihrer Nahrung, weder Knochen noch Krümmel fortzuwerfen. Arnliot nahm einen silbernen Teller aus der Tasche seines Umhangs und aß von ihm.

Als das Essen beendet war, sammelte Arnliot die Reste ihres Mahles zusammen und dann machten sie sich bereit zum Schlafen. Im hinteren Ende des Hauses war ein Hochboden auf den Querbalken, auf den Arnliot und die anderen hinaufkletterten und sich dort schlafen legten.

Arnliot hatte eine lange Hellebarde, deren oberer Teil vergoldet war und dessen Schaft so lang war, daß er mit ausgestrecktem Arm kaum ihre Spitze erreichen konnte, und er war mit einem Schwert gegürtet. Sie hatten sowohl ihre Waffen als auch ihre Kleider dort oben auf dem Hochboden bei sich.

Arnliot, der am vorderen Ende des Hochbodens lag, befahl ihnen, vollkommen still zu sein.

Kurze Zeit später kamen zwölf Männer in das Haus, die Händler waren, die mit ihren waren nach Jamtaland unterwegs waren. Als sie in das Haus kamen, machten sie einen großen Lärm, waren fröhlich und fachten ein großes Feuer zwischen sich an; und als sie ihr Mahl einnahmen, warfen sie die Knochen rings um sich. Dann gingen sie schlafen und legten sich auf die Bänke rings um das Feuer.

Als sie eine kurze Zeit lang geschlafen hatten, kam eine riesige Hexe in das Haus, und als sie hereinkam, sammelte sie sorgfältig alle Knochen und das, was von dem Mahl übriggeblieben war, zu einem Haufen zusammen und warf es sich in ihr Maul.

Dann griff sie den Mann, der am nächsten war, riß und zerrte ihn in Stücke und warf sie in das Feuer.

Die anderen erwachten in fürchterlicher Angst und sprangen auf, aber sie nahm sie und tötete sie einen nach dem anderen, sodaß nur ein einziger am Leben blieb. Er rannte unter den Hochboden und rief, ob dort oben nicht irgendjemand sei, der ihm helfen könne.

Da reichte Arnliot seine Hand hinab, ergriff ihn bei seinen Schultern und zog ihn auf den Hochboden hinauf. Die Zauberfrau hatte sich zum Feuer gewendet und begann die Männer zu fressen, die sie geröstet hatte.

Da erhob sich Arnliot, nahm seine Hellebarde und stieß sie zwischen ihre Schultern, sodaß die Spitze wieder an ihrer Brust herauskam. Sie krümmte sich, gab einen schrecklichen Schrei von sich und sprang auf. Die Hellebarde entglitt Arnliots Händen und sie rannte hinaus.

Arnliot kam wieder herein und räumte die toten Leichen aus dem Haus, setzte die Tür wieder zwischen die Türpfosten, denn sie hatte sie herausgerissen, als sie hinausgestürmt war, und dann legten sie sich für den Rest der Nacht zum Schlafen nieder.

Als der Tag anbrach, standen sie auf und nahmen zunächst ihr Frühstück ein.

Als sie gegessen hatten, sprach Arnliot: „Nun müssen wir uns trennen. Ihr könnt auf dem frischen Pfad weitergehen, den die Händler gestern, als sie gekommen sind, gemacht haben. Mittlerweile werde ich meine Hellebarde suchen gehen und als Belohnung für meine Arbeit werde ich soviel von den Waren dieser Händler nehmen, wie ich nützlich finde."

V 1. ac) Heimskringla

Auch die Raben wurden „Zauberfrau-Raben" genannt. Diese Assoziation hat keine

Wurzeln in den Hel-Mythen, sondern ist vermutlich durch die Assoziation zwischen den Wölfen und den Raben als den Leichenfressern nach der Schlacht als Erweiterung der Wolfs-Kenning „Roß der Zauberfrau" entstanden.

V 1. ad) Skaldskaparmal

In einem Lied des Einarr über eine Schlacht an der Mündung der Flusses Götha-Elf wird Blut als „warmer Trank des Hexen-Tiers" umschrieben, wobei „Hexen-Tier" sowohl der Wolf als auch der Rabe sein kann. Vermutlich wird die Hexe hier der Hel gleichgesetzt, deren Sohn der Fenris-Wolf ist.
Die „Wunden-Brandung" ist eine Kenning für „Blut".

Die Götha, kalt vom Eis,
wurde von der heißen Wunden-Brandung gerötet.
Der warme Trank des Hexen-Tiers,
vermischte sich mit dem Wasser und strömte in das Meer.

V 1. ae) Landnahme-Buch

Thorbjorn der Stämmige verklagte Geirvid Bägifor-Tochter der Zauberei.

V 1. af) Amulett von Högstena

Amulett von Högstena; Bronze, ca. 1050 n.Chr.

Auf diesem um ca. 1050 n.Chr. verfertigten Bronze-Amulett findet sich ein teilweise in einem recht rüden Ton verfaßter Schutzzauber, der eine siebenfache Nennung der Zauberinnen enthält, gegen die er schützen soll.

Altnordisch	Deutsch
galanda vithr	*Gegen die Zaubersänger,*
ganganda vithr	*gehen die Gehenden,*
rithanda vithr	*gegen die Reitenden,*
vithr raennanda	*gegen die Rennenden,*
vithr sighlanda	*gegen die Segelnden,*
vithr faranda	*gegen die Reisenden,*
vithr fliughanda	*gegen die Fliegenden:*
skal allt futh	*Die Votze voll vollständig*
anna ok um döia	*verzweifeln und sterben!*

Votze (futh): weibliches Geschlechtsorgan

Die Zauberinnen sind vor allem diejenigen, die die Astralreise, d.h. das „Fliegen" beherrschen, das hier durch alle Arten von Bewegung erweitert wird.

V 2. Hexen in den Texten von Außenstehenden

V 2. a) Angelsächsisches Canon-Gesetz

König Edgar der Friedfertige von England erließ um ca. 970 n.Chr. das „Canon-Gesetz", das die beiden folgenden Passagen enthält:

Wenn irgendeine 'wicca' (Hexe), irgendein 'wiglaer' (Zauberer), ein Eidbrüchiger, ein 'morthyrtha' (Totenverehrer) oder irgendeine vom Übel befallene, überführte Hure irgendwo in dem Land gefunden wird, sollen die Männer sie forttreiben.

Dieses angelsächsische „wicca" ist der Ursprung des englischen Substantives „witch" für „Hexe".

Es ist auch interessant, daß die „Toten-Verehrer", also die Menschen, die mithilfe des Utiseta den Kontakt zu den Toten aufnehmen und sich von ihnen Rat und Hilfe holen, den Hexen und Zauberern gleichgesetzt wurden. Der schlechte Ruf der „Totenbeschwörung" stammt aus dieser Zeit.

Das angelsächsische „wicca" und „wiglaer" stammt von dem germanischen „ve" für „geweiht" ab.

Wir lehren, daß jeder Priester das Heidentum auslöschen soll und das 'wilweorthunga' (Quellen-Verehrung), das 'licwiglunga' (Anrufungs-Lieder an die Toten), 'hwata' (Omen), 'galdra' (Zaubergesänge, Magie), Menschen-Verehrung und die Abscheulichkeiten, die Menschen in den verschiedenen Arten der Zauberei und in den 'frithspottum' (Friedens-Orten) mit Ulmen und mit anderen Bäumen und mit Steinen und mit vielen Geistern vollführen, verbieten soll.

V 2. b) Lex Salica

In dem um ca. 600 n.Chr. verfaßten Salier-Gesetz des Merowingerkönig Chlodwig I werden alle mit einer Geldstrafe bedroht, die einen anderen als *„Beschützer einer Hexe"* („strioburgio") oder als *„Kesselträger"*, d.h. als „Hexe" bezeichnen.

V 2. c) Malleus maleficarum

Im „Hexenhammer" werden Hexen und Zauberer und ihre Taten sowie die Strafen, die sie dafür erhalten sollen, beschrieben. Daher würde im Grunde der gesamte Hexenhammer hierhin gehören. Da es in dieser Buch-Reihe jedoch die Rekonstruktion der germanischen Religion das Ziel ist, finden sich die Teile des Malleus maleficarum, die Aufschlüsse über die Religion der Germanen geben, in den Kapiteln, die das betreffende Religions- oder Magie-Thema behandeln.

V 3. Jakob Grimm: Deutsche Mythologie

Die verschiednen benennungen des zaubers haben uns auf die begriffe thun, opfern, spähen, weissagen, singen, segnen (geheimschreiben), verwirren, blenden, kochen, heilen und loßen geführt.

Sie zeigen, daß er von männern wie von frauen getrieben wurde. Unser frühstes alterthum hat ihn aber schon vorzugsweise frauen zugeschrieben. einflußreicher, kundiger als der zouparari, vigelere, spâmaðr, galdramaðr scheint die zouparará, vicce, wikkerske, kalstarará, galdrakona, spâkona, ja es treten andere, fast bloß auf weibliche zauberkunst bezügliche namen hinzu.

Den grund hiervon suche ich in allen äußeren und inneren verhältnissen. Frauen, nicht männern, war das auslesen und kochen kräftiger heilmittel angewiesen, wie die bereitung der speise ihnen oblag. salbe fertigen, linnen weben, wunden binden mochte ihre linde, weiche hand am besten; die kunst buchstaben zu schreiben und zu lesen wird im mittelalter hauptsächlich frauen beigelegt.

Den unruhigen lebenslauf der männer füllte krieg, jagd, ackerbau und handwerk; weibern verliehen erfahrung und behagliche muße alle befähigung zu heimlicher zauberei. das einbildungsvermögen der frauen ist wärmer und empfänglicher, von jeher wurde in ihnen eine innere, heilige kraft der weissagung verehrt. frauen waren priesterinnen und wahrsagerinnen; germanische und nordische überlieferung hat uns ihre namen und ihren ruhm erhalten, das vermögen des schlafwandelns zeigt sich noch heute größtentheils an frauen. wiederum aber muste, von einer seite her betrachtet, die zauberkunde hauptsächlich alten weibern eigen sein, die der liebe und arbeit abgestorben ihr ganzes sinnen und trachten auf geheime künste stellten.

Schon Snorri in seiner merkwürdigen äußerung über den ursprung des zaubers sagt, den männern (karlmönnum) sei es unehrlich erschienen die zweideutige kunst zu üben, so habe man die göttinnen oder priesterinnen (gyðjur kann beides bezeichnen) darin unterwiesen.

Je nach verschiedenheit der volksmeinung berühren sich nornen und völven, valkyrien und schwanjungfrauen mit göttlichen wesen oder zauberinnen.

Auf diesem allem zusammen, auf einer mischung natürlicher, sagenhafter und eingebildeter zustände beruht die ansicht des mittelalters von der hexerei. Phantasie, tradition, bekanntschaft mit heilmitteln, armut und müssiggang haben aus frauen zauberinnen gemacht, die drei letzten ursachen auch aus hirten zauberer.

Den lateinischen ausdrücken saga, strix, striga, venefica, lamia, furia entspricht unser hexe, worunter man sich bald eine alte, bald eine junge frau denkt, und es kann schmeichelnd von einer schönen, lebendigen hexe die rede sein. die althochdeutsche form dieses wortes lautet hazus, hazusa, hazasa; hazzuso (eumenidum) ist genitiv plural von hazus, hazes; hezesusun (furiis) scheint verderbt aus hegezusun? glossen geben hegezisse, der echten vollen form hagazus oder hagazusa versichert uns das *angelsächsische hägtesse, mittelniederländisch hagetisse, haghedisse, die kürzung zeugt, wie in tâlanc aus tagalank, für alter und gangbarkeit des worts und dann wäre auch althochdeutsch hâzus vorzuziehen, in Capitel 105 scheint hâzessa zu stehn, Graffs hâzessa zum trotz.*

Nur selten begegnet ein mittelhochdeutsches hegxse, hexse, hecse; in der Schweiz sagt man hagsch, haagsch; nach Schmid heißt zu Ulm ein altes, geiziges weib hekkäs, das ist nichts als hexe, nur anders geschrieben.

Weil aber neben dem angelsächsischen hägtesse auch hägesse, englisch hag, mittelhochdeutsch hächel, schweizerisch häggele (vergleiche sträggele) erscheint, mögen die ableitenden buchstaben der einfachen wurzel hag wenig zufügen. das altnordische adjectiv hagr bedeutet dexter, artificiosus, kann also ganz den sinn des lateinschen sagus haben: hexe ist ein kluges, verschmitztes weib. die altnordische sprache verwendet aber weder ein männliches hagr, noch weibliches hög auf solche weise, das schwedische hexa, dänisch hex verrathen schon in der schreibung neuhochdeutschen ursprung.

Für hexen (fascinare) gewähren oberdeutsche mundarten hechsnen und damit überein tritt das altfriesisches verbum hexna (eine handschrift hat hoxna), dalekarlisch gilt hågsa, hugsa.

Noch bis ins 16. 17. jahrhunderzt wird jenen unhäufigen mittelhochdeutschen formen die benennung unholde vorgezogen, die eigentlich teufelin aussagt, diu unholde, woneben zuweilen das masculinum unholdäre, bei Keisersberg und Hans Sachs ist unholde der gewöhnliche name; erst im 17. 18. jahrhundert gewan dafür hexe allgemeinheit. hin und wieder bedient sich das volk eines masculinum hex für zauberer; in Schwaben der hengst, in der Schweiz haagg, hagg, hak, betrieger, gaukler, auch jenes althochdeutsche hâzus strio (masculinum zu stria, striga? kaum histrio?) könnte männlich sein.

Vielen schon lag die vergleichung der griechischen Hecate (Ἑκάτη) allernächst, doch die buchstaben stimmen zu sehr, gegen die lautverschiebung, und dem mittelalter würde wol ein unaspirirtes Ecate überliefert worden sein; weder Ecate noch Hecate erscheint in mittellateinischen und romanischen quellen für zauberin, wie sollte das wort in Deutschland um sich gegriffen haben?

Bei dem mittelniederländischen haghedisse (strix) wäre aber zu erwägen, daß neuniederländisch eghdisse, egdisse, haagdisse lacerta ausdrückt = neuhochdeutsch eidechse, althochdeutsch egidehsa, angelsächsisch âdexe und die eidechse ein zauberthier zu sein scheint, und in den hexenprocessen wirklich vorkommt, daß hexen statt der gewöhnlich genannten elben eidechsen geboren hätten.

Möglicherweise entspricht die Eidechse der Schlange, die mit den Priesterinnen und den späteren Hexen aufgrund der Jenseitsreisen assoziiert worden ist.

Im spanischen hechicero und hechicera finde ich wieder nur zufälligen anklang; das spanische bruxa (südfranzösisch bruesche) bezeichnet einen unheilbringenden nachtvogel, und wurde wie strix auf die vorstellung hexe übertragen.

Häufig gilt drut oder drude für gleichviel mit hexe, genauer unterschieden bedeutet drut den plagenden, drückenden nachtmahr; aus welchem heidnischen wesen diese drut entsprang wurde schon gewiesen, es war leicht, elbische geister des alterthums später mit menschlichen zauberinnen zu mengen; auch bilwiz, belewitte werden verschiedentlich im hexenwesen begegnen.

Vorzügliche aufmerksamkeit verdient aber eine reihe uns in den altnordischen denkmälern dargebotner benennungen, und hier sehen wir die zauberfrauen zunächst an den begrif der riesinnen stoßen. tröll ist der allgemeine bald riesische und elbische, bald zauberische wesen begreifende ausdruck, so jedoch, daß früher die riesennatur, später die teuflische vorwaltet. tröllahâls, tröllaskögr, tröllatûnga hat das Landnâmabuch tröllskapr darf einmal jenem iötunmôðr, dann auch unserm hexerei und zauber entsprechen. wiederum aber ist kaum von einem tröllmaðr, häufig von einer tröllkona die rede und namen von riesinnen wie flagð, skass, skessa werden unbedenklich auf zauberinnen angewandt.

Zahlreiche ausdrücke sind Snorri hergezählt, die zum theil schwer zu deuten noch lange den forscher beschäftigen müssen. andere alterthümliche und dichterisch aufgefaßte nennt eine tröllkona selbst Snorri dem ihr abends begegnenden Bragi. aus der fülle dieser benennungen geht ein hohes alter der zauberei im Norden und ihre tiefgewurzelte berührung mit dem zauberwesen des übrigen Europas hervor; ich werde die bedeutsamsten solcher namen im laufe der abhandlung anführen und erklären.

Auf diese etymologische grundlage der in betracht kommenden allgemeineren ausdrücke lasse ich eine erörterung der sache selbst folgen.

Anheben will ich aber diesmal von dem altnordischen stand der zauberei, dessen ältere und wie mir scheint unvermischtere beschaffenheit uns vor allen dingen bestätigt, daß frauen und nicht männern die hauptrolle dabei überwiesen war.

Zwar unterscheidet edda Sämingr völur, vitkar und seiðberendr, wovon nur die ersten weiblich, die beiden andern männlich sind, ja alle drei werden von Vidôlfr, Vilmeiðr und Svarthöfði abgeleitet, über welche angebliche urheber alles zaubers nichts befriedigendes zu sagen ist; wie wenn Svarthöfði, Schwarzhaupt auf jene schwarze kunst und die schwarze teuflische farbe insgemein zu ziehen wäre? Vilmeiðr aus vil (favor, beneplacitum) und meiðr (arbor) zusammengesetzt würde vielmehr auf die frohe kunst des dichtens gehn dürfen. Viðôlfr mag einerlei sein mit einem von Saxo grammaticus genannten Vitolfus ›medendi peritus‹.

Dennoch scheinen mir die völur, wie sie auch zuerst genannt werden, den andern vorzuragen, in jenem mit Bragi gewechselten liede wird der zauberin vilsinn (besser wol vilsinni, accusativ vilsinna) völu, d.i. freund und gefährte der völa beigelegt;

vitkar, vîtkar sind die althochdeutschen wîzagon, weissager, vates, was meiner deutung des Vilmeiðr zu statten kommt. seiðr darf nicht ausschließlich den männern zugesprochen werden, wir sahen schon und wollen gleich näher ermitteln, daß er auch den frauen gebührt, neben den seiðberendr treten seiðkonor auf. beide müssen oft zahlreich in gewissen gegenden vorgekommen sein; nach Haralds saga ließ könig Eirîkr seinen bruder Rögnvald und 80 seiðmenn verbrennen.

Die vala oder völva ist wahrsagerin, priesterin, norn, ein hochheiliges wesen des alterthums, zugleich auch seiðkona. schon von der eddischen vala heißt es Sæmingr: ›seið hon kunni.‹ solche zauberfrauen sind Heiðr, Hamglöm, Skuld und andre, alle ursprünglich luftreitende valkyrien; völva, skass, valkyrja stehn Sæmingr neben einander. für ihr abendliches, nächtliches umstreifen im wald sollen hernach wichtige zeugnisse angeführt werden.

Mit ihrem gefolge (með sitt lið) ziehen sie im land um, werden ehrerbietig von den menschen eingeladen, bewirtet, zu weissagen aufgefordert. sie thun es, auf vierbeinigem stul oder schämel (seiðhiallr) sitzend. es heißt efla seið (zauber festigen, zu stand bringen); setja seið (setzen); seiðrinn verðr erfiðr (wird gearbeitet); fœra â hiallinn (auf den stul führen).

Die jüngeren sagen schildern sichtbar schon mit verächtlichen zügen. im gefolg der Skuld, heißt es fanden sich elbe, nornen und anderes gezücht (âlfar ok nornir ok annat illþýði).

Heiðr fährt noch mit 15 jünglingen und 15 jungfrauen einher, Oddr aber hält sie gering, redet sie an ›allra kellînga örmust‹ (armseliges altes weib). auch wird solcher landfahrerinnen gedacht, die den leuten wahrsagen, und wiederum heißt es: ›völvan arma‹ (unselige zauberin), wie im dänischen volkslied ›usle havfrue‹. könig Frôði wollte sich von der völva Heiðr wahrsagen lassen: giörði hann þa gilda veizlu î môti henni, ok setti hana â seiðhiall einn hâan, ... ok svara mer sem skiotast, seiðkona!. da sie zaudert und nicht alles aussagt, droht er ihr mit gewalt: þik skal pîna til sagna.

Merkwürdig ist aber, daß der seiðr nachts, wenn die menschen schlafen, von den völven, die samt ihrem gefolge ausfahren, bereitet wird: menn fôrn at sofa, en völva fôr til nâttfars seiðs með sitt lið (das. 2, 166), in der parallelstelle heißt es: gekk hun þâ ût með liði sînu, er aðrir gengu til svefns, ok efldi seið (das. 2, 507). Ketill erwachte nachts von heftigem geräusch im walde, lief heraus und sah eine zauberin, mit fliegenden haaren (sâ tröllkonu, ok féll fax â herðar henni); auf sein befragen sagte sie ihm, er möge sie nicht aufhalten, sie müsse zur zauberversamlung, dahin komme Skelking, der geister könig, aus Dunibshaf, Ofôti (ohnefuß) aus Ofôtansfirð, Thorgerðr, Hörgatröll und andere mächtige geister von Norden her (ek skal till tröllaþings, þar kemr Skelkîngr, norðan or Dumbshafi konûngr trölla, ok Ofôti ur Ofôtansfirði, ok Thorgerðr Hörgatröll ok aðrar stôrvættir norðan ur landi).

Jenes nächtliche ausfahren und zaubern nannte man sitja ûti; erklärt: sub dio nocturnis incantationibus operam dare); im norwegischen recht heißen die ausfarten ûtisetor und aufweckungen der zaubergeister: ›spâfarar allar oc ûtisetor at vekja tröll upp, oc fremja með því heidni.‹.

Von den zwecken der nordischen zauberei nur einige beispiele. man gab den zauberinnen geld, damit sie sturm erregten: ›sendu eptir seiðkonum, tveimr, Heiði ok Hamglöm, ok gâfu þeim fê til, at þœr sendi veðr ... þœr efldu seiðinn, ok fœrðust â hiallinn með göldrum ok giörnîngum‹. der zauber machte menschen fest gegen waffen und unverwundbar: ›var seidt at Haraldi at hann skyldi eigi bîta iarn‹. ›þeir lêtu seiða at Ögmundi, svâ at hann skyldi engi iarn bîta atkvæðalaus‹.

Man könnte einige züge, die mit der nachher zu liefernden darstellung des hexenwesens übereintreffen, für erborgt halten. ich zweifle daran. zwar ist die nächtliche zusammenkunft bei Skelking, Ofôti und Thôrgerð nicht recht im geist des altnordischen glaubens, kann aber im Norden selbst durch allmäliches abstufen älterer vorstellungen sich erzeugt haben. kein teufel wird dabei genannt, obwol der unfüßige an den pferdefüßigen erinnern mag. das nordische tröllaþing gleicht vielmehr der zusammenkunft unserer nachtfrauen, die ich aus weisen frauen und völven entsprungen glaube und dafür gewährt das nächtliche ausfahren der Heiðr mit ihrem gefolge von dreißig leuten, und der Skuld mit elben und nornen vollkommenste bestätigung.

Thôrgerð, Skuld, Heið sind wie Hulda, Berhta echtheidnische halbgöttinnen, an die sich der zauberhafte reigen schließt. sie erregen sturm und wetter, machen unverwundbar und weissagen. Ihr seiðhiallr mit vier stützen oder spitzen (stôlpar, sliklar) hat im deutschen hexenthum seines gleichen nicht, gemahnt uns aber des dreifußes der delphischen weissagerin; vielleicht läßt sich auch deutschen nachtfahrerinnen bei fernerer nachsuchung ein dreifuß vindicieren, zumal dies geräth sonst in alter heiligkeit steht; das setzen auf den dreifuß und das verbot einen leeren dreifuß aufs feuer zu bringen.

Skuld, hier königin, zaubert in einem schwarzen zelt, auf ihrem seiðhiallr: sat î sînu svarta tialdi â seiðhialli sînum, skiptir nû svâ um, sem dimm nôtt komi eptir biartan dag. Bei den nordischen zauberinnen herscht noch die gabe und das bedürfnis der weissagung vor, die bei den deutschen nachtfrauen und hexen zurücktreten.

Andere züge des nordischen zauberglaubens flechte ich lieber der nun folgenden darstellung unsrer eignen alterthümer ein.

Das christenthum hat den begrif zauberübender weiber als heidnischen nicht bloß bei Römern und Griechen, sondern auch Celten und Germanen vorgefunden, aber vielfach verändert; vorstellungen der ketzer und was man diesen zur last legte mischte sich darunter und aus allem zusammen muß die zauberei erklärt werden. bis auf die jüngste zeit ist in dem ganzen hexenwesen noch offenbarer zusammenhang mit den opfern, und der geisterwelt der alten Deutschen zu erkennen. Hieraus ergibt sich die ungerechtigkeit und ungereimtheit der späteren hexenverbrennungen von selbst.

Ein uralter unter alle völker gedrungner wahn leitet aus der zauberei das vermögen ab, die gestalt zu bergen und zu wandeln. zauberer pflegten in wölfe, zauberinnen in katzen überzugehen; der wolf war Wuotans, die katze der Frouwa heiliges thier, zweier götter die es vorzugsweise mit seelen und geistern zu thun haben. der zauberkundige nahm eine larve, grîma, einen trollsham vor, mittelst deren er sich unkennbar machte und rasch durch die lüfte fuhr, wie die geister grîmhelme, helidhelme anlegten; den begrif der zauberin sehen wir häufig dem der larve begegnen, die leges Roth. setzen striga quod est masca; striga quae dicitur masca. dieser letzte ausdruck soll im verfolg weiter besprochen werden.

Den zauberinnen steht aber auch vogelgestalt, federkleid, namentlich das der gans zu gebot, alterthümlich aufgefaßt des schwans, und sie gleichen schwanfrauen, walkyrien, die durch alle lüfte fliegen und sich zur schlacht versammeln. von der vorstellung des zaubers ist die des flugs und ritts durch die luft unzertrennlich, und die alte Thrûđr wird zur drut, die Holda zur unholdin. gleich den holden geistern ziehen unholde mit dem wütenden heer in den lüften. sie sammeln sich in haufen zu gemeinschaftlichem amt.

Hiervon sind also heidnische opferbräuche gar nicht auszuschließen.

Schon unsere ältesten volksrechte, zumal das salische, wissen von zusammenkünften der hexen zum kochen, und ich erinnere an jene gotländischen suđnautar beim opfer. lex salica ist als ehrenrührigste schelte hervorgehoben, daß ein man hexenkesselträger geheißen werde: ›si quis alterum chervioburgum, hoc est strioportium clamaverit, aut illum qui inium dicitur portasse, ubi strias (d.h. striae) cocinant‹ chervioburgus habe ich zu deuten gesucht. wer sich hergibt den hexen ihr geräth zu tragen wird männern verächtlich; er kann auch bloß strioportius, hexenträger heißen, sie haben ihn dazu gedungen. eines solchen kesselträgers erwähnen freilich die jüngeren hexensagen nicht, zu ihren versammlungen nehmen sie aber häufig einen spielmann, der ihnen zu mahlzeit und tanz aufpfeifen muß, ohne gerade theilnehmer der zauberei zu sein, und dieser ließe sich jenem handlanger vergleichen.

Die worte ›ubi striae cocinant‹ (andere handschriften coquinant, cucinant, die lex emendata fehlerhaft concinunt) setzt gemeinsames kochen und sieden (seydr) mehrerer zauberinnen voraus.

Im Macbeth kommen drei hexen, die aber noch weirdsisters („Wyr-Schwestern") heißen, also an die alte bedeutung von drût erinnern, auf einer heide und in einer höle zusammen, um in ihrem cauldron zu sieden. sie sind weniger teuflische zauberweiber, als schicksal verkündende weise frauen oder priesterinnen, die aus dem kessel weissagen.

Die shakspearischen hexen gleich neben den alten wahrsagerinnen der Cimbern, neben den strigen des salischen gesetzes zu nennen scheint gewagt; es gibt aber hier noch andere anknüpfungspuncte der ältesten an die jüngere zeit.

Bei abhandlung des heilawâc habe ich mit vorbedacht die salzquellen unerwähnt gelassen, um ihre heiligkeit hier in unmittelbare beziehung auf die spätere hexerei bringen zu können. Tacitus, in einer vielfach wichtigen stelle berichtet: ›eadem aestate inter Hermunduros Chattosque certatum magno praelio, dum flumen gignendo sale foecundum et conterminum vi trahunt; super libidinem cuncta armis agendi religione insita, eos maxime locos propinquarc coelo, precesque mortalium a deis nusquam propius audiri. inde indulgentia numinum illo in amne illisque silvis salem provenire, non ut alias apud gentes eluvie maris arescente, sed unda super ardentem arborum struem fusa, ex contrariis inter se elementis igne atque aquis concretum‹.

Um salzquellen kriegten auch Burgunder und Alamannen: ›Burgundii salinarum finiumque causa Alamannis saepe jurgabant‹.

Daß nicht bloß in Germanien, auch in Gallien salz durch aufguß auf glühenden brand gewonnen wurde, versichert Plinius: ›Galliae Germaniaeque ardentibus lignis aquam salsam infundunt‹; darum können auch die gebräuche dabei Celten und Deutschen gemein gewesen sein.

Solcher salzhaltigen flüsse gab es nun schon damals in Deutschland ohne zweifel manche und es läßt sich kaum bestimmt sagen, welcher von Tacitus gemeint ist. sie quollen auf bergen, in heiligen wäldern, man betrachtete ihren ertrag als der nahen gotheit unmittelbare gabe, besitz der stätte schien blutiges krieges werth, gewinnung und austheilung des salzes ein heiliges geschäft; wahrscheinlich waren opfer und volksfeste mit dem salzsieden verbunden?

Wenn nun etwa frauen oder priesterinnen die bereitung des salzes verwalteten, wenn der salzkessel unter ihrer aufsicht und sorge stand; so wäre ein zusammenhang des salzsiedens mit der späteren volksansicht von der hexerei nachgewiesen: an gewissen festtagen stellen sich die hexen in dem heiligen wald, auf dem berge ein, wo das salz sprudelt, kochgeräthe, löffel und gabeln mit sich führend; nachts aber glüht ihre salzpfanne.

Diesen vermutungen zu statten kommt ein gedicht der Wiener handschrift von Stricker oder einem seiner lands und zeitgenossen, welches ich hier einschalte.

Ich bin gewesen ze Portigâl
und ze Dolêt sunder twâl,
mir ist kunt Kalatrâ daz lant,
dâ man di besten meister vant.
ze Choln und ze Parîs
dâ sint di pfaffen harte wîs
di besten vor allen rîchen.
dar fuor ich wærlîchen
niwan durch diu mære.
waz ein unholde wære?
daz gehôrt ich nie gelesen,
waz ein unholde müge wesen.

daz ein wîp ein chalp rite,
daz wæren wunderliche site,
ode rit ûf einer dehsen,
ode ûf einem hûspesem
nâch salze ze Halle füere;
ob des al diu welt swüere
doch wolde ich sîn nimmer gejehen,
ich enhet ez mit mînen ougen gesehen,
wand sô würde uns nimmer tiure
daz salz von dem ungehiure.
oh ein wîp einen ovenstap über schrite
und den gegen Halle rite
über berge und über tal,
daz si tæte deheinen val,
daz geloube ich niht, swer daz seit,
und ist ein verlorniu arbeit;
und daz ein wîp ein sib tribe
sunder vleisch und sunder ribe,
dâ niht inne wære,
daz sint allez gelogniu mære.
daz ein wîp ein man über schrite
und im sîn herze ûz snite,
wie zæme daz einem wîbe,
daz si snite ûz einem lîbe
ein herze, und stieze dar in strô,
wie möhter leben ode werden frô?
ein mensche muoz ein herze haben,
ez habe saf od sî beschaben.
Ich wil iu sagen mære,
waz sîn rehte unholdære:
daz sint der herren râtgeben
di ir êre furdern solden und leben,
di siflent in zuo den ôren
und machent si ze tôren,
si niezent ir erbe und ir lant
und lâzent och si ze hant
scheiden von êren und von guote
von vröuden und hôhem muote.
ditz ist ein wârez mære:
di selben unholdære

die sougent ûz herze unde bluot,
daz vil mangem herren schaden tuot.

Unter Halle ist hier wahrscheinlich das östreichische, bairische gemeint, und damals herschte in jenen gegenden also noch der volksglaube, daß die unholden auf besen, ofengabel oder reis, über berg und thal gen Halle ritten.

Wähnte man, daß sie sich dorther ihren salzvorrath nach haus holten? fast scheint es aus den worten zu folgern: wenn ihm so sei, würden sie ihren nachbarn das salz nicht theuer machen (wegnehmen).

Da auch Christen kraft und nothwendigkeit des salzes anerkannten, so begreift es sich, wie nun umgekehrt den teuflischen hexenversamlungen das wolthätige salz abgesprochen und als sicherungsmittel gegen alle zauberei angesehn werden konnte. denn der hexenküche und den teuflischen mahlzeiten fehlt gerade das salz, die kirche hatte jetzt die heiligung und weihung des salzes übernommen.

Neben das ungetaufte, ausgesetzte kind pflegte man zur sicherung salz zu legen. Die auswandernden Salzburger tauchten den benetzten finger in salz und schwuren. zauberern und hexen wurde misbrauch des salzes zur taufe von thieren schuld gegeben.

Ich finde hier der erwähnung werth, daß die zauberkräftigen riesinnen der edda nicht allein gold sondern auch salz zu malen verstanden und durch jenes ruhe und friede, durch dieses seesturm folglich unwetter herbeigeführt wurde.

Gleich bedeutsam scheint mir die anwendung des pferdefleisches und überhaupt des pferdes unter den zauberern und hexen. es ist schon gelehrt worden, daß die Heiden ihren göttern pferde opferten und die neigung zum genuß des pferdefleisches noch lange zeit verhaßt blieb und als hinneigung zum heidenthum ausgelegt wurde; erst heutzutage beginnt der widerwille vor dem essen eines so reinen thiers zu weichen. den hexen wurde nun schuld gegeben, daß sie in ihren zusammenkünften diese speise liebten, d.h. noch heidnischer opfer pflägen. Henry Boguet in seinem discours execrable des sorciers erwähnt nicht nur: ›qu'il y avoit une grande chaudière sur le feu, dans laquelle chacun alloit prendre de la chair‹, und ›mais il n'y a iamais du sel‹, sondern auch ausdrücklich ›que la chair n'est autre chair que de cheual‹.

Nimmt man hierzu, daß das aufrichten der pferdehäupter mit jenen opfern zusammenhängen muß, ins Johannisfeuer pferdehäupter geworfen werden, jener spielmann der hexen in ihren versamlungen oder andere gespenster auf pferdeköpfen dudeln, während der teufel mit pferdefuß erscheint und auch aus pferdehufen getrunken wird, so gewinnt dies alles ein noch alterthümlicheres ansehn heidnischer opferbräuche.

Stand aber die altheidnische zubereitung und austheilung des geheiligten salzes, der genuß des pferdefleisches in bezug auf opfer und volksversamlungen, welche häufig mit einander verbunden waren, so lehren und bestätigen ihn auch alle übrigen *eigenthümlichkeiten der hexenfarten. zeit und ort lassen sich gar nicht anders erklären.*

Es ist bekannt, daß allgemein in Deutschland ein jährlicher hauptauszug der hexen auf die erste mainacht (Walpurgis) angesetzt wird, d.h. in die zeit eines opferfestes und der alten maiversamlung des volks.

Am ersten mai wurden noch lange jahrhunderte vorzugsweise die ungebotnen gerichte gehalten, auf diesen tag fiel das fröhliche maireiten, das anzünden des heiligen feuers: der tag ist einer der hehrsten des ganzen heidenthums.

Werden aber zwei oder drei hexenfeste genannt, zu pfingsten und im herbst, auf Walpurgis, Johannis und Bartholomaei, so erscheinen wiederum die üblichen feiertage und gerichtstage des mittelalters. dänische hexenprocesse nennen Valdborg aften. Seine ehrliche gerichtszeit hätte das volk nicht den hexen eingeräumt, wären diese nicht in althergebrachtem besitz gewesen.

Noch deutlicher zu trift die örtlichkeit. die hexen fahren an lauter plätze, wo vor alters gericht gehalten wurde oder heilige opfer geschahen. ihre versamlung findet statt auf der wiese, am eichwasen, unter der linde, unter der eiche, an dem birnbaum, in den zweigen des baums sitzt jener spielmann, dessen hilfe sie zum tanz bedürfen. zuweilen tanzen sie auf dem peinlichen richtplatz, unter dem galgenbaum, in der sandgrube.

Meistens aber werden berge als ort ihrer zusammenkunft bezeichnet, hügel (an den drei bühleln, an den drei köpchen) oder die höchsten puncte der gegend.

Nicht zu übersehen ist, wie die elben und bilwesen in bergen, daß auch die sorbischen vilen und romanischen feen auf bergen hausen, eine merkwürdige stelle vom zauber auf dem berg (puegau, pueg, puy, lat. podium) wurde schon angeführt. der ruf einzelner hexenberge erstreckt sich über ganze reiche, wie nach göttern, opfern, gerichten hohe berge benannt sind.

Fast alle hexenberge waren alte opferberge, malberge, salzberge. bei Rothenburg am Neckar auf der Hirschauer markung wird ein hexenbukel, unweit Passau ein unholdenberg bezeichnet; gewöhnlich aber gibt es besondere namen. Norddeutschland kennt den Brocken, Brocks oder Blocksberg, des Harzes höchste spitze, als hauptversamlungsort der hexen. ein beichtbuch des 15. jahrhunderts redet von den zauberinnen, ›die uf den Brockisberg varen‹; ich kenne kein früheres zeugnis für den sicher in weit älterer zeit reichenden volksglauben. gerichtsplätze wird im mittelalter der Harz mehr als einen gehabt haben, eine salzquelle hat er noch heute zu Juliushall im amt Neustadt. der name scheint aber weit allgemeiner, in Meklenburg (und gewis noch andern norddeutschen gegenden) heißen mehrere berge blocksberge, auch in Preußen.

Die übrigen hexenstätten vermag ich nur unvollständig aufzuzählen. Man nennt noch den Huiberg bei Halberstadt; in Thüringen fahren sie zum Horselberg bei Eisenach, oder zum Inselberg bei Schmalkalden; in Hessen zum Bechelsberg oder

Bechtelsberg bei Ottrau, einer alten ziegenhainischen gerichtsstätte; in Westfalen zum Köterberg bei Corvei, zum Weckingsstein (Wedigenstein, wo Wittekind oder Wittich hauset) bei Minden: in Schwaben zum Schwarzwald, zum Kandel im Breisgau, oder zum Heuberg bei Balingen, welcher Heuberg schon im jahre 1506 als hexenberg bezeichnet wird und dem halberstädtischen Huiberg gleicht; in Franken zum Kreidenberg bei Würzburg, zum Staffelstein bei Bamberg, vermutlich hat auch der Fichtelberg und das schlesische Riesengebirge eigne hexenörter. im Elsaß werden Bischenberg, Büchelberg (vgl. Bechelsberg), Schauenberg und Kniebiß (kniebeißend, von der steilheit, anderwärts Kniebrecher), auf den Vogesen Hupella genannt.

Der schwedische sammelplatz heißt Blåkulla (nach Ihre ein meerfelsen zwischen Småland und Öland, wörtlich schwarzer berg, welcher name noch andern gebirgen zustehen mag), und Nasafjäll (in Norrland). auch die norwegischen hexen fahren nach Blaakolle, ferner auf Dovrefjeld, auf Lyderhorn (bei Bergen), Kiärru in Tvedsogn, nach Vardö und Domen (in Finmarken), alle solche sammelorte heißen balvolde (böser wall, campus malus).

In Dänemark sagt man ›fare til Hekkelfjelds‹, d.i. zum isländischen berge Hekla (Heklufiall); auch ›ride til Trums, fare til Troms‹, d. i. nach Trommenfjeld, einem berge der norwegischen insel Tromsö, ganz oben an der Finnmark. Die neapolitanischen streghe versammeln sich unter einem nußbaum bei Benevent, das volk nennt es die beneventische hochzeit; gerade an diesem ort stand jener heilige baum der Langobarden, hier hängt die hexerei wieder deutlich an altheidnischem cultus.

Italienische hexenberge sind der Barco di Ferrara, der Paterno di Bologna, Spinato della Mirandola, Tossale di Bergamo, und ein berg: la croce del pasticcio, dessen lage ich nicht weiß.

In Frankreich wird der Puy de Dome bei Clermont in Auvergne ausgezeichnet, andere landschaften haben andere berge.

Die spanischen hechizeras halten ihren tanz auf der heide von Baraona, im sande von Sevilla, im gefilde von Cirniegola; in Navarra auf Aquelarre, was baskisch bockswiese bedeuten soll, die serbischen hexen na pometno guvno (der gekehrten tenne), wahrscheinlich auf einem hohen berg; die ungrischen auf Kopasz tetö (dem kahlen scheitel), einer spitze des Tokaier weinbergs, wozu das ›na Lysagorę‹ der polnischen zauberinnen stimmt.

Ein theil der Carpathen zwischen Ungern und Polen heißt polnisch babia gora (altweiberberg), ich kann nicht sagen, ob dahin hexenfeste verlegt werden? auch die Kormakssaga nennt ein Spâkonufell (berg der weisen frau).

Am vorabende Johannistags läßt der litthauische volksglaube alle zauberer zum berge Szatria geflogen kommen, wo sie von Jauterita, einer gewaltigen zauberin, bewirtet werden.

Merkwürdig, wie durch ganz Europa hin die wallfarten der Heiden zu opfern und festen von dem christenthum in einförmige, überall ähnliche zauberei umgewandelt werden. hat sich die vorstellung dieses zaubers unter jedem volk von selbst gestaltet? oder ist (unglaublicher) irgendwo der ton angegeben worden, und von da aus weiter vorgedrungen?

Daß schon nach heidnischen begriffen des alten Nordens die zauberinnen abendlich und nächtlich ausfuhren oder ritten ergibt sich deutlich aus der edda. Heðinn zog eines abends einsam durch den wald, da stieß er auf eine tröllkona, die ihm ihre fylgð (ihr gefolge, gleich einer schützenden valkyrja) anbot, was er ausschlug. eine bedeutsame sage wird Snorri nur beiläufig berührt: als Bragi der alte spät abends durch einen wald fuhr, begegnet er einer tröllkona, die ihn mit einem lied anredete und fragte, wer da fahre? dabei nennt sie ihm ihre tröllnamen und Bragi ihr seine dichternamen in dem lied, das er zur antwort entgegnete. Darum heißt nun die zauberfrau qveldriða (abendreiterin) und myrkriða (dunkelreiterin), worunter ungeheure, übelthätige riesenweiber gemeint sind, wilde frauen, waldminnen, iarnviðjur, auf deren vernichtung die helden ausgehn.

›Hefi ec qvaldar qveldriðor‹, ich habe die hexen getödtet, sagt Atli. ihr ritt hieß gandreið (vectura magica), gandr ist sonst wolf, wölfe sollen sie bestiegen und mit schlangen gezäumt haben: ›fann tröllkono, sû reið vargi ok hafði orma î taumom‹. ›Hyrrokin reið vargi ok hafði höggorm at taumum.‹ ein runenbild (bautil 1157) stellt vor, wie ein tröll auf dem wolf reitet und einen krummen zweig zum zaum nimmt. ein schwedisches volkslied läßt sie auf dem bär reiten, den wolf als sattel überlegen und mit der schlange peitschen: ›björnen den så red hon uppå, ulfven den hade hon till sadel derpå, och ormen den hade hon till piska.‹.

Es ist nicht zu übersehn, daß die serbische vila, die viel elbischer gehalten ist, auf einem hirsche reitet und ihn mit einer schlange zäumt.

Unter den namen der zauberinnen steht Munnriða, mundreiterin, vielleicht im mund den schlangenzaum haltend? daneben steht auch Munnharpa (nach Biörn rigor oris ex gelu), beide ausdrücke fordern genaueren aufschluß, doch in jedem fall wird -riða zum begrif des nächtlichen reitens gehören. ein dichter bedient sich der umschreibung qveldrunnin qven (femina vespere excurrens).

Gleich dem salischen gesetz kommt auch Vestgötalag bei gelegenheit ehrenrühriger schelte auf die hexerei zu sprechen, es heißt ›iak sa at rêt a quiggrindu lösharæþ ok i trolsham, þa alt var iam rift nat ok dagher‹ und beinahe mit denselben worten wo dem löshareþ noch zugefügt wird ›lösgiurþ‹: ich sah dich mit gelöstem haar und gürtel, als tag und nacht sich schieden (in der dämmerung) auf der hürde reiten: dürfte man lesen qvîgindu, so wäre es ein reiten auf dem kalb, wie im mittelhochdeutschen gedicht.

Weder in diesem gesetz noch der edda wird erzählt, daß die zauberweiber an bestimmten plätzen haufenweise zusammenkommen, doch reiten die valkyrien zu zwölfen oder zwanzigen miteinander.

Aber die idee des nachtritts selbst darf sogar von göttinnen hergeleitet werden: dem

Hyndluliod zum grunde liegt, daß Freyja in finstrer nacht auf ihrem eber, dessen borsten glühen, und Hyndla (canicula) ihre schwester auf einem wolf hinauf zur heiligen Valhöll reiten.

Im innern Deutschland lassen sich abstufungen nachweisen. vor dem christenthum mögen auch hier die alten riesinnen (eteninnen) zauberfrauen gewesen sein, wie in unserm heldenbuch noch eine solche erscheint und ein riese auf dem hexenberg bewirtet.

Seit der bekehrung bindet sich die zauberei an die heidnischen götzen der heimat wie des auslands, aber noch nicht gleich an den teufel, dessen idee kaum unter dem volk zu wurzeln begann.

Die hexen gehören zum gefolge ehmaliger göttinnen, die von ihrem stul gestürzt, aus gütigen, angebeteten wesen in feindliche, gefürchtete verwandelt, unstät bei nächtlicher weile umirren und statt der alten feierlichen umzüge nur heimliche, verbotene zusammenkünfte mit ihren anhängern unterhalten.

Wenn auch der große haufen für die neue lehre gewonnen war, einzelne menschen mochten eine zeitlang dem alten glauben treu bleiben und insgeheim ihre heidnischen gebräuche verrichten; bald aber erloschen diese paganien in der wirklichkeit und hafteten desto dauernder in der überlieferung und umgestaltenden phantasie der menschen, als sie sich an volksfeste und den erlaubten oder sträflichen brauch bei heilungen oder vergiftungen schlossen. übung, sage und wahn griffen vielfach in einander und unmöglich kann irgend einem jahrhundert die vorstellung verbotner und abgöttischer zauberei gefehlt haben, wenn wir auch nicht anzugeben vermögen, wie sie sich ihm gestaltete.

Aber unter allen Christen gieng die kunde davon unausrottbar fort, und bildete sich zu einem loseren oder festeren zusammenhang aus, je nach dem die kirche die begriffe des volks sich gewähren ließ oder strenger zu zügeln unternahm. was sie strafen und austilgen wollte muste allmälich der milden einbildungskraft entzogen werden und den grellen schein einer schauderhaften realität annehmen.

Zauberer und zauberinnen, davon will ich ausgehn, fügen sich zunächst an den gespenstigen zug der gottheiten, an jenes wütende heer, dem man elbische und böse wesen aller art zugesellte; in der Vilkinasaga zeigt uns das wilde heer der Ostacia (oder Ostansia, wie wol lautete die ursprüngliche namensform?) bedeutsame anknüpfung. zauberinnen aber musten vorzugsweise göttinnen beigeordnet werden, aus welchen die bekehrer eine römische Diana oder jüdische Herodias gefabelt hatten, denen jedoch das volk die hergebrachte, einheimische benennung nie ganz entzog.

Wie nahe lag es, wenn frau Holda, jene Freyja, oder Abundia (gleichviel ob Folla, ob eine celtische göttin) vormals im reigen der elbe und holden erschienen war, sie nun selbst in eine unholde zu verkehren und von unholden geleiten zu lassen. im norwegischen märchen tritt die troldkiäring an stelle der frau Holda. in dem jeu d'Adans sammeln sich die drei feen auf einer wiese, wo die alten frauen aus der stadt ihrer warten: ›or tost allons ent par illeuc, les vielles femes de le vile nous i atendent.‹ es bestand also gemeinschaft zwischen den feen und hexen.

Zu der entwickelten ansicht stimmt vollkommen, daß der thüringische Horselberg aufenthalt der Holda und ihres heers, zugleich aber sammelort der hexen war. Keisersberg läßt die nachts fahrenden weiber nirgend anders als im Venusburg zusammenkommen, wo gutes leben, tanzen und springen ist.

Noch entschiednes gewicht haben aber die im anhang beigebrachten stellen, aus denen hervorgeht, daß bis ins zehnte, vierzehnte jahrhundert nachtfrauen im dienst der frau Holda zu bestimmten nächten auf thieren durch die lüfte streichen, ihr gehorchen und ihr opfern, von einem bund mit dem teufel aber durchaus noch keine rede ist.

Ja diese nachtfrauen, blanken mütter, dominae nocturnae, bonnes dames, bei Hincmar lamiae sive geniciales feminae waren ursprünglich dämonische, elbische wesen, die in frauengestalt erschienen und den menschen wohlthaten erwiesen; Holda, Abundia, welchen noch ein dritter theil der ganzen welt unterthänig ist, führen tanzende reigen an, auf dem umziehenden schif der göttin wurden tänze getreten; aus solchem tanz bei heidnischem göttercultus, aus dem luftigen elbentanz, dem hüpfen der irlichter leite ich die idee der hexentänze hauptsächlich ab; wenn auch festtänze heidnischer maiversammlungen mit dabei angeschlagen werden können.

Den christlichen eiferern schien aller tanz sündhaft und heidnisch, und sicher stammte er oft aus gebräuchen des heidenthums her, gleich andern schuldlosen freuden und sitten des gemeinen volks, das sich an großen festen seine erheiterung nicht leicht nehmen ließ. daher die alten tänze auf fastnachten, beim osterfeuer, maifeuer und auf sonnewenden, bei der ernte und zu weihnachten; aus einer genaueren untersuchung der hergänge bei diesen festen, als sie bisher gepflogen worden ist, würde sich vieles deutlicher entfalten.

Afzelius meldet, daß noch heute in Schweden sagen von tänzen und reigen gehn, die das heidnische volk rings um heilige götterplätze geführt habe: so ausgelassen aber auch verlockend seien sie gewesen, daß zuletzt die zuschauer von der wut ergriffen und in den tanz fortgerissen wurden.

Wenn in chroniken unsers mittelalters verschiedentlich der entweihung heiliger festtage durch wilden tanz gedacht wird, und der darauf gefolgten strafe, daß er ein ganzes jahr lang unablässig fortgeführt werden muste; so drückt das wieder den abscheu der Christen vor überresten des heidenthums aus und gleicht der verdrehung des Wuotanzugs in die jagd des ewigen jägers.

Herodias ist jenem kreise der nachtfrauen eben auch zugezogen, weil sie spiel und tanz übte und nach ihrem tod als windsbraut durch die lüfte saust. In diese geisterhafte schaar versetzte nun der christliche volkswahn zugleich auch menschliche zauberinnen, d.h. dem heidenthum anhängige übelberüchtigte frauen, alte fantastische weiber: ›et si aliqua femina est, quae se dicat, cum daemonum turba in similitudinem mulierum transformata certis noctibus equitare super quasdam bestias, et in eorum (daemonum) consortio annumeratam esse‹, und: ›quaedam sceleratae mulieres retro post satanam conversae, daemonum illusionibus seductae, credunt se nocturnis horis cum Diana Paganorum dea vel cum Herodiade et innumera multitudine mulierum equitare super quasdam bestias, et multa terrarum spatia intempestae noctis silentio pertransire, ejusque jussionibus velut dominae obedire, et certis noctibus ad ejus servitium evocari.‹

So dachte man sich früher die hexenfarten, und die gewis noch heidnischen benennungen nahtfarâ, nahtfrowâ, nahtritâ kamen ganz mit jenen altnordischen qveldriđa, myrkriđa überein. ich vermag sie freilich erst aus dem 13. jahrhundert aufzuweisen: ›wil der (Machmêt) helfe sparn, sô helfen in die nahtvarn; daz sint alter wîbe troume‹; ›ez konde niemen bewarn, ich mües eine ûz farn mit der nahtfrouwen (der göttin); dô sprach ich zuo mîme gesellen: als schiere sô ez naht wirt, diu vart mich niht verbirt, ich sol liden grôze nôt, bezzer wære mir der tôt. ist aber daz mir wol ergât, so kum ich umb die hankrât, des enweiz ich aber niht. mîn triu, dû solt mir ein lieht kleiben hin an etewaz, daz ich kunne dester baz komen her wider hein: kleibez an einen stein oder kleibez an die want.‹ in dieser zweiten stelle ist merkwürdig, daß die frau dem einfältigen mann ihre angebliche ausfahrt als ein schwieriges, unvermeidliches unternehmen schildert.

Bei Vintler heißt es: ›so farent etlich mit der (nacht)far auf kelbern und auf pecken durch stein und durch stecke.‹ kälber und böcke sind also jene ›quaedam bestiae‹. Wir sahen schon sogar auf einen am himmel ziehenden stern den namen nachtfare passend angewandt. Joannes saresberiensis, der in England und Frankreich lebte († 1182) und an dämonischen einfluß glaubte, hat folgende merkwürdige stelle: ›quale est quod nocticulam (vielleicht nocticolam oder noctilucam?) quandam vel Herodiadem, vel praesidem noctis dominam consilia et conventus de nocte asserunt convocare, varia celebrari convivia, ministeriorum species diversis occupationibus exerceri et nunc istos ad poenam trahi pro meritis, nunc illos ad gloriam sublimari, praeterea infantes exponi lamiis, et nunc frustatim discerptos edaci ingluvie in ventrem trajectos congeri, nunc praesidentis miseratione rejectos in cunas reponi. quis vel caecus hoc ludificantium daemonum non videat esse nequitiam? quod vel ex eo patet, quod mulierculis et viris simplicioribus et infirmioribus in fide ista proveniunt‹.

Ich will noch andere entscheidende zeugnisse aus französichen gegenden über die beschaffenheit der nachtfarten beifügen, alle dem 13. jahrhundert gehörend, man wird ihre analogie nicht verkennen. Die acta sanctorum schöpfen aus einer pergament handschrift des 13. jahrhudnerts folgendes, was in den älteren lebensbeschreibungen des Germanus fehlt, aber auch in die legenda aurea eingegangen ist:

... ...

Also die hexen ziehen im nächtlichen reigen gütiger frauen, denen der mensch tische deckt, wie besuchenden feen und elben, weil sie glück bringen und vervielfachen, das hausgeräthe untersuchen, die kinder in der wiege segnen. heidnisch war dieser aberglaube, denn Christi name durfte nicht ausgesprochen werden; allein für teuflisch galt er noch nicht. zwar mengt sich schon die vorstellung von kinderraub (dessen auch die elbe geziehen werden) unter und steigert sich zu grausamem braten und verzehren; aber auch das hängt an mythen von elben und göttinnen und wurde den zauberfrauen von jeher zur last gelegt. hier wird noch die vorsitzerin und ordnerin des festes als mitleidig gerühmt: sie lasse die entwandten säuglinge wieder in die wiegen zurücktragen.

Crescentia, die sich zur kinderpflege hergegeben hatte, wird als unholde angeredet: ›waz huotes dû dâse, ubele hornblâse! dû soldes billecher da ce holze varn, dan die megede hie bewarn; dû bist ein unholde und sizist hie behangen mit golde.‹ Sie versetzt: ›got weiz wol die sculde, ob ich bin ein unholde, oder ie dicheinis zouberes gephlac‹.

Man glaubte also im 12. jahrhundert daß die unholden in den wald fahren, zum wilden heer, und hörner blasen, ganz wie Tutosel, als tutende, pustende eule, d.i. strix im wütenden heer zieht; sollte hortuta, eine schelte im Vestgötalag hornþuta, hornþyta gewesen sein? altnordische þiota (ululare), gothisch þuthaúrn σάλπιγξ; die genaue bedeutung von dâse, wenn es nicht dwâse, twâse ist, entgeht mir. solche unholden sind nachtfrauen, bonae dominae, weit eher als teufelsgenossinnen.

Das fahren in holz und wald drückt den verwiesne, gebannte leute treffenden fluch aus, deren aufenthalt in der einöde unter den wölfen ist, für die der wald mutter wird (schuma ti mati!), vergleiche saltibus assuetus.

Noch der heutige schwedische volksglaube schuldigt alte weiber, die einsam im walde hausen, an, wölfe, wenn sie gejagt werden, aufzunehmen und zu bergen: man nennt sie vargamödrar (wolfmütter) und eine solche meint das lied von Sämung: ›inde satt gamla djuramor, rörde med näsa i bränder‹ (innen saß die alte thiermutter, rührte mit der nase in die kohlen). hier geht die langnäsige unholdin deutlich in den begrif der alrune, die sich mit waldschraten mischt und der wilden waldfrau über, sie gleicht der altnordischen iarnviðja.

Was aber diese mildere, den teufel aus dem spiel lassende erklärung des hexenwesens, wie mich dünkt, vollends bestätigt sind die im anhang abgedruckten formeln. größtentheils geschöpft aus den acten der letzten jahrhunderte, als in der volksmeinung das band zwischen hexen und teufel längst entschieden war, beziehen sie sich nie auf teuflische, überall auf elbische oder gar christliche verhältnisse. zum theil mögen sie von hohem alter, heidnisches ursprungs und durch lange mündliche überlieferung fortgepflanzt worden sein. ihre heilende oder schadende kraft beruht auf dem glauben an elbe und geister, deren stelle später engel und heilige namen vertreten. wie alb und elbin, zwerg und zwergin, bilwiz und bilivizin aufgerufen werden, stehn in der alten angelsächsichen formel êsa gescot, ylfa gescot und häg-

tessan gescot nebeneinander.

Solche formeln, deren worte den hexen des 16. 17. jahrhunderts längst unverständlich sein musten, thun mit einem mal die ungerechtigkeit der wider sie erhobnen anklage dar.

Bedeutsam scheint mir, daß die phantasie der gemarterten hexen zuweilen noch ausdrücklich ein fahren ›auf Venesberg und in das paradis‹ bekennt, also den alten elbischen oder gar christlichen aufenthalt der seligkeit, nicht einen teuflischen meint.

Die allmäliche eindrängung des teufels, von dem, nach dem glauben der kirche, menschen besessen wurden, erläutert sich leicht. sein begrif war den Deutschen ursprünglich fremd, sie hatten ihn schon frühe durch übertragung auf ein weibliches wesen zu popularisiren gesucht.

Umgekehrt aber muste nun alles was sie von frau Holda erzählten, da mit der zeit die christliche vorstellung eines männlichen teufels überwog, auf ihn anwendung finden.

Aus der botmäßigkeit und dem gefolge jener unholden nachtfrau traten die hexen über in die gesellschaft des teufels, dessen strengere, schärfere natur das ganze verhältnis in bösartigeres, sündhafteres steigerte.

Jene nächtlichen zauberfarten beruhten noch auf der gemeinsamen unterwürfigkeit, welche der alten göttin gebührte, die frauen fuhren in ihrem geleite; jetzt holt der teufel die weiber ab und trägt sie über berg und thal, es entsprang die idee eines buhlerischen bündnisses zwischen dem teufel und jeder einzelnen hexe.

V 4. Zusammenfassung

Im Gegensatz zu der Priesterin, der Seherin und der Zauberin ist die Hexe ein unpräziser Begriff, da er auf der ablehnenden Haltung der Christen gegenüber den heidnischen weisen Frauen und dem Blick von außen her auf sie beruht. Im Gegensatz dazu läßt sich das Wesen einer germanischen Priesterin, Seherin oder Zauberin sehr präzise beschreiben. Der christlich umgedeutete und verwendete Begriff der Hexe ist hingegen ein Sammelbecken für alles das, was abgelehnt wird: sowohl die tatsächlichen Eigenschaften und Tätigkeiten der heidnischen weisen Frauen als auch alles andere, was man ihnen andichtete und was man mit ihnen assoziierte.

In dem Begriff der Hexe vermischten sich viele verschiedene Vorstellungen:

- das germanische „ve" („Geweihte" = „Priesterin") wird über angelsächsisch „wicca" („Hexe") zu englisch „witch" („Hexe")
- Forad (eine Riesin, ursprünglich „Oberpriesterin")
- Priesterin = Hexe = „Heiden-Mähre"
- Seherin = Hexe
- Zauberin = Hexe (insbesondere bei Kampfmagie, Todesflüchen u.ä.)
- man sah die Flüche der Hexen als Ursache für Krankheiten an („Hexenschuß")
- Giftmischerin (Rationalisierung der Todesflüche)
- Teilnehmerin am Opfer-Kult = Hexe
- Zauberinnen, die durch die Luft reiten (Umdeutung der Astralreise)
- Freya = schreckliche Zauberin
- Nachtreiterin, Nacht-fahrende Frauen (Astralreise)
- „hagazussa" („Hag-Geist") wird zu „Hexe"
- Kultteilnehmer, die das Fleisch der geopferten Tiere essen + Menschenopfer = Menschenfresser = Hexe
- Riesinnen (ursprünglich die Jenseitsgöttin als die Wiedergeburts-Geliebte und die Wiedergeburts-Mutter des Göttervaters)
- Troll-Frauen (Riesinnen)
- Flegda (eine Riesin)
- verführerische Frauen, die den Männern den Tod bringen, die mit ihnen schlafen (Umdeutung des Motivs der Wiederzeugungs-Geliebten)
- Hel als Todesgöttin
- Hel auf ihrem Bruder, dem Fenris-Wolf
- Ran als Todesgöttin
- Freya als „Ring-schüttlende Sif" = Todesbotin (Walküre) = Hel (Ring =

Jenseitsreisering Draupnir)
- Freya als Todesgöttin
- Freya = Tod-bringende Walküre Hild
- Freya = blutrünstige Wunden-Thrudr (Thrudr = Göttin)
- Meer-Leute (Tote in der Wasserunterwelt der Ran) und Hexen wurden miteinander assoziiert
- böse Geister und Hexen wurden miteinander assoziiert
- Berserker-Bräute
- Freya als eine Frau voller Bösem

Die Entwicklung des Begriffes „Hexe" ging von der Priesterin-Seherin-Zauberin aus. Der gesamte heidnische Kult wurde von den Christen als „böse" und „falsch" und als „gefährlich" eingestuft.

Dabei konnten die Christen vor allem auf der Angst der Germanen selber vor den magischen Fähigkeiten der Zauberinnen und insbesondere vor deren Todesflüchen und vor deren Kampfmagie aufbauen.

Der zweite wesentliche Wurzel innerhalb der germanischen Religion für die Dämonisierung der Priesterinnen zu Hexen lag in der Assoziation der Priesterinnen mit der gefürchteten Jenseitsgöttin und den Walküren, wodurch die Priesterinnen-Zauberinnen immer weniger als Helferinnen, sondern stattdessen immer stärker als Bedrohung erschienen.

Diese Entwicklung zeigt sich auch bei Freya selber, die die wichtigsten Göttin gewesen ist, da sie zunehmend nicht mehr mit der Wiederzeugung und der Wiedergeburt, sondern mit dem Tod gleichgesetzt wurde, wodurch sie schließlich zur Todesbringerin und Todesursache wurde – dies ist eine sehr weit verbreitete Entwicklung in den Mythen sehr vieler Völker, da die Angst vor dem Tod dazu neigt, sich in den Mythen in den Vordergrund zu schieben und alles, was mit diesem Thema verbunden ist einschließlich der Helfer und Helferinnen im Jenseits, zu Todesursachen umzudeuten.

Die Riesinnen und die Trollfrauen haben bereits um spätesten 500 n.Chr. dieses Schicksal erlitten, als Odin und Thor den ehemaligen Göttervater Tyr abgesetzt haben, wodurch dessen Wiederzeugungs-Geliebte und Wiedergeburts-Mutter ihre Funktion verlor und nur noch in einer schwacher, machtlosen Variante u.a. als Odins Geliebte (Gunnlöd, Rindr u.a.) in ihrer ursprünglichen Funktion erscheinen. Daher boten die gefürchteten Riesinnen und Trollfrauen, die in den Mythen von Thor erschlagen werden, ebenfalls einen Ansatzpunkt für die Ausbildung des Begriffes und des Bildes der gefürchteten Hexe.

Schließlich wurde das Schreckensbild der Hexe noch durch einige kleinere Motive wie das der Giftmischerin (Rationalisierung der Flüche) und das der Menschenfresserin (Kult-Opfertiere verspeisen; Menschenopfer) abgerundet.

Nach dem Zusammenbruch der germanischen Religion kamen dann auch auch noch einige andere, nicht-germanische Motive zu dem Bild der Hexe hinzu wie z.B. die Göttin Diana, der Teufel u.a.

Der Flug der Hexen auf ihrem Besen ist ein Bild für den Flug (Astralreise) der Priesterinnen, Seherinnen und Zauberinnen, die sich auf ihren Reisen evtl. auf ihrem Stab, der den Weltenbaum und somit auch die Verbindung zu den Ahnen und Göttern und daher letztlich auch die Astralreise symbolisiert hat, sitzen sehen haben – solche Rationalisierungen von zunächst oft unfaßbaren Erlebnissen wie der Astralreise sind weit verbreitet. Andere derartige „Astral-Fahrzeuge" sind z.B. der fliegende Teppich, der Vogel, der Rauch und das schwebende Seil. Alle diese Bilder sind nicht notwendig, aber sie erleichtern es manchmal dem Verstand, das ungewohnte Erlebnis der Astralreise zu ertragen, und sie sind auch Bilder, die dieses Erlebnis zu beschreiben helfen.

VI Priesterinnen, Seherinnen und Zauberinnen in der indogermanischen Überlieferung

In dem Band 59 über die „Priester, Seher, Zauberer, Schamanen und Heiler" wird die gesamte Entwicklung der Priesterschaft beschrieben. Im folgenden werden nur die Stellungen der Priesterinnen angeführt, um nicht denselben längeren Text ein zweites mal einzufügen.

VI 1.   West-Indogermanen

VI 1. a)   Priesterinnen bei den Kelten

Bei den Kelten hat es neben Kriegerinnen und Königin auch Druidinnen gegeben. Eine besondere Stellung der Druidinnen ist nicht bekannt.

VI 1. b)   Priesterinnen bei den Römern

Als Priesterinnen treten vor allem die Vestalinnen auf, die das heilige Feuer der Göttin Vesta hüteten und Jungfrauen bleiben mußten.

VI 1. c).   Priesterinnen bei den Kelto-Romanen
(die gemeinsamen Vorfahren der Kelten und Römer)

Bei ihnen gab es Priesterinnen und die Hüterinnen des heiligen Tempelfeuers.

VI 1. d)   Priesterinnen bei den Germanen

Um 100 n.Chr. hat es sehr einflußreiche Seherinnen-Priesterinnen gegeben, von denen die Weleda die bekannteste ist.

Um 1000 n.Chr. hat es noch immer sehr angesehene Seherinnen gegeben, die jetzt aber nicht mehr im Zusammenhang mit einem Tempel erscheinen, sondern als eine Art von „Wander-Priesterinnen", die man bei Bedarf auch herbeirufen konnte.

VI 1. e) Priesterinnen bei den Germano-Romanen
(die gemeinsamen Vorfahren der Kelten, Römer, Tocharer und Germanen)

Die Stellung der Priesterinnen bei den Kelten, Römern und Germanen läßt vermuten, daß die Frauen bei den gemeinsamen Vorfahren dieser drei Völker Priesterinnen werden konnten und einen besonderen Bezug zu den Ritualfeuern und zu der Seherinnen-Tätigkeit hatten.

VI 1. f) Priesterinnen bei den Slawen

Es gab Priesterinnen, die im Kult unter anderem Opferungen durchführten und für verschiedene Zauber um Hilfe gebeten wurden. Sie waren aber insbesondere für die Orakel zuständig, die in hohem Ansehen standen.

VI 1. g) Priesterinnen bei den West-Indogermanen
(die gemeinsamen Vorfahren der Kelten, Römer, Tocharer, Germanen, Balten und Slawen)

Die Stellung der Priesterinnen bei diesen Völkern läßt darauf schließen, daß die Frauen bei den gemeinsamen Vorfahren dieser drei Völker Priesterinnen werden konnten und einen besonderen Bezug zu den Ritualfeuern und zu der Seherinnen-Tätigkeit hatten.

VI 2. Süd-Indogermanen

VI 2. a) Priesterinnen bei den Hethitern

Die wichtigste Priesterin war die Tawananna, die die Hauptpriesterin der Sonnengöttin von Arianna war. Der Bestandteil „anna" in den Namen der Priesterin und der Göttin bedeutet „Mutter".

Die Tawananna-Priesterin setzte in der frühen Zeit des hethitischen Königtums und in dem nichtindogermanischen Vorgängerfürstentum der Hattier die Fürsten bzw. Könige ein. Sie war die oberste Frau in dem zunächst noch matrilinear organisierten Königreich. Es dauerte über 100 Jahre, bis sich die patriarchale Ordnung der indogermanischen Hethiter gegen die matriarchale Ordnung der nichtindogermanischen hattischen und hurritischen Bevölkerung in Anatolien, in das die Hethiter eingewandert waren, durchgesetzt hatte.

Zunächst war die Tawananna meist die Schwester oder Tochter des Großkönigs. Ab der Durchsetzung des patriarchalen Systems wurde dieses Amt jedoch in der Regel von der Königin übernommen. Die Königin behielt jedoch weiterhin eine starke Stellung wie z.B. der Bericht über die Auseinandersetzungen zwischen einem neuen hethitischen König und der Witwe des vorigen Königs zeigen, in deren Verlauf die von der Tawananna/Königin-Witwe gegenüber dem neuen König ausgesprochenen Verfluchungen sehr gefürchtet waren.

Eine der wichtigsten Pflichten der Tawananna war das Entfachen und Bewahren des Herdfeuers im Palast, da beim Verlöschen des Feuers ein großes Unglück über die Stadt hereinbrechen würde, weil das brennende Feuer symbolisch gesehen das offene Tor zu den Ahnen und Göttern war, durch das deren Segen zu den Menschen floß. Diese Aufgabe der Tawananna entspricht der der griechischen Hestia und der römischen Vesta und veranschaulicht allgemein die Bedeutung der Heustero, der indogermanischen Göttin des Herdfeuers.

Die des öfteren auftretende Priesterinnen-Bezeichnungen „Gottesherrin" und „Mutter der Gottheit" bezieht sich möglicherweise auf die Tawananna – zumindest waren sie hochstehende Priesterinnen.

Viele der Priesterbezeichnungen erschienen auch in weiblicher Form wie z.B. „Frau des Wettergottes Teshshup", „Beschwörerin" und „Seherin". Es gab auch eine Seherinnen-Göttin bei den Göttern mit dem Namen Zulki. Die Orakel wurden nicht nur von Seherinnen, sondern auch von Priestern durchgeführt, wie z.B. der Titel „Opferschaupriester" zeigt. Die hethitischen Seherinnen sind eine Entsprechung zu den bekannteren Seherinnen z.B. bei den Germanen, Kelten und Griechen.

Die bisweilen auftretende Pupuwanni-Priesterin befaßte sich vor allem mit Beschwörungen und der Abwehr von Behexungen.

Es scheint so, als ob die Hethiter auch die Heilige Hochzeit gekannt hätten, da bei den wichtigen Festen wie den Opfern an die Götter durch den König oder das Herbeirufen des Regens auch eine Priesterin teilnahm, deren Titel bisher meistens etwas unglücklich mit „Oberin der Prostituierten" übersetzt worden ist. Dies ist ähnlich irreführend wie die Bezeichnung „Tempelprostitution" für die mesopotamischen Rituale im Tempel, bei denen sich die Hohepriesterin und der König, Priesterin und Priester oder andere Frauen und Männer miteinander vereinten.

Die sexuelle Vereinigung war ursprünglich ein Symbol für die Seelenzeugung im Jenseits und wurde dann auch für die Zeugung des Getreides und für das Erlangen des Kontaktes mit den Ahnen und Göttern schon im Diesseits benutzt. Den Namen dieser „Oberin" sollte man daher vielleicht eher mit „Leiterin der Tantra-Priesterinnen" übersetzen, um den religiösen Charakter der sexuellen Handlungen im Tempel klarer hervorzuheben.

Die klassische Aufgabe der Priesterinnen bei Geburten findet sich auch im Hethiterreich: Sie rezitieren mythologische Texte zur Erleichterung der Geburt.

Die Frauen traten in der hethitischen Religion an noch einer Stelle hervor: Die Magie wurde oft von den „alten Frauen" ausgeübt. Sie waren schon damals wie die späteren Hexen gefürchtet, aber durchaus auch geachtet.

VI 2. b)   Priesterinnen bei den Süd-Indogermanen
(die gemeinsamen Vorfahren der Hethiter, Palaier, Luwier und Lyder)

Das Wissen über die Priesterinnen bei den Süd-Indogermanen stammt fast ausschließlich von den Hethitern.

Es hat eine Hohepriesterin gegeben, die dem König an Macht nicht allzuviel nachstand. Es gab auch Seherinnen. Die Magie wurde vorwiegend von alten Frauen ausgeübt. Die meisten religiösen Stellungen konnten anscheinend sowohl von Männern als von Frauen ausgefüllt ausgefüllt werden.

VI 3. Ost-Indogermanen

VI 3. a) Priesterinnen bei den Griechen

In den Tempeln gab es sowohl Priester als auch Priesterinnen für die einzelnen Götter. Die bekannteste Priesterin ist sicherlich die Apollo-Priesterin in Delphi, die die berühmten Orakel aussprach. Es scheint auch die Heilige Hochzeit gegeben zu haben, die aber vermutlich keine große Rolle gespielt hat.
   Wie bei den Römern wurde das heilige Feuer im Tempel von Frauen gehütet.
   Die Seherinnen saßen bei den Griechen wie bei den Germanen und bei den Kelten bei ihrer Seher-Tätigkeit auf einem erhöhten Podest.

VI 3. b) Priesterinnen bei den Ost-Indogermanen
(die gemeinsamen Vorfahren der Inder, Perser, Mitanni, Armenier, Skythen, Griechen und Thraker)

Wie bei sehr vielen anderen Aspekten der Mythologie und des Kultes stehen die Griechen den West-Indogermanen deutlich näher als den Ost-Indogermanen, zu denen sie sprachlich gehören. Sie sind das einzige ost-indogermanische Volk, von dem Priesterinnen bekannt sind.

VI 4.   Priesterinnen bei den Indogermanen

Es stellt sich nun die Frage ob die Ost-Indogermanen eine patriarchale Struktur entwickelt und die Frauen aus der Priesterschaft ausgeschlossen haben oder ob die West-Indogermanen eine ursprünglich rein männliche Priesterschaft für die Frauen geöffnet haben.

Eine Schwierigkeit bei der Betrachtung dieser Frage ist, daß bei den Ost-Indogermanen nur sehr wenig über die Skythen, Thraker, Armenier und Mitanni bekannt ist.

Um eine Antwort auf die Frage nach den Priesterinnen bei den ursprünglichen Indogermanen zu finden, ist es hilfreich, zunächst einmal die Priesterinnen bei den Völkern zu betrachten, die mit den Indogermanen verwandt sind.

VII   Priesterinnen, Seherinnen und Zauberinnen in der jungsteinzeitlichen Überlieferung

Die Indogermanen sind einer der Zweige, die von den frühjungsteinzeilichen Jägern in Mesopotamien abstammen. Zu diesen Zweigen gehören u.a. auch die Sumerer, die Elamiter, die Drawiden, die Semiten und die Ägypter.

VII 1.   Kulturen des frühen Königtums

VII 1. a)   Priesterinnen bei den Sumerern

Bei den Sumerern gab es zumindestens eine Hohepriesterin, die sich mit dem König bei dem wichtigsten Ritual, das jedes Jahr aufs neue die Fruchtbarkeit der Erde sicherstellen soll, vereint hat.

Möglicherweise hat es auch noch weitere Priesterinnen gegeben.

VII 1. b)   Priesterinnen bei den Ägyptern

Bei den Ägyptern gab es auch Priesterinnen, aber sie waren deutlich in der Unterzahl. Wie in Mesopotamien (Sumer, Assyrien, Babylonien) scheint es vor allem in den Spitzen-Ämtern Priesterinnen gegeben zu haben: die „Priesterin der Hathor" und die „Priesterin der Neith".

VII 1. c)   Priesterinnen bei den Kretern

Die Stellung der Priesterinnen bei den Kretern ist aufgrund des Fehlens einer schriftlichen Überlieferung nicht genau bekannt. Die Bilder sprechen jedoch dafür, daß es eine Hohepriesterin gegeben hat.

VII 2.   Kulturen der frühen Jungsteinzeit

Aus der Jungsteinzeit (Göbekli Tepe, Nevali Cori, Çatal Höyük usw.) sind keine Darstellungen von Priesterinnen bekannt.

VIII Priesterinnen, Seherinnen und Zauberinnen in der altsteinzeitlichen Überlieferung

Auch aus der Altsteinzeit gibt es keine Darstellungen von Priesterinnen – die „Tier-Tänzer" sind allesamt männlich. Die Frauen-Statuetten werden eher „Göttinnen" als Priesterinnen sein.

IX Die Biographie der Priesterinnen

späte Altsteinzeitzeit
(50.000-10.500 v.Chr.)

In der Altsteinzeit wurden zwar Tier-Tänzer abgebildet, aber keine Tier-Tänzerinnen. Es scheint also nur Schamanen, aber keine Schamaninnen gegeben zu haben – wobei die lediglich vier Bilder, Gravuren und Statuetten keine sichere Schlußfolgerung zulassen.

Möglicherweise gab es fast nur Schamanen, weil Nahtod-Erlebnisse auf der Jagd deutlich wahrscheinlicher gewesen sind als am Lagerplatz – und ohne Nahtod-Erlebnis und die damit zusammenhängende Astralreise (Verlassen des eigenen Körpers) konnte man kein Schamane werden, denn dies war nur möglich, wenn man zuvor seine eigene Seele (Astralkörper) erlebt hatte.

Diese Überlegung setzt natürlich voraus, daß nur die Männer gejagt haben und die Frauen nicht ... und es ist zumindestens recht unsicher, ob das so zutrifft.

Jungsteinzeit
(10.500-3.250 v.Chr.)

Auch aus der Jungsteinzeit sind keine Darstellungen von Priesterinnen bekannt, aber etliche Bilder und Statuetten, von denen zumindestens ein Teil recht sicher Schamanen oder Priester darstellt (Göbekli Tepe, Çatal Höyük).

Es hat also den Anschein, als ob es in der gesamten Steinzeit keine Schamaninnen bzw. Priesterinnen gegeben hätte.

Indogermanen
(7000-2.800 v.Chr.)

Die Vorfahren der Indogermanen waren Ackerbauern, die von Nordmesopotamien aus in die südrussische Steppe nördlich des Schwarzen Meeres und des Kaspischen Meeres gezogen sind und dort ab 6.000 v.Chr. aufgrund der zunehmenden Trockenheit zu Viehzüchtern geworden sind.

Die ersten Priesterinnen bei den Vorfahren der Indogermanen und ihren näheren Verwandten finden sich in Ägypten, Sumer und bei den Hethitern. Die frühesten Aufzeichnungen bei den Sumerern und den Ägyptern stammen von 3.250 v.Chr, die frühesten Aufzeichnungen bei den Hethitern von 2.000 v.Chr.

Bei den Sumerern und den ihnen nachfolgenden Völkern (Assyrer, Babylonier) sowie bei den Ägyptern gab es vor allem die Hohepriesterin der obersten Göttin, aber kaum Priesterinnen in den mittleren und unteren Rängen.

Da aus der Alt- und Jungsteinzeit keine Darstellungen von Priesterinnen, sondern nur von Priestern bekannt sind, scheint die von den Sumerern und Ägyptern bekannte Hohepriesterin eine Neubildung zu sein. Es stellt sich natürlich die Frage, wie dies zustande kam.

Die Hohepriesterin ist sowohl in Sumer als auch in Ägypten sehr oft eine Tochter des Königs bzw. Pharaos oder eine andere nahe Verwandte von ihm.

Eine zweite Auffälligkeit in Ägypten sind die häufigen Geschwisterehen des Pharaos. Die Geschwisterehe ist so gut wie immer auf das Königshaus beschränkt. Außer bei den Ägyptern ist sie auch von den Elamitern in Südost-Mesopotamien, von den Phöniziern an der Küste des östlichen Mittelmeers, von den Hekatomniden in der Südwest-Türkei, von den Persern im heutigen Iran, und von den Inkas in im Nordwesten von Südamerika und den Mixteken in Mittelamerika sowie von den Hawaiianern bekannt.

Diese Art der Ehe ist auch von den germanischen Göttern (Freyr und Freya u.a.) überliefert worden.

In der Spätzeit des Ägyptischen Reiches, d.h. in der Ptolemäerzeit findet sich das einzige Beispiel dafür, daß diese Sitte des Königshauses auf die gesamte Bevölkerung ausgedehnt worden ist. Zwischen 300 v.Chr. und 100 v.Chr. haben dort 10-25% der Bevölkerung unter nahen Verwandten geheiratet.

Der Grund für die Geschwisterehe liegt vermutlich in den damaligen Mythen begründet. Der Sonnengott-Göttervater und auch allgemein die Toten zeugten sich im Jenseits zusammen mit der Jenseitsgöttin wieder, um anschließend von ihr in der Unterwelt wiedergeboren werden zu können. Diese Wiedergeburt wurde teilweise auch auf die Göttin selber ausgedehnt, sodaß der tote König und die (junge) Göttin von der (alten) Göttin wiedergeboren wurden. Dadurch wurden die wiedergeborene Göttin und der wiedergeborene König zu Geschwistern. Da die Wiedergeburt der Sonne jedoch ein zyklischer Vorgang ist, vereinten sich die Göttin und der Sonnengott-Götterkönig in der nächsten Nacht bzw. im nächsten Winter als Geschwister.

Da sich der König als „Sohn der Sonne" aufgefaßt hat, formte er sein Leben nach dem Vorbild der Mythen des Sonnengott-Götterkönigs und heiratete seine eigene Schwester – wodurch die Schwester des Königs zu der Repräsentantin der Göttin wurde …

Die „Tawananna" genannte Hohepriesterin der Sonngöttin von Arianna der

Hethiter ist die früheste bekannte Priesterin der Indogermanen. Sie entspricht genau der Hohepriesterin der Hathor bei den Ägyptern und der Hohepriesterin der Inanna bei den Sumerern. Auch sie ist in der Regel eine nahe Verwandte des Königs. Sehr wahrscheinlich hat es auch auf Kreta eine Hohepriesterin gegeben.

Es hat also den Anschein, als ob die Priesterschaft zunächst nur aus Männern bestanden hätte und die Priesterinnen aus mythologischen Gründen hinzugekommen wären – zunächst nur als Priesterin der obersten Göttin.

Die Übereinstimmung dieser Hohepriesterin bei den Ägyptern, Sumerern, Elamitern, Kretern und Hethitern zeigt, daß der Hohepriesterin in den frühen Königreichen eine Hohepriesterin in der späten und Jungsteinzeit vorausgegangen sein muß – eine Parallelentwicklung bei gleich fünf Völkern scheint doch recht unwahrscheinlich. Allerdings sollte man die Kraft der inneren Logik der grundlegenden mythologischen Entwicklungen auch nicht unterschätzen – dieselbe Entwicklung hat es schließlich auch in Süd- und Mittelamerika sowie auf Hawaii gegeben.

Es stellt sich an dieser Stelle die Frage, ob die Hethiter die Hohepriesterin von den Völkern in Mesopotamien, mit denen sie bei der Gründung des Hethiterreiches in der heutigen Mitteltürkei in Kontakt gekommen sind, übernommen haben oder ob sie bereits selber die Stellung der Hohepriesterin gekannt haben.

Da eine solche Priesterin bei den Indogermanen nur von den Hethitern bekannt ist, werden sie diese Stellung wohl von den mesopotamischen Völkern übernommen haben.

Dies spricht wiederum dafür, daß sich die Position der Hohepriesterin erst im Königtum gebildet hat – die reale und nicht nur mythologische Geschwisterehe, durch die sich die Position der Hohepriesterin erst erklären läßt, setzt das Königtum voraus.

Das Königtum bringt generell das Patriarchat mit sich – und ebenso die Schrift, den Monotheismus und die Philosophie. Alle diese Neuerungen haben eine zentralisierte und formale Struktur.

Wenn sich nun auffälligerweise bei den ost-indogermanischen Indern und den Persern im Gegensatz zu den anderen Indogermanen keine Priesterinnen mehr finden, läßt dies darauf schließen, daß diese Neuerung durch den Einfluß der Kultur der Königreiche, denen diese beiden Völker begegnet sind, entstanden ist.

Bei den West-Indogermanen, bei den ost-indogermanischen Griechen sowie bei den süd-indogermanischen Hethitern finden sich hingegen überall Priesterinnen. Es hat also den Anschein, als ob die frühen Indogermanen sowohl Priester als auch Priesterinnen gekannt hätten. Die Teile der Indogermanen, die in engeren Kontakt zu den mesopotamischen Königreichen gekommen sind, haben zum Teil die Frauen vom Kult ausgeschlossen (Perser, Inder) und zum Teil die Funktion der Hohepriesterin übernommen (Hethiter).

Es stellt sich nun die Frage, wie es dazu gekommen ist, daß es bei den Indogermanen sowohl Priester als auch Priesterinnen gegeben hat. Ist dies auch bei den frühen Ackerbauern und Jägern in Mesopotamien so gewesen oder hat sich diese „Gleichberechtigung" erst bei den Indogermanen entwickelt?

Wenn schon die frühen Ackerbauern Priesterinnen gehabt haben sollten, müßte erst das Königtum zu einer rein männlichen Priesterschaft geführt haben – was gut denkbar, aber keineswegs zwingend wäre, da schließlich die Hethiter ein Königtum entwickelt, aber die Priesterinnen beibehalten haben.

Wenn die frühen Ackerbauern nur Schamanen-Priester gekannt haben (wofür das Fehlen von Darstellungen von Priesterinnen in der Alt- und Jungsteinzeit spricht), ist es zunächst unklar, warum gerade bei den Indogermanen sowohl Männer als auch Frauen Priester bzw. Priesterinnen werden konnten.

Als Viehzüchter sind die Indogermanen sehr kriegerisch gewesen. Dies trifft auf alle Viehzüchter zu und ergibt sich einfach aus ihrer täglichen Arbeit: das Lenken der Rinder und Schafe, ihr Beschützen vor Wölfen und anderen Raubtieren, der Raub des Viehs von anderen Stämmen u.ä. Dieser Charakter der Viehzüchter findet sich auch bei den Semiten, bei den Mongolen, bei den Cowboys …

Von den Kelten und den Germanen sind auch Kriegerinnen und Königinnen bekannt und die Griechen haben dasselbe auch über die Amazonen berichtet, die möglicherweise ein den Skythen oder Thrakern verwandter indogermanischer Stamm gewesen sind. Die von den West-Indogermanen bekannten Kriegerinnen und Priesterinnen könnten denselben Ursprung haben.

Hat vielleicht das Leben als Nomaden zu einer größeren Gleichberechtigung geführt? Dies scheint nicht zwangsläufig so zu sein, da dies weder von den Semiten noch von den Mongolen bekannt ist – aber ein Stamm, in dem sowohl die Männer als auch die Frauen kämpfen können, ist natürlich wehrhafter und daher durchsetzungsfähiger. Und in einem Stamm, in dem zumindestens ein Teil der Frauen Kriegerinnen sind, werden die Frauen auch eine Gleichberechtigung erlangt haben und könnten daher auch Priesterinnen geworden sein.

Es hat also den Anschein, als ob der kriegerische Charakter der Indogermanen zu einer Gleichberechtigung zwischen Männern und Frauen geführt hat, der auch den Kult miteinbezogen hat.

<u>West-Indogermanen</u>
(2.800-2.200 v.Chr.)

Von den Kelten, den Römern, den Germanen, den Slawen sowie den ihnen benachbarten ost-indogermanischen Griechen sind Priesterinnen bekannt.

Es wäre prinzipiell auch denkbar, daß die West-Indogermanen die Gleichberechtigung zwischen Priestern und Priesterinnen von den Menschen der Megalith-Kultur übernommen haben, in deren Bereich sie sich niedergelassen haben. Dagegen spricht jedoch, daß die Indogermanen die Eroberer waren und sicherlich ihre soziale Organisationsform beibehalten haben werden – und man müßte dann erklären, wie die Megalith-Erbauer, die auch von den frühjungsteinzeitlichen Ackerbauern in Mesopotamien abstammen, dazu gekommen sind, ihre Priester durch Priesterinnen zu ergänzen ...

Mittlere Zeit der Germanen
(100 n.Chr.)

Die Priesterinnen scheinen auch bei den Germanen eine der Hohepriesterin in Mesopotamien ähnliche Stellung erlangt zu haben, wie der große Einfluß der Seherinnen-Priesterinnen zu dieser Zeit zeigt.

Leider ist nichts genaueres über sie bekannt, sodaß sich nicht sagen läßt, ob z.B die Seherin Weleda von ihrer Stellung her tatsächlich der hethitschen Tawananna, der sumerischen Hohepriesterin der Inanna und der ägyptischen Hohepriesterin der Hathor entspricht.

Da bei der Weleda die „Heilige Hochzeit" mit dem König, die das zentrale Element bei den mesopotamischen und ägyptischen Hohepriesterinnen ist, fehlt, wird die hohe Stellung der germanischen Seherinnen eine eigenständige Entwicklung sein, die sich von den Hohepriesterinnen deutlich unterscheidet.

Röskwa, die „mythologische Priesterin" der Sif, hat eine derart geringe Bedeutung in der mythologischen Überlieferung, daß man sie am ehesten als eine ferne Erinnerung an die frühere große Bedeutung der Weleda und anderer germanischer Seherinnen-Priesterinnen ansehen kann – wenn sie nicht sogar nur eine Parallelbildung zu den „mythologischen Priestern" des Thor (Thialfi), des Odin (Hermodr) und des Freyr (Skirnir) ist.

Späte Zeit der Germanen
(1000 n.Chr.)

Aus dieser Phase der germanischen Religion sind keine Priesterinnen in Tempeln mehr bekannt, sondern nur die Seherinnen, die umherzogen und den Menschen weissagten.

III Das Aussehen der germanischen Priesterinnen, Seherinnen und Zauberinnen

Über die Kleidung, die Insignien u.ä. der Priesterinnen und Seherinnen werden die folgenden Dinge berichtet:

Gesichtsausdruck

Den Gesichtsausdruck der Priesterinnen kann man nur allgemein aus der Ausbildung zur Priesterin erschließen. Er könnte etwas Distanziertes, Erhabenes, evtl. auch etwas Gelehrtes gehabt haben. Zudem ist auch eine Ausstrahlung von großer Kraft und Konzentration wahrscheinlich. Ebenso könnte es gut sein, daß man ihren großen inneren Halt, der durch ihren Kontakt zu den Göttern entstanden sein wird, gesehen haben wird. Schließlich werden sie auch noch etwas Kriegerisches in ihrer Ausstrahlung gehabt haben – zumindestens dann, wenn sie auch Opferungen durchgeführt haben.

Das folgende wird über die Ausbildung der Priesterinnen berichtet:

- Sie waren geweiht.
- Sie haben viel gelernt (u.a. die Runen) und wußten viel.
- Sie kannten die Kultlieder, die Visionslieder (die bei Sehen der Seherin gesungen wurden) und die Zauberlieder.
- Sie kannten die Astralreise und daher auch den Jenseitsweg.
- Sie hatten durch ihre Astralreisen und durch ihre Visionen Kontakt zu den Göttern (Asen) und zu den Ahnen (Alfen).
- Sie kannten die Inspiration („anda-gift").
- Vermutlich kannten sie auch die Kundalini, das Wurzelchakra, das Dritte Auge („anda-auga", „hugsanar-augu") und das Herzchakra. Dies gilt möglicherweise nur für die Zeit bis 500 n.Chr. (siehe „Kundalini" in Band 64).
- Sie kannten die Verwandlung ihrer eigenen Gestalt in ihren Visionen in eine Stute, in ein Walroß, in einen Vogel usw.
- Sie führten den Kult vor dem Altar und am Opferkessel durch.
- Sie verstanden Träume und Omen zu deuten und konnten vermutlich auch das Tafl-Orakel durchführen.
- Sie waren zum Teil auch Hebammen.

Aussehen: Alter

Sie konnten jung, mittelalt oder auch sehr alt sein.

Aussehen: Haare

Sie hatten wahrscheinlich meistens lange Haar, da diese während ihres „Sehens" manchmal an den Pfosten ihres Hochsitzes gebunden wurden.

Bei manchen Seherinnen werden deren Haare als weiß oder grau beschrieben – sie müssen also schon älter oder sehr alt gewesen sein.

Kleidung: allgemein

Um 10. n.Chr. wird die Kleidung der Seherinnen als vollständig weiß beschrieben.
Um 1000 n.Chr. ist hingegen von guter oder prachtvoller Kleidung die Rede.

Kleidung: Umhang

Um 10. n.Chr. tragen die Priesterinnen vermutlich ungefärbte, d.h. weiße Leinen-Umhänge.

Um 1000 n.Chr. trägt eine der Seherinnen einen blauen Umhang mit Schnüren an dem Hals dieses Umhangs sowie mit Edelsteine am gesamten vorderen Saum des Umhanges vom Hals bis zu den Füßen hinab. Auch eine zweite Frau, die vermutlich zauberkundig gewesen ist, trug einen blauen Umhang.

Es ist recht unsicher, ob das im „Rabenzauber"-Lied erwähnte Wolfsfell, das die Asen der Göttin Idun umlegen, zu der Ausstattung der Seherinnen gehört hat.

Kleidung: Kapuze

Um 1000 n.Chr. trägt eine Seherin eine schwarze Kapuze aus Lammfell, die mit weißem Hermelinfell verbrämt war.

Kleidung: Schuhe

Um 10. n.Chr. laufen die Priesterinnen bei den Südgermanen barfuß, während sie um 1000 n.Chr. bei den Nordgermanen zumindestens in einem Fall Schuhe aus ungeschorenem Kalbsfell mit langen und stabilen Schnüren mit Bronze-Perlen an den Schnur-Enden tragen.

Insignien: Stab

Das wichtigste Kennzeichen einer Seherinnen ist ihr Stab, der den Weltenbaum und somit ihre Verbindung zu den Göttern symbolisiert.

Dieser Stab hat in einem Fall einen Knauf an der Spitze, der mit Bronze verziert gewesen ist (aus Bronze bestand?) und der rings um den Knauf mit Edelsteinen eingelegt ist (1000 n.Chr.).

Es sind vier Seherinnen-Stäbe aus Metall bekannt, der sich oben in vier flache Bögen aufteilt, die an der Spitze wieder zusammentreffen (ca. 800-1000 n.Chr.).

Insignien: Gürtel

Um 10. n.Chr. bestand der Seherinnen-Gürtel bei den Südgermanen aus Bronze; um 1000 n.Chr. wurde er bei den Nordgermanen hingegen aus weichem Haar hergestellt.

Insignien: Handschuhe

Die Handschuhe wurden aus (weißem) Hermelinfell, deren Fellseite nach innen gekehrt war, hergestellt.

Möglicherweise waren auch Wolfsfell-Handschuhe in Gebrauch.

Insignien: Fibel

Schon um 10. n.Chr. wurde der Umhang der Seherinnen mit einer Fibel zusammengehalten. Um 800-1000 n.Chr. waren bei den Priesterinnen anscheinend Fibeln in der Form eines Kessels üblich.

Schmuck

Es sind Halsketten aus Glasperlen und Armreifen bekannt, wobei die Armreifen auch eine symbolische Bedeutung gehabt haben könnten (Draupnir? Brisingamen?).

Spezialkleidung

Bei den Opferungen von Tieren und Menschen haben die Priesterinnen „Opferkleidung" getragen, die jedoch nirgendwo näher beschrieben wird.

Geräte u.ä.

Aus Berichten und aus Gräberfunden ist bekannt, daß die Priesterinnen-Seherinnen die folgenden Dinge bei sich trugen:

- ein Messer mit einem Griff aus einem Walroß-Stoßzahn, der von zwei Bronzeringen gekrönt ist (1000 n.Chr.),
- einen Bronze-Löffel (1000 n.Chr.),
- ein Opfer-Messer oder eine Opfer-Axt und
- Heilkräuter.

Bei Bedarf werden auch die folgende Gegenstände noch dazugehört haben:

- ein Krug,
- eine Schale,
- Trinkhörner (Goldene Trinkhörner von Gallehus?) und evtl. auch noch
- Zaubertränke.

Beutel

In einer großen Felltasche an dem Gürtel trugen sie ihre Talismane, wozu auch ein Freya-Amulett gehören konnte.

In einem kleinen Lederbeutel trugen sie manchmal auch die sehr giftigen Bilsenkraut-Samen bei sich, die zum Räuchern verwendet werden konnten.

Anzahl

Die Seherinnen erscheinen manchmal alleine, manchmal wie die Nornen zu dritt und manchmal mit einem Gefolge von fünfzehn Jungen und fünfzehn Mädchen, die möglicherweise von ihnen ausgebildet worden sind oder für sie gesungen haben. Es wird vermutlich auch noch andere Gruppierungen gegeben haben.

Zumindestens teilweise waren die Dreiergruppen nach einer Rangfolge geordnet –

anscheinend dem Alter entsprechend.

Sitzplatz

Die Seherinnen und die Zauberinnen führten ihre Tätigkeit auf einem Hochsitz auf einem Podest durch. Die beiden mit Gesichtern beschnitzten Pfosten an der Rückseite des Hochsitzes bildeten das Jenseitsweg-Tor, durch das die Inspiration und die magische Kraft zu den Seherinnen und Zauberinnen kam.

Ort

Die Tätigkeit der Priesterinnen, Seherinnen und Zauberinnen fand im Tempel, im Tempelturm, auf dem „Seherinnen- und Magie-Podest", im heiligen Hain oder auf einem Hügelgrab statt.

Die Hexen waren weitestgehend dazu gezwungen, ihre Tätigkeit im Verborgenen durchzuführen und konnten sich daher meistens nur einen Ort in der Wildnis aussuchen.

Verzeichnis der Themen

(die Zahl ist die Nummer des Bandes, in dem sich das Thema findet)

1 47	540 47	Alius 32	Aur 55
2 47	700 47	Alraune 45	Aurboda 35
3 47	800 47	Alsvatr 5	Aurgelmir 5
4 47	900 47	Alswid 34	Aurgrimnir 5
5 47	1.200 47	Althiof 7	Aurnir 34
6 47	10.000 47	Alvor 35	Aurvandil 20
7 47	432.000 47	Alwis 7	Aurwang 7
8 47	1+8=9=8+1 47	Alwit 31	Aurwang 48
9 47	**Adler** 40	Ama 35	Austri 32
10 47	Adler auf dem	Amboß 67	Auzon => Kiste
11 47	Weltenbaum 41	Amgerdr 28	Axt 66
12 47	Adler bei der	Ampfer 45	**Bafur** 32
13 47	Einweihung 40	Andad 34	Bakrauf 35
14 47	Adlergestalt:	Andhrimnir 39	Baldrian 45
15 47	- des Franmar 40	Andvari 7	Baldur 9
16 47	- des Hraesvelgr 40	Angantyr 39	Bara 35
17 47	- des Odin 40	Angeyja 35	Bari 6
18 47	- des Thiazi 40	Angrboda 26	Bari 20
20 47	Adler-Traum der	Ann 32	Baugi 5
22 47	Kostbera 40	Annar 20	Bär 43
23 47	Aelrun 31	Arm-Wunde 63	Bärenfell 62
24 47	Affe 44	Arngrim 6	Barke 49
28 47	Agdai 39	Apfel 45	Bärlapp 45
30 47	Ägir 10	Asen 36	Basilikum 45
32 47	Agnar 39	Asgard 52	Beifuß 45
33 47	Ahnen 36	Ask 39	Beinvidr 34
36 47	Ai 32	Aslaug 31	Bekkhild 31
37 47	Aki 6	Asperan 34	Beleidigungs-
40 47	Aki 16	Astralreise 50	Wettstreit 73
41 47	Alban 32	Asvid 6	Beli 5
46 47	Alberich 7	Atem 64	Beowulf 39
48 47	Albewin 7	Atla 35	Bergdis 28
72 47	Alcis 12	Atli 37	Bergelmir 6
80 47	Alf 6	Atward 20	Bergriese 6
90 47	Alf 32	Auchoff 34	Berg-Zwerge 32
99 47	Alfarin 34	Aud 20	Berling 32
100 47	Alfen 36	Auerhahn 40	Bertha 28
120 47	Alfhild 31	Auge 63	Berserker 62
300 47	Alfrigg 32	Augenbraue 63	Bertram 45

Bertramsgarbe 45
Besen => Stab
besonderer Schrei 64
Bestattung 64
Bestla 35
Betonica 45
Beyla 39
Biber 44
Biene 40
Bifröst 49
Bifur 32
Bikki 16
Bil 29
Bild 7
Billing 5
Billing 7
Bilsenkraut 45
Birkhuhn 40
Biört 29
Björgolfr 6
Björgulfr 34
Blain 33
Blapthvari 34
Blasebalg 67
blau 46
Blau-Menschen 36
Blau-Riesen 36
blau-schwarz 46
Blick 63
Blid 29
Blidur 29
Blind 16
Blindheit 63
Blodughadda 35
Blutsbrüder 55
Bödhild 28
Bogen 66
Bömbur 32
Bölthorn 5
Borr 34
Botewart 7
Both 20

Bragi 19
Bragi-Riesin 35
Brak 16
Brana 35
Brandingi 5
braun 46
Brenner 39
Brezel-Ornament 64
Brimir 33
Brisingamen 60
Brokk 32
Brombeere 45
Brücke 49
Bruderkampf 55
Brüngerd 35
Brünhild 31
Bruni 5
Bruni 32
Brünne 66
Brunnen 49
Buri 34
Bryja 35
Bryla 34
Bryngerd 28
Buri (Zwerg) 32
Buseyra 35
Byggvir 39
Byleist 20
Bylgia 35
Comandion 7
Dag 48
Dagfinnr 32
Dain 32
Dalar 32
Dalr 32
Delling 20
Delling 48
Dellingr 32
Delphin 44
Dietwarta 29
Disen 36
Distel 45

Diurnir 7
Dofri 34
Dolgtrasir 32
Donnerrebe 45
Dori 32
Dorn => Schlafdorn 55
Drachen 41
Drachenblut => Drachen
Drachenschiff 55
Drasian 6
Draupnir (Zwerg) 32
dreifarbiger Stein 67
dreiköpfiger Riese 5
drei Riesinnen 35
drei wahre Worte 64
Drifa 35
dritter Bruder 55
Dröfn 35
Drossel 40
Drudgelmir 5
Duf 32
Dufa 35
Dufr 32
Dulin 32
Dumbr 6
Dunneir 32
Durathor 32
Durin 32
Durnir 32
Durnir 34
Düsterwald 49
Dwalin 32
Eber 42
Eberesche 45
Edda (vollständig) 77
Efeu 45
Egdir 5
Egil 39
Ei 40
Eibe 45

Eiche 53
Eicheln 45
Eichhörnchen 44
Eid 68
Eik 28
Eikinskjaldi 32
Eimer 67
Eimgeitir 35
Eimyria 35
Einäugigkeit 63
Einheer 34
Einweihung 50
Eir 29
Eir 31
Eis 52
Eisa 35
Eisen 55
Eisenkraut 45
Eisriesen 34
Eistla 35
Eisurfala 35
Eiymyria 35
Ekstase-Kieger 62
Elch 42
Eldhrimnir 57
Eldir 39
Eldr 34
Elefant 42
Elendshaut => Hel-Haut
Else 35
Erde 52
Embla 28
Embla 39
Ente 40
Erce 20
Erdbeben 55
Erste Ursache 55
Eschenholzkasten => Kiste 57
Esel 42
Estroval 39

Eugel 7	Fiölvör 35	Frühlingstagund-	Geitla 35
Eule 40	Fiörgyn 20	nachtgleiche 54	Geitir 35
Eyrgjafa 35	Fiörgyn 23	Fulla 29	gelb 46
Faden 55	Fisch 44	Fullas Haarreif 60	Geliebter der Gefion 6
Fafnir (Zwerg) 32	Fjölverkr 34	Fullafle 34	
Fährmann 49	Fjötra 29	Fundin 32	Gerber-Schaber 67
Fala 35	Flachs 45	Fuß 63	Gerdr 28
Falkenkleid:	Flegda 35	Fylgia 50	Geri 43
- der Freya 40	Fleur-de-lys 55	Fynir 6	Gespenst 50
- der Frigg 40	Fleggr 34	Fynir 34	Gestaltwandel => Verwandlung
Falke 40	Fliege 40	**Galar** 32	
Fallar 32	Fluch 68	Galarr 34	Gesang 68
Farbauti 6	Flügel des Wieland 40	Galdr 64	Gestilja 35
Farn 45		Gallapfel 45	Getreide 45
Farseti 6	Flügelschuhe 67	Gandalf 32	Gewöhnlicher Flachbärlapp 45
Faulheit =>	Flugschuhe des Loki 40	Ganglati 34	
Feuersitzen 55		Ganglot 6	Geysa 35
Feima 35	Fluß 49	Gangr 34	Gialar 32
Fenchel 45	Freya 22	Gangr 33	Gift 70
Fenja 28	frühe Skaldenlieder 78	Gans 40	Gifur 43
Fenrir 6		Gänsefuß 45	Gigas 6
Fenrir 43	Freyr 15	Garm 43	Gilling 6
Fernhypnose 64	Fried 29	Gautan 39	Gillings Frau 28
Ferse 63	Friedenszauber 6	Gautrek-Saga => Snotra	Ginnar 32
Fessel 66	Fridr 29		Ginnungagap 49
Fessel-Zauber 64	Frigg 21	Geban 20	Gjalp 35
Feuer 55	Folde 20	Geburts-Orakel 64	Glamr 34
Feuersitzen 55	Fonn 34	Gefäße 57	Glatundshundr 43
Feuerzauber 64	Forat 35	Gefion 20	Glaumar 34
Fialar 32	Forelle 44	Gefion-Geliebter 6	Glaumarr 34
Fid 32	Fornjotr 6	Gefiun 20	Glaumr 6
Fieberkraut 45	Forseti 19	Gefjon 20	Glenr 48
Fili 32	Frägr 32	Geist 50	Glitni 5
Fimafeng 39	Franmar 37	Geier 40	Glöd 35
Fimbulwinter 55	Frar 32	Geirahöd 31	Gloi 32
Finger 63	Freki 43	Geiravör 31	Glück 64
Finnalf 5	Frosti 32	Geirdriful 31	Glückstrank 70
Finnar 32	Frosti 34	Geirönul 31	Glumra 35
Finnmark-Riese 34	Fruchtbarkeit 64	Geirröd 5	Glymra 35
Fiölkald 34	Fuchs 43	Geirrota 31	Gna 29
Fiölmor 39	Frauenhaarfarn 45	Geirskögul 31	Gneip 35
Fiölnir 20	Frühling 54	Geitir 6	Gnepja 35

Goi 34
Gold 55
Goldalter 55
Goldemar 7
golden 46
Goldhelm 66
Goldhörner von Gallehus 57
Göll 31
Golnir 5
Göndul 31
Gorr 34
Görsemi 29
Götter 36
Götterdämmerung 55
Götterkampf 55
Göttermet 69
Götter-Tiere 44
Gottesurteil 64
Gurgelbiß 55
Grab 49
Grani 6
grau 46
Grendel 5
Grendels Mutter 35
Greppur 34
Grer 32
Grid 28
Grid 35
Grim 5
Grim 39
Grima 35
Grimhild 31
Grimling 5
Grimnir 5
Grim Struppig-Wange 79
Grip 35
Gripir 34
Grissa 35
Groa 28
Grottintanna 35

Grotunagard 52
grün 46
Gryla 35
Gudr 31
Gudrun 31
Gudmund 5
Gullnir 5
Gullveig 29
Guma 35
Gundelrebe 45
Gunn 31
Gunnlöd 28
Gunnthinga 31
Gürtel 60
Gusir 6
Gygr 35
Gylfaginning 77
Gyllir 5
Gyllir 34
Gyma 20
Gymir 5
Haarband 60
Haare 63
Habicht 40
Hafle 34
Hafli 5
Hafthi 39
Hagen 16
Hahn 40
Hala 35
Halfdan 39
Halfdan Brana-Ziehsohn 79
Halfdan Einsteinson 79
Hamdir 39
Hamingja 50
Hammer 66
Hand 63
Handschuhe 60
Hanf 45
Hannar 32
Hantel-Symbol 55

Har 32
Höra 35
Hardbeen 6
Hardgreip 35
Hardgreipir 34
Hardverkr 34
Harek Eisenkopf 6
Harfe 57
Harz 45
Hase 44
Hasel 45
Hastingi 34
Hati 5
Hati 43
Hattatal 77
Haudr 20
Haugspori 32
Haym 34
Hecht 44
Hedin 39
Hedin und Högni 79
Hefring 35
Heid 35
Heiddraupnir 5
Heide 49
Heidrek 39
Heidungi 6
Heilige Hochzeit => Wiederzeugung 55
Heiliger Hain = Weltenbaum 52
Heilung 64
Heilziest 45
Heimdall 8
Heimir 39
Heinir 34
Heith 35
Heithdraupnir 5
Hel 26
Helblindi 20
Helgi 39
Helgi Thorisson 79

Hel-Haut 49
Helidi 27
Hellebarde 66
Helreginn 5
Helm 66
Hengikefta 35
Hengiköpt 6
Hengjankapta 35
Hepti 32
Herbst 54
Herbsttagundnachtgleiche 54
Herche 20
Herdentiere 42
Herdentierfell 42
Herfjötur 31
Hergrim Halbtroll 5
Hergunnur 35
Heri 32
Herja 31
Herkir 6
Herkja 35
Hermodr 37
Hertha 28
Hervor => Heidrek
Hervor und Heidrek => Heidrek
Herz 63
Hexe 58
Hianka 31
Hidde 34
Hild 31
Hildolf 5
Hildolf 20
Himingläva 35
Himmel 52
Himmelsrichtungs-Mandala 54
Himmelsträger-Zwerge 32
Hirsch 42
Hjaltrimul 31

419

Hjortrimul 31	Hraudnir 6	Hymir 6	Jenseitsbarke 49
Hjötra 28	Hraudungr 5	Hymnen an die Götter 80	Jenseitsberge 49
Hjuki 29	Hrede 29		Jenseitsbrücke 49
Hläwang 32	Hreidmar 7	Hyndla 26	Jenseitsfährmann 49
Hlebard 6	Hremsa 35	Hypnose 64	Jenseitsfluß 49
Hleidr 35	Hrimgerdr 28	Hyrrokkin 26	Jenseitsgrenzen-Landkarte 49
Hler 10	Hrimgerdr 35	**Idi** 34	
Hlidolf 32	Hrimgrimnir 34	Idun 25	Jenseitshalle 49
Hlif 29	Hrimnir 34	Igel 44	Jenseitsinsel 49
Hlifthursa 29	Hrim-Riesen 34	Illugi Grid-Ziehsohn 79	Jenseitsleiter 49
Hlin 29	Hrimthurs 34		Jenseitsmauer 49
Hlodyn 20	Hringi 5	Ilmr 29	Jenseitsreise 49
Hlödyn 20	Hringvölnir 5	Ima 35	Jenseitstor 49
Hloi 34	Hripstodr 34	Imd 35	Jenseitstor-Gitter 49
Hlöll 31	Hrist 31	Imgerdr 35	Jenseitstor-Hund 49
Hlora 35	Hrist 29	Imr 6	Jenseitswächter 49
Hnoss 29	Hrisungr 6	Imsigul 34	Jenseitswald 49
Hochsitz 57	Hroarr 5	Imth 35	Jenseitswasser => Wasser 49
Hochsitzsäulen 57	Hrod 35	In 20	
Hoddraupnir 5	Hrodwitnir 5	Ingibjörg 29	Jenseitsweg 49
Hoddrofnir 5	Hrodwitnir 43	Ingibiörg 31	Johanniskraut 45
Hödur 19	Hrökkvir 6	Intuition 64	Jokul 34
Hofund 19	Hrönn 35	Inzest 51	Jokul Eisenrücken 34
Höggstari 32	Hrossthjofr 34	Irmin 20	Jörd 23
Högni 16	Hrotti 5	Irpa 29	Jomali 20
Högni 39	Hruga 28	Istwas 20	Jörmungandr 41
höhere Mächte 36	Hrungnir 5	Itrek 5	Jörmunrek 39
Holmgang => Zweikampf 55	Hrungnir-Herz 67	Itreksjod 5	Jorunn 29
	Hryggda 35	Itreksjod 20	Jötunn 6
Holunder 45	Hyria 35	Ividja 35	Jotunbjorn 6
Homöopathie 64	Hrym 34	Iwaldi 5	Julnacht 54
Honig 40	Hrund 31	Iwalt 5	**Käfer** 40
Honigtau 45	Hügelgrab 49	Iwiedie 29	Kaldgrani 34
Hönir 18	Hugin 40	**Jari** 32	Kamille 45
Horn 57	Huhn 40	Jamtaland-Zwerg 7	Kampfmagie 64
Horn (Riesin) 35	Huldar 28	Jarngerdr 28	Kannibalismus 55
Hörn 29	Hund 43	Jarnglumra 35	Kara 31
Hörn 35	Hundalfr 6	Jarnhauss 6	Karabin 34
Horn-Neb 35	Hunding 16	Jarnnef 34	Kari 6
Hornbori 32	Hvalr 6	Jarnsaxa 28	Katze 43
Hraesvelgr 6	Hvedra 35	Jarnvidja 35	Kausalität 55
Hrafnhild 35	Hvedrungr 16	Jenseits 49	Keila 34

Keiler 42	**Lachanfall** 64	Luchs 43	Miötwitnir 32
Kenningar 75	Lachen 55	Lutr 34	Mjoll 34
Kerbel 45	Lachs 44	Lyngheid 35	Modgudr 29
Kessel 57	Landgeister 36	**Magni** 19	Modgudr 31
Keule 66	Lauch 45	Malseron 34	Modi 19
Kiebitz 40	Laufey 26	Mana 35	Modrädnir 32
Kili 32	Laurin 7	Managarm 43	Modsognir 7
Kisi 34	Laus 40	Mannus 20	Mögthrasir 6
Kiste 57	Leber 63	Mardalla 27	Moin 32
Kjallandi 6	Leib 63	Marder 43	Mökkurkjalfi 6
Kjallandi 35	Leidi 34	Margerdr 35	Molda 35
Klaufi 34	Leifi 6	Margerthur 35	Mona 20
Klee 45	Leifnir 6	Mangold 45	Mond 48
Kleima 35	Leikn 35	Mantel 67	Mondul 32
Knochen 67	Leimrute 66	Mantel der Nanna 67	Moosfrau von Saalfeld 32
Knoten 64	Leiter 49	Marnar 29	
Kobolde 36	Leirvör 35	Märzviole 45	Moosleute von Arntschgereute 32
Kol der Bucklige 39	Leopard 43	Maske => Helm	
Kolfrosta 28	Lerche 40	Maus 44	Mörn 35
Kolga 35	Lidskialf 20	Meer 49	Möwe 40
Kopf 63	Liebestrank 70	Meer der Zeit 55	Mühle 66
Kormoran 40	Liebeszauber 64	Meer-Menschen 36	Mundilfari 6
Korn 45	Lif 39	Mehlbeere 45	Munin 40
Körperteile 65	Lifthrasir 39	Mehltau 45	Munnharpa 35
Köttr 34	Litr 6	Meili 9	Münze 67
Kraftgütel => Gürtel	Litr 32	Meise 40	Muspel 6
Krähe 40	Ljod 29	Menglöd 22	Muspelheim => Feuer 52
Kraka 31	Ljota 35	Menja 28	
Kranich 40	Lodin 6	Menschenopfer 64	Myrkrida 35
Kräuter 45	Lodinfingra 35	Messer 66	Myrkvid 49
Kreppvör 35	Lodur 16	Midgard 52	**Nabbi** 32
Kriegerin 62	Lofar 7	Midgardschlange 41	Nacktheit 60
Kreuzblume 45	Lofn 29	Midi 6	Nadel 55
Kreuzkraut 45	Lofnheid 35	Midjungr 34	Nägel 55
Krönung 64	Logi 34	Midwitnir 6	Naglfar 49
Kröte 44	Loki 16	Mimir 6	Nain 32
Kuckuck 40	Loni 32	Mist 31	Nali 32
Kuril 6	Lopthoena 28	Mistel 45	Namensgebung 64
Kult 55	Lori 35	Mistkäfer 40	Nanna 21
Kundalini 64	Loricus 6	Mittelpfeiler => Yggdrasil	Nauma (Hel) 35
Kwasir 20	Löwe 43		Nar 32
Kyrmir 6	Löwenmäulchen 45	Mittsommer 54	Narfi 6

Nari Loki-Sohn 19	Nyi 32	Priester 60	Ringkampf 55
Nati 6	Nyr 32	Priesterin 58	Rist 31
Naudir 36	Nyrad 32	Prolog (Edda) 77	Robbe 44
Nebel 64	**Oddrun** 31	Prophezeiung 71	Rögnir 7
Nefia 35	Odin 13/14	Pukis 36	Rose 45
Nehalennia 29	Odr 20	**Rabe** 40	Röskva 37
Neri 30	Ofoti 5	Rad 67	rot 46
Neris Schwester 30	Öflugbarda 35	Radgrid 31	rota 31
Nerthus 28	Öflugbardi 6	Radvör 35	Rotkehlchen 40
Nepr 20	Ogautan 39	Ragnar Lodenhose 39	Rücken 63
Nessel 45	Ogladnir 6	Ragnarök 55	Rud 35
Netz 67	Ogn 35	Ran 27	Rudent 6
Neuentstehung aus den Knochen 55	Ohr 63	Randalin 31	Rudi 34
neun Heimdall-Mütter 35	Oin 7	Randgnid 31	Runa 35
	Olius 32	Randgrid 31	Runen 72
	Ölwaldi 5	Rangbeinn 5	Runenkästchen von Auzon => Kiste
neun Schwestern 35	Omen 71	Rasereitrank 70	
Niblung 7	Onarr 48	Raswid 32	Runenstein 64
Niblung 39	Öndudr 6	Rätsel 76	Runenstein von Ardre 64
Nicor 34	Onn 32	Raud 34	
Nid 64	Opfer 64	Raugnir 34	Rußland-Riese 6
Nidi 32	Orakel 71	Raum 6	Rütze 35
Nidr 28	Oregano 45	Reck 32	Rygi 35
Nidud 16	Ori 32	Regenbogenbrücke 49	**Saemdill** 6
Nieswurz 45	Örnir 6		Saga 28
Niflheim => Eis 52	Ortnit 34	Regin 7	Sährimnir 42
Niping 32	Ösgrui 5	Reginleif 31	Säkarsmuli 6
Nirdir 10	Öskrudr 34	Reiher 40	Salbei 45
Niola 48	Ostara 29	Rentier 42	Salfangr 6
Njola 48	Osten 54	Riesen auf der West-Insel 6	Sam 34
Njörd 10	Otr 32		Sämingr 39
Njörun 29	Otter 44	Riesen-Baumeister 6	Sanngrid 31
Nölvi 10	Otunfaxe 39	Riesen von Feldkirchen 34	Sati 51
Norden 54	**Penis** 55		Säule => Weltenbaum 52
Nordosten 54	Perchta 28	Riesen von Lichtenberg 35	
Nordri 32	persönliches Glück 64		Saxnot 20
Nordwesten 54	Pfeil 66	Rifingalfa 35	Sceaf 20
Nori 32	Pferd 42	Rifingöflu 35	Schachtelhalm 45
Nornen 30	Pferdezwillinge 12	Rigingöflu 35	Schädelschale 63
Norr 34	Pflug 67	Rind 42	Schadenszauber 64
Norr 48	Phol 9	Rindr 20	Schaf 42
Nott 48	Polygamie 55	Ring 57	Schafgarbe 45

422

Schaumkraut 45	Siar 32	Skorpion 40	Sternbild 55
Schierling 45	Sichel => Sense	Skrati 34	Stigandi 5
Schild 66	sieben Schwestern 28	Skrymir 5	Storch 40
Schlafdorn 55	Siegfried 38	Skrimnir 5	Storkvid 34
Schlangen 41	Sieglind 31	Skuld 30	Stoverkr 34
Schlangenauge 63	Siegstein 67	Slagfid 39	Strahlen-Breitsame 45
Schlangengrube 49	Sif 24	Sleggja 35	
Schlangenzunge 63	Sigdrifa 31	Snae 34	Strudel 49
Schleifstein => Wetzstein	Sigurd 38	Snotra 29	Struthan 34
	Sigi 39	Solbiart 5	Stumi 5
Schmetterling 40	Sigrlami 39	Sohn der Freya 19	stumm 63
Schmied 4	Sigrun 31	Sohn des Freyr 19	Süden 54
Schmied 55	Sigyn 28	Solblindi 5	Südosten 54
Schnecke 44	silbern 46	Sölfn 29	Sudri 32
Schneeweiß-Goldschöne 28	Simul 31	Sommer 54	Südwesten 54
	Sinmara 28	Somr 5	Surtur 6
Schuh 63	Sindri 32	Sonne 48	Suttung 6
Schutzgeist => Fylgja/Hamingja	Sinthgunt 29	Sonnengöttin 48	Svada 5
	Sivör 35	Sonnenhymne 64	Svadi 5
Schutzzauber 64	Sjuld 31	sonstige Magie 64	Svaf 7
Schwalbe 40	Skadi 20	Sörli 39	Svarangr 5
Schwan 40	Skafid 32	Spatz 40	Svasudr 6
Schwanenkleider der Walküren 40	Skalden 61	Specht 40	Svatr 6
	Skaldatal 77	Speer 66	Sveid 31
Schweden-Riese 6	Skaldenlieder 78	Sperber 40	Sveipinfalda 35
Schwein 42	Skaldinnen 61	sprechende Tiere 41	Svidi 6
Schwert 66	Skalli 34	Sprichworte 74	Svip 5
Schwitzhütte 64	Skalmöld 31	Spindel 55	Svipul 31
sechsköpfiger Riese 6	Skadskaparmal 77	Spinnerin 55	Svivör 31
Seehund 44	Skärir 5	Spiritus familiaris 36	Swaf 20
Seekuh 44	Skeggiöld 31	Sprettingr 5	Swanhild 31
Seelenvogel 40	Skidbladnir 49	Stab 67	Swanwit 31
Seelenvogel 50	Skimsli 5	Starkad 6	Swawa 31
Segen 68	Skirnir 37	Starkad 39	Swior 32
Seher 60	Skirkjar 35	Stärketrank 70	Swipdag 20
Seherin 58	Skirwir 32	Statue 57	Syn 29
Seidelbast 45	Skjalf 29	Stein 64	Syr 29
Seidr 64	Skjalv 34	Steine und Edelsteine 64	**Tafl** 57
Sel 6	Skjellinefja 29		Tal 52
seltsamer dritter Bruder 55	Skjöldr 39	Steinigung 55	Tamfana 29
	Skögul 31	Stern 48	Tarn-Kappe 67
Sense 67	Sköll 43	Sternbild 48	Tarn-Umhang 67

Tasche 60
Tätowierungen 55
Tattoo 60
Tau 52
Taufe 64
Teer 45
Telemark-Riese 5
Telepathie 64
Teller 57
Tempel 56
Teufelsabbiß 45
Thagnar 31
Theck 32
Thialfi 37
Thiazi 5
Thing 73
Thiodwitnir 34
Thistilbardi 34
Thjodrerir 7
Thögn 31
Thökk 35
Thor 17
Thora 28
Thorgerdr Hölgabrudr 29
Thorin 7
Thorir 6
Thorn 5
Thorstein Haus-Macht 79
Thrain 32
Thrasir 6
Thrigeitir 5
Thrivaldi 5
Thröng 29
Thror 7
Thror 20
Thror 32
Thorri 34
Thrud 31
Thrudgelmir 5
Thrudr 29

Thrungva 29
Thrym 6
Thulur 77
Thundr 6
Thundr 29
Thurbiörd 35
Tiere 44
Tiere der Götter 44
Tierfelle 60
Tierfelle bei Hinrichtungen 67
Tor 49
Torfa 35
Tote wiederbeleben 64
Tragestange 67
Trana 35
Traum 71
Traumdeutung 71
Traumfrau 31
Trima 31
Trolle 36
Trona 35
Tuch 57
Tuisto 20
Tuisto 33
Turm 56
Tyr 3
Tyr-Riesen 5
Udr 35
Uffe 39
Ulfhedinn 62
Ulfrun 35
Ullr 11
Umhang => Mantel 60
Uni 20
Unn 35
Unsichtbarkeit 64
Unsichtbarkeits-Stein 67
Urd 30

Uri 20
Utgard 52
Utgardloki 6
Ungeheur 41
Utiseta 50
Vagnhöftdi 34
Valbrandur 5
Vali Loki-Sohn 19
Valthögn 31
Vandil 5
Vandlir 5
Var 29
Vardrun 28
Vardrun 35
Vardruna 35
Vasad 6
Vatermord 55
Velle 5
Venus 48
Verbene 45
Verdandi 30
Vervielfältigung von Körperteilen 65
Vergessenheitstrank 70
Verirren auf der Hirschjagd 55
Verr 34
Verwandlung:
- einer Frau in einen Mann 65
- einer Frau in eine andere Frau 65
- eines Mannes in eine Frau 65
- in Adler 65
- in Bär 65
- in Drache 65
- in Eber 65
- in Falke 65
- in Fliege 65
- in Floh 65

- in Fuchs 65
- in Geier 65
- in Habicht 65
- in Hecht 65
- in Hirsch 65
- in Hund 65
- in Krähe 65
- in Lachs 65
- in Löwe 65
- in Mücke 65
- in Otter 65
- in Pferd 65
- in Rabe 65
- in Rind 65
- in Robbe 65
- in Schlange 65
- in Schwalbe 65
- in Schwan 65
- in Seekuh 65
- in Spinne 65
- in Tier 65
- in Vogel 65
- in Wal 65
- in Walroß 65
- in Widder 65
- in Wolf 65
- in Ziege 65
- in Ziegenbock 65
Vidblindi 5
Viddi 34
Vidgreipr 34
Vidgymir 5
vier Riesen-Ritter 34
vier Stier-Riesen 34
viertüriges Haus 52
Vifflöd 29
Vignir 34
Vikarr 6
Vilja 20
Vindr 34
Vingnir 6
Vingrip 34

Vipar 34	Wegwarte 45	Winter 54	Zwerge 32
Vogel 40	Weig 32	Winteranfang 54	Zwerge:
Vogelsprache 64	Weihung => Segen	Wirwir 32	- im Berg 32
Volkrast 7	Weinen 55	Witr 32	- im Gebirge 32
Vör 29	weiß 46	Witwen-Selbstmord 51	- Kuttenberg 32
Vörnir 34	Weisheiten 74	Wolf 43	- Untersberg 32
Vulkan-Riese 34	Weisheitstrank 70	Wolfsfell 62	- Blankenburg 32
Waage 64	Weißstern 39	Wortschatz Magie 64	- Bonikau 32
Waberlohe 49	Weltenbaum 53	Wohlstandszauber 64	- Dardesheim 32
Wächter 49	Weltesche 53	Wucherblume 45	- Eilenburg 32
Wafthrudnir 6	Wespe 40	Wurzel 45	- Elbogen 32
Wagen 67	Westen 54	Wyrd 30	- Glaß 32
Wagnhofde 6	Westri 32	**Yggdrasil** 53	- Hohenstein 32
Wal 44	Wetter 64	Ymir 33	- Heilingsfelsen 32
Wälder =>	Wettlauf 55	Ymis 33	- Nünberg 32
Weltenbaum 52	Wetttrinken 55	Yngvi 32	- Osenberg 32
Wald-Riesin 35	Wetzstein 67	**Zahlen** 47	- Plesse 32
Wali 19	Wichte 36	Zähne 63	- Rosenberg 32
Wali 32	Widar 19	Zauberer 59	- Selbitz 32
Walküren 31	Widfinnr 5	Zauberin 58	- Sion 32
Walnuß 45	Wiedergeburt 51	Zaubersprüche 68	Zwerg:
Walroß 44	Wiederholungen 55	Zeh 63	- Gebirge 32
Waltam 20	Wiederzeugung 51	Ziegen 42	- Kyffhäuser 32
Wandteppich => Tempel	Wieland 4	Zisa 29	- Hohenstein 32
Wanen 36	Wiesel 43	Zunge 63	- Dresden 32
Warkald 6	Wig 32	Zweikampf 73	- Hoia 32
Warr 20	Wigrid 55	zweiköpfige Riesen 34	- Lützen 32
Wasser 52	Wili 20	zwei Zwerge 32	- Ralligen 32
We 20	Wili (Zwerg) 32	Zwerg auf dem Felsen 32	- Rantzau 32
Weberin 55	Wind (Magie) 64	Zwergberg zu Aachen 32	- Scherfenberg 32
Wegdrasil 20	Wind 52		- Thorgau 32
Wegerich 45	Windalf 32		Zwillinge 55
Wegetritt 45	Windloni 6		
	Windswal 6		